横山源之助伝

下層社会からの叫び声

立花雄一

日本経済評論社

横山源之助肖像（明治30年代）

提供：富山県魚津市立図書館（二葉亭四迷遺族旧蔵）

新版まえがき

私は初版の「あとがき」で、横山源之助の出身地富山県魚津市にある顕彰碑の碑文に、「社会福祉の先覚」とあるのは誤っていると述べたことがある。これは私の半可通故の誤りであったと、新版のこの場をかりて、まずお詫び申し上げねばならない。

さて、一九七九年三月に初版を出してから幾星霜をへて、いまようやく書肆日本経済評論社のご好意をえて、新版を出すことができる運びとなったことを、ひそかによろこんでいる。なぜなら、初版の補足訂正版であるべき新版になったからである。

初版書名は『評伝 横山源之助――底辺社会・文学・労働運動』であったが、復刊にあたって『横山源之助伝――下層社会からの叫び声』とした。また本文においては、構成上、若干の修正をした。初版上梓より三十六年。格差の広がる現代社会において、本書が幅広い方々の手にとられるよう祈ります。

二〇一五年一〇月

立花雄一拝識

目次

〈凡例〉

一、新聞・雑誌記事タイトルおよび引用文の後の漢数字は、その新聞・雑誌や資史料の発行年月日を示す。発行年が明治時代の場合、元号は省略し、それ以外の時代については元号を示した。

例：二二・六・八　→　明治二二年六月八日

二、新聞・雑誌記事タイトルや引用文の後の（　）なしの数字は連載回数、（　）ありの数字は連載何回目かを示す。

例：「都会の半面」一六　→　全一六回連載

「晩涼雑観」（四）　→　連載第四回目

三、西川光二郎は「光次郎」とも表記するが、引用文や書誌情報での表記は原史料のままとした。

四、引用文や引用文献のタイトルに一部不適切な表現があるが、時代背景を鑑み、そのまま掲載する。横山の差別問題に対する考え方については、第七章第一節注3（334頁）を参照のこと。

はじめに

ここに二冊の本がある。

横山源之助の『日本之下層社会』と『内地雑居後之日本』である。ともに明治三二（一八九九）年刊。日清戦争後——日本産業革命期の名著として知られる。

それはともに、そのとき日本で初めておこった労働運動の熱いいぶきのなかからうまれ、解放の実証と理論をつきつけている。


ここにしたためるのは、世に埋もれた、日本最初の労働運動者であり、底辺記録文学の樹立者である、横山源之助の生涯と業績である。

横山源之助は高野房太郎、片山潜とともに、日本最初の労働運動を展開していた……。

その直前、独特な底辺社会文学を創造し、それを明治文壇文学につきつけ、近代文学史にリアリズム文学の最初の一頁をきりひらいていた……。

生前ほとんどむくいられることのなかった横山源之助について、知己の一人内田魯庵がいみじくも書き記している。

——故人となつた毎日の社員の横山源之助は今で云ふプロ文学の先駆者で、観音の縁の下の夜明かしもしたし、木賃廻りもしたし、（略）
——横山源之助が毎日社に籍を置いたのは僅に半年か一年位だつた。が、今でこそ殆んど忘られてるが、天涯茫々生の文名は一時相応に売れて、其の貧民窟探究や労働生活の記録は毎日の呼物であつた。毎日を去るとブラジルに渡航し、植民事業に計画を立てたらしかつたが、ブラジルから帰ると間もなく疾を獲て陋巷に窮死した。無軌道の惑星で終に何等の足跡をも残さなかつたが、此の人生の「アンフヰニッシド・ピルグリメージ」の遍路修業者も亦数奇伝の一人として後世に伝ふべきであらう。

（『魯庵随筆集』下巻、昭和一六年、改造文庫、初出『中央公論』昭和四・一）

内田魯庵のそれは、戦前稀有の評価であり、墓碑銘にもひとしい。

横山源之助の名が甦ったのは、太平洋戦争後『日本之下層社会』の発掘があってからである。〈天涯茫々生〉〈茫々〉〈夢蝶〉〈樹下石上人〉等、どこか虚無的な筆名を好んでもちいた。そして社会の底辺、貧民窟のすみずみまで彷徨しつくしていた。

樋口一葉をめぐって、斎藤緑雨と横山源之助の三角関係――そのようなこともないではなかった。二葉亭四迷や内田魯庵を一時は下層社会への興味にひきずりこんだ。片山潜等と組み、日本最初の労働運動に情熱をかたむけた――。横山源之助の生涯は、魯庵のいうように、たしかに数奇にみちたものであったにちがいない。

『日本之下層社会』という一書によって、日本における近代創生期の、変革期のなまなましい冷酷な進行ぶりを、犠牲者のがわの下層民、下層労働者のがわから、広範にそして克明に記録した。それはなにびともしなかった厳粛な歴史の証言であった。日本の初期産業革命期――ほとんど無援のなかでおこなわれた、孤独なそして強烈な、そのような検証行為とはいったい何であったか。そのような記録がありえたのはいったいどのような人間によってか。

明治三〇（一八九七）年、日本ではじめておきた労働運動の渦中に、文学の領域からとびこんでいったものは他に誰かあったか。横山源之助ただひとりである。

横山源之助は一左官職人の倅であった。そこからひらかれた強烈な横山社会学――生涯固執した下層社会論の展開……。

横山源之助は近代最初の庶民思想家であったとおもわれる。生涯、庶民のために庶民のなにかを構築しようとして、中途でたおれた――。

それは不運な労働運動者の一生であった。

第一章　米騒動の浜辺で――生い立ち

北陸の冬――日本列島のもっとも深い翳の部分。

北アルプスの春は残酷な美しさだ。おしげもなくならべられた銀屏風の列。不毛の、厳寒の後に現出した――。

夏七、八月を鍋割月という。米騒動の季節だ。

どんよりとした雲が垂れ、秋はただ冬を待つ。

横山源之助が米騒動発祥の地富山県魚津の出身であったことは彼の生涯に暗示的である。大正七（一九一八）年に起こった米騒動は、横山源之助の歿後三年のことであった。どこよりも早く、どこよりも頻繁に米騒動をおこさねばならぬ地であった。

米騒動がはじめにひきおこされた波止場、昔の廻船場の浜で、少年時代横山源之助は泳ぎ、遊びすごしたはずである。昔賑わった北前船の廻船は今はない。米やむしろを積みだした倉庫があちらこちらに、白壁をはがして残っている。

今の魚津には、横山源之助が育った頃の面影はすくない。昭和三一（一九五六）年九月に大火があり、町のなかばが焼失した。横山源之助の生まれ、そだった町内も烏有に帰した。今復興した街の、そのあたりにたてば、横山の生家もそこにはない。

魚津の町は漁師町をつつみこんでできている。海沿いに横に長く町ができた。山に向かう北陸街道がたてに傘の柄のようにつきさしている。その傘の柄の町並が金屋町、神明町であった。横山源之助はその町内にそだった。

出生、明治四（一八七一）年二月二一日。この出生は魚津市役所の戸籍によった。だが同郷の友黒田源太郎[1]が残した『炉辺夜話』[2]（昭和八年）中の「魚津町の人が知らざる横山源之助君」には、横山の出生は明治四年九月とある。戸籍によれば二月であり、黒田源太郎の『炉辺夜話』によるなら九月である。ほかに裏付けるものがない現在、いずれとも断じえない。戸籍の二月二一日説をとっておく。黒田説は「明治四年九月」とあるのみで、九月何日か記されていないのである。

本籍地、富山県下新川郡魚津町大字神明町九拾八番地。ただし出生地はおそらく養父伝兵衛の戸籍[3]にさきに記載のある金屋町百参番地であろう。

（1）明治七（一八七四）年二月二日生。魚津町金屋町百八番地。同一五年四月小学校入学（九歳）。一九年～高倉千代麿（魚津町神明社宮司）、神田広夫に漢籍・作文を師事。二二年三月明理小学校高等科卒。同年四月富山県尋常師範学校入学、二六年卒。三二年一一月上京。三三年一月京橋区秀英舎校正係就職。同年司法省雇。三四年和仏法律学校へ通学、中退。三七年横山源之助の紹介で博文館の『市町村雑誌』に「婦人と放火」、板垣退助の『友愛』誌上に「婦人と殺人」を執筆。同年市ケ谷監獄看守長。大正八年『教育の欠陥が生みたる犯罪少年の告白と個性調査』を広文堂書店より発行。同一二年富山刑務所長。昭和一一（一九三六）年一月歿。

　黒田源太郎の略歴は横山源之助にかかわるものがあるため、必要以上に詳記した。

（2）『炉辺夜話』は、昭和八年一〇月四日発行。著者兼発行者は、富山県下新川郡下野方村本江一九一二番地　黒田源太郎。B6版、四四八頁、非売品。『炉辺夜話』付録『予が過ぎ来し方を語る』仮綴二四頁。

（3）養父横山伝兵衛の戸籍の記載はややこしい。年次順に列記する。

明治弐拾壱年参月参拾壱日本所金屋町百参番地ヨリ転入／明治弐拾七年七月弐拾参日同町壱番地移ル／明治参拾年六月壱日本町大字神明町九拾八番地移ル／

とある。さいごの地が源之助同様本籍地である。

ところで、横山源之助の生い立ちにつき、知るよすがとなるものは、いま触れた黒田源太郎の「魚津町の人が知らざる横山源之助君」(『炉辺夜話』)以外、現在なにもない。横山源之助自身、おのれの伝記は書きのこしていない。二葉亭四迷の回想記を書くなかで、あるいはいくつかの人物評を書くなかで、横山はおのれの生涯のあるときの断片を書きとめてはいる。が、生い立ちにかかわる面にはふしぎに一言も触れていない。黒田源太郎が私家版としてつくり、知己に配布した『炉辺夜話』のなかにあるもののみが、いまかろうじてのこるただひとつの〈生い立ちの記〉である。もちろんそれは不充分な短文にすぎないが、貴重なものであることにちがいはない。

郷里の魚津町の人々は、他国に出ている者で、金でも溜めた者でなくては〈偉らい者じや〉と褒めぬ、中には其成功者の親が何うのと批評して、鼎の軽重を論ずる偏見狭量の輩が多いのは遺憾である。故横山源之助君は、日本の新聞記者中に於ける或る者であつた。君ほど早く社会問題の研究に着手したものは無い、労働問題、工場調査、移民問題にも貢献して居る。一時は人物評論に於て、軽妙な霊筆と犀利の観察を以て、当時の文壇に珍重され、晩年南米熱の高潮さるゝや、自ら渡航して其実際を調査し大に成すあらんとしたが、半途不幸にも病を以て歿したのである。／私は年少乍らも、友人某々等と共に君の家に出入りし、常に先輩として指導をうけ、亦君の親達にも愛せられた。而して明治三十二年の秋／私が上京するに際し、帰省中の君は大に激励して呉れ、且つ上京中君に勧められて、将に新聞記者たらんとまで熱心したことがあり、私が今日まで拙劣にもせよ、斯うして新聞や雑誌に、或は著書に思ふところを縦いまゝに物することの為し得るのは、実に当時君に指導された賜ものであると信じる。這回本書出版に際し、魚津では余りに著聞せぬ君を、最も能く知れる私の手に於て、郷土の大人物として、是非言ひ遺しておくべく、散漫な記憶を辿りて、君の輪郭だけなりとも書き綴つたのが本篇である。（前掲『炉辺夜話』）

と、その巻頭に書かれてある。後年、生まれ故郷の竹馬の友の手によって、私家版の文集のなかにではあったが、横山の〈生い立ち〉の断片が、こうしてからくも書きとめられることになった。

『炉辺夜話』中の「魚津町の人が知らざる横山源之助君」は、横山源之助の生い立ちをつぎのように書きだしている。

君は明治四年九月魚津某資産家の子と生れ、故ありて産褥の上より横山家の養子となり、養父伝兵衛は左官職で、技術の善いのと真面目なので、多くの花主を有し、相当の貯蓄も収入もあり、土蔵まで建てて、何不足なく暮し、毎年小杉地方から職人数名を雇傭した位で、中々繁昌したのである。／されど、当時は職人の子なればとて、小学校卒業後、神明町醤油醸造業沢田六郎兵衛の徒弟に遣はされたが、此間毎年五月末執行さるゝ郷社神明宮の大祭に、催物として各町から曳出す山車の上で、演ぜられた子供芝居へ、君は選ばれて数回出演したが、女形としての技芸と台詞が優秀なので、観衆拍手せぬものなき好評を博したのであつた。君が後日二葉亭四迷の小説『浮雲』を読むに及んで、其小説が一種異様であつたのに大驚を喫し、特に昇又はお政の人物が、紙上に躍如として出るのに興味を持つたのも曾て君が子供芝居の中心人物と為つた、幼なかりし潜在意識が、数十年後に於て、機会的に発露したのではあるまいか。（ママ）（ママ）（同前）

黒田源太郎の「魚津町の人が知らざる横山源之助君」は昭和七、八年頃――横山の歿後一七、八年後、古い記憶を書きとめるかたちで記されてあるため、ある部分では不正確をまぬがれない。が、残念なことに意識的に記述がさけられた部分がある。それは出生の問題についてである。「魚津某資産家の子と生れ、故ありて産褥の上より横山家の養子となり」とある。「故ありて」とは何か。「横山家の養子」になったのは何故か。「魚津某資産家の子と生れ」――その某資産家とは……。

残念ながら、横山源之助の実父母が誰であったか明らかでない。源之助の出生には、どのような事情がかくされてあったのであろう。竹馬の友黒田源太郎が残した一書ですら、横山源之助の実父をただ「某資産家」といい、「故ありて産褥の上より横山家の養子となり」といって、実父の名や出生の事情を述べていないのである。そこには、明らかにしてはならない世間の思惑のようなものがかくされてある。黒田源太郎が『炉辺夜話』を出したのは昭和八（一九三三）年であり、「魚津町の人が知らざる横山源之助君」が書きたされたのはそのときである。横山源之助の歿後（大正四〈一九一五〉年）から数えて一七、八年後である。源之助の生まれたときからは六〇年以上たっている。その時点でも実父の名はまだかくされ、「某資産家」としてのみ書かれたのである。そのときでもなお世間の目からは自由ではなかった。もう一度いうが、黒田源太郎の『炉辺夜話』は、晩年郷里に住んだ著者が自費出版し知友のあいだにおくったものだ。

黒田源太郎は、横山源之助より三歳年下であった。横山と同じ町内の金屋町の出身であった。横山の実父の名を知らないはずはない。横山の出生にはかくされた秘密があったことはあきらかであろう。いずれにしても横山源之助は「魚津某資産家」の落し子であった。

また、次に述べるように、横山源之助自身の口から、横山の晩年のひと尾崎恒子に伝えたところによれば、実父は魚津の網元であったという。横山は尾崎恒子に、実父を網元とのみいい、名をついに口にしなかったらしい。黒田源太郎の記している「某資産家」とは、横山源之助自身の口から尾崎恒子に伝えられた魚津の網元とまで限定できる。横山源之助はおのれの出生を語るにあたり、実父を生まれ故郷の網元とまであかしていながら、ついにその名を口にしなかった。横山自身長じてその名をしらなかったはずはない（素性のみを知っているというのは不自然であろう）。出生の秘密はよほど暗いものであったか、よほど恥辱にみちたものであったかであろう。

尾崎恒子を通して伝えられた出生の事情は、こうである。――実の父親は魚津の網元であった。実の母が網元の家に下女奉公にあがっているうちに不義の子を妊んだ――それが源之助であったという。不義の子なるがゆえに実子としての認証は拒絶された。いくばくかの養育料（賠償金といっていいかもしれない）をあてがわれて、下女は網元の家を放逐された。主家をおわれた女は不義の子を腹にしながら、実家かあるいは心ある縁辺のもとに身をよせた。そして薄幸の子を産みおとしたのである。生涯、網元であった実父とは不縁であったという。横山源之助を被害者の側にたたせる運命はすでに産褥の上から決定されていたといえる。北陸の小さな地域社会である。出生の事情はいかにかくされたとしても世間の知らないはずはない。公然の秘密であったろう。源之助自身その秘密を知ったのは少年時であったろう。横山源之助は後年もなお、網元（実父）が下女（実母）を金で始末をつけたことにたいし、ひじょうな憤りをだいていたという。父を資本家と目し、母を一種の労働者とし、その犠牲者が自分（源之助）であるという、非情な、ある意味では単純明快な心情的な図式ができていたらしい。横山源之助がもった、この不幸な出生の図式がついに彼の生涯を支配したともいえる。あるいはその呪縛から生涯ついにぬけだせなかったのだともいえるようだ。ともあれ源之助は網元と下女とのあいだの隠し子としてうまれた。うまれながらにして暴力的な社会矛盾の前に否応なくたたされたのである。実父からも、実母からも、おそらくは社会の誰からも祝福されない出生であった。

網元の家から放逐された下女――横山源之助の実母の名、氏素性についても、遺憾ながら明らかでない。わずかにわかっているのは、尾崎恒子の言によれば、この人は後年某寺（魚津近辺であろう）に嫁いだといわれる。実はこのことについても、魚津の二、三の古老にたずねたけれども、いまだに確証がえられていない。源之助の産みの母はどのような氏素性の女であったのであろう。推測がゆるされるなら、下女奉公をしていることや、網元（資産の程度からいえば町では中資産家程度のもの、だが支配権力は大きい）の家から逐われていることなどからかんがえるなら、けっして資産家の娘ではなかったであろう。船子の娘であったかもしれない。左官職横山家の縁者であったかもしれない。後に某寺に嫁いだとすれば、どのような寺であったか。いうまでもなく北陸一帯は仏教王国の名にふさわしく魚津近郷だけでも三十に余る寺がある。一応の格式を誇るものばかりである。娘を下女奉公にださなければならないような家、過去のある女の家と縁組をするような仏寺があるとはかんがえられない。それならどのような寺格の寺か。この地方には、宗派により本寺のほかに小寺（こでら）といわれる末寺がある。世襲化された本家の寺を襲うことのできなかった者（次・三男）の家をいうのである。後に彼女が嫁いだといわれる寺というのはあるいはこの地方で俗にいう小寺であったのかもしれない。この人は後に子はなかったといわれる。あるいは後添いでなかったろうか。この薄幸の母は一度だけ源之助を訪ねたことがあったという。源之助はブラジル渡航（明治四五年）の前後、一度帰郷したらしい。そのとき源之助の投宿した旅館に母が訪ねてきた。ちょうど源之助は他出していた。母は会える日を旅館の人に頼んで帰った。だが源之助はとうとう母に会わずに帰ってきてしまったという。〝今更会っておたがいにセンチになってもつまらない〟と、尾崎恒子に述懐していたという。親子の対面は、父親とも、母親とも、ついに一度もなかったのである。母の名、氏素性も、父のそれと同様、この土地では公然の秘密であったろう。源之助はあきらかに父のそれも、母のそれも知っていたのである。

強烈ではあるがどこか孤独な、温かさをもちながら非妥協的な、そしてどことなく虚無的な感じをさせる横山源之助の生きざまは彼の不幸な出生に負うところが大きい。父を加害者（資本家）の側におき、母を被害者（労働者）の側におき、そしてその犠牲者が自分源之助――という生の図式が横山源之助の思想の原型になったようである。この生の図式が少年時にひそかに芽生え、かためられていった。しいたげられた者への味方であることを自認して、やがて横山が社会問題の解決を一生の仕事とするにいたったことには、そのような事情もこめられてあった。

養家横山家

不運な星のもとに生まれた源之助をあたたかく迎えてくれたのは、ほかならぬ横山家であった。うまれおちるとすぐに、横山伝兵衛・すい夫妻の養子となった。黒田源太郎は「産褥の上より横山家の養子となり」と書き、また尾崎恒子は、うまれてからすぐに横山家にもらわれていったといい伝えている。

横山伝兵衛は左官職人であった。妻すいは嘉永三（一八五〇）年七月九日の生まれ、源之助を養子にした明治四（一八七一）年、数えで二五歳。伝兵衛はそのとき二五歳と二二歳であり、まだ若い盛りである。二人のなかに子ができないという年頃ではない。横山伝兵衛夫妻には、源之助を養子とした後に一男三女の実子がある。まだ若い横山伝兵衛夫妻が源之助を養子としたのはどうしてであろうか。源之助が横山家の養子となったこと、源之助と横山家を結び合わせた事情は明確でない。源之助の母が横山家の縁辺ででもあったのだろうか。このあたりのことについてはいっさい伝えられていない。

養家横山家について若干触れておこう。横山家は代々魚津の地付であったようである。横山伝兵衛の弟力次郎が同地の松島家（字大町）の養子になっている——ということは伝兵衛の親の代がこの地にあったことを裏付けている。横山伝兵衛の親は同名の伝兵衛であった。代々（横山）伝兵衛名を世襲していた様子である。養父伝兵衛は長子であった。伝兵衛名とともに左官職も継いだものとおもわれる。養母すいも魚津の地の人である。養母の実家は魚津の下村木（当時は下村木村）にあった沢木家（明治時代、料理店をいとなみ繁昌していたという）であった。すいは沢木伝助の次女であった。

養父伝兵衛はとくに左官の一種木舞掻に腕をたかくかわれていたという。町の古老の一人（故浜多与兵衛）は源之助の養父伝兵衛について、つぎのように話してくれた。——昔の職人はみんなよくできたが、とくに伝兵衛さんは当時魚津一の職人で、真面目で、腕は確かで、職人気質の強い人であった。この人のつくった土蔵はあとあとまでもビクともしないというので、店はひじょうに繁昌していた――。この古老の話は黒田源太郎が横山源之助の養父伝兵衛について「技術の善いのと真面目なので、多くの花主を有し、相当に貯蓄も収入もあり、土蔵まで建てて、何不足なく暮し、毎年小杉地方から職人数名を雇傭した位で、中々繁昌したのである」と書いていることと符節しよう。横山源之助はこの昔風の職人気質のつよい真面目な養父のもとで成育していくことになるのである。

横山源之助の筆につぎのような一節がある。

職人の生命ともいふべき技術の修養の重んぜられざるを憂ふる者也、大工を見るべし、左官を見るべし、挽物職人を見るべし、その他の職人を見るべし、之を未開なり封建時代なりと呼びて、小学生徒までが軽蔑する旧幕時代に比べて、幾段の発達を致せるや、或る歳取りたる老人は、嘗て慨然として嘆息したるを聞けることあり、曰く、今日の若い奴等は口ばかり利巧で、伽藍一ツ満足に仕上ぐる奴は居らぬと、少しく過激なる言葉の様なれども、今日の職人は、啻に大工のみならず、孰れの職人も、胡麻化すことばかりを専らにして、真に技倆を鍛へんとする心掛ある者少きは事実なり、慨すべきことにあらずや、而して件の弊風は、延びて鉄工、織物工等の工場労働者にも伝染し、揃ひに揃ふてお茶を濁ごしつゝあるは嘆息に堪へざるなり。／右の事情よりして、親分と子分、すなわち師弟の関係も無茶苦茶にして、旧幕時代に見えたるが如く美風失せ、

（『内地雑居後之日本』明治三二年、労働新聞社）

右に引用した文言のなかには、なにか養父伝兵衛の近辺をほうふつとさせるものがないだろうか。もちろんここに引いた一節は横山家に直接関係はないし、文中でぼやいている老人が養父伝兵衛と重なり合うものでないことはいう

までもない。

ところで、源之助が横山家にひきとられた後、養父母伝兵衛・すい夫妻のあいだに一男三女の実子がうまれた。源之助の義弟妹である。長女ゆき（明治六年一〇月二一日生）。次女はる（同一二年七月七日生）。次男鶴之助（同一五年一月二日生）。三女きく（同二三年九月二六日生）。

伝兵衛夫妻は一男三女の実子よりも、長子としてひきとった源之助に将来の期待をかけた。職人の子を中学、大学へあげるという、当時としてはめったになかったことまで、源之助にたいしてはゆるしている。実子鶴之助も、他の姉妹も上級の学校へいくというような僥倖（小学義務教育もまだ定着してない）はあたえられなかった。たとえば義弟鶴之助は小学校を卒業すると早々に上京した。進学のためではなく、手に職をつけるためである。後東京に住み、帽子職であったか洋服職であったかになったという。父伝兵衛は土地一番の腕をうたわれ、数人の弟子までもつ左官職人であったが、この弟（鶴之助）も源之助同様、父の職を継がなかった。そのため伝兵衛はおのれの弟子大崎竹次郎（魚津町の隣村道下村北鬼江出身―現在の魚津市内、慶応元年八月一五日生）を長女ゆきの婿とし、左官職をつがせた。この婿養子竹次郎も義父伝兵衛におとらぬ、実直な、腕のいい左官職人であったという。竹次郎を娘ゆきの婿にすえたのは明治二三年（一八九〇）年頃であった。一応分家のかたちをとった。伝兵衛から家業の左官職を継いだ養子の竹次郎は明治三五（一九〇二）年六月に亡くなっている。家運が傾いていた横山家はそのときデッド・ロックにのりあげる。そのことが横山源之助の後半生に大きく響く――。このことについては後に順をおってのべることにしよう。

黒田源太郎は、横山源之助が小学校卒業後、同地の神明町醤油醸造業沢田六郎兵衛方の徒弟になったと記し、またその頃神明社の祭の子供芝居に源之助が数回出演したと述べている。

横山源之助の卒業した小学校とは明理小学校（現在の大町小学校）のことであろう。魚津の町にははじめ小学校は一校しかない。何年に入学し何年に卒業したか審らかではない（この小学校に記録は残っていない）。明理小学校は明[4]

治六年（明治五年八月学制が発布され義務教育制が実施された）の創立であるから、草創期のことであることにかわりはない。

（4）　この小学校では、当初夜学もおこなわれた。

沢田家の徒弟となる

小学校を卒業すると同時に沢田家の徒弟になったのであろう。養父伝兵衛は左官職であったのだから、息子を膝下において左官の業を習わせるのが世の常であるはずなのに、なぜか源之助を商家の奉公にだした。ちいさいときから体が弱く左官という重労働に耐えられなかったからだろうか。

沢田家のある神明町は横山家のある金屋町とは一本の道筋にそう棟続きの隣の町内である。源之助が徒弟にいった先は隣の町内の顔見知りの店であったわけである。当時沢田家は醤油醸造業をいとなみ、使用人は常時二、三十人はいたという。魚津有数の資産家であった。ほかに油商などもいとなんでいた。近在の百姓に金の融通もしていて、地主でもあった。当主の沢田六郎兵衛は郵便局長や町長をつとめ、町の実力者であった。ひじょうな読書好きで、町の文化人がこの人のもとに多く出入りした。横山源之助は小学校をおえると醤油醸造業沢田六郎兵衛方へ徒弟に入ったのであるが、ここで二、三年勤めた様子である。(5)

（5）　当時の小学制は下等四年、上等四年の八年制。下等四年間が義務制であったから、横山の小学校入学時を明治一〇年頃とすれば一四、五年頃に終わる。だが明治一三年教育令の改正で、小学制は三・三・二の八年制になった。この改制にしたがい、六年間在学したとすれば同一六年頃におわる。横山の徒弟期間は小学卒業時から同一八年中学入学時までである。その期間は短くみて二年、ながくみて四年であろうか。

徒弟先の当主沢田六郎兵衛は後年横山源之助の庇護者のひとりとなった。横山源之助と沢田家との交渉は生涯続けられた模様である。

徒弟時代の頃であろう、神明社の祭の山車芝居に数回出演したというのは。これは横山源之助にとって、なつかしい想い出であったらしく、後年折にふれて自慢していたという。黒田源太郎はこの祭の開催時を五月末と書いているが、正確には六月四〜六日の期間である。神明社は沢田醤油店のちょうど真向かいにあった。ここの大祭は魚津の町をあげておこなわれる。昔は各町内から歌舞伎座のミニ版のような小屋を仕組んだ山車がそれぞれに曳きだされ、その楼上でいろんな外題の、たとえば「阿波の鳴門」とか「先代萩」とか「絵本太功記」等の芝居が町内の若い衆によって競演された。この頃田植をおえた近郷近在のものもどっと見物におしかけ、この祭はたいへんな賑わいをていした。楽しみごとのすくなかった昔は、この年一度の大祭が最高の見世物であったのである。このときの小芝居に出演できるということは、たいへんな誇りであった。そのため早くから稽古がつまれ、晴れの舞台を飾ったのである。そしてこの祭のときの評判はいつまでも忘れられず、ことあるごとにひとびとの話題としていきたのである。どこどこの爺様の、子供のときの、政岡は上手なものだったなどという語り草はいまもきかれるところである。横山源之助が神明社の祭の子供芝居に出演したことを後年も語り草にしていたというのはうなずかれる。幸福ではなかった少年時代の晴れやかな想い出のひとつとしてのこったのであろう。——山車芝居の行事は太平洋戦争の頃からおこなわれなくなっている。

左官職人の倅——横山源之助は小学校卒業後、徒弟奉公を二、三年続けたのであったが、かれの人生航路を大きく転換させる機会がついにおとずれる。

富山県中学校へ入学

「越えて明治十八年四月、富山尋常中学校創立されしとき、君を一商店の徒弟として置くよりは、中学校に入れて学問させた方が善いと勧むる人のあつたので、養父母も漸く承諾し、愈々入学せしむることになつた。当時君の満足想像するに難くない。此頃魚津から富山へ行つた青年学生は、林茂、寺崎由之助、中村助松、竹内乙一郎、青山松太郎、岩崎文次郎、大島茂の諸氏であった」と、横山源之助が商店の徒弟から一転して中学に進学するにいたった事情を、黒田源太郎は前掲『炉辺夜話』で右のように述べている。

明治一八（一八八五）年、富山県ではじめてただ一校、公立の中学校が開校された。富山県中学校（富山県立富山高等学校の前身）である。「明治十八年四月、富山尋常中学校創立されしとき」とある黒田源太郎の記述は若干訂正されねばならない。(6)

（6）　創立時の名称は富山県中学校。明治一七年六月、文部省より設置認可。富山市総曲輪に校舎を建築。一八年一月二五日開校式をおこない、二月二日授業開始。同一九年富山県尋常中学校と改称。同三一年富山県富山尋常中学校。横山等の入学は四月ではなく一月であった。

左官職人の倅――一商店の徒弟にすぎない横山源之助が富山県ではじめて一つ開校された中学に第一期生として入学することになったのである。「一商店の徒弟として置くよりは、中学校に入れて学問させた方が善いと勧むる人」があったために。そのように勧め、養父母を説得してくれた人とは、誰であったろう。おそらくは徒弟にいっていた先の主人沢田六郎兵衛であったろう。当時、中学や学問はまだ庶民のものではなかった。士族、地主、資産家等の一部階層の独占下にあったのだから。左官職にすぎない養父が倅の進学をしぶったのは当然であった。まだ小学校への就学さえも定着しきっていない時代であり、小学校を卒業できれば上々の部であったのである。中学が公機関として開設されたとしても、学問は旦那衆方がするものであり、職人の子や徒弟のするものではなかった。そのような常識を破って養父母を説得できる人は源之助の主人沢田六郎兵衛以外にない。それでも、世間の爪はじきをくらうことは覚悟のうちでなければならない。横山源之助の進学にはそのような事情がからんでいたはずである。

なるほど、越中魚津は旧藩時代加賀藩北部の枢要な宿場町であり、多少の町人文化の土壌はあった。維新後は開明へ指向する気運もあった。小学校—徒弟時代、横山源之助は黒田源太郎がそうであったように、漢籍などを学んでいた形跡がある。

横山源之助とともに魚津から富山県中学へ行った数名（黒田源太郎が名前をあげている）は、魚津における近代エリートの最初の一群であったわけである。この頃はまだこの地に鉄道はない。いまなら魚津から富山へ汽車か電車で三、四〇分でいけるが、そのころは他国へ留学するにひとしかった。かれらはみんな寄宿生活に入ったろう。

東京へ出奔

ところがここに、おもいもよらぬ一椿事が突発した。翌一九（一八八六）年二月、横山源之助は二人の友人とともに、とつぜん、東京へ出奔してしまうのである。

明治一八年一月富山県中学校へ第一期生として入学。それから一年たつかたたないかの出来事である。黒田源太郎は書きついでいる。「君は進んで第二年に入るや、三月の試験休暇中の或日、学友岩崎文次郎、大島茂（元五島と称す）の二人と相語らひ、無断退学して東京に逃げたのである。而して君は英吉利法律学校（後ち東京法学院今の中央大学）に学び、末は弁護士たらんとし、岩崎大島の両氏は攻玉社で海軍兵学校に入るべく準備教育をうくることになったのである」

このあたりが明治前半期のおもしろいところである。横山源之助を含め、その頃の青少年たちがもっていた客気のおもしろさである。

ところで、東京出奔時を『炉辺夜話』は、「第二年に入るや、三月の試験休暇中の或日」と述べているが、これは正確には明治一九年二月のことのようである。横山源之助自身の筆につぎのようにある。「余が初めて東京の地に接したのは今より二十五年前で、即ち十九年二月であつた。間もなく神田三河町附近の職人部落に入つた。皇居御造営起工当時であつたから、四方の職人は東京を目掛けて入り込んだ真最中であつた。三河町又は雉子町附近の往還は、軒を列ねて、木賃宿が立つてゐたのは、今にまざ〳〵と眼に映つてゐる」（「貧街十五年間の移動」『太陽』四五・二）

横山源之助の記憶にまちがいがないならば、郷里を出奔して東京へ出たのは、明治一九年二月。神田三河町の職人部落にまず足を踏みいれたという。その界隈に軒をならべてあった木賃宿に投宿した様子である。一緒に出奔した二人の友も。

この出奔事件は二つの点で留意される。厳寒二月であったこと。鉄道の敷設がまだなかったことである。越中魚津から東京へ百余里。魚津―直江津―越後・信濃路―横川―高崎―東京へ。ほぼいまの信越線のコースを想起すればよい。歩いて二〇日近くかかる道程だ。吹雪の日もあったにちがいない。越中―越後―信州の厳寒の雪道をただひたすら歩いたろう。ようやくこの前年（明治一八年）、高崎―横川間に鉄道が開通している。高崎からあるいは汽車で東京に出ただろうか。だが、田舎者の三人の少年が開化の象徴陸蒸気（おかじょうき）に乗ったとはかんがえられない。懐中にあるわずかな銭をおしみながら、かれらはただひたすら青雲の志を杖にして、東京まで歩き通したにちがいない。朔風に袖を吹かれ、あるいは雪のやまに足をとられつつ、ただ歩きつづけたろう。かれらには、雪どけの三月、四月が待てなかったのだ。明治前期の少年たちのおもしろさはこのあたりにもある。

ときに横山源之助数えで一六歳。横山源之助少年らが青雲の志をだいて、中学を無断退学し出奔上京した――最初に身を投じたところが職人部落の木賃宿であったらしいことは記憶されていい。たとえば、旧伊予松山藩士の倅であつた正岡子規が、おなじように末は大政治家になることを夢みて上京し、身を寄せたところは旧藩邸であった。特権をうしなったとはいえ、上京したとき旧士族にはまださまざまに庇護をうける余地はのこっていたのである。先輩のひきも育英資金をうけることも――。それとくらべ、平民の子横山源之助らはどうであったか。職人部落の木賃宿に身を寄せるしかなかったし、頼りになる郷人の先住者もなかったろう。

以上出生時から上京にいたるまで、横山源之助の少年時代について素描した。筆をすすめる前に、すでに述べた二、三の問題について理解をまとめておきたい。一つは出生の問題、一つは育ちの問題、いま一つは出身地の問題である。横山源之助の一生は労働運動者のそれであった。それはひたすら社会問題、労働問題の解決ということに灯された。そのような方向へ横山源之助をおしすすめさせた要因が少年期に準備されていたということである。出生の問題についてはすでに述べた。母を棄てた父（網元）を加害者―資本家の側におき、母を被害者―労働者の側にすえ、その宿命者が自分であるという図式――それが横山源之助を弱い者の味方たらしめる思想の原型となったことである。それは社会矛盾をするどく意識させた最初の槓桿であった。

さらに横山源之助は職人階級（労働者階級）の出身であった。このことも養家横山家を語るところですでに述べた。職人層をふくめ、ひろく下層のはたらくひとびとの解放をねがって一生をかけていくのである。明治期の政治家、文化人のほとんどが士族出身であるか、さもなければ地主、資産家出身であった。下層階級出身の、みずからの階級の最初の解放運動家であったといわなければならない。横山源之助自身が職人階級の出であったことが、彼の言動を、上からの社会問題論、近代化論の皮相さとは、異質なものにしたことは当然であった。維新以来の上からの日本の近代化のあり方にするどい疑問を投げ、その近代化が底辺大衆を犠牲にして進行している実態を誰よりもきびしくつきとめたのも。横山源之助がどれほどつよく職人階層に愛着していたか、『内地雑居後之日本』をみれば誰もが気づくことであろう。

もう一つは越中魚津の土地。魚津という土地では、米騒動は大正七年にのみ起きたのではなかった。おどろくべきことに、それまでほとんど毎年のように夏になると恒常的に繰り返し起こされていたのである。(7)

（7）長谷川博・増島宏「『米騒動』の第一段階――富山県下現地調査を中心として」（『社会労働研究』法政大学社会学部学会、昭和二九年、第二号）所載の富山県下米騒動年表（明治以降）を、筆者責任で再整理の上、左に掲げる。
明治二年二、八、十月　東・西砺波郡、中・下新川郡一帯凶作・米価暴騰による騒動
〃三年八月　西砺波郡凶作による騒動
〃八年八月　魚津、上市、四方町米価騰貴による騒動
〃九年　生地町米価騰貴による騒動
〃一〇年　水橋町米価騰貴、騒動前に救助
〃一三年　泊地方、新湊町米価騰貴による騒動
〃一八年　泊、生地町、石田、経田村米価騰貴による騒動
〃二一年　四方町米価騰貴による騒動
〃二二年　富山市米価騰貴による騒動
〃二三年　全県下、米価、諸物価騰貴による騒動
〃二四年　氷見町米価騰貴による騒動
〃二五年　生地町米価騰貴による騒動
〃二七年　魚津町米価騰貴による騒動
〃三〇年　魚津、生地、東・西水橋、新湊、石動町米価騰貴による騒動
〃三一年　魚津、泊町、石田村、東岩瀬町米価騰貴による騒動
〃三六年　泊町米価騰貴による騒動
〃四〇年　泊町米価騰貴による騒動
〃四四年　魚津、東岩瀬町米価騰貴による騒動
〃四五年　東岩瀬、東・西水橋、滑川、泊、四方、新湊、石動町、富山市米価騰貴による騒動

米騒動は魚津でなければ、泊、生地、水橋で毎年のようにおきていた。魚津町を筆頭に、魚津を中心にした中・下新川郡が頻発地帯であった。慢性的な多発地帯。米騒動を全国のどの地方よりも早く、しかも頻繁におこさなければならない、貧困の漁師町――それが横山源之助のそだった地であった。それは近所合壁のひとびとであった。

横山源之助は小作人事情や女工問題を語るとき、親類縁者知人たちへの同情と愛情の重奏なしにはなしえなかったのである。農漁民の子女は小学校を満足におえるものはすくなく、例外なしに工女でなければ下女奉公にだされている。他国にはたらきにでる娘たち（工女、下女）は実は自分の妹、隣近所の娘たちであった。横山源之助にとって、他人のことではなかったのである。

こんな情景がある。


昨月末、余は伏木港より魚津に帰らんとして直江津便の汽船に乗れり、船中二三十人の女、孰れも紺の風呂敷に包めるものを傍に置き、今日結つたらむと思はるゝ髪を気にして、手を鬢に加へながら室の隅に輪を作りて坐し居れるを見る、船の方に港湾を出でんとするや、俄に立ちて争うて窓に倚り、首を出して遙に陸上を眺め、程経て漸く坐りぬ、顧れば渠等の多くは瞼辺紅く、中には手を顔に当てながら後方に向けるもありし、軈て船の岩瀬に着ける時、その一人は傍の旅人に「まだ直江津へは来ませぬか」と尋ぬるを見たり。

之を聞く、彼女等は工女となりて埼玉地方に赴く者なるを、夜に入り、船の魚津湾に至れる時、又たもや十幾人の少女入り来りしを見る、同じく機業場に赴くものにあらざるか、近年中越地方より工女となりて他地方に赴くもの頗る頻繁を加へ、四五日前も小名木川綿布会社の募集人は、五十幾人の少女を集めて東京に去れり。

（『日本之下層社会』明治三一年、教文館）

『日本之下層社会』は血縁の書だ。

横山源之助は庶民出身であった。その意味は大きい。庶民による、庶民のための、庶民の世の中をきりひらこうとした、近代最初の男ではなかったか。

第二章　二葉亭四迷の門へ――青春・放浪時代

横山源之助が青雲の志をだき、二人の友とともに郷里を出奔し、上京したのは明治一九（一八八六）年二月、一六歳のときであった。富山県下ではじめて開設された中学校に在学することわずか一年。かぞえで一六歳にすぎない少年を、そのように急転回させたものはなにであったろうか。

富山県下では、明治一五（一八八二）年稲垣示[1]等の首唱によって北立自由党が創設されている。この前、同一三年には、当時全国にひろがっていた国会開設の請願運動にならい、越中人四九七九人の連署がなされている（『自由党史』明治二三年、中島七右衛門発行）。

（1）嘉永二（一八四九）～明治三五（一九〇二）年。富山県における自由民権運動の中心的人物。明治一八年、大阪事件に連座した。

一六歳の少年横山源之助が上京の挙にでた明治一九年――。

明治一〇年代、自由民権運動の激動。一四年自由党の結成。一五年福島事件。一七年秩父騒動、名古屋、飯田、加波山事件。そして一八年の大阪事件、静岡事件。少年横山源之助が上京した翌年、明治二〇（一八八七）年一二月保安条例が公布され、主な自由民権運動家は首都から一掃される。徳富蘇峰の『国民之友』が発刊され、二葉亭四迷の『浮雲』第一篇が上梓されたのが同年。二二年欽定憲法発布。二三年第一回衆議院議員選挙、第一回帝国議会召集、教育勅語発布。

三人の少年が郷里を出奔、上京した明治一九年の頃は自由民権運動がおさえこまれようとし、新国家が誕生しようとする直前のときであった。この国はたしかにその頃までは魅力のある、あたらしい息吹にみちた、大きな上昇気流のなかにあるようにみえた。横山源之助の夢は経世経綸にあったことはいうまでもない。明治前期の青年がおしなべてそうであったように。政治家となり、法の司祭者となり、あるいは陸海軍へ。あたらしいにっぽんを、欧米列強に負けないようにする——そのような気概であった。一日も早く日本のくにに責任をもとうとする——開国期の、ことに後進国の青年がもつ客気であったにちがいない。

「僕の希望は、法律家に為るのである。政治家は僕の理想である」——。そのため横山源之助は英吉利法律学校に入学したという。

もう一度黒田源太郎の記述をみよう。

英吉利法律学校へ

二人と相語らひ、無断退学して東京に逃げたのである。而して君は英吉利法律学校（後ち東京法学院今の中央大学）に学び、末は弁護士たらんとし、岩崎大島の両氏は攻玉社で海軍兵学校に入るべく準備教育をうくることになつたのである

君は明治二十四年三月、同校を卒業するまで、熱心勉強し、父も亦学資に事欠かせなかつたが、君も父も卒業せば直ぐに弁護士に為り得るものと考へて居たらしい、本人は兎も角、父はさう考へて此処まで若干の遣繰もして、学資を貢いて来た。処が弁護士試験となるや、此年も翌年も翌々年も不合格続き、君は試験間際まで家に居たやうであつたが、上京して試験の下調べに浮身を窶し、権利義務に黄いろな嘴を尖らしてゐた。

（黒田源太郎著・発行『炉辺夜話』昭和八年）

とある。横山源之助が時の英吉利法律学校に入り、明治二四（一八九一）年三月に卒業したとしてある。横山源之助が英吉利法律学校に通ったことは、横山自身の筆に「今より十八七年前、恰かも僕等が神田錦町の、英吉利法律学校に通つて、日夜権利義務に浮身を窶してゐた時」（「移民界の活動者」二『商業界』三八・六）と書かれた箇所があるから、確かであろう。だが同二四年三月に卒業したかどうか、他に裏付ける資料はない（中央大学卒業生名簿には記載がない）。彼の知友黒田源太郎が卒業の年月まで記述しているところから、今はなかばそれに信をおくしかない。卒業時を明治二四年三月とすると、上京時の同一九年とのあいだに若干の空白があるようである。

現在の中央大学が、英吉利法律学校を呼称したのは創立時の明治一八年から二二年までである。同二二年からは東京法学院と改称し三六年にいたっている。したがって入学が英吉利法律学校、卒業が東京法学院であったことになる。英吉利法律学校は当時三年制の専門学校であり、受験資格は一八歳以上の男子ということになっていた。普通課程をおえていない一六歳の少年には直接受験資格はない。横山源之助が明治二四年に卒業したとすれば二一（一八八八）年頃に入学したのであろうか。上京した明治一九年から、英吉利法律学校に入学するまでの間、二年余り空白がある。その間共立学校のような予備校に学んだのであろう。

当時のわが国は先進の西欧諸国においつくため、近代国家の基礎づくりに大わらわなときであった。制度、文物等あらゆる方面に西欧のそれを模したあたらしい装いが必要とされた。植民地化、隷属化の屈辱をのがれ、一人前の独立国家としての存立を、先進諸国家間――帝国主義を競いあっている――に認めさせるためには、それ相応の必死な国家づくりが、つまりは鎖国のもとでたもたれてきた封建的な旧国家諸機構からの思いきった転身が至上命令として課せられていた。明治二二年に、国家の背骨にあたる憲法が発布された一事は、ようやくこのときに日本のくにが〝近代国家〟として緒につきはじめたことをしめしている。近代国家であるか否かは、いわば〝法律国家〟としてあるか否かにあった。一個の独立した、権威ある、近代国家として認められ、信用を得るためには、なによりもそれにふさわしい〝法律国家〟としての再生が至上の国家事業としていそがれていたわけである。

明治一三（一八八〇）年に刑法・治罪法の成立をみているが、近代法としての民法は、同二二〜二五年の法学界挙げての〝民法典〟論争の経過にもみられるように、まだこの頃は成立していない。横山源之助が英吉利法律学校に入った明治二〇年前後は、日本の国家体制そのものはまだ近代法体制として充分に成立しきっていない。そのために新しい法体系づくりが急がれるとともにそれを駆使する新しい人材が求められているときであった。司法省法学校のほかに、いわゆる「五大法学校」はこの頃踵を接して創設された。専修学校（明治一三年、のちの専修大学）、東京法学校（同一四年、のちの法政大学）、明治法律学校（同一四年、のちの明治大学）、東京専門学校（同一五年、のちの早稲田大学）、英吉利法律学校（同一八年、のちの中央大学）。この五つの法律学校が名実ともに法律専門学校として成るのは、ともに明治一九年である。多くの青年がこれらの法律学校にあつまった。横山源之助もその一人であったわけである。明治一〇年代の波瀾にとんだ自由民権運動の波がようやく静まって、すべてのものを体制内化しようとするあらたな局面がひらかれつつあった。青年たちのはげしい志向がそこへ集中していた。つぎに引用するような事情がかれらの志向する一端がなにであったかあかしていよう。一つは人間としての近代的な権利意識の問題であり（自由民権思想の内在化の問題ともいえる）、一つは国家との関連の問題である。

『東京法学校雑誌』より

諸君ハ此校ニ入ルヤ二大責任ヲ負フモノナリ。其第一ハ我日本国ノ幸福ヲ図ルニ在リ。其第二ハ即チ吾帝国ノ独立ヲ護ルコト是ナリ。

諸君モ知ラルル如ク現時ノ世界ハ優勝劣敗ノ世界ナリ。余ガ背後ニハ余ヲ攫掻センコトヲ図ル者アリ。余ガ面前ニハ即チ正ニ爪牙ヲ磨スル者アリ。今日有スル所ノ財産ハ明日如何ナルコトヲカ、今日ノ生命ハ明日如何ニ成行ク可キ乎、得テ知ル可カラザルノ暁ナリ。斯ル危険至極ノ時ニ際シ、猶ホ能ク枕ヲ高フシテ眠リ、身ヲ安ジテ起居スルモノハ抑モ何故ゾヤ。是職トシテ法律其執行ノ確カナルニ由ラズンバアラズ。諸君ノ茲ニ入リテ法学ヲ攻究スル者ハ、果シテ如何ナル目的ニ出ヅルヤヲ問ハバ、則チ吾人ヲシテ此幸福安全ヲ保タシメル法律ヲ研究シ、之ヲ執行スルニ外ナラザルベシ。諸君ハ此法律ヲ執行シ、以テ吾人ノ身体ヲ安全ナラシメ、吾人ノ権利自由ヲ鞏固ナラシムルノ責任ハ、諸君ガ此校ニ入ルト同時ニ自ラ負ハレタル者ナリ。（略）

第二ノ責任ハ即チ我帝国ノ独立ヲ外国ニ対シテ保維スルニ在リ。吾帝国ノ未ダ十分ナル独立ヲ有スル能ハザルハ、種々ノ原因アル可シト雖モ、其最モ主タル者ハ即チ法律ニ在ルコトナラン。彼レ或ハ曰ン、日本ノ法律ハ完良ナラズ、故ニ此法権ヲ撤去シ、日本法庭（ママ）ノ裁判ニ従フヲ得ズトノ口実ヲ以テ治外法権ヲ保維スルコトナラン。政府ハ今ヤ鋭意新法制定ニ汲々タリ。又諸君モ或ハ国会ニ出ヅルアラバ、時ニ或ハ之ヲ改正セントスルコトモアル可シ。此点ヨリ見ルモ、今日諸君ガ法律ヲ研究スルノ必要アル所以ナリ。今政府ガ法律ヲ改正スルモ、彼等ハ猶ホ第二ノ砦寨ニ拠リ其法権ヲ守ラン。第二ノ砦寨トハ即チ法律ヲ執行スルノ人ナシトノ口実是ナリ。今日ニ於テモ開港場其他繁華ナル都市ニ在リテハ、善良ナル法官代言人アリト雖モ、未ダ全国ヲ通ジ此言ヲ為ス能ハズ。善罵ヲ以テ有名ナルボルテールハ『世ニ良法稀ナレバ法律ノ良執行ハ尚更稀ナリ』ト謂ヘリ。是レ法律ノ善良ナル者ナケレバ、民善ク其執行ヲ為ス者ハ尚モ尠シト云フニ在リ。彼等ハ必ズ曰ン、『成程法律ハ改正セラレタリ。然レドモ、吾人ハ其執行者ニ服スル能ハズ。故ニ猶ホ未ダ治外法権ヲ撤去スベカラズ』ト。諸君ガ此校ニ入リ、法学ヲ攻究セラルルハ、取リモ直サズ法律ヲ執行セントスルモノナリ。将ニ日ナラズシテ我全国ハ明法家ニ依テ充満セラレントス。此時ニ際シテ執拗ナルモ彼等ハ既ニ其口実ナキニ至ラン。第二ノ砦塞ヲ陥ルレバ則チ彼等ハ最早根拠ナカル可シ。然ラバ則チ、諸君ハ吾帝国ノ独立ヲ保維スルノ一大責任ヲ負フモノト謂フテ敢テ不可ナル所ナキヲ知ル。

（『東京法学校雑誌』明治二一年、第八号）

これは明治二一（一八八八）年時の東京法学校学長河津祐之の演説の抜粋であるが、横山源之助が英吉利法律学校に入学した頃の、青年たちをそこへおしやっていた事情の幾分かを示唆するものがあるだろう。だが、ちょうど横山源之助が卒業期をむかえる頃、明治二〇年代に入ってからの法曹界の情勢はかなりきびしいものに変わりつつあった。横山が東京法学院（英吉利法律学校が改名）を卒業したとされる明治二四年頃は、一〇年代後半からはじまっていた法学流行の高潮のために、法律書生がそろそろ過剰化しはじめていたのである。法律をもって口を糊することは容易ではなくなってきたという。横山源之助が弁護士試験に失敗をかさね、ついに断念するにいたるのはそのようなきびしい情勢に遭遇した結果によるものであった。

その間、養家横山家のなりゆきはどうであったろう。一六歳のとき、とつぜん東京へ出奔してしまった養子源之助にたいし、養父伝兵衛はその恩知らずな暴挙を日ならずしてみとめた。「学資に事欠かせなかつた」という。学問をする書生源之助に、世間を遠慮しつつも養父は将来を期待した。だがちょうどこの頃横山家の家産はかたむいてきていた。「若干の遺繰をして、学資を貢いて」きただけではなかった。「彼の家は彼の学資のために終に他人の手に渡り、今は借家住ひを為し、学資も十分に送らなくなつた」（黒田源太郎）という。さきには「相当の貯蓄も収入もあり、土蔵まで建てて、何不足なく暮し」ていた左官職横山家であった。横山源之助が東京法学院を卒業した頃、そして弁護士試験に二、三度失敗をかさねた頃、つまり明治二五、六年頃には横山家はもうそのような状態におちていた。「相当の貯蓄も収入もあり、土蔵まで建てて」いたとしても、もともと底の浅い左官職であったのである。この前後、横山家は金屋町から神明町へ二、三度転居[2]しているが、おそらく借家住まいにおちたからであろう。

（2）　第一章注3の養父横山伝兵衛の戸籍の転移を参照。

放浪時代へ

弁護士試験の失敗にくわえ、養家横山家の没落であった。ここに一人の、社会からはみだした失業書生が誕生し、横山源之助の放浪時代がはじまるのである。

明治二四（一八九一）年に東京法学院を卒業したとされる前後から、同二七（一八九四）年に島田三郎が主宰する毎日新聞社に入社する頃までの約四年間がそれにあたる。

横山源之助自身の回想をかりてみよう。二葉亭四迷回想記「真人長谷川辰之助[3]」のなかで、述べている。

> 僕は長谷川君を知つたのは何年頃（いつ）であつたか、瞭然（はつきり）と記憶がないが、なんでも神田錦町の今井館[4]に下宿してゐた時であつたやうに覚えてゐる。（或は猿楽町の家へ尋ねたことがあつたやうにも思ふ）その頃僕は谷中初音町の植木屋に陣取つて、弁護士試験の下調（したしらべ）に浮身を窶（やつ）してゐた。権利義務に黄ろい嘴（くちばし）を尖（とが）らしてゐた僕が、浮雲[5]の著作で一躍して大家の名を博した長谷川君を尋ねたのが不思議である。（無論紹介などあつたのでない、藪から棒に尋ねたので）。最も君の名前を知つたのは、浮雲の出た当時で、雪中梅[6]や花間鶯の外（ほか）読んだことがない僕が、浮雲に接して、その小説の一種異様なのに大驚を喫した。その頃の僕といつたら、オースチン[7]又はホルランド（ママ）の法理学に精神を打ち込んでゐたもので、志す所は天下、国家。グラッドストン、ガンベツタ、板垣退助等の人物を崇拝してゐたが、「小説を書く人」は別段僕には豪い人とも思はれなかつたのである。唯、徳富蘇峰氏の平民主義には魂を打ち込んでゐた時だから、僕が長谷川君の名前に尊敬を払つたのは或は国民の友[8]あたりから来たものかとも思はれる。その後（のち）

「あひゞき」も見た、「めぐりあひ」も見た、特にドブロリユーボフの「平民と文学」(9)といふ訳文は、再読、三読した。僕は遙に君を想像して、見ぬ恋にあこがれたのである。その中僕も知らず〳〵小説好きの一人となつた。けれど、僕の希望は、法律家に為るのである。政治家は僕の理想である。小説家に接近しやうなどいふ大それた思想が起つて来ない。――斯くて谷中に引つ込んで弁護士試験の準備に取り掛つたが、法律書は其方退けに小説や宗教書に耽つてゐた。因に友人に基督信者などあつた為でもあらう、また禁酒会員であつた為でもあらうが、当時の僕は宗教の書物や談話に趣味が多く、(禁酒は二十七年頃までつゞいた)それに身体の虚弱かつた為でもあつたらうが、試験の準備となると、どうも頭脳が重くなつてならない。或時は氷嚢を携へて、図書館に通つたこともある。頭脳の具合が斯んな風だから、空漠とした宗教書や、小説類を読み耽つて、お仕舞には試験が一二ケ月前に迫つたが、其様な事に頓着なく、菜根譚の写本を懐にして、飄然と道灌山や滝の川に出掛けて、日を消したことが一二度ではない。その中、小説家の人物なども、おぼろげながら判つて来たので、誰かに逢つて見たい、と当時の僕に取つては多事多忙の試験準備時代に、縁も由縁もない小説家の人物に無限の趣味を持つて来たのが不思議千万である。僕が長谷川君を尋ねたのが、這んな時であつた。

　序に言つて置くが、当時僕の住んでゐた植木屋の前にちよんぼりとした藁屋根の家があつた。其家に二十四五ばかりの、頬髯の生えた美目清秀の一青年がゐた。最初は何人であるか知らない。時々螢沢の田圃中でナポレオン帽を冠つて、腰を曲めて彳んでゐたのにも出会した。月夜になると、朗々と詩吟の聞えることもある。親しくなつて見ると、之は今日北京警務学堂の監督に為つてゐる川島浪速氏で、同氏はこの小屋に、両親や弟妹とごちや〳〵と雑居してゐたのだ。(僕の宿は谷中で、すぐ前の川島君の家は日暮里であつた。)。知つてからといふものは、毎日のやうに往復したが、今も其様だらうが、其の頃の川島君といつたら禅家の風もあつたが、支那流儀の豪傑肌だで、寂然と眼を据えて、風外一流の宗教談を語つたものだ。僕が老儒仏を打つて一丸とした菜根譚を知つたのも、川島氏から来たので、弁護士の試験を下らないやうに思つて来たのも、或はいくらか川島氏の説法が利目があつたのかも知れない。焉んぞ知らん、此の川島君と長谷川君とが十三四年の後に[10]、一堂に会して手を握らんとは。僕は長谷川君と逢つた当時を回想する毎に、川島浪速氏の当時に無限の感懐がある。

僕が長谷川君に逢つた時は、どんな模様であつたか、瞭然と覚へて居らない。小説好きといつても、僕は小説に対する造詣も見識もあつた訳でないから、小説談など持ち出す勇気もなく、君も此時は最う文壇を去つてゐた。で、僕が君を尋ねたのは、小説の浮雲に動かされたといふよりも、世間の人気に頓着せず、悠然として、小役人に韜晦した人格に尊敬を持つたのだから、君を尋ねた僕の目的といつたら、極めて漠然たるものであつた。であるから、最初の会見は無意味であつたに相違ない。で、長谷川君に逢つて見ると、粧飾も何もない四畳半の座敷、机の代りに支那革嚢が出てゐて、上に洋書二三冊、床にも六七冊の洋書が積んであつた。そして秩然と坐つて、沈んだ調子で、静かに応対されたのは今でも覚えてゐる。最も如何かすると、腕捲りする癖があつたやうだが、言葉振はどこ迄も穏やかで、叮寧で、しかも近くべからざる威厳が備はつてゐた。僕は此人が小説を書いた人かと聊か案外に打たれたのである。其の後尋ねたが、別段深くもならず、顔が馴染で来たといふ位のもの。けれど、川島氏とはます〳〵深密になり、東京に居る時は、絶えず川島氏の家を尋ねて、お母さんの親切に絆されてゐた。その翌年であつたか、翌々年であつたか、僕は飯田町に下宿してゐたことがある。此時は最う弁護士に思を絶ち、そろ〳〵貧民問題が芽を出してゐた時だ。なんでも往来に砂烟が渦いて、真面に歩くことが出来ない、大風の吹いた日、長谷川君を本郷真砂町[11]の家に尋ねた。（日曜日であつたらう）。此時は両親と同居で細君もゐた。風采も変つてゐる。――那処やら圭角が除れて、頬に髯を延ばしてゐた。前には余り笑顔をみせなかつた君は、膝を壊して、いろんな内情話を初めた。君の人道主義を聞いたのも此時だ。思想の変遷を聞いたのも此時だ。小説嫌ひとなつた理由を細かに聞いたのも此時だ。夜の十一二時頃までも話説は絶えなかつた。どうして君は這んな風に胸襟を開いたものか、今に合点がゆかないが、丁度此時僕は放浪生活に入らんと仕てゐた時で、人知らず煩悶してゐた際であつたから、或は鋭敏な直覚力を持つてゐた君の同情を惹いたものであらう。間もなく君は僕を尋ねてくれた。——長谷川君と僕とは此時から深密に為つたのである。

僕は飯田町より南神保町に移り、夫から一ツ橋と、浮萍の如く下宿を変へてゐた。愈々放浪時代に入つたのだ、すると小笠原島に出掛けてゐた旧友(12)が、ひよつくりと帰つて来た。蠟虎船に乗込まんと小笠原島に出掛けたのだが、一年ばかり音信が絶えてゐたので、如何したものだらうと案じてゐると、心胆を煉るためにとかいつて帰つて来たのである。当時松島の瑞巌寺にゐた中原剳州(ママ)師(13)（南天棒）を慕ふて、小笠原島から帰つたので(ママ)。川島氏の肝煎で、南天棒に縁故ある市ヶ谷道林寺(14)に落ち付くことと仕た。僕も何時の間にか道林寺に出掛け、友人と同居した。友人は大僧小僧と伴うて托鉢に出る、僕は寺男の唖（山岡鉄舟居士の姻戚とかいふ）と庭の木葉を拾つてゐるといふ簡易生活。食物といつても粥に塩、梅干の一ツもあれば、舌鼓を鳴して喜んだ。饂飩粉を解(ママ)いて済ましたことも随分ある。此時僕は矢崎鎮四郎君（嵯峨の屋）や松原岩五郎君等とも知合に為つてゐたから、時々寺から出て矢崎君や松原君を尋ねる。松原君は今こそ女学世界の主筆で候と大人しくなつてゐるが、此時は放浪組の隊長、外神田の素人下宿に燻つて、国民新聞社に社会記事を送つてゐた。僕は秣香臭い中に交つてゐたが、生活に縁の遠いお談義は身に入らず、社会党などの行動が眼にちらついてゐた。だから貧民とか労働者とかいふと、無性矢鱈に身にしむ。這んな風だから、松原君とも自然に懇意になる。松原君に親しい割合に矢崎君とも懇意に為つた。当時嵯峨の屋主人といへば文壇の新勢力で、或方面では紅葉露伴と同格、否より以上に評判されてゐた。で、僕は文学とは没交渉だが、君の小説に貧民の同情があつたから、その小説を愛読するにつれ、何時の間にか矢崎君とも懇意に為つた。その中に矢崎君に勧められて、短い小説を書いたこともあつた。（貧児とかなんとか題して[15]、矢張民友社から出てゐた家庭雑誌の附録に出たやうに思ふ）当時社会主義者などいふ者が未だ現はれず、偶々「国民之友」に社会問題に関する二三の論文が掲載された位が関の山、混沌たるものであつたが、空想に憧れてゐた当時の僕は、遙に独乙や白耳義の社会運動を想像して、窃に労働者の救済を以て任じてゐた。で、這んな風に交際の範囲が広くなつたが、いづれも長谷川君の人物に服してゐた連中だから、僕は閑隙さへあると、長谷川君を尋ねたものだ（矢崎君は此時最う長谷川君と仲違に為つてゐたが、長谷川君の噂が出ると何時も君の人物と技倆を嘆称してゐた。）そして何時も長谷川君の家で落ち合つたのは、内田不知庵氏であつた。当時はドストエフスキーの罪と罰を翻訳して、名声嘖々たる時きで、長谷川君と口角泡を飛して、何か論じてゐたのを僕は傍で煙草を吹しながら、ぼんやりと聞いてゐた。……回想すると、趣味は津々としておこる。今こそ内田君は名も魯庵と変つて、具足円満の君子人に為つてゐるが、当時の内田君は、薩摩飛白を着た、圭角の多い論客で、君の口に掛ると、硯友社員などは骨灰微塵であつた。（「文学者となる法」などは、当時の内田君を知るに最も適切のものであらう。）長谷川君の沈弁と、内田君の快弁、ぽかんと傍で聞いてゐた僕までが、議論の中に吸ひ込まれて夢中に為つた。夢中といへば、当時長谷川君を尋ねると、何時も夜を更かすのが定例であつた。やがて君が神田の皆川町[16]に別居すると、遠慮会釈もあらばこそ、ずる／＼べつたりに泊り込んだことも一二度ではない。君はその頃英国職工の生活や賃銀を調べて、官報に出してゐた。

その中に日清戦争の黒幕が落ちた。長谷川君もそろ／＼眼を実際に向け、国際問題の書物などが机に上り初めた。僕はます／＼深間に入つて、放浪生活を続けたが、偶とした手蔓で、島田三郎氏の毎日新聞社に入つた。長谷川君は皆川町から飯田町に転宅したが、此時は最う往日のやうに理想に耽る長谷川君でなく、国際問題も出れば、生活難も出る。家庭の煩悶も出て来た。……その中に本郷東片町に両親と同居するやうに為つた。

長谷川君が、再び文壇に打つて出たのは此の東片町時代である。

(3)「真人長谷川辰之助」坪内逍遙・内田魯庵編『二葉亭四迷――各方面より見たる長谷川辰之助君及其追懐』(明治四二年、易風社)より引用。後に「二葉亭四迷」と改題、横山著『凡人非凡人』(明治四四年、新潮社)に転録されたが、若干の違いがある。
(4) 二葉亭四迷が神田錦町今井館に下宿したのは明治二四年夏から同年一二月まで。
(5)『浮雲』第一篇は明治二〇年六月、第二篇は同二一年二月、金港堂刊。第三篇は『都の花』に同二二年七~八月(第一八~二一号)連載。
(6)『雪中梅』は明治一九年、博文堂より、『花間鶯』は同二〇年、金港堂刊。共に末広鉄腸の政治小説。
(7) オースチン、ジョン(一七九〇~一八五九)。イギリスの法学者、分析法学派の先達。
ホランド、トーマス・アスキン(一八三五~一九二六)。イギリス分析法学派。

グラッドストン、ウィリアム・エワート(一八〇九~一八九八)。イギリスの政治家。

ガンベッタ、レオン(一八三八~一八八二)。フランスの政治家、反ナポレオン三世派。

(8・9) 二葉亭はこの頃『国民之友』に翻訳を二、三掲載している。パヴロフ「学術と美術との差別」は明治二一年四月号、ツルゲーネフ「あひゞき」は同二一年七、八月に、ドブロリューボフ「文学の本色及び平民と文学との関係」は同二二年四、五月に掲載。
(10) 二葉亭が北京警務学堂提調となり、川島浪速と行を共にしたのは、二葉亭の中国行のうち明治三五年一〇月から三六年七月まで。
(11) 二葉亭が本郷区真砂町に住んだのは明治二六年から二七年九月まで。
(12) 岩崎文次郎のこと。横山源之助とともに中学を無断でやめて、東京にとびだしてきた旧友。
(13) 本名は中原鄧州(天保一〇(一八三九)~大正一四(一九二五)年)。明治、大正期の禅僧。乃木希典が一時帰依したという。号は南天棒。
(14) 臨済宗瑞光山道林寺。牛込区市ヶ谷富久町八にあったが、現在はない。
(15)「貧しき小学生徒」のこと。『家庭雑誌』明治二七年九月、第一七号付録に横山夢膓の筆名で発表。
(16) 二葉亭が神田区皆川町に住んだのは明治二七年一一月から二八年四月まで。

横山源之助の青春時代――明治二〇年代は日本の国家的基礎がようやくかたまり、安定期にはいっていく時期である。自由民権運動の嵐がふきあれた一〇年代をへて、体制内的な枠に国民的な欲求や意識がしだいにおしこめられていく時期。政治、諸法等の国内的な機構が一応の整備整頓をへて安定期にはいる時期にあたる。近代諸領域の文化がそれぞれに分化しはじめるのもこの時期である。政治の熱気からさめて、それぞれおのれの道をあらためて見出さねばならないときがきていた。たとえば、政治に青春の熱血を傾けた北村透谷が文学の道を見出していき、二葉亭四迷の『浮雲』が早くも整備されはじめた官僚機構からはじきだされる余計者的な青年像を描きはじめるのは、その一端であろう。

横山源之助が東京法学院を卒業しながら、弁護士試験に悪戦苦闘し、ついにその登龍門から冷たくしめだされるのはちょうどこの頃である。司法の需要機構からしめだされた苦学生が東京の街にあふれたという。横山源之助はその一人であった。横山源之助の放浪時代は国家機構の壁からつめたくしめだされたことからはじまる。

この頃の横山源之助を、回想記をかりてなぞってみよう。

横山源之助が学生時代に感化をうけた学者はオースチンやホランドであったという。ともに英国の著名な法律学者であり、分析法学派の代表的学者である。英法を土台にした英吉利法律学校（後の東京法学院）に学ぶ法律書生としては当然のことであった。そして政治家はグラッドストン、ガンベッタを崇拝したという。英仏を代表する民主主義政治家である。日本人としては自由党の党首板垣退助を尊敬し、徳富蘇峰の平民主義に魂をうちこんだという。そして夢見ていた舞台が「天下、国家」、めざしていたのが弁護士になること、政治家になることが夢であった。文学には興味はなかったが、一応『雪中梅』や『花間鶯』等の代表的な政治小説は読んでいた。ここらあたりまでは当時の政治・法律万能時代の青年としては、横山源之助はごく平均的な青年の一人であったことになろう。

だが東京法学院を出て弁護士試験に没頭する頃から、そろそろ精神的動揺が芽生えはじめる。二〇歳前後の頃である。弁護士試験の準備のかたわら、小説類や宗教書を読みふける青年にかわる。かくして〈政治〉のほかに、〈文学〉と〈宗教〉が併存しはじめる。

そして弁護士試験に憂身をやつしているさなか、とつぜん二葉亭四迷を神田錦町の今井館に訪れたという。二葉亭四迷がそこに下宿していたのは明治二四（一八九一）年夏頃から同年一二月までである。明治二四年は横山源之助が東京法学院を出た年である。

さらに、その頃横山源之助は谷中初音町の植木屋に下宿していて、その向いの川島家の世話になり、川島浪速(17)から「老儒仏を打つて一丸とした菜根譚」を教えられ、宗教談をきいたという。

二葉亭四迷訪問、川島浪速との交友――それはある前兆であった。その頃に精神的動揺がおとずれていたことになろう。政治家になることを夢み、弁護士になることを目標にした横山源之助が内省的な世界に崩れていく状況があらわれてくる。

(17) 慶応元（一八六五）～昭和二四（一九四九）年。明治三四（一九〇一）年、清朝北京に警務学堂を創設。後年中国で活躍するナショナリスト。

以来、横山源之助は二葉亭四迷から文学と社会問題意識の影響をつよくうけていくことになるのである。そして川島浪速からうけたものは、ものにこだわらない放浪的気分とでもいえるであろうか。

横山源之助はこの頃文学と宗教に関心をもったといっているが、宗教へのそれはさほど深くはない。「弁護士試験の準備に取り掛つたが、法律書は其方退け（そっちのけ）に小説や宗教書に耽つてゐた。因に友人に基督信者などあつた為（せい）でもあらう。また禁酒会員であつた為（せい）でもあらうが」といっている程度か、『菜根譚』を読みふけった程度であったろう。だが、横山源之助が仏教的無常観、虚無観めいたものに関心をもっていたこともたしかである。天涯茫々生、夢蝶、無腸、樹下石上人等、それらの筆名は虚無の極北を憧憬するもの、さらには無常観にこころをひかれるものが表白するものであるようにおもわれる。横山源之助が行雲流水の雲水的境涯にあこがれていたことも事実であろう。やがておこなわれる下層社会への放浪も、横山流の雲水の変形であったのかもしれない。出生の秘密を知ったときから、こころの奥底に厭世感が深く巣くって青年期に雲水的虚無観に拡大していったのかもしれない。「身を雲水に任せて、俗累を脱れんとしたのも一二回ではない」という（「須賀日記」『趣味』四一・四）。

弁護士試験に二、三度失敗した後、横山源之助は文字どおり放浪生活に入ったようだ。横山源之助の放浪時代は厳密には明治二六（一八九三）年から二七（一八九四）年にかけての一年余の間であったと想像される。放浪生活開始のときが、ちょうど二葉亭四迷の本郷真砂町時代（明治二六年六月〜二七年九月）であったようである。それは明治二七年一二月毎日新聞社入社のときまで続けられる。この一年余の間に、横山源之助は飯田町、南神保町、一ツ橋へと「浮萍の如く下宿を変」え、さらには市ヶ谷の禅堂道林寺に落ち、「食物といつても粥に塩、梅干の一ツもあれば、舌鼓を鳴して喜んだ。饂飩粉を解(ママ)いて済ま」さねばならない境涯にまでおちた。弁護士試験を断念すると同時に完全な意味でのルンペン生活――行くあてのない生活におちることになった。養家横山家からの仕送りがたたれたことにもよるのであろう。

そのとき、「最(も)う弁護士に思を絶ち、そろ〳〵貧民問題が芽を出してゐた時だ」という。「浮萍の如く下宿を変へ」、ついには下宿すらも確保できず、食うに金なく市ヶ谷の禅寺へおいつめられていった経緯は、「そろ〳〵貧民問題が芽を出してゐた」経緯とかさなっている。

横山源之助の放浪時代は明治二四年から二七年まで、約四年間である。前半の二年余は東京法学院を出て、弁護士試験に望みをかけながら文学や宗教問題に興味をもちはじめていく、いわば精神的放浪時代。後半は弁護士になることを断念して、実際に放浪生活にのめりこんでいきつつ、貧民・労働問題研究の方向へ転身していった期間である。

この三、四年間がその後の横山源之助の人生にどのような重大な意味をもったか、いまさらいうまでもない。

ここで、市ヶ谷道林寺について一言触れておこう。この禅堂は今はないが、当時内藤新宿に向かう青梅街道ぞいの市ヶ谷富久町の台地にあった。東京のはずれである。この雲水寺は明治、大正期に禅風をひろげた中原鄧州（南天棒）が主宰し、一時乃木希典が参禅したことにちなみ、乃木山道林寺を俗称したこともあったらしい。横山源之助が居候をきめこんだ頃はまだそのような俗気はない。

政治万能時代に上京し、司法の座にいどんだ横山源之助であった。この国の権力機構はすでに完成期にはいりつつあった。閉じられた門からしめだされ、余剰化した貧乏書生のひとりとして苦しみつつ、やがて権力機構のあり方を疑い、それに対立し挑戦していく青年がここに誕生するのである。失業、放浪時代の三、四年間はその後の横山源之助がうみだされる化身期間であった。その頃まったく縁のなかった文学――二葉亭の『浮雲』に共鳴したのも、権力機構の内側からはじきだされ、余計者的境涯に煩悶する主人公文三のそれがあたかも横山自身のそれにどこか似ていたからにちがいない。横山源之助の精神的放浪は二葉亭の『浮雲』を基軸としたかのように、文学、宗教の極北におしひろげられ、やがて貧民、労働者問題研究という終生のテーマにたどりついていくのである。

その経緯は横山源之助の回想をふたたびかりれば、こうである。

松原君は今こそ女学世界の主筆で候と大人しくなつてゐるが、此時（そのとき）は放浪組の隊長、外神田の素人下宿に燻つて、国民新聞社に社会記事を送つてゐた。僕は秣香臭い中に交つてゐたが、生活に縁の遠いお談義は身に入らず、社会党などの行動が眼にちらついてゐた。だから貧民とか労働者とかいふと、無性矢鱈に身にしむ。這（こ）んな風だから、松原君とも自然に懇意になる。松原君に親しい割合に矢崎君とも懇意に為つた。当時嵯峨の屋主人といへば文壇の新勢力で、或方面では紅葉露伴と同格、否より以上に評判されてゐた。で、僕は文学とは没交渉だが、君の小説に貧民の同情があつたから、その小説を愛読するにつれ、何時の間にか矢崎君とも懇意に為つた。その中に矢崎君に勧られて、短い小説を書いたこともあつた。――当時社会主義者などといふ者が未だ現はれず、偶々『国民之友』に社会問題に関する二三の論文が掲載された位が関の山、混沌たるものであつたが、空想に憧れてゐた当時の僕は、遙に独乙(どいつ)や白耳義(べるぎ)の社会運動を想像して、窃に労働者の救済を以て任じてゐた。（前掲「真人長谷川辰之助」）

松原岩五郎はすでに『国民新聞』に、貧民窟ルポを発表していたのである。その松原を「放浪組の隊長」といっている。ということは、「浮萍の如く下宿」を転々としていた横山源之助が貧民窟をも同時に放浪しはじめたという意味がそこにあることは明らかであろう。そして貧民窟放浪がたびかさなるにしたがい、ただ「遙に独乙や白耳義の社会運動を想像して、窃に労働者の救済を以て任じ」るだけにとどまらず、松原の後塵を拝しながらも、実態調査という形式――底辺社会ルポルタージュというもっとも地道なスタイルを「救済」への具体的な方法として見出していくことになる。横山源之助が述べているように、この頃（明治二五、六年頃）はまだ労働運動も社会主義運動もなく、その意味では「混沌たるもの」であった。それならどのような方法なら、労働運動や労働者の救済を実際に根づかせることができるのか、横山ならずとも暗中模索するしかなかったのである。そのとき、労働者解放運動の前段階の手段としてまずルポルタージュという方法をみずから見出していくそのきっかけとなったのは、放浪組の隊長松原岩五郎のルポであった。

松原岩五郎の貧民窟ルポがきっかけとなってはじまる、横山源之助のルポルタージュ発見の開眼がやがて明治三〇年代にはじまるわが国の労働運動の前期活動となったのである。明治期貧民窟ルポルタージュの系譜――桜田文吾や松原岩五郎のそれをうけつぎながら、貧民・労働者解放という新しい生命をふきこむことによって、若干使い古された貧民窟ルポという形式を、やがて横山源之助は下層諸領域にひろげみずみずしく生きかえらせていく。ルポルタージュ活動への従事は横山源之助なりの労働運動の開始であった。それはまぎれもなく労働運動の一つの形式であったのである。日清戦争前の放浪時代に準備され、それはちょうど日清戦争下に開始されていくことになるのである。

松原岩五郎（二十三階堂または乾坤一布衣）は明治二五年後半頃から下層社会ルポルタージュを『国民新聞』紙上に書きはじめた。「芝浦の朝烟」（二五・一一）にはじまる一連の貧民窟探訪記事がそれである。これは明治二六（一八九三）年に『最暗黒の東京』の名でまとめられ上梓された（民友社刊）。横山源之助が島田三郎主催の『毎日新聞』でルポを書きはじめるのが明治二七（一八九四）年末からである。松原のそれはちょうど二年早い。

松原岩五郎の前にも、先駆的なルポがあった。西田長寿が「明治前期労働事情」の一環として、「都市下層社会」と銘うっている東京・大阪の貧民窟実態報告の先駆的な成果二、三がそれである。「東京府下貧民の真況」（明治一九年『朝野新聞』）。鈴木梅四郎の「大阪名護町貧民社会の実況紀略」（同二一年『時事新報』、大正七年に「大阪名護町貧民窟視察記」として『皇室社会新政』所収）。桜田文吾（大我居士）の『貧天地饑寒窟探険記』（同二三年新聞『日本』、同二六年出版）等である。そして松原岩五郎の『最暗黒の東京』、さらに『社会百方面』（同三〇年）へとつづいている。これらはすべて横山源之助のルポの先駆である。

ここで、松原岩五郎と横山源之助との関係について、すこし触れておこう。

二人の接触はいつ頃からはじまったろう。横山源之助の放浪時代（明治二六、七年頃）、松原岩五郎が放浪組の隊長であったというから、その頃には二人の仲はかなり親密になっている。松原岩五郎が『国民新聞』紙上に「芝浦の朝烟」以後一連の貧民窟ルポを発表した頃からはじまったのかもしれない。

二人の接触が二葉亭四迷をとおしてはじまった可能性もある。松原岩五郎は二葉亭の『浮雲』や評論につよい影響をうけて、二葉亭のもとに出入りするようになっていた。[18] 横山源之助が二葉亭四迷をはじめて訪ねたのは、明治二四

（一八九一）年である。松原岩五郎のそれはそれよりも早く明治二二（一八八九）年頃であったようである。(19)

(18) 松原岩五郎「二葉亭先生追想録」、前掲坪内・内田編『二葉亭四迷』。

(19) 松原岩五郎は「二葉亭先生追想録」のなかで、つぎのように二葉亭との最初の出遇いの模様を描いている。

「私が先生と会つたのは二十余年前の事である。時に先生は薄暗い土蔵を書室として、恰も獄裏の人の如く群籍の間に埋つてゐられた。（略）当時君は漸く二十五六歳の青年に過ぎない。而して既に此大人的風格態度があつた。始私は二葉亭といふ人は非常に真面目の人で、何処となく凄味があつて、一言一句を忽諸にしないといふ風の人であるから、唐突なる問を出しては迷惑されるのみならず、彼の浮雲中の人物には作者の性格があらはれてゐるやうであるから、面会しても小説の事を問はぬ様にといふ或人の忠告を守つて行つたのであるが、扨て実際会つて見ると、其生まじめといふ事も、一言一句を忽諸にしないといふ事も、其他の忠告にあつた事も一切忘れて仕舞ふほど、初めの想像とは異つた人であつた。（略）当時先生の言には、予は作家にあらず、批評家であると言はれた。勿論この批評といふは単に著作を批評するのみにはあらで、広く社会、人生を批評するの意味であつた。当時文壇には、逍遙既に声名あり、美妙斎氏若手の飛将軍として艶名最も高く、紅葉山人僅かに頭角を顕はさんとして、其他は多く旧式の作家のみ。其際自分は生意気にも、当今の文界一も感服するものなし、冀くは先生の説を承はりたしと言つた。君は暫く沈吟してあられたが、徐ろに口を開いて、決然たる態度で、『私にはあるやうです。露伴といふ人の作を見て感じました。あれは仏教を人情教として説いてゐるやうであるが、非常な卓見だと思ふ。風流仏は小説として見ちやアつまらぬですが、あれは文章ですな、』と言はれた。この人情教の一言、これが一種異様な響を以て自分の頭に徹したのである」

これをみると、松原岩五郎が二葉亭四迷を最初に訪れたのが幸田露伴の『風流仏』（明治二二年、吉岡書籍店）の出た直後のようである。松原と二葉亭の交流は『浮雲』の続篇が書かれている頃から早くもはじまっていたらしい。これが書かれたのは、前掲二葉亭回想集『二葉亭四迷』（同四二年）が出たときだから、「私が先生と会つたのは二十余年前の事である」といっている箇所や、「当時君は漸く二十五六歳の青年」とある箇所も、二人の最初の出遇いが明治二二年頃であったことを傍証していよう。

横山源之助と松原岩五郎の交流が二葉亭四迷をなかにしてもたれたとすれば、それは横山が二葉亭を最初に訪れた明治二四年以降であったことになる。

あるいは、つぎのような事情から二人の交流がはじまったともかんがえられる。

松原岩五郎はルポルタージュ作家として登場する以前、明治二二、三年頃新進作家として文壇に登場している。松原の文学作品をとおして、二人の接触がはじまっていたかもしれない。

松原岩五郎は慶応二（一八六六）年、鳥取県の生まれであったというから、[20] 横山源之助より五歳年長であった。かれらが知り合ったときがかりに明治二五（一八九二）年とすれば、横山源之助二二歳。松原岩五郎二七歳。二葉亭四迷二九歳（元治元年生まれ）である。

（20） 西田長寿編『都市下層社会——明治前期労働事情』昭和二四年、生活社。

松原岩五郎の文壇経歴を略記しておこう。

松原の文壇登場は早い。幸田露伴に師事し、『好色二人息子』（明治二三年一二月、春陽堂）、『かくし妻』（同二四年四月、春陽堂）、「長者鑑」（同二四年六月、『新著百種』吉岡書籍店所収）等の作品がある。末広鉄腸の新聞『国会』に入った後、明治二六年頃民友社に入社、『国民新聞』記者となる。『国民新聞』紙上に発表したスラム・ルポを同年『最暗黒の東京』として上梓。日清戦争時同社従軍記者となり、戦後の明治二九年『征塵余録』を出す。三〇年ルポルタージュ第二集『社会百方面』刊（ともに民友社）。その後『国民新聞』文芸部長となり、三四年頃博文館にむかえられ、『女学世界』（同年一月創刊）の編集長としてながくその地位にとどまった。横山源之助との交流は明治二四、五年頃、横山源之助まだ無名のときからはじまり、横山源之助波乱の生涯中つねにかわらぬ友情をそそいだ、庇護者であった。明治三〇年頃、横山源之助と毎日新聞社との間に一時不和があったとき、民友社の『国民新聞』『国民之友』に横山がいくつかの作品を載せることができたのは、松原岩五郎の手引にちがいなかったし、また後年横山源之助が貧困の境涯を一管の筆にたくしつづけることができたのも、博文館にあって枢要の地位にあった松原岩五郎に負うところが大きい。

博文館発行の雑誌『太陽』『女学世界』『文芸倶楽部』『太平洋』『文章世界』『実業倶楽部』(前身『太平洋』)『地球』等々に、横山の作品を多くみるのはそれであろう。横山源之助の生涯――危機を裏面でささえたのは松原岩五郎であった。

明治三〇年前後、二人はよき友、よきライバルであった。松原岩五郎、横山源之助という、二人の専門ルポルタージュ作家の出現と競合によって、日本の文学にそれまでなかった独自な底辺文学がはじめてうまれたのである。横山源之助は松原岩五郎のルポに学びつつ、やがて松原のスラム・ルポの限界をのりこえ、明治期下層全域にわたるルポルタージュを完成していく。松原岩五郎の精彩ある業績がさきにあり、その友からのあたたかい示唆や支援があったから可能であったのであろう。

青春時代――無名放浪時代。横山源之助は他に内田不知庵、矢崎鎮四郎、坪内逍遙、幸田露伴、岩淵琢等の知己をえた。岩淵琢をのぞけばすべて文学者である。内田不知庵、矢崎鎮四郎、坪内逍遙は当時二葉亭四迷と頻繁に交流のあったひとびとである。内田不知庵(貢)は後の魯庵。当時『文学一斑』(明治二五年、博文館)をすでに世に問うており、後『くれの廿八日』(『新著月刊』明治三一年)、『社会百面相』(明治三五年、博文館)等で独自な社会文学を創りだした。矢崎鎮四郎は嵯峨の舎御室。当時『守銭奴の肚』(明治二〇年)、『ひとよぎり』(明治二〇年)、『初恋』『流転』等によって流行作家となり、すでに文学者として一家をなしていた。横山源之助の処女作「貧しき小学生徒」(『家庭雑誌』二七・九)は彼の勧めによって書かれたという。幸田露伴とは、松原岩五郎がこの頃露伴に師事していたことから、その紹介で出入りしたのであろう。横山の毎日新聞記者時代、『毎日』紙上に「幸田露伴と語る」(二九・一・一五〜)という対談記がある。それをみると、横山が失業書生時代に露伴のもとに出入りしていた様子がうかがえる。岩淵琢とはどの程度のつきあいであったろう。横山源之助の毎日入社は岩淵琢の紹介であったという。さて、横山源之助の失業放浪時代は、不思議に文壇放浪の時代と重なるのだが、以下に後年に書かれた回想記から、その跡をすこし拾っておこう。

文壇放浪記二、三

幸田露伴――二十年余りも以前のことである。其の頃下谷の天王子前に住んで居た幸田露伴を訪うた。門を開けて入ると井戸があつたことを覚えて居る。隠居所にでも建てたと云ふ風な家であつた。余り広からぬ家なので、家内の様子は能く分つた。恰度其の時、玄関に近い一室で五十四五の婦人が髪を梳つて居た。露伴の母さんであつた。案内を乞ふと何の用かと云ふので、別に用事もないが、いろ〳〵の話を聞きに来たと云ふと、兎に角入れと云ふので、通つた。庭に添うた家で、折から秋も稍々更けた頃で、少しく素枯れた芭蕉の葉が、秋の風にカサ〳〵と幽かな囁きを立てゝ居た。

其の頃露伴は「風流仏」を書いた当時で、僕は其の小説に依つて露伴と云ふ人を、物事に超越した、男性的の人であると想像して居た。露伴を面のあたり見るに及んで、此の想像の果して外れて居なかつたことを確めた。真白であつたか、或は紺であつたか、ハツキリと今の記憶にないが、兎に角無地の着物を着て居た。白にせよ黒にせよ、無地の着物は坊主でなければ多く着ないものである。それに、髪も五厘に刈つてニユツと坐つて居たので、何となく坊主臭いところがあつた。室の中には何も置いてなかつた、一冊の本もなかつた。経机を一脚据ゑたガランとした光景は、無地の着物を着て其の前にニユツと坐つた五厘刈りの頭と調和して、一層坊主らしく想はせた。一枚の黒板が壁に掛つて、気に入つた句など記してあつた。今では年も取つたことだし、博士にもなつたのだからそんな事はあるまいが挨拶の仕振りなども極く無雑作で、ハアと云つたやうな素朴な声を出して踞ばるやうなお辞儀を些つとする。其の頃小説家と言へば、柔らかい着物を着たり、髪を長くしたり、デレ〴〵した風采をして居るものゝやうに思はれて居た。現（げん）に硯友社の連中などにはさう云ふ風の人が多かつた。「風流仏」や其他の作品などに依（よ）つて、さうした連中とは趣を異にして居るであらうとは信じて居たが、其の姿なり、書斎の有様なりを見るに及んで、純粋の小説家と云ふよりも、何となく禅坊主式の小説家とでも云つたやうに見えて、当時禅など遣（や）つて居た僕には、先づ最初からそれが気に入つた。

けれども、初めは「ハア」と云つたやうな、極（きは）めて愛想（あいそ）のない調子で、取り付きのないやうな有様であつたのが、偶（ふ）と何か興に乗つて盛んに談じ出した。初対面の時であるに拘（かゝは）らず長く話し込んで、到頭（たうとう）御飯の御馳走にまでなつて帰つた。

何処迄（どこまで）も飄逸で超越したものであつたが、何（なに）しろ年も若し、才気の煥発した時代であるから、談論風発の概があつて、人を盛んに罵つた。何（ど）う云（い）ふ話をしたか能（よ）く覚えないが、直（す）ぐ愚劣な奴、下（くだ）らん奴と罵倒した。が、小説では紅葉と篁村とに感服して居た。

僕は今でも露伴と云ふ人を想ふと、現在の露伴よりも、谷中当時の無地の着物を着た禅坊主臭い露伴が、僕の頭に浮んで来る。

（「二十年前の初対面録」『新潮』四四・九・一）

嵯峨の舎御室――嵯峨（さが）の舎（や）と云つた所が、今の若い人は大方知つて居るまい。久しく文壇から遠ざかつて陸軍教授の職に在るさうだが、二十年前、『初恋』の一篇で文壇を驚（おどろか）した時分の勢は、実に目ざましいものであつた。其の当時の私は、感服時代とでも言はうか、誰にでも直（す）ぐ感服してしまつて能（よ）く訪ねて行つたものだ。まして嵯峨の舎の隆々たる盛名を見ては黙して居ることは出来ぬ。先づ端書（はがき）を飛（とば）して、いつ訪ねて行つて可（い）いかを聞いて見た。何時（いつ）も突然訪ねて行くのだが、道が遠いから聞き合（あ）はせたのだ。直（す）ぐ返事は来たが、留守宅からで、唯今旅行中だから、帰り次第お知らせすると云ふ文句であつた。其の当時『朝日』に居た彼は、月給を受取つて、家にも無断で其の儘（まゝ）飄然と旅に出たのであると云ふことを後（あと）で知つた。

数日経つて果して手紙が来たので、早速訪ねた。余り立派な家ではなかつた。夏のことで障子など開け放してあつたので、入り口から主人公の書斎が見えた。色の黒い顔をして、洗ひ晒しの着物を着て白金巾の兵子帯を締めて居た。そして、少しく肩を上げてテエブルに凭つて居た。当時大名のある人が、其の余り粗末な風采と共に小説を書く人がテエブルに凭つて居ると云ふことが、ひどく意外に思はれた。

言葉なども大変丁寧で、先日はわざ〳〵お端書を下さいまして、と、女のやうな優しい声で云つて、慇懃に迎へられたことも非常に意外であつた。其の頃嵯峨の舎は小説も書いたが、筆の上の気焔も中々高く、『しがらみ双紙』で「文士責任論」（「小説家の責任」二二・一一のこと、引用者注）などを発表して、小説家は社会の批評家であり、真の説明者であり、人生の批判者でなければならぬ。今の小説家は職業として金の為めに書く、自分には堪へられぬところだ。と云ふやうな意味のことを書いて、当時の小説家に熱罵を浴せた。さう云ふ人から、女のやうな優しい言葉を聞かうとは、初対面の僕に取つては全く意外であつた。

今でも元の風はあるが、其の頃は気魄があつて筆の上では中々えらいことを云つた。坊主くさい平等などゝ云ふ思想を持つて居た。そして、自分は人生の美を発揮するものだと云ふことを、真面目に信じて居た。従来の意味に於ける本当の詩人と云ふものゝ面影を、僕は嵯峨の舎に於て見た。家なども幾度び持つて、幾度び解散したか知れない。

斯う云ふことがある。或る夜嵯峨の舎の下宿を訪ねて、居るかと云ふと、宿の者が居ると云ふので、案内を乞ふやうな間でもないので、ヅカ〳〵上つて其の室に入つて見ると、暗くて留守だ。女中に聞くと確かに居る筈だが、物干ではないかと云ふので、恰度其所の廊下から上れるやうに、なつて居る物干に上つて、矢崎君と呼ぶと、暗い隅の方で、おゝ横山君かと返事をした。何をして居るのかと尋ねると、是を見て居るのだと答へた。空の晴れた夜でさへあれば、屹度此の物干台に上つて星を眺める。そして、天文学者と違つた、自己流の名を星に附けて居た。

今でも嵯峨の舎に聞くと其の頃附した名を記憶して居るであらう。此の一事を以ても彼の性格の一面を髣髴させることが出来ると思ふ。（同前）

嵯峨の舎御室――矢崎嵯峨の屋君の勧誘で、僕はほんの一度小説みたやうな物を書いて見た。爾して同君の紹介で、家庭雑誌（民友社発行）の夏期附録（？）に出して貰つた。同雑誌の編輯主任は、今も屡々出会する塚越停春君であつた。が、原稿は嵯峨の屋君の手で赴つたので、別に家庭雑誌社中の人に逢はなかつた。其の頃矢崎君は、小石川原町の一行院の一室に陣取つてゐた。例の如くレルモントフや、ツルゲーネフの噂に夢中に為つてゐる際に、丁度一人の訪客があつた。著流しの、銘仙の羽織を著た、痩形な弱々しいやうに見えた人であつた。膝を見詰めながら、面耻げに相対してゐたのは、どうも浮世の風に触らぬ生娘のやうにも見られた。主人公は顔に似合はない優しい声の持主矢崎嵯峨の屋君だ。嵯峨の屋君は、優しい中にも、あれで那処か世間馴れがした所がある。謹厳らしいやうで、那処か例のテケレツツのパーといつたやうな道化分子も交つてゐる。が、訪客は、那処までも嵯峨の屋君を謹厳の人として、真面目な人として、露西亜文学の先輩として、「遠慮」と「慎み」とを等分にして、逢つてゐた。なんでもトルストイの小説と人物とが話題の重なるものであつたやうに覚えてゐる。

嵯峨の屋君が紹介した名を聞くと、此の訪客は徳富健次郎君、其の人であつた。近頃雑誌等で、此の健次郎氏の写真を見ると、丸々と肥えて、でつぷりとしてゐる。其の後不如帰又は黒潮等の著書で、蘆花氏の名が絶えず僕の眼に触れるが、蘆花氏其の人は、僕は後姿だも見ない。蘆花氏の外に、黒川文淵、宮崎湖処子君等も、嵯峨の屋の宿所で出会した人達である。湖処子君は一度逢つたきりだが、黒川文淵君とは今に交際は続いてゐる。嵯峨の屋の室で逢つた文淵君は、天下を小にする慨があつた。（「人物印象記」『新潮』四四・一〇・一）

内田魯庵（不知庵）――ずつと二十三四年頃に溯つて見よう――硯友社勃興当時に評論界を賑はせてゐたのは内田不知庵君と石橋忍月君とであつた。不知庵君も忍月君も、評論の初舞台は、巌本善治氏の女学雑誌であつたやうに覚えてゐる。尠(すくな)くとも内田君の初舞台は、女学雑誌であつた。が、世間の認識を受けたのは、石橋君も内田君も国民之友であつたのは事実である。啻(たゞ)に此の二評家のみならず、森田思軒は固(もと)より、故二葉亭四迷でも、故山田美妙でも、矢崎嵯峨の屋でも、宮崎湖処子でも、新彩を帯びた当時の文士小説家は大抵国民之友で世間の認識を受けたものだ。（最も故二葉亭は浮雲、美妙斎は武蔵野の単篇で名を成したのは事実だが、広く文壇の鑑賞に入つたのは、めぐりあひの翻訳、美妙斎は胡蝶であつたのは、否まれない。）国民之友は、当時文壇の登龍門であつた。檜舞台であつた。であつたから、僕が内田不知庵又は石橋忍月の名に一種の憧憬(しようけい)を持つたのも、無論国民之友から来てゐる。当時の僕は権利義務の智識ならば、或(あるひ)は多少有つたかは知らぬが、批評家としての不知庵君又は忍月君の優劣など訳(わか)つたものでない。が、当時の僕は如何(どう)したものか、忍月君より不知庵君の批評が気に入つてゐた。哲理的で、反抗的で、硯友社員などをば冷眼(れいがん)に見てゐる態度が、妙に僕の意を惹いたのだ。特にしがらみ草紙に出た「狼の声を聞きながら、ゲーテのファウストを語るのがわれ等の天地」とか何とか書いてあつた森鷗外氏宛の書信が、妙に僕の心を奪つた。かくて、僕は故二葉亭や嵯峨之屋氏等を尋ねた時と相前後して、不知庵君を尋ねたものだ。

　不知庵君を尋ねて驚いたのは、書物が室(へや)一杯に散らかつてゐたことだ。洒落本(しやれぼん)やら、蒟蒻本(こんにやくぼん)やら、唐本(たうほん)やら、洋本(やうほん)やらが、前後左右に散らかつてゐた。不知庵君は、此の書籍堆裡(たいり)にちよこなんとしてゐた。僕が不知庵君を見て、頭天(あたま)に上(のぼ)つた第一の感想は、此の「書物の間に蹲(うづくま)つてゐた不知庵君」であつた。先頃内田君は、僕の「凡人非凡人」に、

　此の紹介状をも何も携(たづさ)へざる訪客は対座する約一時間竟(つひ)に文学のブの字も云はずして帰つて了(しま)つた

と序文に書いてくださつた。或(あるひ)は其様(さう)であつたらう。併(しか)しながら、僕は有意味に文学を談じなかつたのでない。文学を語るべき何物をも携へなかつたのである。僕は「国民之友」掲載の批評や、「都之花」等に出た藤の屋（不知庵の別名）の小説等を鑑賞して尋ねたのでない。狼の声を聞きながら、ゲーテのファウストを味つた旅中の不知

庵、ドストエフスキーのラスコルニコフに感興を持つた不知庵君其の人の性格に興味を得て尋ねたのである。であつたから、不知庵君から文学談を聴かうといふ気はなく、硯友社文学の横梁してゐる最中に、卓然として人生の真味に接してゐる不知庵君の風采に接せんとするのが、僕が不知庵君を尋ねた目的であつた。刻いていへば、不知庵君の顔を見に出掛けた丈けであつた。で、僕の前に現はれた不知庵君は、華奢な、撫肩な、圭角のないやうな、普通な顔の人であつた。想像した不知庵君とは、違つてゐる。何処やら違つてゐた。が、身装に関はず、濃い髭は延ばし放題にして、物外に超然たる風が見えないでもなかつた。爾して遠慮なく、民友社中又は硯友社中の諸人を褒貶して、歯に絹着せなかつたのは、想像通りの不知庵であつた。瞭然と記えて居らないが、不知庵君は、小説家では故二葉亭と露伴氏とを推称してゐたやうであつた。

其の後二十年間、僕は絶えず不知庵君―今の魯庵君を尋ねてゐるが、気に負うてゐた不知庵君は、漸次円熟して、昨今の魯庵君には、往日の面影を見るべくもないが、当時の批評的反抗的態度は、那処かに匂うてゐる。嘗て故原抱一は、斯んな事をいつてゐた。「内田君は得意の友でない。失意の友だ。得意の時は、どうも内田君は面白くない。」人を以て言を廃すべからず、僕は内田君の一面を穿つた言だと信じてゐる。　(同前)

さいごに、行き場のない、どん底時代の横山源之助の放浪の姿を想起してみるのも無駄ではあるまい。横山が描いた、つぎのような木賃宿情景の一隅に、みずからの姿がもうひとりの浮浪者として、かくされて、描かれてあったのである。「今より五年前、余輩事を以て木賃宿生活しつゝある時、浅草町及永住町にて目睹せる事実に少しく文飾を加へ、木賃宿の状況として世に示せることあり、摘載すべし」として、こう書かれてある。

ぞろ〳〵幾疋となく油虫の灰を潜りて縁に現はれ、又た縁の罅隙に隠くれゆく見るだも胆つぶるゝ火鉢を囲んで渠等は何とも思はず、一人汚れたる襦衣に単衣一枚着けたるが火鉢に手を当て、今日王子の縁日へ出ると屹度儲かるだらう、と誰に語るでもなく呟く、今から出ても遅くはありませんヤね、と是は撒水夫の女房、二十の上を出でぬまだうら若き女なり、アハヽヽ、左様だ、今夜は月夜でもあり今から出掛けても遅くはあるまいが、今夜だけは休むことにしようと言ひ〱、何の用ありてや階下へ降りゆく。あの爺様は陽気な人だと後ろ姿見送りながら、昨夜はうんと儲かつたもんだから今日は遊ぶんだよ、今も屹度二合飲みに行つたんだらう、と独り言せば、傍に前より徒然と煙草をいぢり居りし土方らしきが、爺様の事なんか心配しなくてもいゝぢやないか、宿六に讒言るよ、お前の嚊は気が多くて困るツて。よしてもお呉れ、お前の女房ぢやあるまいし、其れこそ要らぬ御心配だ。と蓮葉に言葉を投げながら、突然男の手に持ち居たりし煙管を取つて膝を打つ、此の女房メ、男を擲ぐつたな、オノレと言ひ様立ちて逃ぐるを捕へんと擬す、今ま上り来りし四十ばかりの日に焼けて顔真黒々の婦女、男を捉へて、性悪メ、他人の女房を調戯ツて居るなと喚めけば、其処に居りたる者皆な閧然と声上げて興に入る。お神さん、お前の色男は気が多くて困るよ、さんざツぱら叱つてお遣りな、と例の撒水夫の女房身をすくませて笑ひながら言へば、左様かへ、世話の焼ける事ツた、婆だと思ツてお前馬鹿にして居るんだね、と叫びて男の肩を打ち、笑を含んで怒つた身振ぞしける。……怪しむなかれ、四十に近かき老婦の身を以て、青年を捉へ醜猥の言をなす事を、傍に其の夫ありて別に妻の所為を不快とせず、衆と共に喝采して件の喜劇を見るもの、寧ろ怪しむべからずや。(21)

(21) この引用文は前掲『日本之下層社会』中の「第一編東京貧民の状態」のなかから採ったが、初出は雑誌『天地人』(三一・四)上の「東京貧民状態一斑」である。「今より五年前」の木賃宿暮らしは横山源之助の放浪時代にあたる。

第三章　下層社会ルポ作家としての出発

（一）毎日新聞社入社

横山源之助の四五年の生涯。

横山源之助は学界のひとであったことはない。厖大な研究や作品がのこされながら、学者ではなかった。一市井の文筆家、あるときは売文家にすぎなかった。ここに横山源之助の生涯の特異さがある。最期、陋巷でむくいられぬ一生をとじた。

長塚節の『土』[1]を夏目漱石が称讃したとき、文豪漱石と『土』の農民とのあいだにはどれほど遠い距離があったことか。

「土」の中に出て来る人物は、最も貧しい百姓である。教育もなければ品格もなければ、たゞ土の上に生み付けられて、土と共に生長した蛆同様に憐れな百姓の生活である。先祖以来茨城の結城郡に居を移した地方の豪族として、多数の小作人を使用する長塚君は、彼等の獣類に近き、恐るべき困憊を極めた生活状態を、一から十迄誠実に此「土」の中に収め尽したのである。彼等の下卑で、浅薄で、迷信が強くて、無邪気で、狡猾で、無欲で、強欲で、殆んど余等（今の文壇の作家を悉く含む）の想像にさへ上りがたい所を、ありくと眼に映るやうに描写したのが「土」である。さうして「土」は長塚君以外に何人も手を着けられ得ない、苦しい百姓生活の、最も獣類に接近した部分を、精細に直叙したものであるから、誰も及ばないと云ふのである。（略）「土」を読むものは、屹度自分も泥の中を引き摺られるやうな気がするだらう。余もさう云ふ感じがした。或者は何故長塚君はこんな読みづらいものを書いたのだと疑がふかも知れない。そんな人に対して余はたゞ一言、斯様な生活をして居る人間が、我々と同時代に、しかも帝都を去る程遠からぬ田舎に住んで居るといふ悲惨な事実を、ひしと一度は胸の底に抱き締めて見たら、公等の是から先の人生観の上に、又公等の日常の行動の上に、何かの参考として利益を与へはしまいかと聞きたい。余はとくに歓楽に憧憬する若い男や若い女が、読み苦しいのを我慢して、此「土」を読む勇気を鼓舞する事を希望するのである。余の娘が年頃になつて、音楽会がどうだの、帝国座がどうだのと云ひ募る時分になつたら、余は是非此「土」を読ましたいと思つて居る。娘は屹度厭だといふに違ない。（ママ）より多くの興味を感ずる恋愛小説と取り換へて呉れといふに違ない。（ママ）けれども余は其時娘に向つて、面白いから読めといふのではない。苦しいから読めといふのだと告げたいと思つて居る。参考の為だから、世間を知る為だから、知つて己れの人格の上に暗い恐ろしい影を反射させる為だから我慢して読めと忠告したいと思つて居る。何も考へずに暖かく生長した若い女（男でも同じである）の起す菩提心や宗教心は、皆此暗い影の奥から射して来るのだと余は固く信じて居るからである。

（夏目漱石「『土』に就て」長塚節『土』明治四五・五、春陽堂書店）

（1）『土』は明治四三年、『東京朝日新聞』に連載された。

この漱石の言葉は知識人としてきわめて良心的であろう。江戸の大名主の裔であった漱石が帝国大学教授の椅子をなげうって後、さいごを全うできたのは犯さず犯されずの鉄則をきびしく持したからであろう。農園を解放した有島武郎はさいごにはおのれを殺さねばならなかったし、一左官職人の子であった横山源之助は下積みのひとびとのために灯した生涯の最期に陋巷に窮死するのである。

毎日新聞社時代の数年間は、横山源之助の生涯中、もっともかがやかしいときである。代表作がつぎつぎとうみだされ、若いエネルギーがおしみなくもやされた。

横山源之助が毎日新聞社に入社したのは明治二七（一八九四）年後半である。数えて二四歳。

ここで、横山源之助の入った毎日新聞社について一言触れておく必要があるだろう。現在の毎日新聞社とは別であり、その頃島田三郎によって主宰された毎日社である。『横浜毎日新聞』（明治三年発行）――『東京横浜毎日新聞』（同一二年改題）――『毎日新聞』（同一九年改題）となって、明治末経営不振のため他に合併解消された。『毎日』は日本最初の日刊新聞であった。肥塚龍、沼間守一、島田三郎等の経営をへている。当初いわば嚶鳴社――改進党系民権派の機関紙的役割をになっていた。横山源之助が活躍した頃（明治三〇年前後）の『毎日新聞』は経営的な面からもおもむきをかえていた。政論紙であることが第一義ではなかった。しかし主宰者が改進党の論客島田三郎であり、民権派的主張はつがれていた。横山源之助がこの新聞を去る前後に木下尚江、西川光二郎が入社している。島田三郎、木下尚江の健筆によって、『毎日新聞』が廃娼運動や足尾鉱山の鉱毒問題にはげしい論陣をはったことは有名である。社会的発言にも熱心な『毎日新聞』であった。横山源之助のような反権力的なルポルタージュ作家をうけいれ、縦横に活躍させることもしたのであった。社会問題にたいする論究を政論的な空論によらず、新聞の「社会面」的な方法――社会探訪ルポという着実な方法から第一歩をふみだしたいとかんがえていた横山にとって、さいしょにあたえられた場がほかならぬ民権運動の一方の伝統にいきる『毎日新聞』であったことはさいわいであった。社会探訪という事実を正視する行為に誠実であればあるほど、それは権力機構に対立し、その恥部をふかくえぐっていくものであったのだから。

横山源之助が毎日新聞社に入ったいきさつを、横山の回想記からみてみよう。

「回顧録」より

過去を回想するのは、老人の癖である。が、秋の夜長に、十年乃至二十年前の旧事を回想するのは、われ等中年者にも、能く有る。僕が新聞社の人となつた最初も、思出の多い一つである。

新公論社の編輯会議に列なると桜井楓堂、久津見蕨村君等は、固よりだが、僕なども最も中老のやうだ。爾して笹森北夫、小牧簑嶺、関天園、村上藍川、岡松里、葦名艸夕、谷江林堂、森草嶺、原呆人、鱸元猷等の少壮連を見ると、希望に充てる眼孔（まなざし）、勇気溢るゝ容貌等を見ると、僕は言い知れぬ快味に打たれる。僕が新聞記者の新生活（?）に入つたのは、二十七年の日清戦役当時――今より十六七年前であつた。沼南島田三郎の主宰して居た毎日新聞であつた。僕が島田三郎氏の名を耳にしたのは、何時頃だつたらう。僕が初めて雑誌といふものを見たのは穎才雑誌だつたが、政治雑誌は嚶鳴社発行の「東京輿論雑誌」が実に最初であつた。無論島田氏の文章や、演説筆記が出てゐた。

僕は此の東京輿論雑誌で、島田氏を初め、肥塚龍、波多野伝三郎、青木廷氏等の姓名と昵んでゐた。その後僕は「国民之友」に宗旨を変へたが、雑誌に親しんだ皮切は、此の「東京輿論雑誌」で、やがて六七年の後に、此の島田三郎氏の下に、新聞記者の初紙に入らうとは、夢にも思はなかつた。で島田氏との初対面は、当時下六番町に研学会を起してゐた片測琢（ママ）[2]氏の紹介で、片測（ママ）氏と同道して、逢つたのだが、片測（ママ）豪傑はツイ一二ケ月前にも記者を一人世話したと吹聴してゐた。それは電報通信の権藤震二氏であつた。僕は片測（ママ）氏に伴はれながら種々と沼南先生を想像してゐた。演壇に長広舌を弄する雄弁家を先づ想像して見た。開国始末の著者であつた所から能文達筆の歴史家としても想像して見た。改進党の先達として、名声嘖々たる時であつたから、機略縦横の政治家としても想像して見た。が、片渕（ママ）氏に伴はれて、とぼ〳〵歩いてゐる此時の僕は、御目見えする奉公人の格で、首尾能くゆけば好いが、といふ念は最も僕の胸中を領してゐたが、之は詮方ない。（略）

初対面の島田氏は親しみ易い人であつた。が、僕は其の後毎日社員として、又は社友として、日露戦役頃迄で関係は連続したが、最初に懐いた「親しみ」は、永久のものでなかつた。島田氏が僕の為に謀られた厚意と親切とは、おそらく僕は忘れぬであらう。が、恩義も親愛とは、別物と見え、島田氏の名に対しては、恩義が先に立つて親愛が奥に隠くれる。多分性格の相違であらう。

（同人雑記「回顧録」『新公論』四四・一〇）

（2）片淵琢（安政六（一八五九）～明治四〇（一九〇七）年）のこと。麹町区中六番町に自活研究会を設立し、苦学生を扶助した。また日本最初の労働者信用組合を設立した。佐賀県出身。

この回想記の他に、同時期に二つの回想記がある。それもみよう。

僕が落魄して――今でも同じことだが――居るところもなくブラ〳〵して居る時分、麹町に研学会と云ふものがあつて、其の経営者たる片淵琢は僕の友人であるところから、其所（そこ）へ暫くの間転げ込んだ。片淵の云ふには、こんなことをして居るよりも新聞社にでも入つたら好からうと、直ぐ近くであつた島田三郎の家へ一緒に連れて行つてくれた。今こそ島田の勢力も衰へて居るが、其の頃は改進党の名士として中々勢力があつた。

二人は入口の西洋間に通されて、暫く待つて居ると旋（やが）て軽い足音がして、まだ戸も開けないうちから、「どうもお待たせ申しました。」と、忙（せは）しさうに声を掛けてあたふた入つて来たのが島田三郎である。僕は島田と言へば中々偉い男であるから、最う少しどつしりした重味のある態度の人間かと思つて居たのが、此の軽々しい振舞ひを見て、それまで島田に対して持つて居た敬意の幾部分が消えて了つた。けれども偉くない人物ではない。態度こそ然うした風で、早口で軽々しいところはあるが、話して見ると矢張り偉いところがあるが、自分は其の態度に慊焉たらざるものがあつた。

片淵が僕を紹介して新聞社へ入れてくれと云ふと、丁寧な言葉遣ひで、「新聞社へ入つても面白くありませんよ、それに報酬なども思ふやうに出ませんで……しかし、兎に角働いて見て下さい。」と云ふ様な調子であつた。片淵が僕のことを、袴を穿かない男だとでも云つたと見えて、新聞社へ出がけに片淵の家へ車を寄せて、「君、袴がないだらうと思つて持つて来た。」斯う云ふ風に極めて如才のない、そして隔てのない人である。

島田三郎のところを今でもたづねると、必ず何の用事かと聞く、一度は殆んど部下のやうに其の下に働いたことのある人が、暑中の見舞に行つても屹度斯う云つて問ふ。何でもないことのやうで、存外訪ねた人の感情を害するものだ。そして、会ふと挨拶が済むか済まぬに、君も忙しい御身体であらうし、僕も忙しい身であるが、早速用談にかゝらうではありませんか。と、必ず云ふ。島田三郎と云ふ人にはどうも親しみとか、温みとか云ふものがない。

（「二十年前の初対面」『新潮』四四・九・一）

島田沼南氏の名を耳にしたのは、何時頃だつたらう！　僕が初めて雑誌といふものを見たのは、「穎才新誌」だつたが、政治雑誌は嚶鳴社発行の「東京輿論新誌」が、実に最初であつた。無論島田氏の文章や、演説筆記は出てゐた。

僕は此の「東京輿論新誌」で、島田氏を初め、肥塚龍、波多野伝三郎、青木匡氏等の姓名と昵んでゐたものだ。其の後僕は「国民之友」に宗旨を変へたが、雑誌に親しんだ皮切は、此の「東京輿論新誌」で、やがて六七年の後に、此の島田氏の下に新聞記者に為らうとは、夢にも思はなかつた。で、島田沼南先生との初対面は、前号の新潮に出てゐた通りで、豪傑片淵琢氏と同道して、逢つたのだが、片淵豪傑はツイ一二ケ月前にも、記者を一人世話したと吹聴してゐた。それは電報通信の権藤高良（震二）氏であつた。僕は片淵君に伴はれながら、種々と沼南先生を想像してゐた。先づ演壇に長広舌を弄する雄弁家を想像して見た。開国始末の著者であつた所から、能文達筆の歴史家としても想像して見た。改進党の先達として、名声嘖々たる時であつたから機略縦横の政治家としても想像して見たが、片淵氏に伴はれて、とぼ〳〵歩いてゐる此時の僕は、お目見えする奉公人の格で、首尾能くゆけば好いが、といふ念は最も僕の胸中を領してゐたが、之は詮方ない。故に僕は天下の名士に会する愉快よりは、むしろ入社の首尾を気遣ふ憂惧の念が多かつた。中六番町の邸宅の前に立つた時は、わく〳〵と胸が騒いでゐた。

塵一本も散つてゐない玄関を通り、西洋建の応接室に導かれた。暫らく待つた。左側の書棚には、惣クロスの洋書が、ぎつしりと駢べられてある。中にパーレーの万国史も交つてゐた。硝子窓から、屋外を見ると、庭一面に梅樹が林立して、梢にはちよ〳〵と雀が飛んでゐたやうだ。やはり綺麗に箒の目が立つてゐた。暫らくして、トン〳〵と跫音が聞えた。と思ふ間もなく、速舌な、賑かな声で、お待たせしました、と言ひながら入つて来たのは、島田沼南先生であつた。僕は島田氏と逢つた初対面の感想は、此の速舌な、賑かな声の島田氏であつた。如才なく、新聞社の内情などを語り、まア稽古と思つて遣つて御覧なさい、とか何とか言はれたのを今に朧ろげながら記えてゐる。初対面の島田氏は親しみ易い人であつた。が、僕は其の後毎日社員として、又は社友として、日露戦役頃迄関係は連続したが、最初に懐いた「親しげ」は、永久のものでなかつた。島田先生が僕の為に謀られた厚意と親切はおそらく僕は忘れぬであらう、が、恩義と親愛とは別物と見え、島田氏の名に対しては、恩義が先に立つて、親愛が奥に隠くれる。多分性格の相違であらう。ねぢくれた性格の為であらう。

（「人物印象記」『新潮』四四・一〇・一）

毎日新聞入社直前、行き場のなくなった横山源之助は片淵琢の研究会（自活研究会）にころがりこんでいたのだ。そして、毎日入社の折、島田三郎から袴を一着頂戴したという。ともにありそうなことだ。そんなところであったろう。右の回想記によれば、横山源之助を島田三郎の毎日新聞社に入れるのに、紹介の労をとったのは片淵琢であった。また毎日入社時がちょうど明治二七（一八九四）年——日清戦争のさなかであったという。さらに「社員」をやめた後、毎日新聞社との関係が「社友」という名目で日露戦争の頃まで、つまり明治三七、八年頃まで続いたらしいのだ。島田三郎にたいする微妙な回想の仕方からは、横山源之助が島田三郎や毎日社とかならずしもしっくりいかなかったらしいことが読みとられる。横山が同社をやめるにいたる事情などが伏在しているのであろう。

横山源之助の毎日新聞入社は、回想記のなかにもあるように、日清戦争のさなかであった。横山の最初の文章が『毎日新聞』紙上に載ったのは明治二七年一二月五～六日、続いて八日であった。[3] そのこととほぼ符号する。したがって横山源之助が片淵琢の紹介をえて、毎日新聞社に入社したのは、一一月か一二月初頭であったろうとおもわれる。

（3）「青年会館講演」（筆記）明治二七年一二月五～六日（全二回）、および「戦争と地方労役者」一二月八日以降六回掲載。

——以来、『日本之下層社会』を完成させるにいたる頃まで、つまり明治二七（一八九四）年から明治三二（一八九九）年にいたる、ほぼ五年間、横山は毎日新聞社に在社したらしい。

日清戦争のさなかに、横山がルポルタージュ記者としての第一歩を踏みだしたことはその後の横山の軌跡になにか象徴的である。日本が近代国家の体裁をととのえるや早くもアジアのより弱い部分、朝鮮、清国にむかって侵出し、幕末以来欧米列強からなめさせられてきた屈辱を一挙に晴らすかのように、国内が狂喜する——。そのとき、横山源之助は社会のどの部分にむかってルポを開始したか。

この明治二七年には、日英修好通商条約を改正した待望の日英通商航海条約が調印された。不平等条約からようやく片身をぬいだのである。と同時に、朝鮮に東学党の乱がおきるや、日本軍は朝鮮王宮に乱入し親日政府樹立のためのクーデターをおこさせ、清国軍を陸、海に奇襲して、ここに日清戦争の幕をきっておとすことになる。二七年七月である。そして豊島沖海戦（七月二五日）、成歓戦（七月二九日）、黄海々戦（九月一七日）の緒戦の大勝利に国中が湧きにわいた。

「愛弟、愛弟！　痛快々々！　吾れ実に大日本帝国のために、萬歳を三呼せずんばあらず、支那一百余州のために一片の弔辞なくんばあらず。吾が第二軍は已に半ば上陸を了りたり」と、国木田独歩が『愛弟通信』に書き送ったのはまさにこのときである。正岡子規が病躯五尺をかって、勇躍戦場に長駆しようとしたのも――。日清の戦端がひらかれるや、その興奮の渦は国木田独歩、正岡子規等をも捲きこみ、どのように国民にむかえられたか、その一端がうかがえよう。

独歩は『国民新聞』派遣の海軍報道記者であり、子規は新聞『日本』の従軍記者であった。松原岩五郎も『国民新聞』の陸軍従軍記者となった。日清戦後明治二九年二月民友社から発刊された『征塵余録』(4)が松原の記である。

（4）『征塵余録』は前篇、後篇からなっており、後篇は戦地報告記だが、過半の前篇は松原が戦地にいたる間ひとり朝鮮半島を歩きまわった民情報告記である。戦地よりもさきに、下層の鄙地をルポしたのはさすがであった。そのようなルポがあることは記憶されていい。
『征塵余録』には徳富猪一郎の序言がある。松原岩五郎は日清戦争終結直後の台湾平定軍にも従軍の予定であったが、病をえて帰国した。

横山源之助が毎日新聞社に入って、事実上最初に掲げた記事は「戦争と地方労役者」（二七年一二月八日～二八年一月一七日、断続連載全六回）と題する報告である。

「戦争と地方労役者」

それは「第一　開戦後金融切迫の程度」「第二　労役者の種別」「第三　労役者の賃銀」「第四　戦争に対せる思想変遷」「第五　宗教の勢力、感化」「第六　社交倶楽部」とからなっている。書簡体の形式をかりて、横山の郷里に材がとられている。日清戦争が地方の下層労働者の暮らしむきや生活慣習にどのような影響をあたえつつあるかを、さっそく報告したものである。社会の末端部に焦点をあて、戦争がもたらす影響、戦争と庶民との関係をといつめたレポートであった。国中が狂気のなかにあるとき、社会の末端部へ廻って、このように冷たく戦争の意味を問うたルポなり、文学作品が日清戦争時他にあっただろうか。たとえば冒頭のあたりをみてみよう。

戦争開始の当節、即ち七、八、九月の上旬頃までは金融切迫候事実に甚しく、米価の騰る日々にて、為めに諸物価に影響の及ぶところ是れに限らず、唐物薬品はいふに及ばず、砂糖、石油或は酒、醬油、酢、味噌の如き、蠟燭、線香の末に到るまで洪水の決し候如く暴騰候而人心恐々、一事は如何に成り行くやらんと末乏しき心地せられ、互に顔見合せて太と息吐き候事も有之候ひし。銀行の如きは従来七円の米一石に対して、六円五十銭を貸し候ひしは普通の例なりしに、其頃は漸く五円位ほか借ることならず、それもしまひには借り手の余裕あり信用あるものにあらざれば貸し候個処も無之様に相成、実に其の様凄いものにて候ひぬ。（略）

右は一般我地方の金融の上に就きて概述候ものなるが、憐れなる下層社会の者共が困窮候事言語に絶し候ものにて、大概は米の飯をロクに食ひ得るものなく、皆な豆腐のカラを常食と致候て殆んど餓鬼の如く相見ゑ候ひし。それも余程油断なく、豆腐屋を跟け廻わり居るにあらざれば茫然してゐた最期は此豆腐のカラだも手に入らず、仲に（ママ）は憫然の事共も聞き及び居候、

（『毎日新聞』二七・一二・八より連載）

と報じ、下積みの庶民が豆腐オカラ買いもままならぬほどの困窮においこまれていたことなどが惻々と報じられてある。さらにこのレポートには開戦当初庶民がけっして戦争を歓迎していなかったことが以下のようにつきとめられてある。

政府の方達も無理なことゝせらるゝものかな、朝鮮国が東ならうと、西ならうとてそんな事は此方の知つたことでなし、ほんに馬鹿な事せらるゝものぞ。兵隊を沢山出して血気熾んの青年死なせ、大事の〳〵金を蒙塵埃芥のやうに遣ひ失てるなどいふは合点の行かぬ骨頂、それに聞けば支那といふ国は、日本の十倍もありといふことなれば、幾程此方が威張つたとて勝てるものではない。是はなんでも大臣とか参議とかいふ上の役人共が仕業だ、それに違ひない、馬鹿〳〵しい事つた、あゝ、世の中のことは一切訳らぬ事ばかりじや　　（同前）

興味ある巷の声であろう。戦勝の狂気はついにはそういう一般庶民のこころをもまきこんでいくのだが。

横山はこのようにいちはやく戦争のおよぼす影響の震度を敏感な触覚でさぐりだしていた。毎日新聞入社第一作「戦争と地方労役者」は横山源之助にとって記念碑的な価値をうしなわない。最初の帝国主義戦争を庶民の側からみつめ、社会の底辺の裏側からみつめた作品であった。その意味からもユニークなレポートであった。「戦争と地方労役者」は着目されていい日清戦争時の貴重なルポルタージュである。

以下は日清戦争後の明治二九年二月一八日号『毎日新聞』に、横山源之助が載せた「社会最も憐むべき者」の全文である。戦争の悲惨をこれほど端的につきつけたものはこの頃他に例をみないであろう。

左に掲ぐるものは某氏の許へ着せる報道なり読者の再読を望む。

青森県津軽郡青森大字栄町
故予備役歩兵一等卒
和田常吉

右は元来家計不如意のものなりしが、召集に応じたる後は家族は殊に困難を極め、父は六十歳以上の老年なるも時々農家に雇役せられ些少の賃銭を得ることあるも、母は全く老衰して何等の業に就く能はず、妻は三人の幼児を養育する傍ら或は農家に雇はれ労役に服し、或は草履を作りて之を市に鬻ぎて、辛ふじて一家六名を凌ぎ他に保護を受くべき親族なき者。

読者と読んで如何なる感を為すや、父を失て母を失て、妻子を失て生活を失て、国家の事に従ふもの尚ほ余をして心を傷ましむるものあり、而も身を戦争に委して死し、而して遺る所の家族の惨状斯の如きものあるを思へば、転た人生の悲惨を嘆ぜずんばあらず。更に別に一個の憐むべき者を読者に報ずべし。

西津軽郡無戸村
故予備役歩兵一等卒
斎藤　兼

右は従来赤貧にして一の資産なく、家族は妻と幼児三人なり、然るに妻は慢性胃加答児症を煩らひ時々腹痛を起して労働に堪へず、為に糊口の道なく終に窮民救助を受くるに至れり。

此処に記せしもの僅に二家族のみ、戸主の去りて戦争の歿せし幾百千の家族に政府の手の到らざる社会の視聴の外に、知らず這の般の惨状あらざるか。

（「社会最も憐むべき者」『毎日新聞』二九・二・一八）

庶民の「困窮」を検証した「戦争と地方労役者」から、戦争の行方を、「悲惨」に転化したものとして指ししめしたのが、この「社会最も憐むべき者」一篇であった。投げつけるようにそこにしめされたものは、いかにも鮮明である。

横山源之助の生涯のうちには、二つの大きな対外戦争があった。日清戦争（明治二七（一八九四）〜二八（一八九五）年）と日露戦争（明治三七〜三八年）である。横山源之助、二四歳と三四歳のときである。北村透谷が反戦平和への情熱をうたいながら逝ったのは日清戦争のはじまる直前であった。国木田独歩等の知性をも捲きこんで、日本が日清戦争の渦のなかへつきすすんでいったことは前に述べたとおりである。権力者側の利害によってひきおこされる戦争という大博奕が一般庶民の幸福や利害に一致するはずはない。そのすくいがたいズレを庶民の側からあばいたのが入社早々の横山源之助であった。いわば横山は社会の最後尾にまわって、権力者という花火師が景気よくうちあげる五彩の花火の虚偽を冷たくながめかえしたのだといえる。そのような横山が戦争賛美者の側にまわれるはずはなかった。横山の目とこころはルポルタージュ作家として登場する第一日目からすでに庶民の側に密着しており、庶民の幸福や利益に反するものはいかなるものも批判の対象にならねばならなかった。戦争の到来がただちに物価騰貴をもたらし、戦後の経営においても物価騰貴という悪は消えず、さらに助勢され、それが下層民の生活を一層困窮においやることを、後に横山はかずかずのルポやデータによって執拗に明らかにしていくことになるのである。緒戦時、連勝の空景気に膚にあわない異常感覚をいちはやく感じとったにちがいない。それを最後尾の社会の底辺のなかでたしかめ、戦争の正体をたしかな手触りでつきとめたのであった。口先や才による耳触りのいい反戦論がそこにあるのではなく、庶民の利益に反するものはいかなるものも拒絶する、という牢乎としたものがそこにあるのである。横山源之助がいだくにいたったにちがいない、戦争は庶民のためにならないという——戦争を一種の社会悪とみる観念は当然すぐれた非戦思想でなければならない。この時横山源之助は庶民の側にたった、もっとも庶民的非戦思想の持主であった。日清戦争時、北村透谷が非戦思想のひとつの頂点にたつなら、横山源之助は社会の底辺にたって、その対極にあった。最初の記念すべきルポによって、戦争が庶民のためにならないことをはやくもつきとめ、さらに戦後は戦争の余波が物価騰貴等のかたちをとってのこされ庶民生活を苦しめていくことをつきとめる——そのような線上に横山の活動は展開されていくのである。そして戦争を一種の社会悪とみる思想は横山には深く確信されたらしく、やがて日露戦争をむかえたときには、「戦争と貧民部落」(『中央公論』三七・四)、「戦争と労働社会」(同三七・五)、「浮浪人問題」(同三七・六)、「戦争と手工業者」(『太平洋』三七・四・一、一五)等のすぐれたルポをあいついで発表し、そこでは戦争が庶民生活に投じる波紋のひろがりをおいつめながら、戦争というものがやはり庶民の暮らしを困窮においやる〈悪〉であることを再確認しているのである。それは日清戦争時郷里(富山県魚津)に取材した処女作のルポ「戦争と地方労役者」の経験を、十年後東京府下の庶民層のなかでよりたしかに再検証したものであった。

ちなみに日露戦争時、反戦運動は平民社や内村鑑三や与謝野晶子やらによって展開された。そのとき横山源之助はそのような第一線にはいなかった。だが、庶民の生活をまもる立場から、庶民のくらしに「大打撃」(5)をあたえる戦争を是とするはずはなかった。このときもやはり横山源之助は最後尾にまわり社会の底辺にたたずんでいた。

ましで日清戦争時には、反戦思想はほとんどなかったのである。

(5) この言葉は以下より引用した。

却説、今日東京市の細民は如何なる境遇に在る乎、即ち日露戦争は、渠等の生活に如何なる影響を与へつゝある乎、其の住処に依りて多少の相違あるべく、例令ば深川区の米穀倉庫附近に於ける細民部落の如きは、米穀運搬の為に、戦争以来、却て繁忙なる類の如き、場所に依りて、各々相違あれば、一概に言ふこと能はずと雖も、万年町附近を包容せる一帯の貧民部落は、実に戦争に依りて、其の生活に大打撃(傍点は引用者)を受け居れり、恐らくは、是れ東京市貧民全体の示せる現象たらんか。(略)

而して今回の日露戦争は、右各種の職業に、如何なる影響ありや、と言ふに、人力車夫を初めとして、艦褸撰の内職に至る迄、戦争に依りて、俄に其の需要を減じたるが如し、但し人力車夫の如きは、電車鉄道架設の為に打撃せられたるにて、一に其の影響を戦争に帰するは、速断に失するのみならず、例年二月より四五月に至る間は、貧街の「不景気時」なるが常なれば、今日の景況を以て、直に戦争の影響なりといふこと能はずと雖も、同じく不景気を喞ちつゝありし昨年の二三月頃と比較せば、啻に人力車夫のみならず、各種の職業は何れも皆閑散なるを以て見れば、今日の不景気は、其の幾分は、慥に戦争の影響なりと言ふに、何人も異存なかるべし、人力車夫の如きは、一日五十銭を得る者、最上にして、普通は四十銭内外なりといふ、下駄の歯入の如きは、昨年の今頃は、日に七八十銭を得たりしに、今は二十銭乃至三十銭にして、然かも日に依り、三十銭を得るだも尚難きことありといふ、馬丁は景気好し、屑拾は、若者は二三十銭、老人連は日に七八銭。

就中影響最も多きは、大道に屋台を出して、飲食物を商ひ居れる「おでんや」の類にして納豆売の如きさへ、「商売なし」と喞ち居れり、硝子毀買、古下駄買の如きは、相応に利益あり、次は物貰及芸人の類にして、何れも吐息を洩らしつゝあり。

加之、貧街に最も景気を与ふる内職の減少は、最も渠等の痛苦とする所なるべし、目下深川倉庫に麦を入るゝに袋縫の内職に出掛くる者多し、煙草捲も相応に有り、唯、芝区等の貧街に比せば、村井及岩谷工場等に遠き故にや、多忙の程度低きが如し。

要するに、日清戦役当時に比せば、今回の日露戦争は、貧民の生活に影響多く、窮迫の程度深きが如し、蓋し日清戦役の当時は、軍夫の募集盛んにして、俄に普通労働者に減少を致せるのみならず、米麦等を入るゝ兵糧袋の縫仕事多かりしを以て、当時の戦役は、比較的に其の生活に影響なかりしが、今日は当時とは反対にて常に喧騒を極むる万年町の裏路次も、寂として、大風の吹いた跡のやうなり、但し新聞を読まざる渠等は、何処にて聞き知れる者にや、戦争の模様を一々記憶に刻みて、互に噂し合へるぞ不思議なる。

（「戦争と貧民部落」『中央公論』三七・四）

（二）前期作品管見

横山が毎日新聞社に入社したときが、ときあたかも日清戦争のさなかであり、その日清戦争に関連して、記憶すべきレポートを戦中、戦後に二つ（「戦争と地方労役者」「社会最も憐むべき者」）残したことはすでに述べた。

毎日新聞入社から『日本之下層社会』を完成する間、明治二七（一八九四）〜三二（一八九九）年の間、その約五年間は横山が毎日新聞社に在社した期間とほぼ重なっている。

この期間になにをのこしたか。作品の足跡からまずたどってみよう。つぎのように分類して掲げる。この分類はあくまで対象面と傾向を大摑みにみる便宜にすぎない。

（1）東京下層社会

「社会の観察」五（深更の東京）（火災は貧児の喜ぶところ）（あれも人の子）（読書と一般生活社会）（軍夫問題）（貧窟の職業別）（名の美、実の醜）（絵草紙屋の前）（路上生活界の新民）（二八・五・一〇〜）(6)

（6）『毎日新聞』掲載のものについては掲載年月日のみをあげ、紙名を省く（本章中、以下同様）。

「炎塵裏の社会」（らをのすげかへ）（二八・八・二二）
「晩涼雑観」五（二八・九・六〜）
「最近の木賃宿見聞記」（二八・一一・一三）
「都会の半面」一六（光明の方面、闇黒の方面）（東京貧民窟一斑）（木賃宿）（宿なし坊）（人力車夫）（人力車夫の種類）（もうろう車夫）（くづひろひ）（二八・一二・一五〜）
「貧民の正月」四（二九・一・九〜）
「途上雑観」三（二九・一・二二〜）
「憐れなる友人」（二九・三・三）
「市談雑聞」二（夏帽子の製造）（鉄道馬車と円太郎馬車）（二九・八・九〜）無署名
「東京貧民状態一斑」三（『天地人』三一・四、五、一〇）

「嫁入準備と下女」（『家庭雑誌』三一・四・一五、第一一五号）
「浅草公園死体事件」（『労働世界』三一・八・一五、第一八号）
「深更の東京が営める商業」（同三一・四・一五、第三四号）
「新平民社会の状態」（『太陽』三二・一〇）

主要作品について簡単に解説しておこう。

「社会の観察」「炎塵裏の社会」「最近の木賃宿見聞記」「都会の半面」「貧民の正月」「途上雑観」「憐れなる友人」等は文学的作品である。（2）地方下層社会のなかで述べる二、三の作品とともに記録文学を形成する作品群である。これらは『日本之下層社会』には採録されなかったが、文学の上からいえば桜田文吾や松原岩五郎のルポをはるかにぬきんでており、明治記録文学の達成をそこにみることができる。文学的ルポは横山の初期に多く集中してある。桐生・足利、北陸、関西地方の三大調査がおこなわれる明治二九、三〇年頃までにうみだされた。そのことは横山のルポ活動が桜田文吾や松原岩五郎のスラム・ルポが達成したところからはじまったことを語っている。

たとえば「社会の観察」をみると、五回連載のこのルポの小題はそれぞれ「深更の東京」「火災は貧児の喜ぶところ」「あれも人の子」「読書と一般生活社会」「軍夫問題」「貧窟の職業別」「名の美、実の醜」「絵草紙屋の前」「路上生活界の新民」とある。一種の雑報であるが、なかなかすてがたい味がある。小題「火災は貧児の喜ぶところ」の一節を拾ってみる。


「社会の観察――火災は貧児の喜ぶところ」

細雨霏々（さいうひひ）として一天朦（いってんもう）たる日午前十時頃下谷万年町を過ぐ、十歳より十四五歳に及べる小童五六人背に籠を荷ふてすたた上野の方より来れるに会ひ、知れざる番地を質しゝより相知りて行々彼等と語る「今日此早いに何処へ行て来たりしや」と問へば、「昨夜四ツ谷に火事ありしをもて其処へ行きて還るところなり」と一童は答ふ、われ籠を覗き込みながら是で幾程ばかり銭になるのだと更に尋ぬれば、七八銭は大丈夫銭になるんだと相顧みて面色怡然「それでは火事はあるとお前等の僥倖なんだね」とすかさず云へば、互に顔見合せ黙笑するのみ、其中十四五に見ゆる一番年長の一童、「だつて今日の様な日は滅多にありはしませんぜ、何日歟もソラ」と傍の児童に顔を向け「麻布へ行ツて二銭しか金にならない日もあるから仕様がない」。

（『毎日新聞』二八・五・一〇より連載）

というぐあいだ。また、「絵草紙屋の前」――「余は敢て東京生活社会の全体を知り得べしと曰じ、然れども慥に現今社会の風潮の幾分は絵艸子屋の前に於て観察し得らるべしと信ず」と書きだし、日清戦争終結直後の東京庶民の姿を、絵草子屋の店頭にいきいきと描出している。

「社会の観察――絵草紙屋の前」

小川町通りを出でゝ何時もの如く絵艸子屋の前に立ち寄り、馬を蹴て大鳥公使京城へ入る図、風雪を侵して我軍隊偵察の図、牛荘夜戦大撃闘の図、野戦病院兵士病床に在る図、春帆楼両全権談判の図など常に目慣れて居れば別に気を引くこともあらぬまゝ、傍の占領地図などに眼を留め凝然と暫く眺め居りける、牛荘の戦と来ちや盛んなもんだ、果然同じくわれと共に眺め居りける職人らしきが喋りだす、木怖わい事、敵の国はあら程ひどい事為るの、ようお母様と其傍に可愛らしい声出しゝは髪も清楚とした十四五に見ゆる娘。あれは皆んな御国の為に此様な目にお会ひ為されたのと答え居りしはその母親なるべし、（略）此時恰もわれの右に隣して駒下駄、白の足袋、黒の三ツ紋といふ紳士らしき男が突立ち居りぬ、是は何者なるか知れ得ねど或は銀行の役員若くは出来星代言人と見たは僻目か、それに連れ伴ふ漢を見れば双子の袷のまゝ上皮に何物も羽織らず昨年買ひ申したと正直にも徽章の見える麦藁帽子を冠り居るところなんどこれは疑ふまでもなく書生でがな候べし、この黒羽織殿役者の絵顔にても精込めて見居るなるべしと思ひきや、あゝ惜しい事したと呟く、フムと相手の羽織なしは此時鼻鳴らす、馬鹿らしいと黒羽織は何をか曰はうとする、伴れの男此時突然、李鴻章は矢張東洋の豪傑だよと声大きく紳士に叫びぬ、左様だハヽ、と何が呵（おか）しくなつて来てか笑ひどよめき其儘スト此店を出で行く、その内小僧も娘母子も何時しか居なくなり、残れるはわれと職人二人とばかり。往来（そと）通り行く人車（くるま）の音響（おと）鋭く耳に入りそれとともに新聞売子の声も交りて聞え、何歟（なにかと）人の騒ぎゆく声もどの辺にか為られければ、われも此処を出づべしと思ふ其の途端眼に入りたりし人見とかいふ人のユーゴーと呼ふ一冊子、如何なる書物やらむと手に取り其の目次を見つゝ居る処へ、また一人の職人入り来れりける、二人の職人と顔見合せ相知り居るものなりけん、互に莞爾（にっこ）として扨（さ）て今来た男、如何だい馬鹿らしいぢやねいか、金州を返へしちまんだとよ。ナ、ナ、何と前の二人今始めて聞えたらしく喫驚仰天。お前はその事知らねいのか、号外号外遣つてあるくのが其事なんだ。フン左様したことになつたのか、左様したことになつたの歟もねいもんだ、と憤々しながら両全権大使対談の図を見掛けて唾をヒヨイ。この無法なるを見て愕くもの豈唯だ絵艸子屋の亭主ばかりならむや、われの如きも余りな乱暴に傍杖食つてはそれこそ馬鹿らしいの頂上なれと直に其処をそこそこ立ち退きたり、二三間歩みし頃絵艸子屋の声として、派出所へ届ける、乱暴にも程のあるものだと叫ばるゝが聞えぬ。十間二十間離るれば占卜者が仔細らしく首かしげて筮竹をからから音させ居るが眼に映じ直に思想を之に傾く。　（同前）

世相の一端があざやかにとらえられている。絵草紙屋が〈浮世床〉にもひとしい時代であったのであろう。風俗のなかに絵草紙屋などというものをもたない現在、牧歌的な憧憬さえおぼえる。描出が文学的ディテールである。

「炎塵裏の社会」「最近の木賃宿見聞記」「都会の半面」「貧民の正月」「途上雑感」「憐れなる友人」等は、それぞれ「らをのすげかへ」や、屑拾い、人力車夫、その他下積みのひとびとのなりわいの様子や情景やを、「光明の方面」にたいし、「闇黒の方面」（「都会の半面」）から報じたものである。いずれも、いま引用した「社会の観察」をふくめ、興味深い文学的ルポルタージュ群である。そのなかのひとつ「貧民の正月」をみるなら、スラム街や木賃宿の情景やがさながら絵巻物のように報告された。正統文学のなかにはけっしてなかったものだ。このとき横山は文字どおり東に奔り、西に走った。巻頭に叙している。――客臘三十一日の午後偶々社へ出でければ編輯先生余に囑するに貧民の正月を記するを以てせり、乃ち社を出でたる足にて本所小梅業平町に行き此処にて歳を取り、明けて二十九年一月一日士女の衣裳を改め来往織るが如き間を過ぎて四ッ谷鮫ヶ橋に到り永住町にて一泊土方に手紙を書いてやり、二日雨の降れりしに落膽せしが午前九時頃より晴れければ出てゝ再び鮫ヶ橋を徘徊し更に芝新網に到り午後四時頃歩を還へして駒込富士前町の木賃宿に着き、人足と話り立焉坊と衾を列ねて寝ね、第三日早朝谷中の墓地を抜けて下谷万年町に出で病める屑拾の女房が繰り言を聴き山伏町松葉町の路次に入りて乞丐を尋ね浅草公園を過ぎて浅草町に到り居酒（どぶろく）屋（や）に入りて「漫遊」と語り宿にて「柔術遣ひ」と話り（ママ）「銀流し」と語り「てんとぼし」と話り「あめや」と語り、四日の午後二時頃浅草町を出てゝ新平民の一団せる別天地亀岡町を一見し夜に及び更に歩を下層の妖魔窟柳原に沿る郡代に移し下層の大通某女丈夫に会して妖魔窟の近況を聞きごろつき、ひよろつき、満引（ママ）、巾着切、蹴品買（けいづかい）、イカモノ屋の近況を聴き探険を了りて家に帰りたるは即ち夜の十二時頃なりし、今まで爰に記するもの僅に見聞せし十分一のみ、その詳細の報道は之を「都会の半面」(7)欄に於てす可し（六日夜稿）――。

（7）「都会の半面」は、『毎日新聞』に明治二八年一二月一五日以降一六回掲載。

すこしながくなるが、一部を引いてみよう。躍如たる情景である。

「貧民の正月」

○あの婆を泊めてお前堪まりやしないやね、ポックリ往生して御覧な、そら、覿面に面倒は此方へ来るわな、馬鹿な事ツた！　是れ本所小梅業平町の木賃宿に入り、火鉢の傍に坐りて、先づ余が鼓膜を劈きて心神に閃めける、宿の女房が立て膝しながら火鉢に手をかざしつゝ人力車夫らしき若き男に語るを聴きたる言葉の一節なり。その仔細を質せば此日の夕暮六十幾ツにならうと見ゆる年老れる婆さんの耄々しながら泊めて貰ひたしと来り、後日の面倒を恐れて、此家には二階ばかりで下に室なければ婆様のやうな人は泊められぬ、と口の酷くなるまで謝絶れども家へ躄り上りて、店の隅に尻据え、薄き袖口より手を出して頼むもの煩さく、この若き男を頼みて往来へ逐ひ出せしを、今ま噂し合へるとぞ知られぬ。女房は更に言葉を続けて、彼様な因業婆はありやしない真個に『それはお前さん、一ト晩の事ツだから泊めて遣らアね、だけどお前さん、万一もの事があつて御覧な、方がつきませんやね』夜明け、新年第一日を四幅布団一枚の上に迎へて感慨無限心傷むもの多々なり、宿の女房が所謂「因業婆」は果して那辺に於て新年を迎ひたりしぞ、余二十九年の新歳を迎へて而して心頭先づ浮び来れる感想は即ち是れ。

○九時に及んで尚ほ起きたる者少なく、試に首を上げて、われと居列へる連中を見れば九個の中起きける者僅に一人なり、暫くして、恰もわれより四五人目に当りて何歟囁き合へる声を聞きぬ、而して一人声高く叫へるものを聴けば、曰く仕舞ツた！　今日己ア出掛けるんであつた、朝早く。野郎〆朝ツぱらから那処を的に野落犬きめヤうといふんだへ、手前に正月の元日から銭を借せヤうといふ養育院もあるめいぜ。手前達の知ツた事ツちや無いヤ、己アな、昨夜寝る時にな。なア、な言つて居ヤがる、手前のなアも己ア最う聞き厭きましたよ、と今まで寝て居りしならんと思ひ居たる他の男は此時口を挟めり。引ツ込んで居れ、畜生ツ、手前の考へられた事ツちヤねい、己アな朝早く其辺をほツつき歩いて、昨夜落とした奴の金を拾ツて遣らうと思ツてたんだ。

○而して此処、余が傍に日傭取らしきが油じみて汚ならしき小枕を置ける、木枕を横にして其処へ煙艸の吸殻を落としつゝ隣の男に問ふらく、此の宿は雑煮食はしヤしねへだらう歟。イヤ私は昨夜始めて泊りましたから、知りましねえ、と是はまだ木賃宿に慣れぬ男と見えたりその隣に居りし男、引ツ冠り居たる布団の裏より首をいだし、出しヤしねへと叭（あくび）しながら枕許の煙草盆を引き寄す。業平でも此の宿は昔日から出さねへだ、嚊（かゝあ）といツたら本所一番のしわん坊女郎だから仕様が無へ、とヤケに灰吹を撃き、お前さん花町へ行ツたもんなら、皆な雑煮は出ますぜ。此の木賃屋（うち）ほど篦棒（べらぼう）な木賃屋は有りヤしねへと気焔揚るもの実に万丈、寄語す、夫子は然かく木賃通にして何れぞ其れ雑煮を出さゞる此の家に身を置けるぞ。
○宿を出でんとして、余は下駄を探がし居る時、十一二に為れると八ツ歟九ツの二個（ふたり）の女の児の、真赤な足を露はしながら片手を懐に、片手の袖口にて辛うじて三味線持ちつゝ、前に来りて、べしよべしよ三味線を鳴らし初めたり何歟謡ひて。子を持てる宿の女房目を瞋（いか）らして出ないよ、なんだ縁起のわるいと悄然（しよんぼり）出て行くを見て呟けば火鉢を囲める一同も、正月の初めから銭（おあし）出して居ちや埋まらねへや、なア妻君（おかみさん）。

（『毎日新聞』二九・一・九）

あきらかに、横山源之助は文学的ルポルタージュから出発した。文学的描出法と数字統計を駆使する処理法とが、あいおぎなうように使用されていた。横山独特のこの叙述法は初期からもちいられていた。さきへ移るにしたがって、より科学的な処理法へとすすんでいく。精彩ある、文学的な、初期の東京下層社会ルポルタージュ群は、『日本之下層社会』編成時、すべて棄てられた。文学の上からいうなら、残念というほかない。いずれ『日本之下層社会』拾遺集というものが編まれねばならぬだろう。
ただし、それらのルポをうみだした、初期の経験は後に、「東京貧民状態一斑」のなかに、間接的にいかされた。それが『日本之下層社会』編成時、「第一編東京貧民の状態」となって、収録された。

（2）地方下層社会

「戦争と地方労役者」六（開戦後金融切迫の程度）（労役者の種別）（労役者の賃銀）（戦争に対せる思想変遷）（宗教の勢力、感化）（社交倶楽部）（二七・一二・八〜）

「都会と田舎」（二八・八・二四）

「偶感一則」（二九・二・一四）

「出門第一日」（二九・三・一九）

「宇都宮を一瞥せる儘」（二九・三・二〇）

「足利を一瞥せる儘」（二九・三・二二）

「野州足利の機業」二（輸出挫折の原因）（二九・四・一〜）

「一面より観たる足利」三（機業の進歩と文明の程度）（機業地の宗教、教育）（機業地一般の風俗、特質）（二九・四・一〇〜）

「文明を謳ふを喜はざる者」（二九・四・二九）

「地方の木賃宿」（二九・四・三〇）

「機業地の側面」一三（工女）（賃業者）（二九・五・五〜）

「新町の絹絲紡績所」四（同盟罷工の一実例）（二九・六・六〜）

「銷夏雑記」（二九・八・一）

「田舎の風尚」（越中魚津にて）（二九・九・一二）

「地方の青年」二（二九・九・一八〜）

「所謂有志なる者」（二九・九・一九）

「地方の下層社会」一八（都会の細民と地方の細民）（水災と細民）（土木工事と細民）（小作人）（親方と徒弟）（二九・一〇・二五～）
「農業国の工業」（富山県工業品評会を見る）（二九・一一・一七）
「地方の下女払底」（二九・一二・一二）
「田舎のとしのくれ」（二九・一二・二七）
「田舎の正月」三（三〇・一・一二～）
「炉辺閑話」（三〇・一・二三）
「世人の注意を逸する社会の一事実」四（『国民之友』三〇・三・二〇～、第三四〇、三四一、三四五、三四六号）
「田舎の芝居」（『国民新聞』三〇・四・三）
「蕉鹿」二（三〇・四・二～同）
「地方職人の現状」（『国民之友』三〇・四・一〇、第三四三号）
「金沢瞥見記」（三〇・六・二三）
「北陸の慈善家」二（三〇・六・二五～）
「加賀の工業」（三〇・六・三〇）
「九谷焼」（三〇・七・二三）
「福井地方の機業」（三〇・七・二四）
「福井地方の工女」（三〇・七・二五）
「大阪を一瞥せる儘」（三〇・八・一二）
「大阪貧街の現状」（三〇・八・一三）

「大阪工場めぐり」二六（三〇・八・一五〜）
「第二水産博覧会たより」八（山口県の遠海漁業）（千葉県の漁業及漁具）（台湾の水産出品）（北海道の第三区出品）（東京大阪京都の出品比較）（南方の水産出品）（三〇・九・二二〜）
「神戸の貧民部落」四（三〇・一〇・二九〜）
「燐寸事業の現状」二（三〇・一一・一〇〜）
「職工教育」四（私立大阪教育会）（珍奇なる教育方法）（堺市の職工教育）（三一・一・九〜）
「福井地方に行はるゝ工女の俚謡」（『労働世界』三一・五・一、第一一号）無署名
「地方貧民情況一斑」（同三一・五・一五、第一二号）無署名
「農家風俗」二（『太陽』三二・二・二〇〜、第五巻第四、六号）

これは、（イ）富山県地方、（ロ）桐生・足利地方、（ハ）関西地方のものに三区分できる。ほとんどが三大調査行のときにうみだされたものである。

（イ）富山県地方のもの

郷里（富山県）を題材にしたレポートは多い。小作人生活事情調査のため、横山は明治二九（一八九六）年八月頃から翌年五月頃まで、帰郷している。『毎日新聞』紙上の「田舎の風尚」「地方の青年」「所謂有志なる者」「地方の下層社会」「農業国の工業」「地方の下女払底」「田舎のとしのくれ」「田舎の正月」「炉辺閑話」等。および『国民之友』『国民新聞』上の「地方職人の現状」「世人の注意を逸する社会の一事実」「蕉鹿」「田舎の芝居」等がこのときの作品である。帰郷前後のものとしては「戦争と地方労役者」「都会と田舎」「偶感一則」および『労働世界』に載せた

「地方貧民情況一斑」、『太陽』誌上の「農家風俗」がある。

小作人生活事情調査時の主要な報告は『毎日新聞』紙上の「地方の下層社会」一八である。「地方の下層社会」中の後半部分——小題「小作人」が後『日本之下層社会』が編纂されたとき、「第五編小作人生活事情」となった。「地方の下層社会」の前半部分および最終回の小題「親方と徒弟」は「小作人」を報告するためのイントロダクション部分、外辺部分であった。前半部分は「地方の下層社会」一般を報じたものである。そこでは富山県下の細民、窮民の状態が報告された。統計的方法、叙述的方法、あるいは東京の細民との比較等によって。この前半部分は横山の地方下層社会ルポの代表作である。『日本之下層社会』に収録されなかったのは惜しまれる。

「田舎の風尚」「地方の青年」「所謂有志なる者」「農業国の工業」「地方の下女払底」「田舎のとしのくれ」「田舎の正月」「炉辺閑話」および「田舎の芝居」(『国民新聞』)等はさらに「地方の下層社会」一篇をつつむ外辺的なレポート群である。これらは「小作人」——「地方の下層社会」を浮かびあがらせるために書かれた衛星的なレポート群とみることができる。そこでは、主要部分(「小作人」)をつつみこんで存する地域社会の風俗、習慣、人情のありよう等が報告された。しかもそれらのものが時代の変遷とともにどのように微妙に推移しつつあるかも——。

ここで、横山の調査の仕方の特徴というようなものをみておきたい。いま述べたように、主要ルポはひとつだけ孤立していない。かならず関連する衛星的なレポートが付随してある。「小作人」をつつみこむものとして「地方の下層社会」の前半部分があり、その他のレポート群がさらに外辺部としてある。桐生・足利地方の調査のときも、関西地方の調査のときも、主要なルポの対象以外にそれをつつみこんである地域社会の下層民の状態やその地の風俗や産業やがかならずレポートされた。とくに彼の郷里富山地方の報告では、この特徴は著しい。

——やがてこの外辺部への関心が横山社会学の質と幅をかえ、宿場の研究、中小都市研究に移っていくことになる。

別の主題での、地方下層ルポの特徴は職人、漁民問題である。とくに漁民のそれである。郷里――富山地方に付帯してある。さきに職人問題についていえば、横山の関心につよい傾斜のあることは堀江正規[8]によっても指摘されている。要はそのような関心がどこからきたかということだが、横山の出身にかかわっていることは前に述べた。

（8）「名著・その人と時代10　横山源之助『日本の下層社会』」（『週刊エコノミスト』昭和四〇・六・八）。

漁民に対する横山の関心のつよさは、他の下層諸民――小作人、職人、職工、工女、雑業者、ルンペン等――にたいするそれに劣らない。漁民問題は横山社会学の重要な側面なのだが、残念ながらいまなおその面への評価は忘却されている。横山の漁民への関心は彼の出身地（富山県魚津）が漁撈の地であり、伝統的に米騒動と不可分にむすびついている貧困漁民の地であった。さらに横山自身が出生の秘密の血のなかで否応なしに漁民の血とむすびついている――そのようなところから生まれてきている。職人ルポとして「戦争と地方労役者」の一部、「地方の下層社会」の一部、「地方職人の現状」がある。漁民ルポとしては「地方の下層社会」の前半部、「田舎の正月」、「炉辺閑話」、「世人の注意を逸する社会の一事実」、「地方貧民情況一斑」がある。とくに『国民之友』に発表された「世人の注意を逸する社会の一事実」は漁民ルポの代表作である。そこでは、納屋元とのあいだにある搾取組織の仕組みや下層のなかでもおそらく最底辺とみていい漁民の窮民的生活状況やがつぶさに報告された。最終稿の「一種の貧民救助」（小題）で、横山は米騒動の安全弁としてこの地でつくられた漁民救助制に注目しながらも、その仕組みのまやかしをあばいている。「世人の注意を逸する社会の一事実」は埋もれた名作である。大正七（一九一八）年の米騒動研究に関連する資料としても、この論文はもっと注目されていい。

伝統的な米騒動の土壌――米の輸出と仲仕と漁民とその女房たちとの絡みあった民話劇。代々つがれてきた貧困と不条理とその鬱積と。おおきく羽音をたててきた民話のなかにそだった横山がその民話の一片を書かないはずはなかったのである。「世人の注意を逸する社会の一事実」のなかにこのような文章がある。

廟堂には征韓の議起り、民間に自由民権の論正に勃興せんとする時に於て、太古以来旧慣を因襲して冥濛たる漁村も明治八年より九年の間に於て納屋元と網子との間騒擾一と方ならざりしなり、当時両者の関係は君主と臣下との如く一に納屋元の足下に圧伏せられ、如何に偏頗の処置あるも不公平の事あるも網子は納屋元に抵抗することを得ざりき、網の修繕入費に就いても納屋元と網子とは同しくして其の分配は網子の得る所僅に三分一、且つ納屋元は捕獲高を記るしゝ帳簿を示すことをせず、秘密にして意の儘に網子等に分配して己れ等の勝手を振る舞ひ居れり、「地獄の帳面は判りても大網の帳面は判らぬ」と言へる言葉の行はれしを見るも如何に海面所有者は圧制を極めたりしやを知るに難からず。第二十三号の法令出で、第九十五号の布達出づるに及んで幾久しく屈伏しつゝありし網子等俄に起ちて納屋元の不公平を尤め、帳簿の公示を求めたり、而して納屋元の聴かざるを見勇気を倍して、金を集め業を休みて郡衙に之き或は群を為して県下に集り、権令の往来を橋畔に待ち嘆願書を出せるあり、殺気九州の天を蔽へるの時は我が静かなる漁村に於ても網子等は海面所有者に抵抗して其の権利を主張し居りしなり。幾多の交渉を経て、捕獲の分配を明確にし、帳簿は之を検視し得るの自由を得て結局和解に了りぬ、渠等漁民は時に明治の時世を美なりと言ふもの蓋し此事を称するなり、但し納屋元と附舟（家雇）の関係は今日と雖も昔日と異なることなく、同じく臣僕の関係なり。

これは明治八（一八七五）年、太政官令の布告によって海面の私有が禁じられたときおきた漁民騒動の一端である。横山源之助はこのようなことも書いていたのである。――蛇足だが、このような闘争の経験[9]がやがて大正七年の米騒動へ転位し、うけつがれたものがなかったか。

（9）富山県魚津地方では、明治期におけるもっともはやい争議として、農村部のバンドリ騒動（明治二（一八六八）年）と、右に引用した漁村部の海面公有騒動（明治八、九年）とがある。後者の騒動の模様は横山源之助があらっぽく書いているとおりだが、そのとき他に漁民の矛先は、幕藩体制のもとで専売権を庇護されてきた魚問屋にも向けられていたらしい。魚問屋は業のかたわら兼業納屋元（網元）でもあったわけだ。このとき専業納屋元をもふくめた漁民一般のエネルギーが魚問屋の専売権を制限し、販売権のなかばをみずから復権した。米騒動の頻発の問題ともからみ、この地の漁民（男女をとわず）は不条理をただそうとするエネルギーを早くからもっていたことに留意したい。

横山は「世人の注意を逸する社会の一事実」のなかで明治二二（一八八九）年の米騒動に触れているが、一般的には翌二三年の全国米騒動が有名である。だが魚津地方の米騒動は、横山の語るとおり明治二二年のときのほうが規模が大きく、細民二千人が参加している。翌二三年にもこの地で米騒動がおきている。

（ロ）桐生・足利地方のもの

地方下層社会ルポ中の「出門第一日」「宇都宮を一瞥せる儘」「足利を一瞥せる儘」「野州足利の機業」「一面より観たる足利」「文明を謳ふを喜はざる者」「地方の木賃宿」「機業地の側面」「新町の絹絲紡績所」がそれである。すべて明治二九（一八九六）年三、四月桐生、足利地方へ調査にいったときの作品である。すべて『毎日新聞』に載った。

「出門第一日」は、『日本之下層社会』中の「第三編手工業の現状」のイントロダクション部分にある「出門第一日」となった。一三回にわたって報告された「機業地の側面」がこのときの主報告であった。「機業地の側面」は整理の手をへて、『日本之下層社会』の「第三編第一章桐生足利地方の織物工場」となった。横山は「機業地の側面」小題「工女」のなかで、「孰れも研究すべき要ありと雖も就中仲買、本機屋、下機屋の製造業者、賃機屋、工男工女の生活、性質、習慣、関係、現状を究むるもの機業地の真相を知るに重要なるを覚ゆ、因て余は思ふ旨あるを以て先づ労働者の部分なる工女の上に観を下すべし」として、以下を『日本之下層社会』に転載した「渠等は、ジャーガード器械に身を寄せて黙々、苦も楽も愉快も不愉快も、有りて訴へざるか」の工女ルポにつないでいった。

「宇都宮を一瞥せる儘」以下は旅行途次の報告である。いわば主要ルポ「機業地の側面」を浮きあがらせるための周辺ルポに相当する。桐生、足利周辺地の風俗、宗教、教育状況や貧民状態等が報告された。「文明を謳ふを喜ばざる者」「地方の木賃宿」は前橋に寄ったときのルポである。実質的にはスラム・ルポに属する。人力車夫、祭文語り、香具師、「らをのすげかへ」、大道芸人等について報告し、東京との比較においてかたられている、興味あるものだ。

「新町の絹絲紡績所」一篇は調査をおわっての帰途、緑野郡新町にある三井の絹絲紡績会社を訪れたときの報告である。このレポートの後半を小題「同盟罷工の一実例」（上・下二回）とし、ここで「本年一月一七日」賃銀切り下げ、過怠金の徴収にたいし職工六四名が団結してストライキをおこなったとある。注目していい報告であった。なおこの「新町の絹絲紡績所」には、つぎのような報告が挿入されてある。「余が新町に出でゝ旅宿とせる家に二人の少女を見たり、謂ふ越後長岡の者なりと家事の忙なる時は客に給仕に出で若くは炊事に従ふ、而かも用なき時は紡績所に通へるものと自白す、幾歳の時来れるやと問へば十一の時来りて今に五年なりと答へり、之を知人に聴けば余が旅宿の家も桂庵なる者の一人なり」

（ハ）関西地方のもの

関西地方調査時のルポがそれにあたる。横山は明治二九（一八九六）年夏以降、郷里富山県魚津町を拠点にして「小作人生活事情」の調査にしたがったが、翌明治三〇年春、郷里から関西地方へ労働事情調査に旅立った。途次金沢、福井をへている。この途次のルポをもふくめ一連の関西地方報告集が成立する。

「金沢瞥見記」「北陸の慈善家」「加賀の工業」「九谷焼」「福井地方の機業」「福井地方の工女」「大阪を一瞥せる儘」「大阪貧街の現状」「大阪工場めぐり」「第二水産博覧会だより」「神戸の貧民部落」「燐寸事業の現状」「職工教育」——以上は『毎日新聞』紙上に報告されたもの。ほかに「福井地方に行はるゝ工女の俚謡」（『労働世界』）がある。

ここにある大部分は、（3）労働（社会）問題の分類のなかにいれられていいものである。「金沢瞥見記」には、金沢の下層社会の概要が報告されてあった。これは興味ある一文であろう。「北陸の慈善家」は『日本之下層社会』中の「第一編第十四木賃宿」にある「北陸の慈善家」の前半部となった。横山は貧民・社会問題解決のひとつの仕方として慈善事業に関心をもっていた。さきに横山は慈善に名をかりた虚名家を、「社会の観察」中の「名の美、実の醜」（小題、二八・五）できびしく糾弾していた。

「福井地方の機業」「福井地方の工女」は内容的には桐生・足利機業地調査の補足をなすものであり、『日本之下層社会』「第三編第一章第五福井地方の織物工場」となった。「燐寸事業の現状」はおなじく『日本之下層社会』中の「第三編第二章阪神地方の燐寸工場」となった。

「大阪工場めぐり」は関西地方調査時の最大の報告であり、二六回にわたって『毎日』紙上に報告された。それは『日本之下層社会』にも『内地雑居後之日本』にも収録されなかった（いま岩波文庫版『内地雑居後之日本』昭和二四年版に再録）。「大阪工場めぐり」中の「小林授産場を観る」一項のみは、『日本之下層社会』の「第一編第十四木賃宿」中の「大阪の慈善家」として収録された。「第二水産博覧会だより」は大阪でひらかれていた博覧会の概要報告である。それは「大阪工場めぐり」「燐寸事業の現状」の補足報告とみていい。「職工教育」は私立大阪教育会や堺市の段通職工教育部簡易学校について報じたものである。労働対策にたいする横山の関心はそういう面にも当然そそがれていた。

「大阪を一瞥せる儘」「大阪貧街の現状」「神戸の貧民部落」はともに関西労働事情調査時の予備的、外辺的報告である。桐生・足利地方調査時の、あるいは富山県地方調査時の、それと同型をなす。横山独特の地域ぐるみを視座におくルポである。「大阪を一瞥せる儘」は平民都市大阪の概要を手際よく伝え、スラム街の変貌や現状等を報じた「大阪貧街の現状」とともに大阪労働事情報告の導入部となっている。「神戸の貧民部落」は横山の地方下層社会ルポのなかでも、もっとも出色なルポである。このルポは、労働者とスラム街とが同体であり、労働事情を語ることはその地の下層社会をかたることと同一視座のもとになされなければならぬ、とする横山のルポの仕方の正しさをなによりも証拠だてている。「神戸の貧民部落」は、桐生・足利調査時の下層社会ルポである「文明を謳ふを喜はざる者」「地方の木賃宿」、富山帰郷時の「地方の下層社会」前半部、「金沢瞥見記」、そして「大阪貧街の現状」等とともに、地方下層社会ルポの一連の系譜を形成している。それらは東京スラム・ルポの諸作品群に優に匹敵するだろう。横山の地方下層社会ルポの興味は実はここらにある。その一連の系譜にである。そのなかでも「神戸の貧民部落」はもっとも迫力にとんでいる。明治期ルポルタージュ文学のもっとも良質な収穫のひとつであろう。スラム・ルポのエキスパートをもって鳴る横山源之助のどぎもをもぬく、この地のスラムのすさまじさであった。このルポの冒頭で、横山は「日本の最暗黒と兼て聞き居たる大阪名護町にて見ることを得ずして却て現今急激の進歩を示しつゝある神戸市に於て東京若くは大阪に見るべからざる窮民窟を見たり」といい、「窮民窟」という言葉をつかわざるをえないほどであった。そのすごさをこのようにもいっている。「万年町は東京の闇窟なり　鮫河橋は貧窟なるに相違なしと雖も之を上橋町の光景に比せば其の醜状薄し、――路次に入れば満目是れ襤褸の世界、其の家を見れば三畳を敷けるは稀に概ね二畳敷一畳は土間なり現時は衛生吏員の尽力にて少しく清潔なるを見れ共既に渠等が城壁の二畳敷なる一事実を以てするも能く万年町鮫河橋の上に在るを察するを得ん」と。

「燐寸事業の現状」が『日本之下層社会』中の「第三編第二章阪神地方の燐寸工場」となったことはさきに述べたが、「神戸の貧民部落」は「燐寸事業の現状」と姉妹篇をなし、一部は前記中にいかされた。たとえば、「阪神地方の燐寸工場」（『日本之下層社会』）のひとつの圧巻は年少労働の実在をあばきだしているところにあるが、「神戸の貧民部落」とその箇所とはつぎのように呼応する。

既に六歳七歳となれば大抵燐寸工場に送り他の児童は学校に若くは路上の駄菓子屋の前に遊ひ居る時取締に叱られながらきよと〳〵傍目しながら乱雑せる軸木を枠に当てゝ日に四銭五銭多きは七銭八銭を得て家計を助く

（「神戸の貧民部落」『毎日新聞』三〇・一〇・二九より連載）

総じて孰れの燐寸工場に於ても見ることとなるが、他の工場に比して細民の児女多く、而して職工に幼年者を見るは燐寸工場なりとす、職工の過半は十歳より十四五歳の児童なり、中には八歳なるもあり、甚しきは六七歳なるも見ること多し、特に軸並職工の如き其の七八分までは十歳未満、世間の児童は学校に入りいろはを習ふに苦めるを燐寸工場の児童は軸並枠の間に挟まり、左右をきよろ〳〵眺めながら軸木を並べつゝあるなり

（「第三編第二章阪神地方の燐寸工場」『日本之下層社会』）

そして社会の最底辺ではどのような人間関係が現出することになるか。

淫売婦は此頃湊川の方へ逐はれゆき、今は橘町通に見ること少なしと雖も私生児の多きは驚くべし、時日少くして深く究むるを得ざりしが女児十四五歳に及へはハヤ淫事を知り十七八歳にして男を有たざるはなく或者は淫売に出で然らざれば人の嬶となる青男青女同居し夫婦と称する者にして手続を経て夫婦となりたるは殆ど一人だもなく野合の挙句子供出来夫婦となりたりといふもの滔々是れ、――わざ〳〵日本の土地に生を享けしめながら日本国民ならぬ子供も此の部落に見ること稀ならず親の不始末は兎もあれ罪もなき子供の親の失策に伴れて国家に籍なき浮浪人となる亦た惨なり。

（前掲「神戸の貧民部落」）

「神戸の貧民部落」はエンゲルスの『イギリスにおける労働者階級の状態』のある部分を想起させる。日本ではわ

ずかに後年賀川豊彦の作品のなかにその界隈のことが散見されるのみである。

（3）労働（社会）問題

「王子メリヤス製造会社」（二八・一・二四）
「孤女学院[10]」二（二八・二・八～）彷徨子
「養育院」二（二八・二・一五～）
「我国の感化事業[11]」三（東京感化院を訪ふ）（二八・三・一五～）彷徨子
「魔想陳言」（高利貸の増殖と社会の進歩）（二八・八・三）
「社会最も憐むへき者」（二九・二・一八）
「対話『佐久間貞一君』」（二九・二・二二）
「対話『電気捕鯨器発明家高橋元義君』」二（二九・二・二三～）
（「機業地の側面」一三（二九・五・五～）、「新町の絹絲紡績所」四（二九・六・六～）、ともに再掲）
「工女の欠乏」二（二九・六・一六～）
「職工問題雑事」（佐久間貞一氏談話）（二九・七・五）
「偶感一則」（二九・七・九）
「耐震家屋発明伊藤為吉君と語る」（二九・七・三一）
（「大阪工場めぐり」二六（三〇・八・一五～）再掲）
「労働者の払底に就て」（『国民之友』三〇・一〇・一〇、第三六二号）
（「憐寸事業の現状」二（三〇・一一・一〇～）再掲）

「資本家の言」二（『労働世界』三〇・一二・一～、第一、二号）
「鉄工組合の成立を喜ぶ」（三〇・一二・四）
「秋田県特志の富豪」（三〇・一二・一〇）
「正月楽しき乎」（三一・一・七）
（『職工教育』四（三一・一・九～）再掲）
「自カラ縊クル者ハ誰ゾ」（『労働世界』三一・一・一五、第四号）
「とりまぜ」四（三一・一・三〇～）
「紡績工場の労働者」（『国民之友』三一・二・一〇、第三六六号）
「江湖漫言」（三一・三・五、一〇）
「議員撰挙」「国民党に質す」（『労働世界』三一・三・一五、第八号）
「国民党に質す」「工業界の一弊竇」「労働者は奴隷に非ず」（同三一・四・一、第九号）
「工業社会の一弊竇」（『国民之友』三一・四・一〇、第三六八号）
「研究は当今の急務なり」「法律家と社会問題」「書生と労働」「人力車夫に告ぐ」（『労働世界』三一・四・一五、第一〇号）
「新旧勢力の衝突」「青年の一大気力」「米価の騰貴と小作人」（同三一・五・一、第一一号）
「石川安次郎君に質す」（三一・五・七）
「下女と嫁入仕度」（『労働世界』三一・六・一、第一三号）無署名
「本邦現時の小作制度に就て」二（『天地人』三一・六～、第六、七号）
「涼夜独語」（『労働世界』三一・七・一五、第一六号）

「ヲルデン氏と語る」（同三一・九・一、第一九号）
「職工証不可論」（同三一・一〇・一、第二一号）
「労働世界記者に寄す」（同三一・一二・一、第二五号）
「社会の観察」四（東京と大阪）（社会問題の勃興）（三二・一・一三～）
「労働者の社会上の位置」「人力車夫に檄す」（『労働世界』三二・三・一、第三一号）
「我国労働者の生計如何」二（『天地人』三二・三～、第一五、一六号）
「貧民の融通機関を論す」（『労働世界』三二・三・一五、第三二号）
「再び人力車夫に就きて」（同三二・四・一、第三三号）
「職工教育に就きて」（『天地人』三二・六、第一八号）
「労働運動の初幕」（『中央公論』三二・八）

（10・11）「孤女学院」「我国の感化事業――東京感化院を訪ふ」の二作は、西田長寿の「横山源之助著書及論文目録」に載っていない。それはおそらくその署名が〈彷徨子〉となっていて、横山が当時普通にもちいた筆名、たとえば〈天涯〉〈茫々生〉〈夢蝶〉〈有磯逸郎〉等とちがっていたためであろう。〈彷徨子〉署名によるこの二作が横山のものとかんがえられるのはつぎの事情による。「孤女学院」文中に「われ昨日女学院を見舞ひ、今また養育院を訪ふて」という箇所があり、また「養育院」（一）（二八・二・一五）のなかに「余輩は本紙の前号に於て一個人が従事せる慈善事業の幾分を江湖に報ぜり（孤女学院）」とある。「孤女学院」「養育院」「我国の感化事業」の三作がともに横山の社会施設探訪の連作とかんがえられるのである。

本来、（1）東京下層社会、（2）地方下層社会も、この分類に属するものだ。（1）と（2）のうち、再度この分類のなかに挙げたものも少なくない。つぎのように細分できる。

（イ）社会問題のもの

（ロ）社会事業系のもの
（ハ）労働事情調査のもの
（ニ）労働問題・労働運動のもの

である。

煩雑をさけるため、細分類の作品列挙、解説は省略する。社会問題系、社会事業系、労働事情調査系のものは、すでに解説したものも多い。ここでは、二、三の労働問題・労働運動系の作品についてのみ解説する。なお横山源之助と労働運動の関係については後に稿をあらたにするので、『労働世界』上の作品解説についてもやはりここでは省く。

明治三〇（一八九七）年頃から、この種の発言が急に増えている。「対話『佐久間貞一君』」と「職工問題雑事」（佐久間貞一氏談話）は、当時労働問題に先進的な理解をもっていたという実業家佐久間貞一[12]と、職人や職工の労働問題について語り合ったものである。明治二九、三〇年にかけて、横山は三大労働事情調査を敢行している。その三大調査のかげに佐久間貞一の援助があったらしいふしがみうけられる。労働問題について語り合った佐久間貞一との二つの対話（ともに二九年）は、いよいよ横山が東京スラム中心の初期社会ルポから転じて労働問題・労働事情調査へつきすすんでいく転機に位置する作品といえる。

「鉄工組合の成立を喜ぶ」は、明治三〇年一二月一日、労働組合期成会の努力によってわがくにで初めて誕生した労働組合――鉄工組合について、文字どおり横山の喜びを述べたもの。また「江湖漫言」は日鉄機関夫と大阪福島紡績会社のストライキについて、紙上紹介と支持の辞をおくったものである。三二年一月一三日以降、四回にわたって『毎日』に連載した「社会の観察」は、前半部では小題を「東京と大阪」として両者の社会指向の相異や特徴についてユニークな観察をくだしているが、後半部を小題「社会問題の勃興」とし、日清戦後の社会・労働問題を労働組合期成会や鉄工組合、日鉄機関夫のスト、あるいは共働店運動の発生や展開の問題とからめて論じている。『中央公論』誌上の「労働運動の初幕[13]」は、発表の明治三二（一八九九）年八月当時、すでに労働問題については第一人者としてあった横山源之助の名にふさわしく、斯界最高の水準をいく論文であったといえる。この論文には日本で初めておこされた労働運動のたかまりのぐあいがてぎわよく整理されて述べられてあった。ドイツ労働運動との史的な関連やについても。この論文の最後を、横山は「余輩は今日の所謂政治論法律論に倦めり。更に新しき時機の来らんことを望みつゝある者なり」とむすび、ひたすら労働運動のたかまらんことを願って筆をおさめたのである。

「工業社会の一弊竇」は工業界の見習・徒弟制度の弊害を批判したものである。横山は五年、一〇年という長い見習年限は必要ないとして、「事業者たる者一時の利に眼眩れ細民の困窮を奇貨として其の児女を誘ひ名を見習職工に仮りて不足せる労働を補ひつゝあるものと謂ふべし」といいきっている。『天地人』誌上の「我国労働者の生計如何」は『日本之下層社会』中の「機械工場の労働者」後半部の原型とでもいえるものである。同誌上の「職工教育に就きて」は労働者の教育の低さを労働問題の視点からとらえ、労働者教育の必要を説いている。

（3）労働（社会）問題論文中、労働問題、労働運動にかかわるものは明治三〇年を期にして労働運動が展開された頃書かれたものが主である。すなわち横山は労働運動がおきる前後踵をせっして労働問題にかんする論文や労働運動を支持し激励する文章をあわただしく書きはじめている。横山自身労働組合期成会の仕事に参加していき、後に詳述するようにその機関誌『労働世界』の主要な担い手のひとりとなっていくのである。そして第一期労働運動が最高の高まりをみせる明治三二（一八九九）年に、ときあたかも『日本之下層社会』が編まれ、付録「日本の社会運動」のなかで「偏頗なる社会、不公平なる社会、黄金は万能の勢力を有して横梁跋扈する社会には余輩は歓んで社会問題を迎へんとす、余輩は読者と共に今日静かに日本の下層社会を研究し、斯の問題を提げて今日政治社会の腐敗を叫破し平民政治を開きて下層社会の幸福を謀らん」とたからかにいい、なぜ横山がこれまで社会の最下層ルポという困難な仕事にうちこんできたか、そしてそれらルポの意味がいかなる指向とむすびあわされていたか、みずから明らかにしているのである。

（12）嘉永元（一八四八）～明治三一（一八九八）年。活版印刷所秀英舎（後の大日本印刷）社長、労働問題については先進的な理解をもつ実業家として知られた。片山潜・西川光二郎『日本の労働運動』（明治三四年、労働新聞社）に「我国労働運動の大恩人にして、日本のロバアト・オエンとも云ふべき人なり。氏は二十年頃より労働問題を研究し、或は自己の支配せる秀英社（ママ）工場に使へる職工を保護するに力を致し、或は活版工を誘導して之を団結せしめんとし、或は労働組合期成会に力を致して之が発達を助け、或は手工業者を保護するの目的を以て貸資協会を立て、或は工場法の制定に熱心し」とある。

横山源之助の「対話『佐久間貞一君』」が『毎日』紙上に載ったのは明治二九年二月二一日である。そのときが最初の訪問であった。佐久間貞一の急逝によって、横山との親交はわずか二年余にして終わった。佐久間貞一と横山源之助の関係について、『日本之下層社会』巻末に豊原又男がつぎのような言をよせている。「友人横山源之助君嘗て毎日新聞社に在るの日、志を社会政策に寄せ之が探索を極むるに最も力を尽せり。所謂闇黒界裡に鬱屈せる疑団の解決者を以て任ぜるなり。而して君は我国労働問題のオーソリチーとして知られたる故佐久間貞一先生の信任する処となり、其の助勢を得て或は足利桐生機業地の現状を探り、或は京阪地方工業の状態を視、其の他各地に下層人民の風俗習慣及生活の現状を調査せるもの数次、時に或は職工の列に加はり、或は貧民と居住を同うし、啻に実際の状況のみならず心裡の消息に至るまで、細大となく丁寧綿密に視察して常に先生の嘱を全うせり。余亦た平素佐久間先生の知遇を受け、啻に先生の傍に侍して君の先生を訪へる毎に卓を囲みて談論を試みたること数次なりき。其の問題となりしは概ね社会政策に関せざるはなし。想起す、先生の未だ病蓐に就かざる前、恰も商業会議所に於て工場法案は其の会議に附せられたるの頃、一夜偶々君の先生を訪へりし事あり。先生膝を前めて工場法案の世に出でんとするを喜び、各議員の論旨を語り、特に某反対者の口を仮（ママ）りて出でたる「工場法案は工業の発達を害する者」と言へる議論を挙げて、其の愚を称し且つ曰く、余は其の浅薄なるを知れりと雖も、敢て論破することを為さざるもの故あり。蓋し某氏も同じく農商工高等会議員たるを以て、余は高等会議を待つて之を一挙に撃砕せんが為に、特に忍びて黙して止めるなり、と相顧みて哄然たりき。嗚呼先生は未だ一回だも高等会議に出席せずして、余輩を捨てゝ白玉楼上の人とは為れり。而して間もなく横山君は累年調査せる事実を集めて上梓せんとするの報あり。転た感慨なき能はざるなり。（略）一昨年君の関西地方より還るや、佐久間先生自ら資を投じて本書を出版せんとするの約ありたりと聞く。今にして此書出でんとす。余輩は世の労働問題に注目する者の為に之を喜ぶのみならず、又た先生の素志を思うて深く其の出版を喜ぶ者なり。敢て所思を記して「日本之下層社会」の巻末に附す。／明治三十二年一月」。豊原又男（明治五（一八七二）～昭和二二（一九四七）年）は、日本の職業紹介事業の先駆者である。

横山源之助もつぎのように述べている。「余が多少日本の下層社会を知り、其の事実を蒐集するを得たるは島田三郎佐久間貞一両氏の庇蔭に依りたるもの多し、特に故佐久間氏は、疎懶余が如き者に嘱し資を投じて余をして各地に遊ばしめられたる恩義は、深く余の謝する所、本書を捧げて氏の霊に献ぜんと欲するは、此の故とす」（同書「例言」）。

豊原又男あるいは横山自身の言から、横山が佐久間貞一からなみなみならぬ庇護をうけたことが察せられる。横山の三大調査（桐生足利、富山、関西地方）が佐久間貞一の援助（旅費その他）に多くまつものであったらしいことが推測されるのである。

(13)「労働運動の序幕」は青木文庫の岸本英太郎編・解説『明治社会運動思想　上』（昭和三〇年）に収録されてある。

（4）文学への発言

「俳文界の新現象」（二八・一・二〇）
「人間」（うらをもてを読みて）（二八・八・三〇）
「晩涼雑観」（四）（二八・九・一四）
「とりまぜいろ〳〵」（二八・一一・九）
「幸田露伴と語る」三（二九・一・一五～）
「夢中蕉鹿」二（二九・二・一五～）
（「憐れなる友人」（二九・三・三）再掲）
「坪内逍遙と語る」四（二九・三・四～）
「銷夏雑記」（二九・七・一五）
（「蕉鹿」二（三〇・四・二～『国民新聞』）再掲）
（「とりまぜ」四（三一・一・三〇～）再掲）

すべて『毎日新聞』紙上のものである。

毎日新聞社が横山に課したおもな仕事は社会面担当であった。いまでいうなら社会部記者、経済部記者兼務とでもいえるであろうか。さらに文芸部記者的な役割をもかねて、文学寸評、作家インタビューにも筆をそめたのだから、今日的な目からみると奇異の感がないではない。この頃の毎日新聞社には、文学者として戸川残花や岡野知十があったのだから、社会部的な記者であった横山源之助があえてその方面にまで手をそめる必要はなかったのである。

横山が文学批評に筆をとったのは文学を社会機能の重要な一環とかんがえたからにほかならない。文学は社会に責任をもつ一機関でなければならないとする確信が横山を文学への発言にすすませた理由でなければならない。横山のルポルタージュが社会の底辺と時代変革の接点に迫ったときに、どれほどの社会的、文学的真実を描きだすことになったか、いまさらいうまでもなかろう。おのれのルポルタージュによって、社会矛盾を剔抉することと文学的真実を同時的に描出することに成功した横山が日本の文学のあり方をとい、文壇批判にのりだしたとしても不思議はなかったのである。文学への関心をしめすいくつかの発言が横山にあったことは、下層社会ルポルタージュをうみだした横山の主体のなかに文学的なにかが地下水脈としてあったことを証することになるであろう。それは明治期ルポルタージュ文学を評価するさいに、ひとつの見落せない問題となるはずである。

明治三〇年前後は文学史のうえでは、日清戦後文学である悲惨・深刻・観念小説の隆盛期にあたる。それは明治二〇年代の文壇主流硯友社文学が日清戦争や、戦後の社会・労働問題の勃興期に遭遇して若干の文学的変色をよぎなくされることになったことをしめしている。横山源之助の文学時評は、文壇のそのようなあたらしい傾向が名にふさわしく「社会の悲惨」や「社会の深刻」（悲惨小説、深刻小説という呼び名はそこからきた）をほんとうに描いているのか否かをするどく問うものであった。横山のルポが社会の底辺をさぐり、そこにある矛盾や悲惨や暗黒やを可能なかぎり描きだしていたとき、そこへれいれいしくも〈悲惨〉〈深刻〉と銘をうった文学が登場してきた――。それが〈悲惨〉〈深刻〉の名にふさわしい文学であったなら、横山は誰よりもさきによろこびむかえたにちがいない。〈悲惨〉〈深刻〉を売物にした見世物興行的文学であったとしたら、誰よりもさきに横山が糾弾にたちむかったとしてもふしぎはない。たしかに悲惨・深刻小説は当時の文学主流の良心的な部分が社会問題的傾向に触発されて、一歩社会の方向へ足をふみだしたところからうまれた新しい文学であった。が、結局悲惨を売物にした域をでなかったことも事実であった。横山からすれば、詐欺的文学の出現であると看破せずにはいられなかったはずである。横山はそれらの新文学がもてはやされるやいなや、社会探訪記者としての域をこえて、文学批判へとはげしくのりだしていかざるをえなかったのである。『毎日』紙上に載せた一連の文学時評がそれである。

文学への発言を一応順をおってみてみよう。『毎日』紙上に最初にそれらしきものがあるのは、明治二八（一八九五）年一月二〇日付の「俳文界の新現象」である。それは桐子園幹雄宗匠の四季否定論をとりあげて、支持したものである。「人間」（うらをもてを読みて）は川上眉山の『うらをもて』をとりあげ、書感と批判をくわえている。つづいて社会時評「晩涼雑観」の四回目（二八・九・一四）では文学界の問題をとりあげ、当時の文学流行や泉鏡花などに触れている。同年一一月九日の「とりまぜいろ〳〵」は簡単な文学論、文学者論である。細目のみをひろえば、「文学者と生活（一）〜（二）」「文学者と朝鮮人」「文学者と社会（一）〜（三）」となっていて、文学にたいする横山の視座の一部をかいまみることができるだろう。

そこでは横山は文学者が生活困窮を口にすることを揶揄している。新文学の傾向について、もっとも辛辣に批判をくわえたのは「夢中蕉鹿」であろう。正太夫、眉山、柳浪、水蔭、天外、一葉、鏡花、宙外等、当時輩出した新傾向の文学者をおしなべて槍玉にあげ、かれらもまた旧文学――硯友社文学の親玉紅葉の亜流にすぎないと断定し、「新派」と評される所以がどこにもないと、文学界の甘さ、なまぬるさを痛烈に批判している。一時横山があたらしい文学のにない手として期待して交流をふかめる一葉ですらも、横山の批判の対象からはまぬがれなかったのである。鏡花はこのときちょうど「琵琶伝」「海城発電」（ともに二九・一）のような、日清戦後の戦捷気分に水をひっかけるような反軍的な作品を発表していたのだが、やはり横山からの追求をのがれていない。ここにいたって、日清戦後の戦後文学として登場した新文学〈悲惨〉〈深刻〉〈観念〉小説も、畢竟社会の外面の事象を一撫でするだけで、あるいはさらにエキセントリックにゆがめて、あるいは抽象化、理想化して描くのみにとどまったがゆえに、社会の深部でしいたげられたものの実状を克明にレポートしていた横山からきびしい批判をたたきつけられることになった。

その「夢中蕉鹿」を書いてから半旬後、横山は「憐れなる友人」のなかで、木賃宿暮らしをよぎなくされている友人からの書信を紹介し、――貧街で行き倒れになる老婆の実見記を転載しながら、つぎのような言葉をつきつけている。「悲惨を弄へる近時流行せる泛々たる小説を読んで同情を置く者は此の数十文字を記せる一片の葉書に対して更に一層の同情を寄すべきなり」と。それはルポルタージュ作家の側からの、正統派文学になげつけられた公開状にひとしかったといえる。「銷夏雑記」も文学批評家批判であり、「とりまぜ」は社会寸評の一端として文学についても触れている。ほかに横山が『毎日』紙上にのせた文学にかかわる記事としては「幸田露伴と語る」と「坪内逍遙と語る」がある。ともに談話筆記であり、二人の文豪からそれぞれ横山流に文学論をひきだしている。それはただたんに文学論をきくという仕方ではなく、文学と社会との関係の問題が中心の話題になっている。露伴、逍遙の意外な積極面がひきだされている。対談の狙いは両文豪の口を社会文学的方向へひらかせるところにあった。いうまでもなく、戦後文学批判にのりだした横山が日本文学の指向を一種の社会文学に転換させたいためであった。そのために両文豪を動員した――。この横山の意図は八分かた成功したといえるだろう。横山の巧妙な誘導にのって両文豪が軽妙に口をひらかされた感じである。

露伴のそれは露伴のベランメエ調の言葉がそのままいきいきと写されていて、脱線あり、話題が貧民、乞食、盗賊などにもおよんでいて、実に面白い。逍遙とのそれは逆になかなか高踏的であった。そこでの逍遙の文壇批判はきびしく、日本の小説家の「社会を観る眼の鈍」さをいい、批評家が批評のしかたをしらないといい、日本に「社会小説」がないといっている。そして逍遙の論は文学論からヨーロッパ文学潮流論におよび、ヨーロッパの小説家、詩人は社会の暗黒面、悲惨面をよく書いているのにたいし、日本の文学者には日本の社会の暗黒面を真に知るものがない——と。逍遙がみずからかいた他の諸論文よりも積極的な部分にまでふみこんでいる。横山のさそいにのせられたとはいえ、注目に価するものといえよう。

最後にひとつ横山の異色な短文を紹介しておかねばなるまい。それは『国民新聞』紙上に載せた「蕉鹿」の一節である。——長谷川辰之助氏といへば人皆な小説家たる二葉亭四迷を想起すべし、小説家として待つは恐くば君不服に堪へざるべし、博き意味に於ける社会家（或は社会学者）也といふ方或は氏の意を得るに近からんか、哲学より出でゝ科学に意を傾け精神病学に意を傾け感化事業に教育事業に更に政治に実業に大に心を寄せ、而して所謂労働問題に対しても頗る同情を有てり、官報局裡俗塵の中にあつて静かに「欧米労働者生活の状況」の長文字を翻訳したりしを世に知る者は尠かるべし——と、二葉亭四迷がもった文学者以外の諸側面について、横山があえて紹介した真意はなにであったろう。文学以外の諸側面から文学を強靱にとらえようとした——文学を社会諸科学や社会諸領域とのつよい連帯のなかにおこうとする、そのようなしたたかな文学観を提出していたのではなかったか。右の一文は二葉亭四迷の積極面を評価しつつ、おのれのそれを語ろうとしていたのではなかろうか。

（三）樋口一葉との交感——毎日新聞社時代

つぎに、面目躍如たるこの時代の横山源之助を形而下的な、生きざまの方面からおってみたい。

横山源之助が毎日新聞社に入社した事情についてはさきに述べたとおりである。横山が毎日新聞社に入ったときが明治二七（一八九四）年末であったことはほぼ間違いないとして、それならいつまで在社したのか、遺憾ながらはなはだあいまいである。さきに毎日新聞入社事情を述べるときに引用した横山の「回顧録」によれば、「僕は其の後毎日社員として、又は社友として、日露戦役頃迄で関係は連続した」とあった。「社員」であった期間、「社友」であった期間がこれだけではなはだ不明なのである。「社友」という名目形式上の関係をもふくめて、「日露戦役頃迄で」何らかの関係があったらしいことだけは読みとれる。『毎日』紙上に明治三二（一八九九）年のある時期以降横山の記事はまったくない。それなら「社員」であったのは、いつ頃までであったろう。

ここに二葉亭四迷が内田貢（魯庵）に宛てた一通の書簡がある。

二葉亭四迷発内田魯庵宛書簡

拝啓先日ハ罷出不思長座仕失敬致候　さて少々御相談申度有之候　別儀にも無之候へとも横山事御承知の通の人物ゆゑ是まて社の折合あまり宜敷からさる由兼而咄有之候ところ此度遂に放逐被致候　就てハ小生に身の振方を相談致候へとも何さら心当も無之大に当惑致候ゆゑ御相談申上候か貴兄にハ何か御心当は無之候や先日の御咄に二六新報ハ目下改革中之由此際或ハ人を要し候事無かるへきか御序も有之候はゞ斎藤氏に御問合被下度願上候　当人の申候には唯自分一人の糊口に窮せされハそれにて宜敷由に御座候

尤も必ずしも新聞社に限りたる義には無之何にても宜敷儀に候へは一つ御骨折何とか彼か身の落着致候様御心配被下度候

小生も彼是と勘考致居候へとも何分交際も何にもなき事とて更に手掛り無之どうも致方無之候

まつは右御依頼まて　尚ほ其内御閑暇も有之候節は御来遊被下度奉上待候　草々　長谷川生　内田兄

（『二葉亭四迷全集第七巻　日記・手帳2　書簡』昭和四〇年、岩波書店）

横山源之助が島田三郎主筆の毎日新聞社に入ったのは、明治二七年一一月か一二月である。おどろいたことには、この書簡の日付は同二八（一八九五）年一月二五日である。毎日新聞社に入ってせいぜい二カ月経つかたたずに、「横山事御承知の通の人物ゆゑ是まて社の折合あまり宜敷からさる由兼而咄有之候ところ此度遂に放逐被致候」とは一体どういうことか。この書簡は岩波書店の『二葉亭四迷全集第七巻』の書簡集からとったが、もしや日付にまちがいでもとおもい、念のため二種を校合してみた。だが書簡日付はいずれも間違いなく「明治二八年一月二五日」であった。「全書簡につき原物と校合」（解説）したとある日付にまちがいのあろうはずがない。とすると、ここでいう「社」とは当然毎日新聞社でなければならず、「横山事御承知の通の人物ゆゑ是まて社の折合あまり宜敷からさる由」とは、横山が毎日新聞入社早々から「折合」がよくなかった、ということでなければならない。そして二葉亭の書簡のとおりならば、このとき明治二八年一月頃、つまり毎日新聞入社早々に横山は同社から「放逐」されているのである。とすると、横山と同社との関係はどういうことになるのであろう。いずれにせよ右の書簡は、この頃文学界と縁をたって官報局に雌伏していた二葉亭が、当時ドストエフスキーの『罪と罰』の翻訳や卓抜な文学論で世にむかえられ、ジャーナリズムに顔のきいたいわば現役中の内田魯庵に、横山が毎日新聞社を放逐された現況をしらせ就職の斡旋を依頼している書簡であることにまぎれもない。

ところで、二葉亭から相談をうけた内田魯庵は、二葉亭とともに、横山源之助をもっともよく知っているひとりであった。その魯庵に後年新聞ジャーナリズム創世時代の回想記がある。「銀座繁盛記」中「新聞の発祥地――毎日の編輯室の憶出」と題した一文である。毎日新聞社時代の横山源之助についても書かれてある。抜粋してみよう。

内田魯庵回想「銀座繁昌記」

新聞町は今は有楽町に移つたが、もとは銀座が優勢な新聞社の淵藪であつた。少くも京橋区内に旗揚げしなければ社運の大を成し難い感が新聞創業者に共通してゐたらしい。「日新真事誌」が明治四年（マダ煉瓦にならぬ前）ツイ近頃区整で破壊された尾張町の山崎洋服店の処に新聞社の礎石を置いたのが初めてゞ、その跡が「曙新聞」となり、之も今は取払はれたもとの服部時計店の角が「朝野新聞」、ライオンの処が「毎日新聞」、「曙」の隣りが「絵入朝野新聞」（今は区整で移転したがパンヤの蓬莱の処）で、各々銀座の要害に拠つてゐた。

（略）

一番要衝の地（今のライオンの処）に拠つたのは「毎日新聞」であつた。が、沼間守一の嚶鳴社時代から質実硬直の社風を一貫して沼南に伝へたので、有力なる大新聞の一つであつたが終に一回も人気を振ふ事が無かつた。幹部は何れも論壇の粒撰（つぶより）で、個人としては皆社会の儀表であつたが、何故だか集団（マッス）としての威力を欠いてゐた。沼南時代となつてから社説は益々光彩を加へ、常に一歩を時流に先んじ、絶えず時代の新味を入れるに疎そかで無かつたが、ドウいふわけだか推奨者は有つても愛読者は乏しかつた。必ず目を通さねばならぬ新聞の一つであるを誰にも認められてゐたが、実際は余り誰にも読まれてゐなかつた。

（略）

私が新聞社と交渉し初めたのは明治二十三年前からだが、一番度々遊びに行つて知つてるのは銀座では毎日新聞社の編輯局だつた。新聞社はドコでも汚ないのが通り相場だが、殊に毎日新聞社は他社へ輪を掛けて汚なかつた。故人となつた毎日の社員の横山源之助は今で云ふプロ文学の先駆者で、観音の縁の下の夜明かしもしたし、木賃廻りもしたし、汚ない方では容易に驚かない男だつたが、月給の安いのは辛抱（がまん）するがモ少し社を奇麗にして貰ひたいナと時々壁訴訟をしてゐた。殊に編輯者を閉口さしたのは編輯局が西向きで、冬はイヽが夏になると一杯に西日を受け、煽風器の無い其の頃は座がらにして日射病になつて了う。丁度焦熱地獄の苦しみに喘ぐ真最中の午後四時から五時が編輯に忙がしい時で、原稿紙（其の頃は唐紙）の巻紙の上に汗がポタ〳〵垂れて墨がにじんで了う。其の頃編輯局の一人だつた戸川残花は前額からポタ〳〵垂れる汗を拭き〳〵、寒時には寒殺し暑熱には熱殺すと云ふが恁う熱殺され通しぢや堪らんと、氷の欠片(かけら)を嚙みながら苦笑した事があつた。其の中に独り泰然自若として衆社員が苦熱に喘いでハア〳〵云つてゐるのを白眼冷視しつゝコツ〳〵として筆を走らしてゐたのは編輯長のNだつた。Nは沼間門下の嚶鳴社の生抜(はえぬき)であつた。閲歴から云つたら隈板内閣当時に波多野や肥塚と同列に知事位には抜擢されてゐるべき筈だつたが、名利に恬淡な渠は黙々として儕輩の栄位に就くを傍観しつゝ、晏如として西日の燬きつく如き毎日社の編輯室のガラクタ椅子を楽んでゐた。其の後Nの消息はサツパリ聞かないが、毎日社の汚ない編輯室を憶出す毎に、黙々として語らざる木像の如きNの朴訥なる無表情の相貌をイツデモ思ひ浮べる。（横山源之助が毎日社に籍を置いたのは僅に半年か一年位だつた。が、今でこそ殆んど忘られてるが、天涯茫々生の文名は一時相応に売れて、其の貧民窟探究や労働生活の記録は毎日の呼物であつた。毎日を去るとブラジルに渡航し、植民事業に計画を立てたらしかつたが、ブラジルから帰ると間もなく疾を獲て陋巷に窮死した。無軌道の惑星で終に何等の足跡をも残さなかつたが、此の人生の「アンフヰニツシド・ピルグリメージ」の遍路修業者も亦数奇伝の一人として後世に伝ふべきであらう。銀座には縁が無いやうだが、亦銀座生活者の小さな一人であつた。）

（『魯庵随筆集』下巻、昭和一六年、改造文庫、初出『中央公論』昭和四・一）

ここには、今日の大マス・コミ時代にはかんがえられないような創生期の新聞界の姿や、横山源之助がはたらいていた頃の毎日新聞社内の情景が、内田魯庵独特のシニカルな筆でいきいきと描写されている。横山源之助については、とくに魯庵は愛情をこめて筆をそえ、忘れられた業績をたたえ、「陋巷に窮死」した「無軌道の惑星」であったといい、「アンフヰニツシド・ピルグリメージの遍路修業者」、また「数奇伝の一人」であったといっていることを記憶にとどめたい——。

「観音の縁の下の夜明かしもしたし、木賃廻りもしたし、汚ない方では容易に驚かない」はずの男であった横山源之助が「月給の安いのは辛抱（がまん）するがモ少し社を奇麗にして貰ひたいナと時々壁訴訟をしてゐた」と、魯庵は書きとめている。つまりそのような減らず口を平気でたたく男であったこと、家畜化されたサラリーマンとはおよそちがう、枠のなかで飼われない男であったこと、そしてある意味では「無軌道」な——横山源之助は入社早々からそのような男であったようだ。とすると二葉亭四迷が、横山が社と早々に一悶着をおこしたとき、いそいで内田魯庵宛に書いた「横山事御承知の通の人物ゆゑ是まて社の折合あまり宜敷からさる由兼而咄有之候ところ此度遂に」という意味も、かなりはっきりしてくるだろう。「御承知の通の人物ゆゑ」、たとえ入社早々であっても猫をかぶっておれるものではない。「社の折合あまり宜敷からさる」のも道理であった。

このときの「放逐」（？）のいきさつも知っていた内田魯庵が「横山源之助が毎日社に籍を置いたのは僅に半年か一年位だつた」と書いているのである。「半年か一年位」というのは、入社早々の二八年一月の『毎日』放逐事件時にきわめて近い。明治二八年一月、このときにやはり横山は毎日新聞社を「放逐」されたのであろう。横山が同社に入ったのが前年暮、在社わずか一カ月か二カ月である。ところがその後も横山の記事は『毎日』に明治三二年頃まで断続的ながらあるのである。

横山源之助が毎日新聞社としっくりいかなかったであろうことは想像に難くない。毎日新聞社入社当時を回顧した記に、つぎのようにあったことをもう一度想いあわせてみよう。島田三郎（沼南）についての箇所である。——初対面の島田氏は親しみ易い人であつた。が、僕は其の後毎日社員として、又は社友として、日露戦役頃迄で関係は連続したが、最初に懐いた「親しみ」は、永久のものでなかつた。島田氏が僕の為に謀られた厚意と親切とは、おそらく僕は忘れぬであらう。が、恩義も親愛とは、別物と見え、島田氏の名に対しては、恩義が先に立つて親愛が奥に隠くれる。多分性格の相違であらう――と。社主島田三郎を回顧するかたちをとりながら、はなはだ微妙な言い廻しをとっていたのである。「島田氏」といっているところを、かりに「社」とおきかえてみてもさして違いはなかろう。「恩義が先に立つて親愛が奥に隠くれる」という。社主すなわち社でないとしても、社との関係が微妙な「折合」のもとにあったことをも憶測させるにたるであろう。

横山源之助が毎日新聞社に在社したのはいつまでであったか。まだ疑問はのこる。はたして二葉亭の内田魯庵宛書簡にあるように、二八年一月、入社早々『毎日』を去っていたのか。そして横山が語るように、そのときから「日露戦役頃迄」、「社友」としてあったのか。とすれば社員期間があまりにも短く、社友期間があまりにも長い。

それならここでひとつ、『毎日』紙上に載った横山の記事掲載日の断続具合をみてみよう（表1　横山源之助執筆記事『毎日新聞』掲載日付）。

さて、これを見ると目立ったブランクが三回あることがわかる。第一回が入社当時の明治二八年中。第二回目が三〇年二〜五月にわたる約四カ月の空白。そして第三回目が三一年六月〜一二月の七カ月にわたる長い空白である。明治三二年一月をもって、ぷっつりときれている。

三回もある空白は何であったか。なぜ空白があるのか。

まず明治二八年についてみてみよう。『毎日』放逐事件があったという一月二五日（書簡日付）前後はどうか。横山の『毎日』入社第一回の記事は、「青年会館講演」（筆記）一二月五〜六日、続いて「戦争と地方労役者」の連載である。その日付は二七年一二月八日からはじまり、一一、一八、二七、二八日と断続し、最後の第六回目がとんで翌二八年一月一七日である。そして次の記事が一月二〇日の寸評「俳文界の新現象」。つづいて四日後の一月二四日には、探訪記事「王子メリヤス製造会社」がある。一月二五日付の放逐書簡の前には以上の記事がほぼ順調につづいて

表1　横山源之助執筆記事『毎日新聞』掲載日付

年	月	掲載日	年	月	掲載日
明治27	12	8, 11, 18, 27, 28	明治30	1	12〜14, 23
明治28	1	17, 20, 24		2	
	2	8, 9, 15, 16		3	
	3	15〜17		4	
	4			5	
	5	10〜12, 16		6	23, 25, 26, 30
	6	1		7	23〜25
	7			8	12, 13, 15〜[3)]
	8	3, 22, 24, 30		9	22〜[4)]
	9	6, 8, 13, 14, 19		10	29
	10			11	2, 3, 6, 10, 11
	11	9, 13		12	4, 10
	12	15, 17〜22, 24〜28	明治31	1	7, 9, 11, 12, 15, 30
明治29	1	9〜12, 15, 16, 21〜24, 28		2	2, 3, 5
	2	1, 2, 4, 11, 14, 15, 18, 21, 23, 25		3	5, 10
				4	
	3	3, 4, 7, 8, 13, 19, 20, 22		5	7
	4	1, 2, 7, 10〜12, 29, 30		6	
	5	5〜[1)]		7	
	6	6, 12, 13, 16, 18		8	
	7	5, 9, 15, 17, 25, 31		9	
	8	1, 9, 14		10	
	9	12, 18, 19, 22		11	
	10	25〜[2)]		12	
	11	17[2)]	明治32	1	13, 14, 18, 24
	12	12, 27[2)]		2	

注：1)「機業地の側面」。13 回連載。
　　2)「地方の下層社会」。11 月は断続的に 18 回連載、12 月 4 日最終回。
　　3)「大阪工場めぐり」。26 回連載、10 月 27 日最終回。
　　4)「第二水産博覧会だより」「大阪工場めぐり」を断続的に 8 回連載。

ある。それなら一月二五日以降はどうか。「孤女学院[14]」（二・八〜九）、「養育院」（二・一五〜一六）、「我国の感化事業―東京感化院を訪ふ[15]」（三・一五〜一七）と社会施設探訪報告が三つづいてある。放逐事件があったとすれば、それは書簡日付の一月二五日前後でなければならない。とすれば一月二四日付の「王子メリヤス製造会社」と、つぎの二月八、九日付の「孤女学院」の間のことでなければならない。二つの記事のあいだにはなるほど約半月の空白がある。だがその半月間の空白もさりげなくみれば見のがしてしまう。たとえば「孤女学のだし、その後二八年中だけで、一カ月以上におよぶ大きな空白が何度もある。

すなわちこうだ。三月一五～一七日の「我国の感化事業」の後、探訪報告「社会の観察」（五・一〇～一二、一六、六・二）があらわれるには、三月から五月の間に五〇日以上の空白がある。さらにその「社会の観察」のあとは六月、七月にまったくなく、二カ月の空白をおいて、八月になってようやく三日に「魔想陳言――高利貸の増殖と社会の進歩（六）[16]」があり、二二日「炎塵裏の社会――らをのすげかへ」、二四日「都会と田舎」、三〇日「人間――うらをもてを読みて」とつづく。そして九月に社会雑評「晩涼雑観」（六、八、一三、一四、一九日）を連載したあと、とんで一一月になって、文学者評「とりまぜいろ〳〵」（九日）、「最近の木賃宿見聞記」（一三日）が書かれるまでに、その間五〇日の空白がある。またここで一カ月の空白がおかれ、一二月一五日になって長連載「都会の半面」（一五、一七～二二、二四～二八、二九・一・二八、二・一、二、四）があらわれ、翌二九年度にはいるや、ようやく横山源之助という車が全開疾走をはじめる。そして記事掲載年譜の日付をくろく埋めつくしていく。このように明治二八年中をみると空白期間があちこちに目立ち、記事の所在があまりにもまばらなのである。今日のマンモス化した大新聞社とちがい、草創期の、中央紙とはいえ小世帯の新聞社では、大幹部、下積みの見習記者を区別するほどの余裕はなかったはずである。入ればその日から第一線の記者であったろう。一カ月も二カ月も仕事をしないで遊ばせてくれた？　時間奴隷的な管理機構がなかったとしても、たびたびの空白には不審が残る。二葉亭の一月二五日付の書簡どおり、そのとき横山が毎日新聞社を放逐されたとすれば、それ以後の記事はないはずになる。ところがその放逐時にはわずか半月後に探訪記事があり、さらに断続的であっても横山の記事が『毎日』紙上につづいてある。しかもその断続は、一月二五日前後の半月間の切れ以降、二月から翌三月への一カ月間の空白を皮切りに、三月から五月にいたる五〇日間の空白、六、七月の二カ月間の空白、さらに九月下旬から一一月中旬にかけての五〇日間の空白、そして一一月なかばから一二月なかばにある一カ月間の空白と、ぞくぞくと一カ月以上におよぶ空白を五度もくりかえしながら、きれずにつづいてあるのである。ながい空白をつぎつぎにおきながらある細い断続はいったいどういうことか。まことにふしぎである。

ここでかんがえられることは、一月二五日付の書簡にあるような放逐事件がその後もたびたびあったのではないか、ということである。二葉亭四迷が内田魯庵宛にしらせている――横山入社直後の明治二八年一月二五日頃、第一回目の放逐事件が事実あって、すぐ帰参がかない、すぐまた第二回、第三回と、尻のあたたまる暇もないほど入社一年あまりの間に、実に数回の放逐・帰参というパターンがくりかえされたのではなかったか。そうでなければ、二葉亭の一月二五日付放逐書簡のある意味が解釈できない。とらわれぬ奔放さゆえに放逐され、また、とらわれぬ自由さゆえに、そのたびに帰参がゆるされるという――。「横山事御承知の通の人物ゆゑ」とあるカッコ付きの男がただの一回で改悛し、なりをひそめるはずがない。その後もおいだされたり、自分からおんでたり、というパターンがくりかえされたのだ。明治二八年中にあるたびたびの空白はそのことを手にとるように証しているようにおもう。はじめ第一回目の放逐はわずか半月をおくかおかずに帰参がかなっている。そのあと第二回目、第三回目がくりかえされると、それが一カ月、二カ月もの間遠になる。おいだす方、おんでる方ももう慣れっこである。はじめの放逐事件のとき、横山源之助本人もあわて、きく二葉亭四迷の方もおどろいたのだ――。すぐに横山も頭をさげたが、二回目、三回目になると、きく二葉亭のほうももうそれにはのらなかったのである（放逐書簡はその後ない）。このように入社一年の間は、毎日社と横山との間には、なんとなく歯車のかみあわない、ぎこちなさが介在する。それはひとり横山の性格にのみきせることはできないだろう。社主や社に「恩義」を感じても、「親愛」が感じられなかったというのだから。

（14・15）　この二作の署名については、84ページの注10・11を参照。
（16）「魔想陳言――高利貸の増殖と社会の進歩（六）」。これは独立した一作とみることができるが、副題の末尾に（六）とあるのは、前作「社会の観察」が其の五まであり、二カ月たって発表された「魔想陳言」は、「社会の観察」の続篇の意味であったのかもしれない。

ここで、第二回目、第三回目の空白期間について、一言だけ述べておく。第二回目の空白期間（三〇年二〜六月、五カ月）は第二次遠征行（富山地方小作人生活事情調査）と、第三次遠征行（関西地方労働事情調査）の間にあったそれである。社との間に何があったか、それは後に述べる。第三回目の空白期間（三一年五月〜三二年一月、八カ月）のそれは『日本之下層社会』執筆時の期間と重なる。それについても後に述べる。

毎日新聞入社一年間は仕事が間遠である。社との間はなんとなくぎこちなかった。だが、ちょうど一年たった明治二八年暮から二九年に入ると、それまでとうってかわって、横山源之助はフル回転をはじめている。二九年には、桐生・足利行、富山行の二大調査。三〇年には関西行――あいついである三大調査行をふくめ、生涯の最高峰を飾る代表作がぞくぞくと書かれていく。毎日社との呼吸がうまくかみあったかのようにみえる。

もちろんその間に「戦争と地方労役者」をはじめ、「社会の観察」「炎塵裏の社会」「晩涼雑観」「最近の木賃宿見聞記」等の注目していい初期のルポルタージュ作品群がなかったわけではない。入社一年間のうちに点在するそれらの作品群はあたかも全開疾走するための準備運動であったかのようである。そしてエンジンが全開する最初の作品が、ちょうど入社一年後にあたる「都会の半面」一六（二二・一五、一七〜二二、二四〜二八、二九・一・二八、二・一、二、四）であった。ちなみに、この「都会の半面」は田岡嶺雲からの賛辞をうけている（「暗黒面と操觚者」雑誌『青年文』二九・三・一〇、第三巻第二号）。

その「都会の半面」を書きついでいるさなか、二八年暮一二月三一日、社命をうけて、貧民の正月の探訪にむかったという。一月九日以降四回にわたって『毎日』紙上をかざった「貧民の正月」がそれである。そのときの足どりは、一二月三一日　本所小梅　業平町（一泊）—一月一日　四ツ谷鮫ケ橋—永住町（一泊）—二日　鮫ケ橋—芝新網—駒込富士前町（一泊）—三日　上野万年町—山伏町—松葉町—浅草公園—浅草町—亀岡町—柳原—郡代（四日夜）であったという。大晦日から正月四日夜まで五日間。見聞したものは木賃宿、土方、人足、立丐、屑拾の女房、どぶろくや、漫遊、あめや、夜鷹。さらにごろつき、ひょろつき、万引、巾着切、蹴品買、イカモノ屋等。一部は「都会の半面」の後半にいかされた。

その東奔西走のさなか、内田魯庵を訪うている。魯庵の日記——野村喬の「魯庵の日記について」（『国文学　解釈と鑑賞』昭和三五・一〇）中に、こうある。野村の注釈もふくめ、引く。「明治二十九年一月一日、天気晴朗／此年より余が家は余唯一人なり　炊事を為す者杉山畊太　余が新生涯実に初まる朝宮田脩来る　午飯を馳走す　午後四時前帰る　獺祭書屋俳話を貸す　午後横山源之助来る　夕飯を馳走す　夜八時帰る　同人二子飛白の羽折を着し来る面目少しく改まる　午後三並良来る　夕帰る（略）／右の注——余が家と言つてゐるのは小石川区西江戸川町十五番地の父の代からの借家で、父の死後に神田猿楽町の下宿から引き移つた。これを従来の年譜はずつと後のことにしてゐるが、むろん誤りである。義母を離縁して唯一人になり、横山源之助の世話で杉山と云ふ書生に身の周囲の世話をさせることになつたのである。新年のことで人名が多いのはあたりまへだらう。それを一々説明するのは面倒だから略す。源之助の恰好について触れてゐるのは、この江戸川縁の家に訪れる面々のなかで、関如来、原抱一庵と並んで異様な服装を為し、厄介を掛けること飛びつ切りの人物であるから面白い」

ついでにいえば、これより半月前、すなわち明治二八年一二月一三日に、横山は杉山畊太を魯庵のもとへつれていっている。そして二二日から杉山が内田家に止宿したという。[17] 杉山畊太とは何者か不明である。

（17）野村喬「父の死とその後始末——内田魯庵伝ノート（七）」（『青山学院女子短期大学紀要』昭和五一・一一、第三〇輯）。

明治二九年一月一日、「貧民の正月」探訪のさなか、横山は魯庵宅に年始にいっているのだが、午後に行き夜八時に帰ったり、年始衣裳に着換えたりするひまがあったか、そのルポのなかからさぐってみよう。前に一度引いたなかである。「本所小梅業平町に行き此処にて歳を取り、明けて二十九年一月一日士女の衣裳を改め来往織るが如き間を過ぎて四ツ谷鮫ケ橋に到り永住町にて一泊土方に手紙を書てやり、二日雨の降れりしに落膽せしが午前九時頃より晴れければ出てゝ再び鮫ケ橋を徘徊し更に」（一・九）。一月一日は鮫ケ橋へいったのみである。おそらく午前。午後年始廻り。夜八時打切。着換えて永住町へ。

つぎに一月一〇日夜、幸田露伴を芝佐久間町に訪問している。四年ぶりの訪問であったという。――『ヤア誰かと思ツて居た君か、左様だ、向島で会つた後会はないんだな、何かへ矢張遊んで居るのかへ、嘘言へ遊んで居るのだらう、親の臑噛つて居るのだらう。なんだ仕事して居る、嘘云へ、なら何を為て居る』是れ余が昨、十日夜四年ぶりにて突然文壇の驍将幸田露伴を芝佐久間町に尋ねて、両者(ふたり)の間に言葉を換はしゝ談話の端緒(はじめ)なり――。「幸田露伴と語る」（一・一五、一六、二二）の冒頭がこれだ。

二月になると、つぎのような記をひとつ残している。――昨日珍らしく雪は降れりき、降雪を見ると共に想、走るものは故郷の天。／『雪は大変に降り候て家の周囲(ぐるり)は四五尺も積り申候、外へ遊びに出ることもならず、父様や母様や姉と火撻に入りて毎日為すことなく消(く)らし居候、東京は雪は降らぬ処ときいて居候故、冬節(フユ)は凌ぎ易からうと毎日母や姉と東京を慕ひ居候。私も此の三月学校を卒業致しまするから如何あつても四月の上旬に上京致度候』是れ四五日前、小学校に学びつゝある家弟より送り来りし手簡なり――（「偶感一則」（二、二・一四）。ここにあらわれる家弟とは、横山の義理の弟鶴之助（明治一五年一月二日生）である。全力疾走にはいりつつあった横山源之助だが、彼の胸のなかには義理の横山家のことが、故郷に降り積もる雪のようにおもくわだかまってあったのである。下降をたどっていく横山家のことはあとでゆっくり触れねばなるまい。

　そして、この年二月、横山源之助は佐久間貞一をはじめて訪問している。このはじめての訪問のときに、「対話『佐久間貞一君』」（二・二二）にある以外になにが話されたか。日本の労働問題の現状、前途について、おおいに意気投合したであろうことは推測するにかたくない。横山の三大調査行に陰の力となったという佐久間貞一――第一回遠征桐生・足利の調査がこの最初の訪問の翌三月なかばにさっそく開始されているのである。このとき二月の訪問記には、横山は彼の郷里魚津浜の別称有磯海の名にちなみ〈有磯逸郎〉と署名している。さきの「偶感一則」にあった降雪の郷里を想う感懐の一片がのこったのであろうか。

　さらに、三月、桐生・足利の調査行に出発する直前、坪内逍遙を訪問している。このときの逍遙との対談記が一月にあった幸田露伴訪問記につづく、文豪訪問第二弾「坪内逍遙と語る」四（三・四、七、八、一三）である。この逍遙訪問記は、露伴訪問記からはじまる一連の文壇批判の最後をしめくくるかたちになった。

「人物印象記」

「最う十数年の前だが……坪内逍遙氏と三宅雪嶺氏との面会は、毎日新聞在社当時で、坪内氏の訪問は材料取り、三宅博士のは記者生活の不平を持ち込んだやうに覚えてゐる。三宅氏は十数年前と今日とは変らないが、十数年前の坪内博士と今日とは、非常な相違だ。僕が逢つたのは、早稲田文学発行後間もなくで、恰も島村抱月、金子筑水、後藤宙外等を馬前に立てゝ、武者振勇ましい時であつた。僕は新聞記者の肩書で逢つたのだが、実は私かに久しく疎遠となつてゐる二葉亭四迷との連衡をもくろんで出掛けたのであつた。丁度此の時、博文館の故大橋乙羽君と落ち合つた。如才なく、フム、フムと首肯きながら、乙羽君と応接されてゐたのが、今にまざ〴〵と眼に見えるやうだ。之より先、僕は故二葉亭四迷に出会つた時は、二葉亭を見て、小説家に似合はない堅ツ苦しい人だと思つた。ゐかついあの顔で、どうして浮雲の昇やお政が書けたものだらう、と実は内心疑つたものだ。が、坪内逍遙氏は、那処までも如才なく、那処までも気軽であつた。但し話説に興が乗つて、せき込んで、熱心に弁ぜられる時は、気軽な坪内氏は那辺かへ没くなつて、生真面目な、篤学な、情に深い、脆い、熱し易い逍遙博士が、閃電のやうに現はれてくる。坪内氏は、どうも情の人だ」

（「人物印象記」『新潮』四四・一〇・一）

後年のこの回想は、三月「坪内逍遙と語る」のときのことだろう。

横山源之助と樋口一葉との数奇な出逢いも、ちょうどこの時期にはじまっている。二九年一月頃からであったらしい。露伴、逍遙対談はじめ、文学への発言に積極的にのりだしていた頃である。

一葉の日記につぎのように書かれてある。

かどを訪ふ者、日一日と多し。毎日の岡野正味、天涯茫々生など不可思議の人々来る。茫々生は、うき世に友といふ者なき人、世間は目して人間の外におけりとおぼし。此人とひ来て、二葉亭四迷に我れを引あはさんといふ。半日がほどをかたりき。

（「水のうへ」（明治二九年一月）和田芳恵編『明治文学全集30　樋口一葉集』昭和四七年、筑摩書房）

はじめて一葉を訪ねたときの様子のようだ。半日がほどをかたりあったという。かなりの長尻である。なにがかたりあわれたかしるよしもないが、初対面のこのとき、一葉が横山源之助を評して、「うき世に友といふ者なき人、世間は目して人間の外におけりとおぼし」とずばりいっていることがおもしろい。

二月二九日。そしてその翌三月一日。横山はあいついで一葉宛につぎのような書簡を書きおくっている。

横山源之助発樋口一葉宛書簡

本日非常に長座失礼此事に候どうやら貴方の人体も朦朧の中に相判り候心地被遊候同病相憐む精か相別れ候て本日一日小生の頭脳に貴方を浮ばせ居候いき御婦人の身にして色々御心配嘸かしと察し上候人生茫々前途は如何被遊候やらむと窃に心配申候唯だわれ等は小さな人間でなく大きな人間に致度ものと存候世間のボンクラ共に奇物とか変物とかいふ愚な形容辞を間々に加へられぬ様に。余りに馴々しく申上候てはと遠慮せられ候へども改めて此事申上候人間の運命と世相の真実御冥想余り気迅なる事御忍耐生活を処せられん事是れ小生の第二に貴方に望むものに御座候当分確実なる見込つき候まで文学者生活御忍耐如何に候やおん談の中ホノメキ候もの看取せられ候故強て此事申上候以上思ひつき候まゝ御参考までもと所思を申上候　頓首御身体大事に

夜二時頃　　茫

樋口様

小生断然来月より酒を廃める積に致候交際の上の外。社会に活きて居る限は交際も必要なれば酒を交際の上にまで廃めてはと二三年前の小生の議論相出で候へども今日のところ思ふ旨あり交際の上だけ飲む事に致候胸中洞察乱筆御高免御捨読

（小石川区福山町四番地宛、明治二九年二月二九日付、神田北神保町九美濃屋方横山源之助発）

精神をヌキにせる身体だけ本日新聞社に行来しかへり路鉄道馬車に乗りつゝフト思ひ出し候今朝差上候手紙の中人間の運命と世相の真実云々の言、是に事実に就いての六字を逸し候御加へ被下度忘れ候事不愉快限なく馬鹿らしく知りながら此の書差上候。憤るものあり悶ゆるものありこんな人間が人に対し屁理屈申上候事片腹痛き義と自分を罵り申候

（明治二九年三月一日付のはがき）

（ともに樋口悦編『一葉に与へた手紙』昭和一八年、今日の問題社）

夜中の二時に前者の手紙を書いていたり、翌日またそれをおいかける追伸の葉書を書きおくったり、まさに「本日一日小生の頭脳に貴方を浮ばせ居候いき」であった。一葉という薄幸らしき、美人の、女流文学者に触れあうや、たちまち発する妖気にあてられたようである。

一葉はこの年晩秋一一月二三日、二五歳の身をもって世を去っている。わずか晩年の二、三年、文学史上にあやしくも不滅の光彩を放って逝った一葉――その門口を、さいごにたたいたひとりが横山源之助であった。文中に「同病相憐む精か」とあるのは、女の細腕に一家を背負い、荒物屋、駄菓子屋に、手内職に、爪に火をともすように家計のやりくりにいきていた一葉に、その頃下降をたどっていた横山家をたすけなければならない義理にあった源之助が同情をよせたものであったろうか。「気迅なる事御忍耐生活を処せられん事是れ小生の第二に貴方に望むものに御座候当分確実なる見込つき候まで文学者生活御忍耐如何に候や」と、この頃あるいは経世の念がないではなかったらしい一葉のままならぬ身の煩悶や悩みにふみこみ、傷をなめあうようなところにまでたちいっている。そしてその翌日、魂をうばわれたヌケガラのようになって、鉄道馬車にゆられながら、寝不足の目に一葉の姿がやきついてある――。ちょうど一葉を初めて訪れることになった頃、横山は「夢中蕉鹿」（二・一五、二一）を書いて、正太夫（緑雨）、眉山、柳浪、水蔭、天外、鏡花、宙外等とともに、一葉をもふくめて、何の「新派」ぞやとするどく斬りすてていたの

であった。それなら、なぜ横山が一葉を訪れることになったのであろう。——それは、『大つごもり』（二七年一二月）、『たけくらべ』（二八年一月～）、『にごりえ』（同年九月）等の一葉の作品には、社会の底にちらばる庶民の生態や情感やらがいきいきとえがかれてあって、そこに期待する文学像への可能性をよみとったからであろうか。くいたりなかったとしても、一葉の文学が横山がかんがえる日本文学のあり方にいちばん近くうつったのかもしれない。それが柔であって、横山が期待するような強烈な底辺文学ではなかったとしても。

三大調査行へ出発

明治二九（一八九六）年にはいると、横山は前年ののん気な不活発さとうってかわって、社会探訪に、文学に、労働事情調査にと、多彩な活動をしはじめる。そしてまもなくおこなわれる三大調査行によって、文学への関心や発言はしばらく余裕をうしなっていく。

三月一五日、横山源之助は桐生・足利地方へ旅立った。宿願の労働事情調査である。それは、第二回目の富山地方遠征（小作人生活事情調査）、第三回関西地方労働事情調査へとつづく。

このときをもって、横山源之助は概してスラム・ルポ作家であった位置から、労働問題の方向へおおきく飛躍する。佐久間貞一をはじめて訪問したのが二月なかば過ぎ。宿願の本格的な労働事情調査がいよいよ実現の運びとなった。桐生・足利への旅立ち第一報には「出門第一日」と題されてあった。まるで初陣の若武者の意気込みである。なるほど、なかを読みつぐとみずみずしさにあふれている。横山のこころがこのとき、どれほど欣然としていたか、手にとるようである。すこしながいがひきつづきひいてみよう。いらぬ感懐のようなものがあるのも、おさえきれぬうれしさがあふれでてなのであろう。

横山源之助発佐久間貞一宛書簡

東京、都会といふ上より言へば、天皇の居まし玉(ママ)ふ地、大政治家大文学者大実業家の集まれる人家の稠密せる日本に於て第一の繁華熱閙の場所といへばそれで済み候へども、小生一個の事情より言へば、親の温かき膝下を離れて人生の意味を多少相解し候も東京、人間といふ者は信ず可からず拠るべからざるものなるにも拘らず尚罵り、嘲り去るべからざることを多少合点せしめたるも東京、生活は人間に離るべからず放つべからざる真味を多少黙会せしめたるも東京に候へば、小生一個の思想歴史に於ては実に東京の地は至大の関係有之、且つ之に伴へる怒るべき事、罵りたき事、悪むべき事、不平、煩悶、憂鬱、悲痛を示せる過去の経歴は、全く東京の地と相関係致居候事故、平生こそ東京を悪むと口外致せ、冥想し来れば暫時にもせよ東京を離れんとするに際し、一種言ふべからざる感情候も偶然ならずなど考へ、窓外の景色も眼に入らず、隣席の都新聞を赤羽で買うた男にも愛想せず、後の方にヤレ鏡花はどうの天外はかうのと二重まんとの書生紳士どのが頻りに文学談致し居候も面白なく、ぼんやり大宮辺へまで参り候。

大宮より折れて宇都宮方面へ入り候てより、漸く己れに返り、十二三の腕白子供四五人、窓外に顔突き出だせる乗客に悪口候も耳にとまり、声を揃へて気鑵の音と争ひワーと叫び居候も可笑しく、日当りしながら庭に出でゝ子供の髪を結んでやり居る百姓家の嬶が無心になり居る様子も妙に、久喜といふ場所のステーシヨンにて旧幕時代の遺物、髷を頭に置ける人力車夫が力なげに此方を眺め居候も異に覚えて、見ようと思ひし雑誌や新聞は、一字だも読むことをせで始終首を窓の外へ突き出し居候ひし。

小山よりは日光の諸山目の前にちらつき、雲の真白になり居るを見て故郷を思ひ、父母弟妹を思ひ果てはあの山の中で郷地の山に似たるはなき歟など探し初め候、人面の各々似たるはなきと同じく故郷の山に似たるは一つもなく、失望せしと共に、急に大真理でも発明されし如く訳の判らぬ感情は心の那処歟に為され候、御一笑。

かくして宇都宮へ着候は三時に十分前、手荷物受取りステーションを出で候へば、那処も同じ跡を追へるは人力車夫、上野ステーション前の五條組の様なるが切りに乗車を奨め候。車夫は極めて柔順らしく、言葉も朴直の様相見え、宿屋迄で幾程だと申候へば、つと口を噤み暫く考へ居るも可笑しく、僅に五銭と答へ、傍に居りたる親方らしき車夫が何やら命ぜるを見て始めて小生を乗せ疾駆いたし候。宿屋までは僅に二三町、是で五銭とは高いものと窃に思ひ候ひしが、東京の車夫に比べてどこやら間抜け居るに免じ、御苦労であつたと謝辞を与へ、宿の女房に案内せられて二階の奥の間に通り候。宇都宮に四五日滞在、それから足利の方へ参るべく考へ居候、以上。

（明治二九年三月一五日午後五時投函）

これほど明るい文章は、横山の生涯にほかにはない。

足利・桐生の調査をおえて帰京したのは、四月末か五月はじめ頃であったらしい。実に五〇日あまりにおよぶ長期調査であった。その主要報告が『日本之下層社会』に収められてある「桐生足利地方の織物工場」である。行程はつぎのようであった。東京─宇都宮─足利─桐生─前橋─高崎─緑野郡新町─東京。

三月一五日午前一一時一五分の汽車で上野駅を発って、三時一〇分前に宇都宮に降り、宿屋に着くとすぐにこの記をおこし、「出門第一日」とし、五時にはもう社宛に投函している。翌三月一六日には、「宇都宮を一瞥せる儘」（『毎日』三・二〇）の筆を起こしている。そして三月一八日朝には、「野州足利にて」と付記しながら「足利を一瞥せる儘」（三・二二）を書き送っている。前日の一七日には目的の地である足利に着いていたのであろう。かくして「野州足利の機業」（一）（二）（四・一、二）を序曲としつつ、いよいよ本格的な調査に入った。足利滞在は、「野州足利にて三月二十九日」と傍題のある「一面より観たる足利」（一）（四・一〇）の中に、「明日を以て足利を辞し桐生へ」とあるから、三月三〇日までであったろう。二週間にわたる足利調査の後、三月三〇日第二の目的地桐生へむかったようだ。そしてしばらく間をおいて、四月二四日と翌二五日に、「上州前橋にて」と付記された二つのルポ「文明を謌ふを喜はざる者」（四・二九）、「地方の木賃宿」（四・三〇）が書かれてあるから、このときまでに桐生調査を完了したのであろう。桐生滞在は三月三〇日から四月二二、三日頃まで、実に三週間におよんだ。足利に二週間、桐生に三週間である。帰途は前橋に二、三泊後、高崎を経由し、緑野郡新町に寄り、ここに一、二泊して三井の絹糸紡績所を訪れている。足利・桐生の主報告は帰京してから書かれた。すなわち「機業地の側面」一三が『毎日』紙上に連載されるのが、帰京後の五月五日からである。三井の絹糸紡績所によったときのルポ「新町の絹糸紡績所」（同盟罷工の一実例）（六・六〜）も帰京後に書かれた。

このときの桐生・足利行と、八月以降におこなわれる第二回調査行（富山地方・小作人生活事情）との間――五〜七月は一見平凡に過ぎ去ったかのようにみえる。気負いたつ横山はもうつぎの調査行にこころをくだいていて、結構多忙な日がつづいた様子である。

ここでまた、横山源之助の生涯に錦上花をそえる樋口一葉との親交について、しばらく筆をさかねばならぬ。この頃一葉をおとなう者は、一葉の日記にもあるように、実に万来筬（おさ）をおるようであった。『文学界』同人をはじめ、一介の記者横山源之助まで。馬場孤蝶、平田禿木、戸川秋骨、川上眉山、斎藤緑雨等々、その他が入り替り、たちかわり、一葉の門を訪うている。宵の明星を慕う群星のようにである。一葉の皮肉な目はそれを評して、「我れを訪ふ人十人に九人までは、たゞ女子（をなご）なりといふを喜びてもの珍らしさに集ふ成けり。さればこそ、ことなる事なき反古紙作り出ても、今清少よ、むらさきよと、はやし立（たつ）る、誠は心なしの、いかなる底意ありてともしらず。我れをたゞ女子斗見るよりのすさび」といい、「されば其評のとり所なきこと、疵あれども見えず」といっているのだから、おもしろい。そのことは誰もしらない。
五月の日記につぎのようにある。

二十九日。横山源之助来訪。はなす事長し。うちに、正太夫来る。ひそかに通して坐敷の次の間に誘ふ。源之助はやがて帰る。（日記の引用はいずれも「みつの上日記」（明治二九年五月〜六月）、前掲『明治文学全集30　樋口一葉集』）

正太夫（斎藤緑雨）とのこの交錯は、はなはだ微妙である。一葉の筆によって、芝居っ気たっぷりに書きとめられてある。桐生・足利の調査から帰ると、横山はさっそく一葉のもとを、右にあるように再訪しているのである。六月にはいると、つぎのような横山の書簡がある。長文のものであったらしく、前のほうが欠けている。

横山源之助発樋口一葉宛書簡

……申上候いしか人生意の如く相成り不申別に仔細なくしてしかもクズ〳〵致居候段顧みれば馬鹿らしく候へ共仕方御座なく候但し来月は大阪へ参り盆頃（旧盆）には帰国可致積りに御座候唯だ大阪へ参り候時は長谷川泰といふ豪傑と同行候が不面白候へ共是も浮世、当分眼を瞑り居(をる)積りに御座候貴方が当時の御消光如何評判高く相成候へば嬉き事もあるべく不愉快な事もあるべく心情想像申上候へば一種変なものと存候社会は軽薄なものに候へば御用心肝要と存候。小生は近日還京矢張新聞相書き来月の十日頃まで訳の判らぬことを相書くべく候何れ訪問申上近況御訪れ申上候フト貴方が噂知人の間に相出で訳の判らぬこと文字に列べ一寸御尋申上候。

横山生　拝

樋口様

鎌倉などに来て居候へば東京などのやうな煩累もなくだから気は裕かに相成候酒も不相変飲み候へ共大に量減じ此頃言語衣服等オトなしく相成候小生と同宿候は民友記者ナカ〳〵貴方の小説を喜ぶ人間に御座候　頓首

六月二十六日　乱筆御高免

（明治二九年六月二七日付、鎌倉材木座百十七番地新藤方横山源之助発）

六月下旬、二六日前後、横山は何日間かを鎌倉に清遊したものらしい。同宿した民友記者とは誰であったろうか。この書簡中に、「来月は大阪へ参り盆頃（旧暦）には帰国可致積りに御座候唯だ大阪へ参り候時は長谷川泰といふ豪傑と同行候が不面白候へ共是も浮世、当分眼を瞑り居積りに御座候」とあり、さらに「近日還京矢張新聞相書き来月の十日頃まで訳の判らぬこと相書くべく候」とある。このことから、横山の第二次調査行候補地がはじめ大阪であったこと、出発予定が七月一〇日頃であったこと、つづいて第三次調査計画が彼の郷里方面に組まれ、出発を旧盆頃（八月なかば）に予定していたこと等が読みとれるのである。――だが、この当初の予定は社との折衝の間にすぐに潰され（変更されたというべきかもしれない）、大阪行と富山行の順序が逆になったことは後に述べるとおりである。

一葉との交渉が深まっている頃、やがて『日本之下層社会』の主要部を占めることになる大調査を、このように横山はつぎつぎに構想していたのである。この頃、右の書簡にもあるように、横山は一葉に対しては、どことなくしおらしげであり、人間の弱みをさらけだしている。苦労を二人でわけあっているつもりなのかもしれない。しかし歯車はどことなくかみあっていない。

待望の桐生・足利調査をすでにおえ、つづいて二大調査行を目睫にした――わが世の春的な気分が横溢している。そういう横山を、一葉は軽くいなしているのである。横山からの書簡をうけて、一葉は日記に、つぎのように書き記している。

「毎日社の横山、鎌倉材木坐（ママ）にありて文おこす。民友社の人と同宿し居るなりとて、事ありげの書きぶり成き。返じやらず」と。

そして一葉の日記には、右のように横山についての所感が書きこまれた後に、つづいてこうある。「此月、くらしのいと侘しう、今はやるかたなく成て、春陽堂より金三十金とりよす。人ごゝろのはかなさよ」

（日記の引用はともに「みつの上日記」（明治二九年六月〜七月）、前掲『明治文学全集30　樋口一葉集』）

横山の所業と無関係としても、いかにもその対称は皮肉である。そのような貧苦をしいられていた一葉が、景気好げに遊び呆けているかにみえる横山に、「返じやらず」としたのはもっともであった。

横山につぎのような回想記がある。おそらくこの頃のことであろう。

「人物印象記」

今は二六新報に燻ぶつてゐる中村楽天君は、一時は僕と大の仲好しで、国民之友編輯当時は、特に親善であつた。此の中村楽天を介して知つたのは、杉村楚人冠も其一人である。角田浩々歌客も其の一人である。杉村氏も角田氏も今は殆んど音信絶えて、殆んど路傍の人の如く為つてゐるが、杉村君も角田君も僕の過去には記憶すべき人名である。中にも角田君は、逢つたのがほんの一度か半度であつたが、妙な機会で、浩々歌客の名が僕の頭脳に刻みつけられてある。其れは斯うした理由があるからである。中村楽天が和歌山行の時、僕はこつそりと毎日新聞社用の乗車券を楽天に貸したのであつた。楽天君は直様返へせば、僕は口を拭うて、好い児で済んだのだが、無頓着な楽天は、大阪で浩々歌客氏に又貸したのが齟齬の初り、僕は楽天が乗車券を返さぬのに気を揉んでゐるのに、角田君は、楽天から又借した乗車券で、悠々と、一等客で静岡に帰省したものだ。丁度有効期限が迫つてゐたものと見え、静岡停車場に遺して下車したので、東京新聞社の乗車券が、静岡停車場に宙ブラリンとなつてゐるといふ騒ぎ、鉄道作業局では、爾来各新聞社に乗車券を下付しないという騒擾が初つたのである。各新聞の代表者は、作業局に推し掛け、数回協議を開いた。それ迄は一等乗車券が渡つてゐたものだが、二等乗車券で我慢することゝなり、漸くにして落着したが、一時僕は四面楚歌の間に落ちた。僕は或意味では浩々歌客氏の犠牲となつたのであつた。（僕の不謹慎は言ふ迄もないが）僕は新聞記者としては世人に誇るべき、又は誹らるべき事蹟がない。が東京の新聞社と鉄道局との交渉史には、若干の交渉があるのは可笑しい。角田君も、当時を回想せば、一種の感情を催すであらう。

之より数ケ月前、やはり中村楽天は鎌倉の海岸に、出獄後の疲労を静養してゐたことがあつた（国民之友編輯人として、入獄したのだ。）僕は楽天に伴はれて、円覚寺内の某寺に「朝鮮王国」を書いてゐる菊地謙譲君を尋ねた。恰も菊地氏の室に、飄逸な、才気走つた、ひよろ長い男がゐた。長風君は例の王妃事件に連座して、広島の獄から引上げて間もなくで、静かに、穏かに、得意の朝鮮談を試みてゐたが、ひよろ長い男は、朝鮮談に耳を仮すでもなく、仮さぬでもなく、何やら考へてゐないやうな、ゐるやうな、頓着してゐないやうな、ゐるやうな風で、踏んぞり返つて、天井を眺めてゐた。何でも円覚寺に参禅してゐる男だらうと思つた。暫らくして、此のひよろ長い男は、今日の歴史（であつたと思ふ）を持ち出し、僕等に記名を求めた。僕は言はるゝ儘に、横山源之助と例の悪筆を揮ふと、不思議！不思議！僕の悪筆を眺めながら、感服の体。僕の字といへば、島田沼南氏が嘗て悪徳文字といはれた通り、天下無比の悪文字である。僕の字を見て、嘘にも褒められた覚がない。処が、此の超然とした、ひよろ長い男は、那処を感服したものか、感服の体である。妙な男だわい、と僕は一種異様に覚えた。名を聞くと、当時反省雑誌（新公論及び中央公論の前身）に屢々名を掲ぐる杉村縦横――今は杉村楚人冠氏其の人であつた。

（『新潮』四四・一〇・一）

一葉に書きおくった、鎌倉に清遊したときの同宿した民友記者とは、どうも中村楽天（修一）であったらしい。そういえば、三回にわたる遠征のため、横山が汽車をたびたび利用したのは、この年明治二九年と三〇年であった。

ところで、半井桃水との失恋後の一葉に、もっとも熱をあげたのは斎藤緑雨（正直正太夫）と横山源之助であったろうか。誰もが多少にかかわらず、一葉の才気と色香にあてられていたようではある。一葉をめぐってある、斎藤緑雨と横山源之助のたてひきはなかなかおもしろい。一種の三角関係にあったといえる。実はいずれも一葉から軽くいなされていたのだが。

二人の出入りは、さきにひいた五月二九日の日記に、「横山源之助来訪。はなす事長し。うちに、正太夫来る。ひそかに通して坐敷の次の間に誘（いざな）ふ。源之助はやがて帰る」とあったところからはじまる。

七月にはいると、いよいよ二人は火花を散らしはじめる。七月一一日の日記に、

「十一日。横山来訪。正太夫のもとを訪（と）ひたる由かたる。君は緑雨しりたまへる由、かの人には我れはじめて逢へるなれど、かねて聞（き）けるには似もやらず、さ斗（ばかり）の悪人とはみえざりきなどかたる。午前十時ごろよりして、ひる飯（いひ）ともにしたゝめぬる後、二時過（すぐ）るまでありて帰る」（「みつの上日記」（明治二九年七月）、前掲『明治文学全集30　樋口一葉集』）とある。

まずはやんわりとした横山のほうからの鞘当からはじまる。なぜ横山が緑雨を訪れることになったのか。ここでは、横山の微妙な心理のうごきはかげにかくされてあってわからない。二個のくぐつはこのときからあわただしくめぐりはじめる。

それから五日後、七月一六日、斎藤緑雨から横山宛に一書来たる。

翌七月一七日夜、横山源之助、斎藤緑雨訪問（再訪）。

翌七月一八日、横山は社にあって、一葉宛に葉書をかき、「東京京橋区尾張町新地七番地毎日新聞社」の印を捺して投函。速達にでもしたのであろうか、この日の夜、一葉のもとにはやくもとどいている。つぎのような文面である。

横山源之助発樋口一葉宛書簡

一昨日正太夫先生より葉書来る（前略）先日拙者に御話有之候中に慥に虚言ある事を思ひ当り候いづれ御目にかゝりて可申述明らかなる返答を望み申候といふ文面、虚言といふが少しく胸に障り昨夜自ら氏を訪問候て相聞き候処先日彼と対話候折小生は貴方――一葉女史を知らぬらしき顔して居れりといふ事が取りも直さず虚言といふ次第、大笑に御座候必要もなきに殊更一葉女史を知れりと吹聴するにも当るまじく何だか馬鹿らしく存候近況御伺ひ旁々貴方に拘はり居候事故一寸御知らせ申上候大阪行はジヤンに相成本日監獄研究を社長より命ぜられたり帰省は何時の事やら、頓首

（同前）

この一件については、この日の日記（七月一八日）に、さっそく一葉はつぎのように書きとめている。

夜に入りて、横山源之助より葉書来る。一昨日正太夫より状来りて、君は過日小生と対話のうち、正しく虚言をいひあられしこと、今にして発見しぬ、やがて御まのあたりとひ参らすべし、明らかの答弁をまつとありき、虚言といふ事癪なれば、ゆふべ自ら彼の家に行きつ。何事と問ひつるに、過日、君は我れに対して、一葉女史としるべならぬらしきおももちをつくり居しこと、これ虚言ならずやとのこと、思はず失笑仕りぬ。こと貴方にかゝる事なれば此旨聞えおく。大阪行はやめに成ぬとある葉書なり。相もかはらぬ緑雨が神経しつ、いとをかしとほゝゑまる。

（同前）

七月一五日夜、緑雨は雨の降りしきるなかを一葉を訪うているから、そのとき一葉から横山のことを耳にしたのであろうか、そして翌一六日の虚言の状事件になったものとおもわれる。

一葉をめぐる斎藤緑雨と横山源之助との関係を、さきに〝たてひき〟などと多少駄洒落めかして述べたが、それぞれの関係はほんとうはもっと真面目なことでなければならない。一葉晩年の知己は、関良一と和田芳恵が指摘しているように、斎藤緑雨と横山源之助の二人であったことはたしかだ。しばらく一葉研究家の意見を傾聴してみよう。和田芳恵は横山が一葉に宛てた二月二九日付の書簡をひきながら、

和田芳恵『樋口一葉の日記』

どういふことが二人の話題になつたかわからない。しかし、一葉が「文学者生活」をやめて、そのことを実行してみようと云つたらしいことは考へられる。また、源之助が共感してゐるのだから、下層社会のことだらう。

さうすれば、実際に下層社会にもぐりこんで、人間の運命と世相の真実に触れたいとのことであらうか。一葉が社会の不条理を感じてのことだから、素朴な意味での社会主義的なものかもしれない。

（昭和一八年、今日の問題社）

といっている。次に関良一の「一葉研究小史」には、

晩年の一葉は、その名声の絶頂において、明治二十九年二月二十日の日記に、しばし文机に頬づえつきておもへば、誠にわれは女成けるものを、何事のおもひありとて、そはなすべき事かは。われに風月のおもひ有やいなやをしらず。塵の世をすてゝ、深山にはしらんこゝろあるにもあらず。さるを厭世家とゆびさす人あり。そは何のゆゑならん。はかなき草紙にすみつけて世に出せば、当代の秀逸など有ふれたる言の

葉をならべて、明日はそしらん口の端にうや〱しきほめ詞など、あな侘しからずや。かゝる界に身を置きて、あけくれに見る人の一人も友といへるもなく、我れをしるもの空しきをおもへば、あやしう一人この世に生れし心地ぞする。我れは女なり。いかにおもへることありとも、そは世に行ふべき事かあらぬか。（日記明治二十九年二月二十日）

としるしてゐるやうな心境に生きてゐた。それならば、一葉の「おもひ」・「おもへること」とは何であつたか。何を世に行はうとしたのか。そして、何故に「女」なるがゆゑに、その実現がはばまれてゐるといふのであるか。この数行の記事の解釈は、一葉研究の問題のひとつである。記事どほりに解せば、生前の一葉には、その本意を理解するひとりの知己もなく、さらに歿後も同様の無理解につつまれてきたといへさうである。さういふ状況にたいする反措定として、私は、一葉の真意は経国経世の仁俠義人として生きることにあつたと指摘したことがある。この私見が現在では訂正を要することは、べつに「一葉の発想(ママ)」(18)（明治大正文学研究十九号）に執筆したが、それはともかくとして、生前の一葉に、「知己」がまつたくなかつたわけではない。そのひとりは、いふまでもなく、前述の緑雨である。そして、もうひとりは、天涯茫々生・横山源之助ではなからうか。むしろ、右の「おもひ」を感知した点からいへば、横山こそ一葉の志向の唯一の理解者といふにちかい存在であつたのではなからうか。横山は、明治二十九年一月、緑雨に先だつて一葉をたづね、二葉亭四迷に紹介しようと告げ、さらにしばしば訪問してゐる。そして、一葉が前掲の心境を日記にしるした直後、二月二十九日に発信した横山の手紙には、

本日非常に長座失礼此事に候どうやら貴方の人体も朦朧の中に相判り候心地被遊候同病相憐む精か相別れ候て本日一日小生の頭脳に貴方を浮ばせ居候……当分確実なる見込つき候まで文学者生活御忍耐如何に候やおん談の中ホノメキ候もの看取せられ候故強て此事申上候

とある。一葉が文学以外の素志を実行したいといふのをしばらく忍耐するやうにすすめた手紙である。これをみれば、横山が一葉の「経世」の志向を多少とも看取したこと、逆にいへば、一葉が、他のすべての文学的交友においてはあへてあかさなかつた胸中の念願を、二葉亭・嵯峨の舎御室・内田不知庵（魯庵）の友人であり、文学とは没交渉であつたが、貧民への同情があつたから嵯峨の舎の小説を愛読したといふ横山にたいしては、多少とも暗示したらしいことが推測される。しかも、緑雨によれば、一葉は緑雨にたいして、もし死後に自身の作品集が刊行されるならば、緑雨か横山か、ふたりのうちのいづれかがその編纂に当つてほしいと遺言したといふ。

（樋口一葉著、福田良平・和田芳恵篇『一葉全集　第七巻』昭和三一年、筑摩書房）

とある。提起されている一葉の指向――経国経世の仁侠義人問題についてとうことは関の研究にゆずり、ここではただ、「一人も友といへるもなく」とかこつ、孤独な一葉のこころにただひとり踏みこんだ男として、「横山こそ一葉の志向の唯一の理解者といふにちかい存在であつたのではなからうか」と、指摘されてある箇所に敬意をはらっておきたい。

(18)　関良一の「一葉文学の発想」中に、つぎのように述べられてある。「すくなくとも私のかつての『経世家』説はつぎのように修正・批判されなければならない。／一葉は、たしかに、私の考えたように、経世家としての本意の実践を志向していた。しかし、それは、すくなくとも日記と、そして私の知るかぎりでは横山との対談の範囲にとどまつている。極言すれば、一葉は、日記のうえで一葉ごのみの『経世家』の自画像を創作した、といつてもよい。（略）一葉は、日記のうえでの、『経世家』であるにとどまつた。彼女は、そのように自己を『あざむいた』だけでなく、そういう結果としての（この場合ならば『経世家』としての）自己を交渉逆に隠蔽することによつて、二重に、同時代の人々を、ことに直接のあつた人々を『あざむいた』。そして、最後に、結果的には、後代の、のこされた日記の綿密な読者が、同時代人とは逆の『あざむかれかた』を体験しなければならなかつたのである。すくなくとも私はあざむかれたのであり、『経世家』説は、ひとり相撲であつた」（『明治大正文学研究』昭和三一・四、第一九号）。

緑雨は一葉の文学を研究するのが目的で、一葉のもとを訪れていた。源之助は下層社会文学への可能性を一葉にたくす宿望をもってか、あるいは下層社会、貧民救助、経綸の同行者としてか。緑雨と源之助は一時一葉に特殊な感情をもって接していた。そういう二人が、一葉から、作品集編纂を遺言としてたくされるような、とくべつな「知己」としてうけいれられていたとしてもふしぎではなかったのであろう。

別に、こんな回想がある。さいしょ、横山を一葉に紹介したのは、川上眉山であったようだ。

「二十年前の初対面録」

川上眉山に会つたのは、彼れが「裏表」（二八年、引用者注）を書いて居る頃であつた。或る時松原二十三階堂が眉山を訪ねると、初対面であつたが非常に意気が投じて、話の尽くるところを知らず、遂に其の夜は眉山と一緒に寝たと云ふことを聞いた。初対面の時から人を泊めたり、其の上綺麗な男なら格別、松原のやうな汚い大男と一緒に寝るなどゝ云ふのは、一風変つた些つと面白い男だ、一度訪ねて見ようと云ふ気がして、其の頃小石川の中富坂に住んで居た彼れの家を訪うたのである。／色の白い、極めて美しい男であつた。少し身体を反り身にして居たのは、頭の真中に禿げがあるので、それを見せまいとする為めであると云ふことを後から知つた。眉山は其の頃「懐硯」などを書いた時分で、盛んに酒を飲む時分であつたが、初対面の僕に、君、酒を飲まうかと云つて、一緒に飲んだ。頻りに理想と云ふことを云つて、今の小説は駄目だ、自分には絶えず胸の中に悶えがあつて、それを小説の上に現はさうと苦心するけれども、どうしても現れないと云ふやうなことを、慷慨的の調子でもなく、ノベツに喋つた。／其の後一葉女史の名が現はれて、眉山との間が怪まれたことがある。僕は一葉に会つて見たいと、戸川残花から紹介状を貰つたが、眉山との間が世間で彼れ是れ云ふので、其の間が果して何ういふ工合か、眉山の口から一葉の噂を聞きたいと云ふ好奇心から、其の噂の端緒を引つ張り出す為めに、一葉へ紹介状をくれるやうに眉山へ頼んだ。大抵の人なら世間から彼れ是れ言はれて居る間ではあるし、一寸控へるのであるが、眉山は喜んで紹介状をくれた。さう云ふ風に案外ノホヽンで居ながら、内部には絶えず或る悶えを蔵して居た。／と云ふのは、眉山は落し子で、其の親は昔の志士である。其の上最初養はれた母が生きて居れば好かつたのが、其の養母にも早く死に別れて継養母の手に育てられた。さうした家庭上の問題が、絶えず眉山を苦めて居たらしい。それに精神にも幾分狂的の素質があつて、夢にバイロンの詩を訳したとか、富士の裾野に立つて松等を見たとか、妙なことを云ふ。それが、表面が極めてノホヽンに見えるので、さう云ふことを眉山が云つても本当とは思へない。けれども彼れの心内生活を深く考へて見ると、さうした奇怪な現象も是認せずには居られない。全く、表面見たばかりでは、突然咽を突いて自殺すると云ふやうな、そんな深いところのある人間らしくは見えなかつたのである。あゝ云ふ死に方をしたので、生前の奇怪なことも頷づける。／斯う云ふこともあつた。或る時短刀を持つて猫をからかつて居たが、到頭其の猫を突き殺して了つた。それは好いとして、直ぐ今度は自分の咽を突かうとするので、傍に居た文淵が慌てゝ止めたことがある。眉山の表面には、さう云ふ分子を含んだ人であると云ふことは、少しも現はれて居なかつた。一葉が嘗つて「眉山さんは美しい人ですね。」と云つたことがあるが、全く美しいお坊ちやんのやうに、表面はノホヽンに見える人であつた。

（『新潮』四四・九・一）

「眉山さんは美しい人ですね」と一葉がいったのは、横山との初対面の日であっただろうか。

一葉はこの年八月宿痾にたおれ、晩秋一一月にはやくも世を去った。

そのとき、横山は遠く郷里の地にいた。

樋口一葉と横山源之助との関係はかくして終わった。つぎのような、横山から一葉に宛てた書信が最後となった。

横山源之助発樋口一葉宛書簡

拝啓貴方御病気の趣日々新聞に記載有之事実果して御病気に候や案じ上候或は御持病の脳病に候や時節柄御保養専一と奉存候――かく書きつゝある時切り(しき)に気楽な生活せられてはと思ひ申候――野生儀去る十四日東京出発六時頃越後直江津に着汽船にて十五日の朝郷地に到着候ひぬ今より四年前一寸帰省候事有之その折相見候も今日とは郷地も余程の変遷有之様覚え申候十四五歳の小供が孰(いづ)れもオトナに相成居候顧みて我が愚を晒はれ候日々の生活は水泅(すいしう)と郊外散歩に有之今月の末頃は身体も真黒々に相成るべく都人士に誇り呉れんと思居候

(明治二九年八月二四日付ハガキ、越中魚津神明町発)

樋口一葉は、横山源之助が小作人生活事情調査のために遠く北陸の地魚津へいっている間に、薄幸の生涯をとじた。横山にとって、その人の急病、急逝は青天の霹靂であったろう。

横山源之助の生涯――誇り高き青春の日に、明るい一筋の虹を束の間にかけてきえた一葉との淡い夢のような交情はかくしておわった。ちなみに一葉が世を去る直前、横山の郷里から病床にとどけられた一枚の見舞状がある。それをそえておこう。横山のしりびとからであったようだ。

松倉かのこ発樋口一葉宛見舞状

いまだ御顔をだに拝し侍らず候へどもかねてものせられし御文などにていと懐しくおもひをり候のみならず我とも横山天涯氏よりも御噂折々にうけたまはり将来大に望を属し居候処こたび不幸にも軽からぬいたつきに御なやみのよし聞きおよびいといたましさの情たへがたく不躾ながら御見舞申上候常には医者など御いとひ遊ばさるゝ(中欠)さやうのこともあるまじとは推し候が船に乗らば船頭まかせやまひは信ぜらるゝ良医師に打ちまかされ候ても

のなどく〳〵御案じなく一日もはやく御本復のやう陰ながら祈り居り候　かしこ
霜月四日
松倉かのこ拝
樋口なつ子様　御もとへ
（明治二九年一一月七日付、越中魚津町発）

八月に第二次調査――小作人生活事情調査行に旅立つまで、横山源之助は記事の上ではさしたる動きをしていない。その間、第二次、第三次調査の打ち合せや折衝やら、はてはその計画が一時潰されたりやらしていた。はじめ第二次調査は大阪が予定され、七月に敢行される手はずであったという。それが一葉宛の書信にもあったとおりつぶされ、八月なかば旧盆頃を予定した第三次調査も「帰省は何時の事やら」（七月一八日付ハガキ）とあったように、危なくつぶれかかっていた。横山は第二次・第三次調査行を社に計画進言したが、好況ではなかった社が費用その他のことでかならずしも賛成でなかった様子である。一悶着あったろうことは容易に推測できる。第一次、第二次、第三次調査行はともに横山からの積極的企画であった。問題は社の方がそれを受けいれるかどうかであった。たとえば社の意向は、「本日監獄研究を社長より命ぜられたり」（七月一八日付ハガキ）とあったように、手近なものですませようとするものであった。

桐生・足利の調査報告が長期連載をおわったのは、六月なかばである。「工女の欠乏」（上）（下）（六・一六、一八）一篇がその余韻をひいて書かれ、七月には、「職工問題雑事」（七・五）が（佐久間貞一氏談話）の副題をつけて書かれた。これは二月のそれにつづく、二回目の佐久間貞一対談記である。八月なかばまでは、他にわずかに二、三の短文を発表しているにすぎない。「偶感一則」（七・九）、「銷夏雑記」（七・一五、二五、八・一）、「耐震家屋発明伊藤為吉君と語る」（七・三一）、「市談雑聞」（八・九、一四）（無署名）等である。

七月一七日の『毎日』紙上に、「坂下の吹井の茶屋や百合の花　夢蝶」という句がひとつみえる。夢蝶という署名があるから、横山源之助のものであろう。ついでにここで、横山のその方面への造詣について、ちょっと触れる。

さきに「俳文界の新現象」（二八・一・二〇）という短評を書いていた。この後の帰郷中の社会寸評「炉辺閑話」（三〇・一・二三）のなかで、友人松倉鬼仏なる者の作だとして、「寒月や辻三味線の音冴ゆる」「寒月や影ふみかへる屑ひろひ」などという味のある句を紹介している。

多少横道にそれたが、盛夏をむかえると、横山のこころはもう帰郷直前にある。八月一日の「銷夏雑記」に、「数年前、落魄身を置くに処なく余ハ牛込の或寺に潜む、一友あり、炎天、托鉢に出で我をして飢より免れしむ、今ま東京を去りて小笠原母島にあり、杳(ママ)として消息を絶つ。夏来る毎に最も憶ふハ孤島の友が身の上なり」とある。「一友」とは、中学生のとき、ともに故郷を出奔した岩崎文次郎のことであり、「牛込の或寺」とは、市ヶ谷道林寺のことである。懐旧に身をこがれている。

いよいよ第二次調査（小作人生活事情調査）の途についたのは、八月一四日である。ようやく社との折合がついたのであろう（ただしこの間には七月に予定した大阪地方調査が立ち消えになっている）。

「野生儀去る一四日東京出発六時頃越後直江津に着汽船にて十五日の朝郷地に到着候ひぬ今より四年前一寸帰省候事有之」（八月二四日付ハガキ）と、一葉宛に書きおくられた。

八月一四日午前東京出発。午後六時頃直江津（新潟県）に到着。直江津から船で郷里（富山県魚津町）についたのは、一五日朝であったという。

横山は第二次調査の主題――小作人生活事情調査の地を、彼の郷里にかりた。彼の郷里富山県は農業国であったし、調査は当然長期にわたることが予想されたし、費用、情報収拾等の点でも有利であったからであろう。事実、このときの調査期間は、第一次桐生・足利調査のときよりも長期にわたった。郷里滞在は八月なかばから、翌年（明治三〇年）五月頃まで、実に九カ月におよんだ。滞在期間はかならずしも調査期間ではない。それは後に述べる。四年振りの帰省であったという。明治二五年頃一度帰省していたことになる。学生時代弁護士試験に憂身をやつしていた頃にあたる。

八月一五日帰郷。お盆の中日におくれぬよう、ちょうどその日――。田舎出の者がこの頃になると、帰巣本能にとらわれるのは、横山源之助のときもかわらない。墓参のにぎわい。さらに夏祭のにぎわいがつづく。久しぶりの帰郷気分にひたっているさなか――八月二四日、横山は『東京日日新聞』をみて、一葉の急病を知ったという。さっそく見舞状をおくった。その見舞状に、帰省後は水泳と郊外散歩を日課にしていると、書いた。八月いっぱいは見聞を主にする意味で遊んだということであろう。その見聞は九月の『毎日新聞』紙上に、三つの記事となってあらわれた。「越中魚津にて」と傍題のある、帰郷第一報「田舎の風尚」の冒頭をみると、「地方に出で候後は更に通信不申上奉謝候、唯今滞在候土地は野生の故郷、郷地なるが故に感ずることも多く、愉快なることもあり不愉快なることもまた甚だ不尠候」とあり、最後に「(六日夜)」[19]と記されてある。この「田舎の風尚」は、『日本之下層社会』が編まれたとき、「第五編小作人生活事情」に緒言のかたちで転用された。ところでこの「田舎の風尚」であるが、これによると、「農民」「職人」「漁民」等について、近況を報ずる予定とある。したがって今回の第二次調査の範囲は、ただ農民―小作人生活事情の調査にとどまらず、「漁民」「職人」等の細民層の調査をもくわえた、いわゆる「地方の下層社会」一般にあったことがしられるのである。横山源之助はそういう構想を胸にひめて帰郷した。

「田舎の風尚」（九・一二）、「地方の青年」二（九・一、二二）、「所謂有志なる者」（九・一九）である。

(19)「第五編小作人生活事情」の緒言部に転用された部分（『毎日』紙上の「田舎の風尚」）の末尾にある日付は、原版『日本之下層社会』、および復刻版の岩波文庫版、中央労働学園版では、いずれも「(明治二十九年八月六日夜)」となっている。ともに「九月六日夜」の誤記であろう。いうまでもなく横山の帰郷は八月一五日以降である。「八月六日夜」ということはありえない。ちなみにいえば、「田舎の風尚」の全文がそのまま「第五編小作人生活事情」の緒言部になったのではなく、多少の字句の異同がある。

主報告「地方の下層社会」が『毎日』紙上に現われたのは、ようやく一〇月二五日以降であった。一〇～一二月と断続し、前後一八回におよんだ。最終回は一二月四日である。ということは、主調査はすくなくとも一一月末までには完了していたということであろう。本来ならここで帰京の途についてもよかったわけである。ところが横山は帰京しなかった。ついに郷里で年を越すことになった。翌三〇年五月まで腰を落ち着けてしまうのである。

毎日新聞社へは、その後一一月に一篇「農業国の工業」(一一・一七)、一二月に二篇「地方の下女払底」(一二・一二)、「田舎のとしのくれ」(一二・二七)、翌三〇年一月に二篇「田舎の正月」(一・一二～一四)、「炉辺閑話」(一・二三)を送ったのみである。そして二～五月にはまったくない。

主調査をおわったあと、なぜ帰社しなかったのであろう。一一、一二月、翌年一月まではまだ通信はあった。二～五月はどうしたのであろう。

第二次調査の地を彼の郷地にえらんだ理由と調査範囲については、さきに述べた。調査対象の範囲を、農民のみならず、職人、漁民層にひろげ、地方下層社会一般においたのは、その地に多くの漁村が散在したし(魚津は当然漁業の地であった)、彼の養家は左官職であったし、魚津の町が宿場町という有利な地域社会であったからであった。そこには当然社会雑層が集散した。主報告「地方の下層社会」では、「小作人生活事情」にかんするかぎり、調査はほぼ完了した。だが、職人、漁民の調査についていえば、「地方の下層社会」の前半部および最終部分(小題「親方と徒弟」)で、その他の細民雑層(たとえば日傭稼、土方等)の調査一般と同列にあって、「小作人」のような完成度をまだみていなかった。まだその調査は未完成であった。横山が主報告をおわりながら、まだこの地にとどまった理由はそこになければならない。だが、はじめ社との約束のなかに、漁民、職人調査までが加わっていたかどうか、しらない。おそらく農民（小作人）生活事情調査のみであったのである。この地に来て、「漁民」「職人」のそれをみすみす見棄てて帰ることができなかったのである。さらに主調査の完了時がすでに一一月になっていて、冬の早いこの地に「年のくれ」が目の前にあり、田舎の年の暮と年越の状を都人士に報告したい――そのようなところにもあったかもしれない。「田舎のとしのくれ」「田舎の正月」が書かれたのはそのためだろう。「嘗て愉快といふを知ること少なきわれも、明治三十年は温かき家庭の裡に嬉戯しつゝ、父母の膝下に於て楽しき正月を迎へぬ」と、「田舎の正月」にある。放浪の数年をへて、いま故郷にある横山のすなおな感興の一端であった。

この間、追加調査、事後調査を理由に、社との折合に懸命であったにちがいない。「職人」「漁民」についての調査は、その端々は「田舎の正月」（一・一二～一四）、「炉辺閑話」（一・二三）等に若干あるにはあるが、まだこの時点では充分にはたされていない。年をこして、翌年一月にある「田舎の正月」「炉辺閑話」後、社との通信は断たれる。再開されるまで、このときの中断は五カ月間におよぶ。三〇年一月頃、越冬状況の報道をおわった時点で、社との間に何かあったにちがいない。仕事の問題で齟齬がおきたにちがいないのである。年をこしてしまったこのとき、横山のかんがえは第一に「漁民」「職人」事情調査について、一応の完成をはかることにあった。そして第二に、ひきつづき一度潰された、懸案の関西地方工場調査にうつること、そこにあったにちがいない。だがおそらく社はきびしく帰社を命じていたのである。八月なかばに調査に旅立ってから、この一月ですでに五カ月もたっている。そんな横山に、社は手をやいたにちがいない。いったんここで社からの送金は断たれたものとみえる。このときの、明治三〇年二月から六月下旬におよぶ五カ月間の空白。これが入社一年目（明治二八年）に放逐事件をくりかえした第一回目につぐ、第二回目の空白期間にあたる。――「東京を百里離れたる片田舎に於て」（「田舎のとしのくれ」）と、その通信に注記した横山であった。社と横山の間には、遠いへだたりがあった。

糧道を断たれたらしい横山は、ここで民友社の松原岩五郎に援助をもとめたようすである。毎日新聞社との空白期間中に、民友社の紙誌『国民之友』『国民新聞』に、横山は二、三の文をおくっている。すなわち『国民之友』に、前後四回の「世人の注意を逸する社会の一事実」(三・二〇〜、第三四〇号、三四一、三四五、三四六号)、「地方職人の現状」(第三四三号)。『国民新聞』に、天涯茫々生の名をもって「蕉鹿」(四・二、七)、漂天痴童の名をもって「田舎の芝居」(四・三)――。

これらはいずれも本来ならば、『毎日』紙上におくられるべきものであった。「世人の注意を逸する社会の一事実」は問題の漁民事情報告であり、「地方職人の現状」はその名のとおり地方職人報告であった。本調査をおわりながら、横山を滞在せしめたものがここにようやく実をむすぶことになった。それは『毎日』紙上ではなく、『国民之友』にゆずられるという意外な結果になった。漁民報告「世人の注意を逸する社会の一事実」は、横山としては、はじめての他機関への投稿であった。郷里からおくられたこの長大な報告は横山の今後を保証するにたる充分な力作であった。毎日新聞社との不和中に、期せずして徳富蘇峰のひきいる『国民之友』に登場することになったのである。つづいておなじ民友社の『国民新聞』にも、「蕉鹿」「田舎の芝居」等、社会時評というか、報告というか、そういうものを書くことになる。

明治二九(一八九六)年八月一五日帰郷。帰郷早々の八月には一葉が病魔にたおれるの報をうけた。そのひとは晩秋一一月にこの世を去った――。一一月頃本調査完了。翌三〇年二月頃社との間に不和発生。その不和は実に五月頃までつづいた。

横山の第二次調査行は、前半は第一次桐生・足利調査時の余波をかって順風をえてすすんだが、後半は北陸の冬の朔風にまきこまれたかのように、暗く停滞した。郷里に滞在すること、実に一〇カ月におよんだ。滞在期間かならずしも調査期間ではないと、さきに述べたのはこのことである。滞在後半約四カ月間は社との不和期間であった。

一〇カ月におよぶ郷里滞在にくぎりをつけて、ようやく大阪へ旅立ったのは、春五月中、下旬頃であったようだ。大阪へむかって旅立ったということは、約四カ月間にわたった社との不和に終止符がうたれ、第三次調査行（関西地方）へのなんらかの了解がえられたことを意味する。横山のねばり勝ちであったといえる。

第三次調査行の報告は、一部を除いて、すべて毎日新聞社におくられた。「北陸の慈善家」（三〇・六・二五）中に、六月一日には金沢の慈善家小野太三郎を彦三三番町の宅に訪うたとある。前日訪れたが留守。前々日の夜は『北国新聞』の赤羽主筆を訪問している。したがって五月中旬か、下旬頃、郷里魚津を旅立ったのであろう。

まだこの北陸の地には鉄道の敷設はなかった。北陸線米原―直江津間の開通はようやく大正二年四月になってからである。金沢―敦賀間の開通ですら、横山の大阪行の翌三一年四月からであった。昨年、横山が第二次調査地を郷里富山県にもとめたとき、三年前（二六年四月）に開通したばかりの上野―直江津間を汽車でへて、直江津から廻船にのりついで、魚津に着していた。明治三〇年頃はこの地から大阪へ出るには、まだ鉄道によることはできなかった。横山は北陸道を大阪へのぼった。郷里魚津からは陸路を金沢、福井へといったか、あるいは船で金沢表までいき、ついで福井までいったか。そして福井もしくは敦賀から鉄道を利用して大阪へ――。

明治三〇年五月下旬からはじまる第三次調査行は、順路調査（金沢、福井）と本調査（大阪、神戸）とをふくむものとみることができる。五月下旬、第二次調査の根拠地となった郷里魚津を出発、第一の経由地金沢に到着。五月末、『北国新聞』の主筆赤羽を病床に見舞い、六月一日、小野太三郎を訪問。この金沢の地からは三つの報告が毎日新聞社へおくられた。「金沢瞥見記」（六・二三）、「北陸の慈善家」（六・二五）、「加賀の工業」（六・三〇）である。「加賀の工業」の末尾に、「尚九谷焼等に就ては、小松、大聖寺地方に出で丶詳細に記すことあるべし〈加賀金沢にて〉」とあり、金沢の次に、九谷焼等の調査のために小松、大聖寺に足をよせた。小松からは〈加賀小松にて〉と傍題のある「九谷焼」（七・二三）一篇がおくられた。金沢、小松、大聖寺等をふくめ石川県内の調査に六月いっぱいほぼ一カ月程度の日数をかけたとみられる。すこしスローペースであった。交通機関に利するものがなく、亀の子のように地を歩くしかなかったからであろう。金沢―小松―大聖寺とあるきまわったあと、ようやく福井に入ったときの感興を横山はつぎのように書きしるしている。――越中を過ぎ加賀を過ぎて福井に来れば初めて工業地に入るの心地す、裏町に入れば機具を繰るの響音彼方此方に聞こえ、表通にては「羽二重買込所」の看板張れる商店屈指に暇あらず、加ふるに汽車の往来、汽笛の声を市中に送りて腕車の往来激しく、之を富山金沢の如き路上に立ちて往来の人力車を傭ひ得る寂莫たるものに比せば、草深かき片田舎より俄かに都会に出でし心地せらる丶なり――（『日本之下層社会』）。福井の地からは、「福井地方の機業」（七・二四）、「福井地方の工女」（七・二五）二篇を、社におくった。福井の調査に七月上、中旬頃、旬余の日をつかった模様である。福井周辺は当時すでに全国有数の機業地であった。

いよいよ本調査の地大阪に、横山が入ったのは夏七月下旬であったようだ。

「唯今は我国第二の都会なる大阪に昨月より滞在致居候」と、冒頭に書かれてある大阪からの第一報「大阪を一瞥せる儘」が、『毎日』紙上に載ったのは八月二二日である。

そして阪神地方の調査完了時は、「余本日を以て帰京す、大阪工場めぐり尚ほ遺れるは多しと雖も大略今ま四五回に止め本稿を完結とせん、不日阪神地方労働者の現状てふ題目の下に読者に見ゆべし、目下職工問題世に喧し、江湖の一顧を得ば幸甚し（十月十六日）」（「大阪工場めぐり――大阪盛業株式会社」一〇・一九）。別に「大阪工場めぐり」の最終回の末尾に、「(神戸客舎にて記す)」(「平野紡績会社」一〇・二七)とあるから、その完了時が一〇月一六日頃、最終地が神戸であったことがわかる。

この第三次調査の途についた時が五月下旬。大阪に着したのが七月下旬。調査完了時が一〇月中旬。阪神地にある間実に三カ月間。この間文字どおり東奔西走、大阪周辺地の工場と名のつくところはほとんど洩らさぬくらいに足を踏みいれた様子である。その懸命な調査の様子は、「余の大阪に出でたるは生糸と労働者の研究に在れば工場の中最も注意したりしは紡績会社なり。今まで各工業の現状を記し多少労働者の事を記したるが如きは、余に於ては寧ろ工場めぐりの附けたりに属す。今日大阪府下に十八の紡績会社ありて余の見ざりしは岸和田紡績会社(和泉岸和田に在り)、堺紡績会社(和泉湊村)、大阪撚糸会社(西成郡南伝法村)、関西紡績会社(中津村)及び歌島村の日本細糸紡績会社(本年漸く五千錘ばかり動き初めたる)の五ケ処にして他は悉く一回若くは二回訪ふて工場或は寄宿舎を見、或は事務員に会して労働者の事を聞けり、爰に平野紡績一ツを記して他は『阪神地方労働者の現状』に譲る」(「大阪工場めぐり——平野紡績会社」)と書かれてあるとおりであった。その一端がうかがえよう。炎暑のなかを、各種工場の歴訪のほか、大阪、神戸の代表的な貧民窟の名護町や上橘町探訪、さらに福祉施設、職工教育施設等に連日憑かれたように足をはこんだようである。

この第三次調査を敢行した時が、ちょうど明治三〇(一八九七)年。日本の産業革命が日清戦後初めて開花するという歴史的なときであった。横山があえてした阪神地方工場・労働事情調査行は、その意味でも歴史の転換期の要請に機敏に即応していた。しぶる社をようやく説得し、敢行された。産業革命の遂行の主幹をにないつつあった紡績工業——その主要部が大阪に集中してあった。工場を群生させつつある「煙の都」の規模や状や、その内臓部でエネルギー源としてある下積みの人々の実態やをつきとめる歴史的検証作業であった。横山の情熱は第一次、第二次遠征調査のときにもまして、はげしく注ぎこまれた。「阪神地方労働者の現状」を別途に書いて補完したいと横山もいっているように、その完成は別にまとめられねばならなかった。毎日新聞社への報告が第一次、第二次調査時のしかたとちがって、いわば速報のかたちになり、完成を後日にまわさねばならなかったのは、その調査対象が厖大であり、かつその調査、奔走に寧日がなかったことによるのであろう。

第三次調査時の報告は大部分『毎日』に掲載されたが、一部は他に発表された。つぎのとおりである。

「大阪を一瞥せる儘」(八・一二)
「大阪貧街の現状」(八・一三)
「大阪工場めぐり」二六(八・一五〜一〇、二七)
「第二水産博覧会だより」八(九・二二〜)
「神戸の貧民部落」四(一〇・二九〜)
「燐寸事業の現状」二(一一・一〇〜)
「職工教育」四(三一・一・九〜)――以上『毎日』
「労働者の払底に就いて」(『国民之友』三〇・一〇、第三六二号)
「紡績工場の労働者」(同三一・二、第三六六号)

横山の帰京は三〇年一〇月一六日頃であった。したがって一〇月二九日以降、『毎日』紙上にある「神戸の貧民部落」「燐寸事業の現状」「職工教育」はともに帰京後のものである。また『国民之友』誌上の「紡績工場の労働者」もおなじく帰京後のものである。後者は横山が「大阪工場めぐり」を速報するなかで、「阪神地方労働者の現状」を別に書きたいといっていた約束を一部はたしたものであった。「労働者の払底に就いて」は神戸から『国民之友』(三〇・一〇・一〇、第三六二号）におくられた。

今回の調査の主眼は、もちろん綿糸紡績工場の調査とその労働事情の調査にあった。だがその報告はかぎられた調査期間中に、書かれるべくもなかった。それは後日『日本之下層社会』が編まれたときに、「第四編第四章綿糸紡績工場」として書きおろされることになった。したがって調査期間中に毎日新聞社におくられたレポートは周辺の拾遺報告といっていいものである。その主要報告は「大阪工場めぐり」である。それは帰京の途につく日まで書きつがれ、つぎつぎに毎日新聞社におくられた。横山が歴訪した工場（紡績工場をのぞく）のめぼしいものが速報された。つぎのとおりである。

大阪製燧株式会社（八・一五、一七、一八）
島田硝子製造所（八・二四）
瓦斯糸紡績会社（八・二五）
納谷紙函製造所（八・二七）
鞄靴合資会社（八・二八）
岡島友仙染会社（八・二九）
大阪団扇会社（八・三一）
黒鉛坩堝製造会社（九・一）
大阪毛糸株式会社（九・二、三）
石井莫大小工場（九・四）

大阪時計製造会社（九・五）
天満合資染工場（九・七）
電気分銅会社（九・八）
洋傘合資会社（九・九）
玉簾合名会社（九・一一）
浜谷帽子製造所（九・一二）
小林授産場を観る（九・一四、一六）
大阪盛業株式会社（一〇・一九）
摂津製油株式会社（一〇・二〇）
大阪鉄工所（一〇・二二）
堺市の段通（一〇・二六）
平野紡績会社（一〇・二七）

（カッコ内は『毎日』掲載日）

それは八月なかばから九月なかばまで連日の速報であった。そして一カ月の間をおいて最後の五篇の速報が一〇月にあり、調査完了時の一〇月一六日以降までつづく。八月なかばから九月なかばまでの速報は大阪滞在中のものであり、一〇月にある最後の五篇は神戸に移ってから帰京の途につくとき、追加されたものである。この速報が中断された九月一六日直後からは、「第二水産博覧会だより」八（「大阪工場めぐり」につぐ第二の長報告）を、毎日新聞社におくっている。「第二水産博覧会だより」は、第一、第二回は概要報告であったが、第三報から第八報までは「山口県の遠海漁業」「千葉県の漁業及漁具」「台湾の水産出品」「北海道の第三区出品」「東京大阪京都の出品比較」「南方の水産出品」（中国、四国、九州地方の）となり、それぞれ分割報告であった。大阪からのサブ・レポートにすぎぬものだが、これを横山があえてレポートしたのは全国的な視野への関心と、横山自身なお未完成な〈水産〉〈漁民〉にかかわるものであったからであろうか。この報告をおわってから、横山は大阪から神戸に移った。九月下旬か一〇月上旬頃であったろう。一〇月前半は神戸、堺等の調査にあてられた。阪神地方最後の調査であった。

　第三次調査─阪神地方調査中、注目されていいのは、「煙の都」といわれる所以の各種工場の状況報告と、貧民窟住民によってささえられた燐寸工場の内情報告であろう。「日本のマンチェスター」の表面と裏面、表玄関と裏の恥部とが一つの関連のもとにとらえられた――。横山のメスは阪神工業地帯の心臓部の有機的なかかわりをよくあばいていた。戦慄すべき幼少労働の存在が暴露されたのは、この第三次阪神地方調査のときであった。「大阪工場めぐり」の第一報を、まさにその摘発から始めねばならなかったのである（「大阪製燧株式会社」）。

　第一次桐生・足利調査のときは、女衒（ぜげん）的な人買い組織にとらえられ、格子なき牢獄のなかに鎖された無告の工女たちの実態がするどく摘発された。その工女たちとは、日本の近代にたちあらわれた最初の、最多の労働者群であったのだ。そして第二次農民事情調査では、原始的資本の蓄積の犠牲となって、土地を奪われ、はては流離せねばならない農民や、小作人へ転落していく実態が――。さいごの第三次阪神地方調査の成果は前二回の調査行のそれにおとらぬものであった。

　明治三〇（一八九七）年一〇月一六日頃、横山は厖大な資料をかかえて帰京の途についた。一年二カ月ぶりの帰京であった。第二次調査のため、東京を旅立ったのが前年八月一四日。第二次調査─小作人生活事情その他の調査を郷里富山県で成し遂げ、そのままその地から第三次阪神地方調査に旅立ったのだ。三次にわたる遠征調査はかくして終わった。

(四)『日本之下層社会』執筆・完成へ

三大調査を完了した、帰京後の横山源之助は二つの面で特徴づけることができる。一つは、日本の下層全階層をほぼ網羅する研究がようやく射程内にはいった——『日本之下層社会』を完成すべく、最後のおいこみに、資料の整理や補足的蒐集やにいよいよはいることになること。もう一つは、日本に初めて登場する労働運動の開幕に接触しはじめていくことである。

阪神地方調査をもって、一応三大調査を完了した、明治三〇年一〇月後半から三一年がそのときにあたる。日本最初の労働運動の昂揚をつくりだし、その母胎となり、運動の本部的役割をはたす労働組合期成会が設立されたのは、明治三〇（一八九七）年七月であった。「顧れば余等同志が相集りて労働組合期成会を組織したるは明治三十年七月三日[20]、今より三年前なりとす」（「労働運動の初幕」『中央公論』三三・八）と、横山は後に書いたが、この労働組合期成会設立のとき、横山は第三次阪神地方調査行の途上にあって、東京にはいなかった。歴史の流れは基本的なところで大きく変わりつつあった。

(20) 労働組合期成会の設立は、前掲、片山・西川『日本の労働運動』によれば、明治三〇年七月五日である。『近代日本総合年表　初版』（昭和四三年、岩波書店）も、七月五日としている。横山が七月三日としたのは記憶違いであろう。

阪神地方調査を完了した明治三〇年一〇月から、『日本之下層社会』を完成する三二年までの横山の作品を参考までに列挙するなら、つぎのとおりである。

三〇年
一〇月「神戸の貧民部落」
一一月「燐寸事業の現状」
一二月「鉄工組合の成立を喜ぶ」「秋田県特志の富豪」（以上『毎日』）、「資本家の言」（『労働世界』）

三一年
一　月「正月楽しき乎」「職工教育」「とりまぜ」（以上『毎日』）、「自カラ縊クル者ハ誰ゾ」（『労働世界』）
二　月「紡績工場の労働者」（『国民之友』）
三　月「江湖漫言」（三回執筆、『毎日』）
「議員撰挙」「国民党に質す」（以上『労働世界』第八号）
四　月「工業社会の一弊竇」（『国民之友』）、「嫁入準備と下女」（『家庭雑誌』）、「東京貧民状態一斑」（上）（『天地人』）、「国民党に質す」「工業界の一弊竇」「労働者は奴隷に非ず」（以上『労働世界』第九号）、「研究は当今の急務なり」「法律家と社会問題」「書生と労働」「人力車夫に告ぐ」（以上、同第一〇号）
五　月「石川安次郎君に質す」（『毎日』）、「東京貧民状態一斑」（中）（『天地人』）、「新旧勢力の衝突」「青年の一大気力」「米価の騰貴と小作人」（以上『労働世界』第一一号）、「地方貧民情況一斑」（無署名）（同第一二号）
六　月「本邦現時の小作制度に就て」（『天地人』）、「下女と嫁入支度」（無署名）（『労働世界』第一三号）
七　月「本邦現時の小作制度に就て」（『天地人』）、「涼夜独語」（『労働世界』第一六号）
八　月「浅草公園死体事件」（『労働世界』第一八号）
九　月「ヲルデン氏と語る」（同第一九号）

一〇月「東京貧民状態一斑」(下)(『天地人』)、「職工証不可論」(『労働世界』第二一号)
一一月
一二月「労働世界記者に寄す」(同第二五号)
三二年
一　月「社会の観察」(『毎日』)
二　月「農家風俗」(『太陽』)
三　月「我国労働者の生活如何」(『天地人』第一五号)、「労働者の社会上の位置」「人力車夫に檄す」(以上『労働世界』第三二号)、「貧民の融通機関を論す」(同第三三号)
四　月『日本之下層社会』発行
「我国労働者の生計如何」(『天地人』第一六号)、「再び人力車夫に就きて」(『労働世界』第三三号)、「深更の東京が営める商業」(同第三四号)
五　月『内地雑居後之日本』発行

これをみてもわかるように、二つのことが顕著である。一つは『毎日新聞』への執筆が、阪神地方調査からの帰京後、三〇年一〇、一一、一二月、三一年一月とつづき、二月になく、三月に「江湖漫言」を二回、そして四月なく、五月に「石川安次郎君に質す」一篇を書いて以来、八カ月間の空白をおき、翌三二年一月に「社会の観察」を連載し、それ以降『毎日』紙上から横山の名が消えさっていることである。もう一つは、明治三〇年一二月一日に『労働世界』が労働組合期成会の機関紙(はじめ新聞の形態、後雑誌の形態をとった)として発行されると、その第一号からほとんど間断ないほど寄稿していることである。この二つのことを一つにないまぜていえば、『毎日新聞』への執筆が後退し、かわって『労働世界』とのつながりが前面にでてくる、ということだ。

毎日新聞社との関係が疎遠になる明治三二年二月以降は、ちょうどそのときから横山がいよいよ『日本之下層社会』を完成させるため、最後のおいこみの調査と整理に没入することになったことを裏付けている。このときの『毎日』紙上にある第三回目の長い空白は、実は『日本之下層社会』完成のためのものであった。おそらく社とは、やはり悶着をもちながら、なかば諒解を得ていたのかもしれない。横山の言[21]によれば、『日本之下層社会』中の、「第一編東京貧民の状態」の調査をこのとき三一年二月に、「第二編職人社会」の調査は同七月に、「第四編第五章鉄工場」の調査は同一一月に、それぞれおこなったという。そして『日本之下層社会』の執筆は、同年すなわち三一年一二月下旬[22]にはすべて完了した。

（21・22）『日本之下層社会』の「例言」。

ながい空白期間をおいて、横山の筆による「社会の観察」全四回が『毎日』紙上にあらわれるのは、横山が『日本之下層社会』の執筆をおわった時点のその翌月（三二年一月）であったことになる。

明治三二年二月以降、横山は『毎日』への執筆をほとんど絶ちながら、『日本之下層社会』の完成へむかって最後の調査と整理に没頭することになったが、ところが『労働世界』への執筆と援助は多忙のなかにありながらもつづけられたのである。今まで横山は孤独な営為をルポにたくして、社会矛盾の打開の道をひとり手さぐりしてきた。ようやくそのながい営為の積みかさねが『日本之下層社会』と成る日を射程内におく峠にさしかかっていた。ちょうどそのときに日本の労働運動の歯車が音をたてて歴史的な廻転をしはじめる外的状況がおとずれていたのである。この待ちのぞんでいた日を、横山がもろ手をあげて歓迎しないはずがなかった。横山の内的な昂揚と外的な昂揚期とがいわばおなじ時期に、おなじ方向に共鳴しあう条件が奇しくもつくられていたのである。

労働組合期成会が労働者の団結を呼びかけ、労働組合の育成をめざして旗挙げしたのは、明治三〇（一八九七）年七月五日であった。この年三月アメリカ帰りの片山潜がキングスレー館を設立して、社会改良事業をてがけはじめていた。四月には、おなじアメリカ帰りの沢田半之助、城常太郎、高野房太郎等によって、職工義友会（労働組合期成会の前身）がおこされ、檄文「職工諸君に寄す」を配布し、はじめて労働組合の組織化を呼びかけた。六月には、職工義友会は片山潜の参加をえ、あるいは佐久間貞一、松村介石等の賛同をえて労働演説会を開き、その盛りあがりをもとにして、七月五日労働組合期成会が設立された。このように歴史が蠢動しているとき、横山は第三次調査行の途上にあり、前述したように、東京の地には不在であった。明治二九年八月から三〇年一〇月まで一年余の間、第二次、第三次調査のため、横山は東京を離れていた。横山源之助が労働組合期成会と接触をもったのは、第三次の阪神地方労働事情調査をおわって、東京に帰った一〇月後半以降であった。労働組合期成会は一二月一日には、わがくに最初の労働組合―鉄工組合を発足させ、同時にわがくにはじめての労働雑誌『労働世界』を同日発刊した。片山潜が主筆となった『労働世界』の創刊号に、さっそく横山は「資本家の言」という一文を寄せた。また『毎日』紙上に、「鉄工組合の成立を喜ぶ」（一二・四）を書いて、その前途を祝福している。このようにして、帰京後の横山は労働組合期成会の運動に積極的に参加していくことになるのである。そしてみずからは虐げられた人々の記録集『日本之下層社会』を完成すべく決意し、その準備をちゃくちゃくとすすめていく――。働く者、虐げられた者の告発の書としてやがてたちあらわれるはずの『日本之下層社会』は、労働運動――働く者の解放運動の正当性を否応なく実証するはずであった。その最後の準備が開幕した労働運動との熱い連帯のなかでおしすすめられていくことになる。

横山が第一に着手したのは、明治三一年二月におこなった東京貧民状態の再調査であった。それは雑誌『天地人』に三回にわたり、「東京貧民状態一斑」（三一・四、五、一〇）として発表された。これは『日本之下層社会』の巻頭「第一編東京貧民の状態」の全部となった。『日本之下層社会』の完成を決意し、その成果を世に問うにあたって、横山がもっとも留意したのは学問の批判にたえうる科学的裏付けをよりたしかなものにすることであった。そういう構築をすることによって、そこに報告された事実を誰人も架空のものとしえない――という。東京の貧民状態に関する作品といえば、横山は過去に「社会の観察」「都会の半面」「貧民の正月」（以上二八、九年）等のすぐれたルポルタージュをもっていた。あえてそれらの作品をきりすてて、今回再調査にふみきったのは全体についてより統一的・科学的に再構築しなおすためであった。以来、『日本之下層社会』ができあがる間、重要な作品のいくつかは『天地人』に発表された。――すなわち続いて、第六、七号に「本邦現時の小作制度に就て」。第一五、一六号（三二・三〜四）に「我国労働者の生計如何」。そして『日本之下層社会』が刊行された直後の第一八号（三二・六）には「職工教育に就きて」等である。

横山は『日本之下層社会』を完成しようと準備した頃（三一年二月頃）から、『毎日』への筆をほとんど絶ったが、東京貧民状態を調査し終わった三月に、時評「江湖漫言」（三・五、一〇）を『毎日』に書いている。日鉄ストが突発するという事態があって、第一線のジャーナリストであった横山としては当然の執筆であった。前年末一二月一日鉄工組合の結成にさいし、さっそく「鉄工組合の成立を喜ぶ」（一二・四）を『毎日』紙上に掲げた横山が、二月二四日日本鉄道会社の機関手がいっせいに同盟罷業にはいった事態を黙過するはずはなかった。「江湖漫言」は社会時評風に日鉄ストと大阪福島紡績会社のストを紹介した。このとき『毎日』に筆をとったのは一般紙という報道機関がふさわしかったからであろう。だが、『日本之下層社会』に専心する横山は、この頃主要論文は『天地人』に、そして社会時評はほとんど『労働世界』に書くというかたちになっていた。

明治三一年に、横山は三つの補完的な調査をおこなった。第一回はさきに挙げた二月の東京貧民状態の再調査。第二回目は七月の職人社会の調査。第三回目は一一月の鉄工労働者の調査であった。

第二回目の職人社会の調査結果は、紙誌への中間報告はなく、そのまま書きおろされ、『日本之下層社会』の「第二編職人社会」となった。それまで発表された職人にかんする論文、「地方の下層社会」の中の「親方と徒弟」（『毎日』二九・一二・四）、「地方職人の現状」（『国民之友』三〇・四）、「工業社会の一弊竇」（同三一・四）はすてられた。

第三回目の一一月におこなわれた鉄工労働者の調査は、それまでの広範囲な調査活動のなかでも未開であった男子労働者の問題を、典型的な職種である鉄工場によって補ったものであった。かれら鉄工労働者は、いま開幕した労働運動の中心的担い手たちであった。この調査はつよい連帯感のもとにおこなわれたにちがいない。男子労働者にたいする調査が遅れたのは、わがくにの工業の確立がまず織物、綿糸紡績によってなされ、労働力の大部分が女子労働者であった――横山の調査もまずその部門からの解明からなされなければならなかったことによる。『天地人』の「我国労働者の生計如何」（三二・三、四、第一五、一六号）はこのときの調査の一部を中間報告したものであった。

三回にわたる補完調査の間に、もう一つ補完的な論文一篇が書かれている。それは「小作人生活事情」（『日本之下層社会』に第五編として所収）を補足し敷衍する意味の「本邦現時の小作制度に就て」（『天地人』三一・六、七、第六、七号）である。

かくして『日本之下層社会』の全容はここに成った。

すなわち「第一編東京貧民の状態」は、明治三一年二月調査時の成果全部[23]――雑誌『天地人』第四、五、一〇号の「東京貧民状態一斑」をもって。第一編に付された末尾の「北陸の慈善家」「大阪の慈善家」は、前者は北陸路をへて大阪へ調査にのぼる途次『毎日』に送られた同名の記事「北陸の慈善家」（三〇・六・二三、二五）を、後者は『毎日』紙上の連載「大阪工場めぐり」中の「小林授産場を観る」（三〇・九・一四、一六）を表題をかえて、それぞれあてたもの。

「第二編職人社会」は三一年七月[24]の調査を書きおろしたもの。末尾にある「出門第一日」は第三編への前奏部をなすものだが、これは桐生・足利調査におもむいたときの第一報『毎日』紙上の「出門第一日」(二九・三・一九)をひいた。

「第三編手工業の現状」の前半「第一章桐生足利地方の織物工場」は二九年三、四月におこなわれた調査結果――『毎日』紙上五月の連載「機業地の側面」[25]をとり、巻頭に若干の整理がくわえられた。「第二章阪神地方の燐寸工場」は三〇年七～一〇月にわたる阪神地方調査時の書きおろしである。この章にかかわる断片は、『毎日』紙上の「大阪工場めぐり」中の「大阪製燧株式会社」(三〇・八・一五、一七、一八)、「神戸の貧民部落」(三〇・一〇・二九～)の一部、「燐寸事業の現状」(三〇・一一・一〇～)に中間報告されてあった。第三編末尾に付されてある「正月楽しき乎」は、横山が阪神地方調査から帰った翌年―三一年一月七日『毎日』紙上に載せた「正月楽しき乎」をあてたものである。

(23・24)『日本之下層社会』の「例言」。
(25) 同「例言」によれば、横山は「第三編第一章桐生足利地方の織物工場」を、明治二九年五月の調査としているが、五月は『毎日』発表時である。

「第四編機械工場の労働者」の前半部「第四章綿糸紡績工場」は全篇書きおろしであり、第三次阪神地方調査にいった所以のものである。『国民之友』第三六六号(三一・二)に発表された「紡績工場の労働者」はわずかにこの章の一部中間報告をなす。この編の後半部「第五章鉄工場」は『日本之下層社会』の完成を目前にしてなされた、最終調査(三一年一一月)[26]の成果であり、全篇書きおろしである。『天地人』第一五、一六号に載せた「我国労働者の生計如何」(三二・三、四)は一部中間報告に相当する。ただしこれが書かれた時点もしくは発表をみた時点では、すでに『日本之下層社会』の執筆はすべておわっていたとおもわれる。末尾にある「田舎の風尚」はつぎの第五編への導入部であり、本文では見出しはぬけているが、これは『毎日』の同題「田舎の風尚」(二九・九・一二)をとったものである。小作人生活事情調査のため郷里魚津に帰省したときの第一報であった。

「第五編小作人生活事情」は、小作人生活事情調査時、『毎日』におくった「地方の下層社会」(二九・一〇・二五〜一二・四、全一八回)の後半部、中見出し「小作人」をあて、整理したもの。第五編の末尾に付された論文「本邦現時の小作制度に就て」[27]は、『天地人』第六、七号(三一・六、七)に発表した同題の「本邦現時の小作制度に就て」があてられた。

付録「日本の社会運動」は、『日本之下層社会』の刊行にあたって、書きおろされた。これは、他に断片的にも中間報告らしいものはなく、まったくあらたに書きおろされた。それは第一編から第五編におよぶ各論の総論となった。「日本の社会運動」を付すことによって、横山は日本における社会運動の潮流を発生やなりゆきについて分析し展望する見事な総括をみせた。

以上の構成によって、ここに『日本之下層社会』はついに成った。最後の稿をおえたのは、「例言」が書かれた時点「明治三十一年十二月下旬」であったようだ。『日本之下層社会』(教文館)が世にとわれたのは、明治三二(一八九九)年四月であった。後をおって、翌五月には、第二の書『内地雑居後之日本』(労働新聞社)が刊行された。

(26)『日本之下層社会』の「例言」。
(27)「本邦現時の小作制度に就て」(『日本之下層社会』目次では「附録　小作制度の制定に就て」となっている)の導入部で、横山は「雑誌天地人第五号第六号の両号に余が名を以て掲載したるもの」といっているが、実際の掲載号は第六、七号である。

『日本之下層社会』は客観性・科学性という観点を主眼にして編まれた。

周辺のもの――横山が『毎日』に入社後つぎつぎに発表した精彩あるルポルタージュ群、大別すれば、
（1）「都会の半面」「貧民の正月」等に代表される初期の東京貧民ルポ
（2）おもに三大調査時に付随してうまれた地方下層社会ルポ
（3）「世人の注意を逸する社会の一事実」（『国民之友』）の漁民ルポ等はきりすてられた。おとされたそれらの初期、あるいは傍証的ルポのかずかず――それらは科学性という点で瑕瑾（かきん）をもつとしても、科学とはちがう別の真実を伝えていた。あるものは極限の原質のもつ生々しい息吹や躍動やをつたえていた。すくなくとも文学的観点からすれば、まことに惜しまれる作品群であったのである。底辺社会記録文学の側面からみれば、桜田文吾、松原岩五郎、そして横山源之助へとひきつがれ、『日本之下層社会』へ到達する道すがらのルポルタージュ群であった。それらはすべてきりすてられた。横山ははじめ文学的社会ルポから出発し、後しだいに科学的観点をつよめていった。『日本之下層社会』完成のときには、文学から科学へほとんど脱皮していた。『日本之下層社会』はいわば文学から科学への転換点に成立している。ルポルタージュという実証的な創作行為が文学的記録性よりも科学的記録性へと転化し、科学が優位にたったときに成立したのが『日本之下層社会』であった。『日本之下層社会』のなかに、文学的残滓があるのはそのような過程があったからであった。文学を拒絶し、科学に徹しようとした。が、文学的なものへの愛着は完全には払拭しきれなかった。文学ならではできない真実の発掘の仕方があったからであった。古い作品の断片がすてがたく挿入されたり、随所に文学的な表現法が使用されたのは、そのためであった。科学でありつつ、かつ科学からはみだした、文学的呼吸法と微妙にからみあった、そのような特異な性格をもって、『日本之下層社会』は成立した。科学を生きたものにしようとする作者の苦心がそこにあった。対象の悲惨と一体となってふきあげてくる報告者の熱い情感、対象をより鮮明にうったえるためにはらわれた表現の工夫――そこにかりられた文学的技法。科学としては異端であった。『日本之下層社会』が科学のみによって成立していたなら、それほどの感動をのこさなかったであろ

う。逆に『日本之下層社会』が文学としてのみ成立していたなら、社会的な説得力を欠くことになったであろう。警世と科学と文学の未分化なところに、あるいは警世と科学と文学の領域がかさなりあったところに、成立しているのが『日本之下層社会』であった。今日ではありえない明治的な性格であったろうか。かくして『日本之下層社会』は、近代諸科学が分化しない前の、いわば近代の分岐点に成立した。

そしてそれは何であったか。『日本之下層社会』の出現——それは一言でいえば、日本の産業革命期にいどんだ最初の俯瞰図であったといえるだろう。しかも照射面を下においた——。ここに開示されたものは、近代の地獄図であったとでもいえるであろうか。それは、日清戦争後の、明治二九〜三一年の下層社会のほぼ全域を俯瞰した状態史であった。江戸時代以来の旧社会層と、産業革命によって創出されつつあった近代社会層が混在する過渡期の、一大庶民状態史であった。文字どおり〝日本の下層社会〟をほぼ網羅していた。当時の日本の下層社会民とは、一握りの上層階級、未成熟な一握りの中産階級を除けば、日本の全人口の大部分が相当したことを忘れてはならない。

さいごに、『日本之下層社会』の評価について、総括しておかねばならぬ。いくつかの先達する作品とくらべてみるなら、それはおのずと明らかである。「地方惨状親察員報告」（森田文蔵他『報知新聞』明治一八年）、「東京府下貧民の真況」（作者不詳『朝野新聞』一九年）、「大阪名護町貧民社会の実況紀略」（鈴木梅四郎『時事新報』二一年）、「高島炭坑報告」（雑誌『日本人』他、二一年）、「貧天地饑寒窟探検記」（新聞『日本』二三年、大我居士（桜田文吾）、二六年）、「最暗黒の東京」（乾坤一布衣（松原岩五郎）、二六年、民友社）等々。

『日本之下層社会』のなかに、われわれは傑出した特質をいくつもつかみだすことができる。その科学性と綜合性において。時代感覚・状況感覚の鋭さにおいて。そして警世経綸観のつよさにおいても。さらに階級観の高まりと人間愛の深さにおいて。真実を描きだす文学性において、等――。それぞれについて一言ずつ触れておこう。

科学性については、前述したとおりであり、いまさら多言を要しない。裏付けを数字や統計をもってする新しい方法の採用は近代社会学のひとつの先駆であった。綜合性について、風早八十二は、『日本之下層社会』のもつ価値の最大のものは、その綜合性にある。単に個々の労働階級を具体的に詳細に捉えているのみならず、あらゆる階層を全体として捉えている本書の意義はとくに高く評価せられねばならない[28]」といっている。それは同時に階級観の問題でもあった。『日本之下層社会』に近代的な階級観がみられるのは、それまでの先達のルポ群とちがい、そこに、重なり合い、出入りしていく下層各階層の動的・内的関係がはじめて明らかにされてあったからであった。ひとつの階級として必然的に結びあわされていく――。横山が下層各層の実態をあきらかにしつつ、〝下層社会〟〝下層階級〟としてひとつの階級の名のもとに統括した意味は大きい。

さらに横山源之助について敬服させられるのは、時代感覚、状況感覚の鋭さについてであろう。歴史の意味を先取りする鋭さである。類い稀な個性であった。彼の孤独な営為は何であったか。日本の資本主義が独自な産業革命をへて、ちょうど確立されようとする時期――。旧い生産社会体制が新しいそれへかわろうとする。さまざまな矛盾が露呈される。日本の知性たちは、このときの歴史の変革期の意味をどれほど問うことができたであろうか。横山源之助ほどそれをするどく嗅ぎわけたものはなかった。流離し、ルンペン化し、あるいはあらたにプロレタリアートに転化していく過程を、これほど確かな目で巨視的に俯瞰した才能はなかった。資本主義社会が生まれていく状を歴史の変革期の数瞬において辛くもとらえた社会絵巻が、現代社会の母胎史が、そこにある。

警世経綸観のつよさにおいても、諸先達の貧民ルポを、はるかに抜きんでているだろう。経世観がそこにあるのは、横山が社会・労働問題の解決を最終のものとして願っていたからであった。

そして下積みのひとびとのこころとひとつにとけこんだ横山の熱いこころの奔流はどうであろう。虐げられたものの苛酷な実状にうたれてはげしく震撼し、おさえようもなく奔出しないではやまなかった横山の若くあたたかいヒューマニティ——それは小田切秀雄がいったように「下積みの人間への尽きない愛[29]」であった。このように熱い人間愛によって描きだされた記録はかつてなかった。下層民の味方を豪語する経世家の皮相な言においてをや、である。

（28）『日本の下層社会』解説、昭和二四年、岩波文庫版。
（29）「下積みの人間への尽きない愛——『日本の下層社会』」（『世界』昭和二四・一〇）。

文学性においてはどうか。科学化するために、文学を拒けたことは前に述べたとおりだ。だがその残滓はのこった。文学をしりぞけながら、ある面では文学を有効に逆用した。科学的著述であるなら、さけられねばならない——対象への熱っぽい、耽溺的な、のめりこみ方、いたましい実状にたえきれずに検証者横山が懸命に訴え、呼びかけずにはいられなかった、そのような訴えや呼びかけの仕方。あるいはある箇所では意識的に使われた抒情的叙述法、あるいは対話法をもふくめて対象の現実や対象者の心情をリアルに浮彫りしてみせようとする叙述、そういう写実的な叙述や抒情的方法——リアリズムやロマン主義やの方法がいろいろに駆使された。そのような文学的叙述があちこちに挿入されたことによって、『日本之下層社会』は一種独特な読み物となり、読む者に異様な感動をあたえることになった。社会の底辺の暗黒部の摘発と、摘発者の心情と、暗黒部を懸命に照らしだそうとして払われた方法とがそれぞれ入り組み緊張した関係をもったときに、そこに異様な感動がうまれたのであった。『日本之下層社会』は明治ルポルタージュ文学のひとつの高い達成であった。

右に触れた諸点を内包しつつ、忘れてはならないのは『日本之下層社会』がもつ歴史的意義の重要さである。それは日本の産業革命、資本主義成立期という決定的な歴史の変革期に挑んで、その成り立ちを下から克明にうつしとった歴史的な検証の書であった、その意義だけにとどまらない。さらに看過してはならぬのは、第一期労働運動と横山源之助との外的・内的なかかわりのなかで、それが成立している事実である。ということは、日本の労働運動が草創期に、みずからの運動の宣言書としてもったものは、『共産党宣言』でもなかった、『資本論』でもなかった、実に横山源之助の『日本之下層社会』であったということだ。『日本之下層社会』の評価は第一期労働運動との関連をぬきにしては語れない。逆にいえば、その関連をぬきにした評価は『日本之下層社会』の価値のもっとも重要な側面を見落としているということである。

この章をおえるにあたって、一、二の資料を付しておこう。

『日本之下層社会』刊行のとき、『六合雑誌』が載せた評である。その頃、社会主義をいちはやく導入していた日本ユニテリアン弘道会の機関誌――。

『日本之下層社会』評

社会問題は貧民に関する問題なり、何故に社会には貧困てふ一大病弊あるや、将た如何にして此病弊を医治せんか、社会問題の本質は実に茲に存す、されば社会問題は即ち「パウベリスム」（貧困）に関する問題なりと謂ふべきなり、故に社会問題の解釈は必ずや下層社会則ち貧民の研究に俟たざるべからず、而して貧民の研究は必ずや社会改革に熱心にして貧民に同情を有する人士に待たざるべからず、英国救世軍の創建者ブース将軍は「最暗黒の英国」を著はして英国下層社会の状況を示し大に之が救済策を講じたり、真に近代の一大著述と称すべし、本書「日本の下層社会」の著者横山君は平素心を社会問題の研究に寄せ、自ら出でゝ諸方貧民労働者の状況を探り、前後数年を費やして漸く此書を成せり、以て其尋常杜撰の著述にあらざるを知るべし、第一編は東京の貧民、第二編は職人社会、第三編手工業の状態（ママ）、第四編機械工場の労働者、第五編小作人の生活を叙す一々自家の実見と正確なる統計に基きて論述せられたれば大に社会問題研究者の参考とするに足らん、貧民の家庭と木賃宿を叙せるなどは仲々面白く読まれたり、文章も先づ平たく流麗に出来たれば、多くの読者を欣ばしむるに足らん乎、附録「日本の社会運動」は維新以後我国に起りたる社会運動の歴史を叙し尚将来を予想したる者にて簡明なる社会運動史と見るべし、吾人が殊に著者に於て取る所は、著者が厚き同情を貧民に寄せ、飽迄現社会の弊害を矯正せんと欲するの志なり、巻末「社会問題の前途」と題する一章に曰く

偏頗なる社会、不公平なる社会、黄金は万能の勢力を有して横梁跋扈する社会には予輩は歓んで社会問題を迎へんとす、予輩は読者と共に今日静かに日本の下層社会を研究し、斯の問題を提げて今日政治社会の腐敗を叫破し、平民政治を開きて下層社会の幸福を謀らん

是れ以て著者の志望を見るべきなり、要するに我国の貧民に関する著述は本書を以て嚆矢となさゞるを得ず、恰もブース将軍の著出でゝ英国の社会を動かしたるが如く本書も亦貧民に関する研究に就ては日本の人心を動かすに至るべき乎、吾人は切に著者の為に更に他日の大成を祈る、

（「新刊批評　日本の下層社会」『六合雑誌』三二・一〇、第二二六号）

明治三二（一八九九）年、『日本之下層社会』は世にとわれた。いらい、半世紀間忘れられた。戦後この名著は覆刻された。岩波文庫版『日本の下層社会』（昭和二四・五・三〇刊）と中央労働学園版『日本之下層社会』（同二四・六・二〇刊）である。ほとんど時日を同じくして出た二社の版はともに原著を忠実に覆刻した。岩波文庫版には風早八十二の、中央労働学園版には土屋喬雄の懇切な解説が付されてある。ちなみに、その解説の一節ずつを引く。

風早八十二は、

「日本資本主義がようやく自分の脚で立ち上りはじめた明治三十年前後において、労働事情に関するこの種の客観的実態調査は、官庁調査の華やかさに比べてはなはだふるわない。労働運動そのものの現象を述べたものは相当にあるが、その前提になっている労働階級の実態を具体的に掘り下げ、これと結びつけて、具体的に労働者の要求を規定したものはほとんど見当らない。その中にあって、わが横山源之助の仕事はピカ一であり、唯一であると言ってよいものである」

といっている。

土屋喬雄は、

「本書は全体として科学性の高いものであり、本格的な労働事情調査の最初のものであるといってよいのである。そして、四年後に印刷に付せられた『職工事情』とともに、労働事情調査の古典と称せらるに値するものである。横山によってかくも価値多き労働事情の調査が行われたのは、彼の人道主義的、社会主義的イデオロギーとすぐれた社会科学的認識力の結果にほかならないのである」といい、「ともかく、横山源之助の名は、この二つの労働事情調査の古典に結び付いており、この古典とともに彼の名は不滅である」と。

半世紀にわたる忘却をへて、横山源之助の『日本之下層社会』はこのように高い評価をえて復活した。横山源之助の歿後からいって、三十余年後であった。正当な評価と位置付けがここにはじめてなされた。さらに、この覆刻を追って、二つの注目すべき批評と研究がでた。一つは小田切秀雄の「下積みの人間への尽きない愛――『日本之下層社会』」（『世界』昭和二四・一〇）であり、一つは西田長寿の「横山源之助著『日本之下層社会』の成立――その書史的考証」（『歴史学研究』同二八・一、第一六一号）である。前者は「『日本の下層社会』はたんに社会史・経済史その他の豊富な史料たるにとどまらずして一箇卓抜した読みもの――というよりルポルタージュの先駆的なすぐれた作品となったのである」とし、いわば文学の側からの、はじめての『日本之下層社会』評価であった。後者は西田長寿の積年にわたる横山源之助研究の達成であり、ことに書誌的な面において横山源之助の全貌はほぼ明らかにされた。

第四章　開幕期労働運動と横山源之助

横山源之助の名は、労働運動史上、ほとんど忘れられている。あるいはほとんど無視されているといいなおしてもいい。

（一）労働運動の開幕とともに

実は高野房太郎、片山潜にもおとらぬ先駆者であったようなのである。

周知のように、日本の労働運動を最初にオルグしたのはアメリカ帰りの三人の男、高野房太郎、城常太郎、沢田半之助であった。[1] 片山潜はすぐにこれに加わり、[2] 最初の労働運動の中央機関――労働組合期成会の誕生をみたのが、明治三〇（一八九七）年七月であった。そして労働組合期成会の機関誌『労働世界』が創刊されたのは、同年一二月一日である。またこの日一二月一日には、期成会の主要な担い手となる鉄工組合が結成された。ここに最初の組織的な労働運動が名実ともに動きはじめたのであった。そして開幕した第一期労働運動が明治三二（一八九九）年のピークを境に、[3] 翌三三年二月の治安警察法の施行によって団結・交渉・罷業権を圧迫され衰退へむかい、また運動の中枢・指導機関である期成会側も財政危機や社会主義化への是非の問題等から内部的に衰退する。日露開戦の危機を前にしてあらたに平民社がうまれ、その急激な社会主義左傾化の過程のなかでさらに大衆との接触をうしなっていく――このような状況をめぐって第一期労働運動がはじまりおわるのだが、横山源之助はその流れにどのように関係したのだろうか。

（1）明治三〇（一八九七）年四月六日、高野房太郎等の職工義友会が神田で労働演説会を開催し、労働組合の結成を呼びかける文書「職工諸君に寄す」を配布。
（2）片山潜は明治三〇年三月、神田にキングスレー館を設立して社会改良事業にのりだしていた。
（3）「期成会は三十年末に千二百余名の会員を有し、三十一年の末に三千余名の会員を有する者となり、三十二年中も亦会員次第に増加し五千七百余人に及び、以上の如き運動を為せしが、三十三年中は痛く衰へたりき」（片山潜・西川光二郎『日本の労働運動』明治三四年、労働新聞社）。

横山源之助が日本の労働運動、社会主義運動の主流に関係したのは、開幕期である。すなわち開幕当初の明治三〇年から三四、五年の頃までである。それ以後、横山は後章で述べるように、労働運動、社会主義運動の主流から離れ、傍流へまわっている。このときすでに第一期労働運動は潰滅していたが。関係のしかたはどの程度であったか。なぜその主流からはなれていったか。

労働組合期成会は、その名がしめすとおり、労働組合の期成、結成、育成を労働者に促し指導する機関としてうまれている。日清戦争後、その完勝を梃子にして成立する日本の資本主義。そこに多数の近代労働者がうまれる。この時機に応じておこった労働組合期成会の運動は清新の気にみちていた。精力的でかつ多岐にわたった。機関誌『労働世界』の発行、社会叢書の発行、中央・地方演説会の頻繁な開催、共働店活動、大運動会の開催（禁止された）、普通選挙運動、工場法制定運動、治安警察法反対運動――。期成会の影響下に鉄工組合、活版工組合、その他の組合が結成され、徒弟夜学会、貧民研究会等もその傘下にうまれた。そして日本鉄道機関方（日鉄矯正会）

のスト（三一年二月）勝利によって開花する労働運動の隆盛——。高野房太郎、片山潜の東奔西走の活躍に負うところが大きい。

横山源之助が開幕期労働運動に、労働組合期成会に、どの程度関与したか、従来ほとんど明らかでない。労働運動史の古典、片山潜・西川光二郎共著の『日本の労働運動』も、ほとんどそれをあかしていない。わずかに期成会の機関誌『労働世界』の寄稿家の一人にとどまったかのように述べられてある。先進的知識人を弁士にして頻繁にひらかれた演説会に、事実横山源之助の参加は一度もなかった。これは表面のことであって、実はその裏方でかなりな寄与をしていた模様である。

職工義友会や労働組合期成会が設立された明治三〇年四〜七月頃は、前にも述べたとおり、横山は東京に不在であった。高野房太郎等の職工義友会が労働演説会を神田で開き、労働組合の結成を初めて呼びかけた四月——そのとき横山源之助は小作人生活事情調査の地としてえらんだ郷里富山県魚津にあって、関西地方労働事情調査に旅立とうとしていた。また七月上旬、労働組合期成会が東京に設立されたとき、横山は金沢、福井調査をへて、大阪の地へはいる途次であった。そして関西地方労働事情調査をおわって、東京に帰ったのは一〇月中旬であった。東京に帰ると同時に、寸余をおかず、横山源之助は労働組合期成会と関係をもった様子である。

その関係をよくあかしているのは、この年（明治三〇年）一一月一五日発行の片山潜の『労働者の良友喇撒（ラサル）の伝』（きんぐすれい館）である。それには、鈴木純一郎、横山源之助、高野房太郎、片山潜の四人の「序」があり、横山のそれは「明治三十年十月三十一日」記である。帰京が一〇月一六日頃、「序」の記が一〇月三一日である。ということは、一〇月中旬、関西地方労働事情調査を完了して帰京すると同時に、横山源之助が高野房太郎、片山潜の二人とは、早くも手を結びあったことを証してあまりあるだろう。労働組合期成会が創設されたのが明治三〇年七月。鉄工組合が組織された同じ日——期成会の機関誌『労働世界』が第一号を発行したのが同年一二月一日。高野房太郎、片山潜が横山源之助と手を組んだのがその間の一〇月。まさに労働運動序章のときであった。ここに、第一期労働運動を背負うことになる三人男が顔を揃えたことになる――。

当初、ラサールを理想として労働運動にはいった片山潜が（『自伝』大正一一年、改造社）、日本の労働運動がまさに開始されようとするときにあたって、『喇撒の伝』を世におくろうとした。その『労働者の良友喇撒の伝』公刊にあたって、片山潜は高野房太郎、横山源之助に序を乞うている――そのことは、高野房太郎のみならず、労働運動開幕にあたっての横山源之助の位置をおのずから語っている。

高野房太郎、片山潜、横山源之助――労働運動の開幕は、実はこの三人によって負われたのである。運動の始動は高野房太郎、片山潜によってなされた。だがこの二人も、いよいよ開始される運動の展開にあたっては、いま関西から帰京した横山源之助をのぞくことはできなかったのである。『喇撒の伝』公刊にあたって、片山潜がさっそく横山源之助に序をもとめたのはそのような事情にもとづく。

前年三月、第一次桐生・足利調査――工女労働事情調査をしとげ、いま二大調査――小作人生活事情、関西労働事情調査を完了して、帰ってきた横山源之助を、発足したばかりの期成会が雙手をあげて迎えたのは当然であった。ある意味では、横山源之助の方が高野房太郎、片山潜よりも先輩であった。はやくから都市下層貧民、工女、小作人、漁民、職人、関西労働事情について克明な調査と告発をおこない、自立と解放の運動がおこるべき土壌をひとりでつくってきた。日本の社会・労働事情について、いま彼ほど知悉しているものは他になかった。そして最後の大調査をおえて帰ってきた横山源之助であった。横山源之助の帰京は期成会にとっても、まさに時宜をえたものであった。ここに、高野房太郎、片山潜に、さらに横山源之助が加わることによって、日本の労働運動の歯車が廻りはじめるのである。

『労働者の良友喇撒の伝』に寄せた、横山源之助の序はつぎのとおりであった。それは労働者への呼びかけの言葉からはじまっていたのである。

> 数十万の労働者諸君
>
> 米価は石十五円に近つき空前の高直を現はし来れり、近状如何。此頃頻りに同盟罷工の報あり、或は「細民暴動」の文字を新聞紙に見ること多し、余は此等の報を聞く毎に如何にして消らせるやを案じて卿等の近状を想ふ。路上に出づれは呉服店に冬物売だしの張紙あり購客店頭に満つ、劇場に見物者多く娼楼に絃歌　絶ゆることなし、余は世の中の米の価に心配なき人を視る毎に其の人達の幸福なるを思ふと共に、卿等の不仕合なるを感ずること屢々なり、中には酒色の為に或は他の過失の為に今日生活に苦めるもの多かるべしと雖も、亦た社会の組織上自づから不幸の位置に居らしむるの止むを得ざる廉もなきにあらねば米価の暴騰しつゝある今日の如き、特に卿等を思ふて気の毒に堪へず。
>
> 世には或は物価の騰貴と併べ労働者の賃銭昂れるを説いて卿等を幸福とする者あり、之を四五年前に比し卿等の賃銭昂りたりといふは寔に事実なり、或労働者の如き慥に二割三割或は四割騰れるもあり、しかも一般労働の騰貴と物価の騰貴とを比べは労働者の賃銭昂れりといふも僅少の事なり、手工業と機械工業とを問はず卿等一々四五年前の諸物価と自己の賃銭とを比べ見よ、単に賃銭の程度を見れば、成程賃銭昂り居るに相違なしと雖も、諸物価の騰貴に比せば遙に労働者の賃銭低きを覚ゆべし、われは米価の暴騰を見て深く卿等を思ふも唯だ此故のみ、卿等は今後を如何せんとする積りぞ。
>
> たとひ米価の暴騰は一時の事なりとするも世の進むと共に労働者の窮迫し来るは能く西洋に於ても見る所、当今関西地方の如き労働に欠乏して頗る労働者を重んずと雖も、戦捷の熱に浮されて創立せられたる会社倒れ或は工業を

減じ、別に汽車汽船等の交通機関が日本国中自由自在なるに至らは決して今日の如く労働者に欠乏するといふことあるべからず、労働者に払底しつゝある今日に於てさへ尚ほ一割二割の増給を資本家に請求して、意を達するに難しとするは卿等労働社会の現状ならずや、労働に欠乏し居る今日さへ斯くの如しとせば知らず卿等は後日如何にして自己の希望を達せんとするや、今後の生活を如何せんとするか。

卿等試に他の社会の人達が如何に自己の利益を図り便宜を力めつゝあるかを見て自己と比せよ、一例を挙ぐれば、当今工場条例制定の風聞あると共に工場監督設置の噂あるや之に影響する資本家就中各紡績会社は特に代表者を東京に出だし之を廃止せんと百方奔走す、其の正否は兎も角も渠等資本家は自己保護の到れるを了すべし、是れ近日の一事実のみ、資本家は自己の保護に努むる例を求めは是れ日も足らず、帝国議会に上る議題も新聞記者の筆にする議論も政治法律経済学者の説ける学説も其の十分の七八までは資本家を中心とし渠等の為に説を立てたる富者に贔負せる声なり、資本家と相対する卿等の事は同じく日本国民と称せられながら、志(ママ)かも人数の上より言へは遥に多数を占めつゝありながら一般社会の外に置かれ「下等社会」の名目の下に冷蔑せられつゝあるにあらずや。否、否、世間の卿等を顧ること少きのみならず卿等自身も未だ労働者の社会に重んぜらるべきことを覚らず、其の家計を改善せんことをだも為ざるなり、今後を如何せんとするか。

卿等は衣食住の上に於ては固より資本家に下るべし、但し労働は神聖なり、卿等は社会に対して労働者の社会発達の上に尊重せらるべきことを主張する自然の権利あり、而して其の自然に有する権利を保持するに自ら省みて之に応ずる手段を求め、正当の方法を取りて生活を向上せしむることを為さゞるべからず。労働社会の現状を顧みて憂ふべきことあり慨くべきことあり、其の近状を尋ぬるを序でに聊か思所を記して卿等の反省を望む、親友の一人重病に罹るあり、意を委し能はず、一考を得ば幸甚し。

明治三十年十月三十一日　　横山源之助識

堂々たる所論であった。片山潜の『労働者の良友喇撒の伝』が日本の労働運動の開幕にあたって放たれた書であった意味からいえば、横山の「序」は「職工諸君に寄す」に劣らず、労働運動の開始を告げる暁鐘の一打であったといえる。

（二）『労働世界』と横山源之助

労働組合期成会の機関誌『労働世界』をみなければならぬ。横山源之助がどの程度にかかわったか。

片山潜、西川光二郎共著『日本の労働運動』に、『労働世界』の「重なる寄書家は、安部磯雄氏、杉山重義氏、村井知至氏、横山源之助氏、植松考昭氏、（平民城）、幸徳伝次郎（ママ）氏、河上清氏、西川光次郎氏、石田六次郎氏、高松豊次郎氏等なり」とある。横山源之助が「重なる寄書家」の一人であったことを知る唯一の記述である。

他には補完資料として、戦前わずかに大原社会問題研究所編『日本社会主義文献　第一輯』（昭和四年、同人社書店）があったのみである。横山源之助が『労働世界』にどの程度関与したか、従来はほとんど不明であった。『労働世界』そのものが散逸していたからである。いま復刻版がある。

そのなかから、まず横山源之助のものをひろってみよう。

第一号「資本家の言」（一）（三〇・一二・一）

第二号「資本家の言」（二）（三〇・一二・一五）

第四号「自カラ縊クル者ハ誰ゾ」（三一・一・一五）

第八号「議員撰挙」「国民党に質す」（以上、「江湖漫言」）（三一・三・一五）
第九号「国民党に質す」承前号「工業界の一弊竇」「労働者は奴隷に非ず」（以上、「江湖漫言」）（三一・四・一）
第一〇号「研究は当今の急務なり」「法律家と社会問題」「書生と労働」「人力車夫に告ぐ」（以上、「江湖漫言」）（三一・四・一五）
第一一号「新旧勢力の衝突」「青年の一大気力」「米価の騰貴と小作人」（以上、「江湖漫言」）（三一・五・一）
第一二号「地方貧民情況一斑」無署名（雑録欄）（三一・五・一五）
第一六号「涼夜独語」（論説欄）（三一・七・一五）
第一八号「浅草公園死体事件」夢蝶生（雑報欄）（三一・八・一五）
第一九号「ヲルデン氏と語る」茫々生（雑報欄）（三一・九・一）
第二一号「職工証不可論」（論壇欄）（三一・一〇・一）
第二五号「労働世界記者に寄す」（論壇欄）（三一・一二・一）
第三一号「人力車夫に檄す」無署名（労働世界欄）、「労働者の社会上の位置」（論壇欄）（三二・三・一）
第三二号「貧民の融通機関を論す」（論壇欄）（三二・三・一五）
第三三号「再び人力車夫に就きて」（論壇欄）（三二・四・一）
第三四号「深更の東京が営める商業」（雑録欄）（三二・四・一五）
第七五号「従来の職人諸君に望む」七顛八起楼（三四・四・三）

以上の作品所在その他から推して、横山源之助と『労働世界』との関係は、明治三〇（一八九七）年から三四（一九〇一）年頃まで、つまり『労働世界』の創刊当初から第一次『労働世界』が第一〇〇号をもって終わる明治三四年末頃まで続いている。ちなみにいえば、第二次『労働世界』（三五年四月〜）以降には、横山の作品はない。
『労働世界』は、明治三〇年一二月一日、労働組合期成会の機関雑誌として発行された。そして第一期労働運動の盛衰とともに歩んだ。明治三三年以降、会員の減少、財政の窮迫覆うべくもなく、領袖高野房太郎渡清して去った同年秋、『労働世界』はついに期成会、鉄工組合の手からはなれ、片山潜の個人経営にゆだねられた。翌三四年一二月、第一〇〇号をもって終熄する。以来、余命は一、二年のうちに日刊『内外新報』、第二次『労働世界』、『社会主義』、『渡米雑誌』、『亜米利加』、『渡米』へと、新聞に雑誌に変遷したが、ついにおわった。

横山源之助との関係はほぼ第一次『労働世界』が終刊する頃までであった。

その関係は『労働世界』創刊号（明治三〇年一二月一日）から第三四号（三二年四月一五日）までつづき、約二年間の中断があって、三四年四月にふたたびはじまっている。途中二年間の中断は、一時帰郷期間と職工事情調査従事期間（農商務省委嘱）に符合する。

横山の寄稿は他に無署名の小論や短文もかなりあるようである。とくに当初の明治三一、二年頃は、署名入りの寄稿のほかに無署名のものがかなりある。さきに転記したもの以外にも見うけられる。当時彼の属した『毎日新聞』への寄稿よりも、『労働世界』への寄稿の量のほうがはるかに多かったのである。その頃の横山は『労働世界』への寄稿や発行手伝いや、期成会の企画や催しや等とともにいそがしく動いていた様子である。

『労働世界』の執筆者は、はじめ片山潜、高野房太郎、高野岩三郎、安部磯雄、村井知至、植松考昭、横山源之助等が主要であった。編輯責任者片山潜を別にしていえば、運動初期、横山源之助の寄稿がもっとも多い。ほとんど片山潜につぐ常任に近い役割をはたしていた感がある。

『労働世界』（一日、一五日の半月刊）は、雑誌を呼称したが体裁内容は新聞のそれである。長文原稿は演説筆記等の特殊なものをのぞいてはない。横山のものも新聞時評風の短いものである。横山の主題は働く者の団結の呼びかけと、働く者のためにならぬものへの批判とに多く集中された。前者には、「自カラ綴クル者ハ誰ゾ」「人力車夫に告ぐ」「青年の一大気力」「労働者の社会上の位置」「人力車夫に檄す」「再び人力車夫に就きて」「従来の職人諸君に望む」等があり、その呼びかけは近代労働者を対象にしたほかに、人力車夫や職人にもおよんでいた。後者の主題のものとしては、「資本家の言」「議員撰挙」「国民党に質す」「工業界の一弊竇」「労働者は奴隷に非ず」「法律家と社会問題」「米価の騰貴と小作人」「涼夜独語」「職工証不可論」等であった。

『労働世界』第一、二号に分載された「資本家の言」は、労働者は怠惰だという資本家の言葉を批判し、労働者教育の重要性を阪神地方調査時の経験から述べたものであった。労働者教育事業にたいして、この頃横山はつよい関心をもっていた。同時に『毎日』に「職工教育」（三二・一・九〜、全四回）を書いており、後「職工教育に就て」（『天地人』三二・六）も書いている。

第四号（三一・一・一五）に載せた「自カラ綴クル者ハ誰ゾ」は、創刊号社説をのぞいていえば、『労働世界』が労働者に団結を呼びかけた初めての記事であった（『労働世界』復刻版解説）。

『労働世界』に社会主義の文字が初めて登場したのは、次号第五号（三一・二・一）においてであった。安部磯雄が同号に「虚無党無政府党及び社会党」の一文を寄せたとき、それを解説するかのように社説は「社会主義」と題して、きわめて用心深くつぎのように述べた。

労働世界は社会主義を主張する者に非ず、又無政府主義を唱ふる者に非ず、又虚無党主義を奉信する者に非ず、唯だヒューマニチーの光明を仮て我労働運動の前途を照らさんと欲するのみ、吾人の要求する所は労働者の改良、其教育、其生活、其道徳の改善に在るのみ。社会主義は世人蛇蝎の如くに之を忌めり、而れとも社会主義の立論は根拠頗る強固なる者にして、其の包含する所の真理や頗る味ふべき者あり、社会主義の唱ふ所にして我が労働者は必要のもの多し他日時を得て此主義を世人に紹介して積年の疑惑を晴らさんと吾人の兼て期したる所なりき。

『労働世界』社説は創刊のとき、

労働世界の方針は社会の改良にして革命にあらず。其の資本家に対するや敢て分裂的争闘を事とせんとするにあらずして真正の調和を全ふせんとするにあり。若し資本家の動作にして当を欠き為に労働者をして受くべからざるの圧制に苦しめんとするに際しては労働世界は極力以て反対の声を揚げ(ママ)。労働者の権利を何処までも主張せんと欲す。蓋し此の如くにあらざれは到底真正の調和を望むべからず。

労働世界の目的は(ママ)。「労働は神聖なり」。「組合は勢力なり」。との金言を実行せんとするにあり。

と、述べていたのである（三〇・一二・一）。社会改良と労資調和主義をはっきり掲げた出発であった。それから三カ月後の明治三一年二月、『労働世界』第五号は社会主義についてはじめて用心深く触れたのである。

同盟罷工については、第七号（三一・三・一）は富岡工女(4)のそれについて、つぎのように評した。「同盟罷工々々々々吾人已に其声に飽きたり、組合の組織なくして無謀の同盟罷工は到底無駄なり紅裙諸嬢よ、組合の組織成る迄は請ふ同盟罷工を廃し給へ」と。ところがつぎの第八号社説は堂々と同盟罷工論を中心にすえた。日鉄機関手の同盟罷工（二月二四、五日）について、『労働世界』が詳報をのせたのはこの第八号（三一・三・一五）においてであった。

（4）　前号第六号は「上州富岡の三井製絲所の女工等は其の会社の不当否残忍非道なる取り扱ひに忍へ兼ね遂に本月十一日より五百名余の女工は同盟罷工を決行したり労働世界は彼等に同情を表し其の耐忍して成効(ママ)に至らんことを望む」と述べていた。

あたかも同盟罷工論特集号の感があった第八号（三一・三・一五）に、『労働世界』ははじめて「江湖漫言」欄を掲げた。横山の受け持ちであった。以来、第一一号までで終わる「江湖漫言」に横山は集中的に小論文を載せた。この「江湖漫言」は社説とならぶ『労働世界』のもう一つの論説欄であった。すなわち第八号には「議員撰挙」「国民党に質す」を。第九号（三一・四・一）に「国民党に質す」承前号「工業界の一弊竇」「労働者は奴隷に非ず」三篇を。第一〇号（三一・四・一五）に「研究は当今の急務なり」「法律家と社会問題」「書生と労働」「人力車夫に告ぐ」四篇。そして第一一号（三一・五・一）には「新旧勢力の衝突」「青年の一大気力」「米価の騰貴と小作人」の三篇を。それぞれ主題をかえながら集中的に載せた。

第八号上の「議員撰挙」はいっている――「我が多数労働者が此の議員撰挙てふ社会の大出来事に対しては恰も月界の消息と一般、何等の交渉も関係もなき」「而して一朝国家に事起り、例へば外国と戦を交ゆるが如き事あれば、多く我れ等の階級より出で居る壮丁（兵士）を馳りて死地に致す」と。続く「国民党に質す」では、中江篤介（兆民）が組織した国民党に対して、「我が労働者の味方」を口にしながら、「労働問題に就き未た何等の言ふ所なきは余輩国民党に対して大に遺憾となす」といい、職人、小作人、工女、機械労働者問題についての対策の明示をつよく迫っていた。第九号の「工業界の一弊竇」(5)は職工の見習制度、職人の徒弟制度の弊害が見習の名のもとに長年月使役するからくりにあるとして年限縮小をよびかけ、「労働者は奴隷に非ず」は、労働者に奴隷のごとき柔順をしいるものにたいして、文字どおり「奴隷に非ず」と反論したもの。

（5）『国民之友』第三六八号（三一・四・一〇）上の「工業界の一弊竇」は同時期、同意のもの。

明治三一（一八九八）年四月三日は労働組合期成会主催の労働大運動会が上野公園でひらかれる予定であった。「四月三日は実に我国労働運動の一大祭典にして永く史上に記銘せらるべき記念日」（『労働世界』）となるはずであった。だが、これは当局の命令で禁止された。労働運動弾圧第一号であった。労働大運動会を企画したとき、労働組合期成会員（大部分は鉄工組合員）の意気は天を衝くものがあった。「進行歌」さえつくられたという。『労働世界』第九号（四・一）がそれを載せている。

進行歌

天に聳える富士の山も。

一簣の土の塊りぞかし。

我同業よ〱。

右と左りに手を握（く）みて。

進むも退（の）くも諸共に。

かたく結びて団（まろ）ぶべき。

時は来れり今ぞいま。

（以下略）


これはわがくに最初の労働歌になるはずであった。

四月一五日刊の『労働世界』第一〇号は、当然労働大運動会禁圧にたいする抗議特集号となった。

この第一〇号の雑報記事のなかに、つぎのような小記事がみえる。


「●下層社会の研究　近年社会問題の声喧しく四方に反響しつゝあるか仔細に其の議論を見れは多く抽象的にし

て実際日本の下層社会に適切なる言論も見えざるは必竟我国細民の事情が未た能く知られざるに因るなるべし吾れ人共に慨嘆して止まざる所なるが近者(ちかごろ)横山源之助氏外二三の士社会研究会を組織し親しく労働者に接し細民窟に入り大に下層社会の研究に力むるよしに聞く」

横山が二、三の士と「社会研究会」を組織するという。そこには「近者(ちかごろ)」とあり、第一〇号の刊は四月一五日であるから、明治三一年三、四月頃のことであろう。詳細は不明だが、この社会研究会は、すぐに「貧民研究会」に合体解消された模様である。

横山源之助と労働組合期成会――『労働世界』との間に、もっとも密接な関係がむすばれたのはこの頃である。『労働世界』発刊当初(明治三一年前後)、寄稿家のうちもっとも寄稿量の多かったのが横山源之助であったことは前にも述べた。「江湖漫言」を担当した前後(三一年三〜五月)のこの頃がとくに『労働世界』の中心部に密着した、蜜月時代であったといえる。「江湖漫言」を担当してほとんど常任的な役割をはたしたし、社会研究会―貧民研究会を組織して、期成会傘下の別働隊的役割をはたしたのもこの頃であった。さらに『労働世界』誌上に横山のものらしき無署名の雑報記事がいくつもみうけられるのもこの頃である。

社会研究会がどの程度の役割をはたしたか詳かではないが、『労働世界』第一〇号前後に関連する記事がないところからみれば、短日月に後身貧民研究会に再生されたものと推定される。ともあれ社会研究会なるものが下層社会の研究を目的にして、労働組合期成会の周辺にうまれたのである。明治三一年三、四月頃。横山源之助他二、三の士によってであった。

社会研究会が横山源之助の主唱によってうまれたことは、つぎのような事情からみてもあきらかであろう。「労働者に接し細民窟に入り大に下層社会の研究に力」めようとして発足する社会研究会の主旨はさっそく同じ第一〇号上の「江湖漫言」にある横山の二つの小論のうえにあらわれていたのである。「研究は当今の急務なり」「法律家と社会問題」は、社会研究会の主旨をうけて書かれたものであった。前者「研究は当今の急務なり」は「今日社会論壇に実際論の出づること少きは、事実論議すべきこと少きにあらずして、日本下層の状況審らかならざるに之れ因る」として、「学課、職業の余暇を以て、社会の下層を研究し、其の現状を審かにして一は為政者に注意し、并に学者輩に研究の材料を与ふる、今日の急務たらん」といい、いま発足する社会研究会への参加を呼びかけるにもひとしい主張であった。後者「法律家と社会問題」も、日本の法律家が権利義務を口にしながら世間と無関係であることを批判して、社会問題に刮目することをうったえたものである。横山源之助はほんの一カ月前（三一年二月）、東京の下層社会を綜合再調査していて、その経験をさらに社会研究会にいかそうとしたのであろう。おなじ第一〇号雑報欄に、つぎのような記事がみえる。

「●東京の貧窟と工場労働者　大阪にては其の貧民窟を見れは多く紡績工場燐寸工場若くは鉄工場に出で工業と細民との関係随分密接し居れ共東京にては万年町附近の少年男女は神吉町の某燐寸工場に少しく出入し居るを見るのみにして多くは屑拾の仲間に入りて道草食て日を消らし芝浦製作所等の工場に近かき芝新網の如きも工場に出で居るは僅に十二三人に過ぎずとなり／●木賃宿の屋根代昂れり　二三年前は木賃宿の屋根代大抵並は二銭五厘三銭なりしが今は孰れも五銭廉い処も四銭五厘に昂れり一日三十銭三十五銭の賃銀を貰らつて屋根代五銭を引き飲食代十五銭（一回の食事五銭として）を引いて残る処十銭か十五銭それに桝酒屋に入り煙草の銭を除けば残る処幾程もなし若し雨にでも降り籠めらるゝことあらば其れこそ大事なるべし／●日稼人足の賃銀二十七銭　今度東京府下の細民最も多数なるは言ふ迄もなく日傭取人足なり人力車夫の数五万に出で居るを見て多数なりと言ふものあれ共日稼人足の数実に之に三倍四倍の数あるべし今度市中道路修繕等の工事ありて人足大繁盛との事なるが聞けは親方によりて其筋より下がる一日賃銭四十銭なるを頭を刎ねて三十五銭とし更に世話人中に入りて三十銭とし或る人足の如きは二十七銭しか貰

へ得ざるもあるよしに聞く」

これはもちろん無署名である。二月にあった東京貧民状態再調査時のなまなましい経験と、前年におこなった阪神地方労働事情調査の経験がこの雑報記事に凝集している。明らかに横山源之助によるものである。これも社会研究会にかかわる記事といえる。第二社説ともいうべき「江湖漫言」を受け持ち、さらに横山はいまみたように無署名の雑報を受け持っている。ただの寄稿家にとどまらない。編集部の仕事を分担している。横山の筆になる無署名の雑報記事は第一〇号に続いて第一一、一二号にもあるのである。

第一〇号「江湖漫言」の四つの小論のうち、二つについてはすでに述べた。他の二つの論は「書生と労働」「人力車夫に告ぐ」である。前者は勤労学生の奮起をもとめたものであり、後者は前述したように、『労働世界』がはじめて横山の言をかりて人力車夫に組合をつくるよう訴えたものであった。(6) 横山はこの後も再三人力車夫組合の結成を呼びかけている。(7)

(6) 明治三〇年一二月、片淵琢の肝入りで人力車夫の信用組合がうまれたことがあったが、間もなく消えた。横山源之助による人力車夫組合結成のアピールはそういう事情にからんでいたのかもしれない。この信用組合の消息については、『労働世界』は第二号、第一〇号等で触れている。

(7) 無署名「人力車夫に檄す」(三二・三・一、第三一号)、および「再び人力車夫に就きて」(三二・四・一、第三三号)。

『労働世界』第一一号(三一・五・一)も、第一〇号につづいて横山源之助の活躍が目立つ。「江湖漫言」に三つの小論があり、さらに労働世界欄雑報記事中に、明らかに横山のものとみられる記事がある。この号でも編集部の役割をはたしている。

「江湖漫言」三つの小論とは、「新旧勢力の衝突」「青年の一大気力」「米価の騰貴と小作人」である。「青年の一大気力」は前号の「書生と労働」とおなじ主題で青年の奮起をうながしたもの。「米価の騰貴と小作人」中に「贅沢に奢れる地主よ、配下の小作人か窮迫を憐れむの意なきか、子等が纏へる錦衣、前に列なる佳肴は是れ小作人粒々たる辛苦より出でたるものと知らずや」とある。もう一つの小論「新旧勢力の衝突」は、労働世界欄（労働界一般の雑報記事欄）中の雑報「●三井呉服店の紛紜」（無署名）につながり、両者は前文後文の関係にある。くわえて両者は新旧勢力の衝突、社会の変遷という横山源之助独特の資質的観点によって括られてある。当然無署名の雑報記事「三井呉服店の紛紜」は横山の筆によるものでなければならない。「江湖漫言」「新旧勢力の衝突」は三井呉服店（三越）の紛争総評であり、無署名雑報記事「三井呉服店の紛紜」は紛争の経緯記事であった。「江湖漫言」で横山がそれをとりあげた理由は、その紛争に「新旧勢力の衝突」をみたからであり、「社会の変遷」をしめす「一現象」とみたからであった。社会の変遷をどうみるか、は横山の哲学にかかわる関心事であった。

さらに同号誌上「●三井呉服店の紛紜」に続いてある雑報「●得意場に係る規約書成れり」一節も、横山の手によるものとおもわれる。そこには「大工左官木挽石工等の間に孰れも信義すたれ更に同業者の間に徳義も人情もなくなり昔日（むかし）は得意場の如き最も厳格に自他の分をわかち甲にして乙の得意場を奪ふ如きことあれは同業者は不徳漢として其の者と交際を絶ち仲間に入れざりしが今は得意場をとることは平気になり互に賃銭を低（ひく）うして競争し」とある。それは『内地雑居後之日本』（明治三二年、労働新聞社）中の「第二章第一節職人社会」や同「第四章今後労働者の覚悟」や、『日本之下層社会』（明治三二年、教文館）中の「第二編職人社会」に書かれてあるものと同質であることを否定できないだろう。誰よりも職人社会をよく知り、誰よりも職人社会を愛した横山であった。他に誰が書きえよう。

さらに仔細にみると、同号雑報記事中に、

「●福井地方に行はるゝ工女の俚謡　米は高うなる織賃は下かるどこで立つのぢや織子さん、記者嘗て足利地方にてきける俗謡あり、お鉢引き寄せ割飯眺め米はないかと眼に涙、嫌だ〳〵よ機織（はたをり）やめて甲斐絹織屋のお神さん」という一節がある。これは前節の記事「●足利の基督大演説会」——去る四月二二日野州足利で開かれた基督教大演説会に演説者の一人として片山潜が出席したことを報じた記事――と対のものである。俚謡挿入の一節は、前節で足利地方工女問題に触れたとき、やみがたく挿入されたものであった。この二つの雑報「●足利の基督大演説会」「●福井地方に行はるゝ工女の俚謡」は文脈の呼吸からいってきりはなすことのできないものであり、同一人の筆でなければならない。二節とも横山源之助の筆になることは確かだろう。なぜなら後者「●福井地方に行はるゝ工女の俚謡」は横山以外の者の筆であるはずがないからである。福井地方の工女の俚謡をここに挿入できたのは、福井の織物業を調査したことのある横山なればであった。「工女は機台に倚り両肌露はし、乳を隠しもやらで何やらん謡ひながら機を織る」（『日本之下層社会』中「第三編第一章第五福井地方の織物工場」）と書かれた箇所に照応するものである。「記者嘗て足利地方にきける俗謡あり」として二つの俗謡をさしいれたことこそ、前節の「●足利の基督大演説会」と「●福井地方に行はるゝ工女の俚謡」とをつなぐ結節であった。二年前に横山が桐生・足利機業地の調査をして、その成果が『日本之下層社会』中の「第三編手工業の現状」の大部分となったことはいまさらいうまでもない。そして「●福井地方に行はるゝ工女の俚謡」中に挿入されてある足利の俗謡二篇は「手工業の現状」のなかに工女の謡うものとして所収されてあるものと同一のものだ。さらにその俗謡の一篇「嫌だ〳〵よ、機織やめて、甲斐絹織屋のお神さん」は「余の親しく足利地方にて聞ける俗謡なり」として、『内地雑居後之日本』にも転用されたものであった。足利といえば工女を、工女といえばその俚謡をと、横山のこころは短絡直結していたのである。

こうみると、第一一号の労働世界雑報欄記事中、「●三井呉服店の紛紜」「●得意場に係る規約書成れり」「●足利の基督大演説会」「●福井地方に行はるゝ工女の俚謡」が横山の手になるものと推定され、雑報記事中のなかばが横山によるものとなり、さらに周辺の雑報記事二、三も横山のものであって不思議でないものがある――。この号の労働世界雑報欄記事全部を横山が担当したとも推定できるのである（他は没個性的な雑報である）。ちなみにこの号（第一一号）の発行は五月一日であり、編集時にあたる四月二二日前後、片山潜は足利へ行っていたのである。横山源之助は片山潜不在中の編集部をあずかっていたのかもしれない。

貧民研究会誕生の第一報が載ったのは、この第一一号においてであった。貧民研究会については後にまとめて述べる。

『労働世界』誌上に、横山が「江湖漫言」を担当したのは、第八号から第一一号までであった。四号二カ月間のことであったが、「江湖漫言」は『労働世界』の第二社説的な役割をはたした。第一二号（三一・五・一五）以降、「江湖漫言」は『労働世界』にない。

『労働世界』における、横山の準編集者的役割はいぜんとしてその後もつづく。『労働世界』第一二号は、米価騰貴、物価騰貴問題、生活難問題に全誌面をさいた感があった。社説には「米価騰貴と労働者」「日本の貧民問題」があり、時事片々欄、雑報欄、雑録欄の大部分は物価・米価騰貴問題でほとんどうめられた。社説（無署名）にある「米価騰貴と労働者」「日本の貧民問題」は論調に若干の違いがあり、「米価騰貴と労働者」が誰によるものか速断はできないが、「日本の貧民問題」は横山源之助によって書かれたものと推測される。「日本の貧民問題」は「此処に心すべきは社会は進歩すれば為るほど貧民は殖え、年々生活は困(くる)しくなりゆくといふは思へば訝かしき事ならずや。／之を明治初年に比ぶれば文部省は教育に骨折り居るに拘らず宗教は随分盛んであるに拘らず矢張犯罪人は減ずることなく監獄費として我々日本国民は五百二十二万円といふ巨額を払ひつゝ居るなり、今後ます〳〵殖へてゆくべし、是は犯罪人に就いてなれど貧民の殖えて居ることも随分多かるべし、之を老人に聞けば孰れも世の中はセチ辛くなれりと語り、文明になつた今日生活は困難であると言はざる者なし、唯だ表面(うはべ)のみ見れば今は東京の真ン中に木賃宿はなくなれり、橋本町の如きキタなき町はなくなりたり、日本一の貧民窟と知られたる大阪名護町の如きもなか〳〵綺麗になりぬ、然れども之れあるがゆへに日本に貧民は減せりと思へは大間違なり、正確に統計表を挙げて之を証拠立つることこそ出来ね年々生活は困(くる)しくなれりといふは事実なり。／特に此頃のやうに米価の高き時には貧民の窮乏(くるしみ)一方ならず、或は机の上にて考ひ貧民は戦後事業の膨張と共に物価は暴騰し居るに拘らず生活はラクになれりといふ者あれど、個(こ)は必竟(つまり)貧民の実情を知らざる者の言(ことば)のみ、地方の新聞を見れは一揆騒動等あり、但し今日多少世の中は景気よき故尚ほ持ち堪えて居るものに若し今後不景気になりもやせは（屹度(きつと)不景気の時来るべし）一層貧民は困しくなるに相違なかるべし、あゝ誰か日本に貧民問題を無用なりといふものぞ」と述べ、「余輩は今日に於て貧民救済の方法を講じ、且つ貧民政策の確立せんことを欲するなり」といっている。東京の木賃宿、大阪名護町の変遷について言及していることや、ここにある執拗なほどの困窮化証しの迫り方は、横山の筆以外のものではない。横山におなじ呼吸のものは他にもある。貧民問題の展開追求は横山源之助の独壇場であったのである。片山潜も、高野房太郎も、横山源之助をさしおいて筆をとるはずはなかった。ちょうどこのとき、貧民研究会が発足したときであり、その発足主旨とからめて横山が筆をとったものにちがいない。そして「貧民救助の方法を講」ずべしと結んだそれは、横山が同号雑録欄に無署名のまま載せた「●地方貧民情況一斑」中にある「〇一種の貧民救助」の項にあきらかに関連していくものである。

この号の雑録欄「●地方貧民情況一斑」は横山源之助によって書かれたものであることは疑う余地がない。この号は米価騰貴、物価騰貴、生活困窮問題を特集したことは前に述べたが、雑報欄のさまざまな小記事とは別に、雑録欄がとくに設けられて、「●地方貧民情況一斑」がかこまれてある。もちろん無署名である。全文を引こう。

地方貧民情況一斑（全）

本月七日、在富山県魚津地方の一知人より細民現状の報告を得たり、要を摘みて読者の参考に供ふ

〇一種の貧民救助　本町には従来より輸出米一石に付五合つゝをはねて貧民救助の資に供する一種海関税(かいくわんぜい)に類する慈善的方法備はり居るに拘らず春来一二回貧民（多くは漁民）夜中(やちう)群を為し競うて何か訴うる所あらんとせしも

未だ真実窮乏の極に陥らぬ故にや警官の一令直に解散し未だ大事に至らず烏合の衆たるを免れず候米商の前に貼紙を為し端書などを飛はす候様なる事は時々有之趣、四月下旬貧民の一部は夜中火事を呼ばはり数十名某米仲買商の宅に闖入し器物を破壊せしが団結の脆きと彼等の無智なる為め警官の捕縛に会ひ富山地方裁判所へ送られたりしが四五日前無罪の宣告を得て帰りしと聞けり、三四ケ月前より米商連中合資を以て貧富等差三分以下の者に一家の人口により白米を安価に売り捌く方法を立てたり、町役場の門前に於て一人の書記（月俸十円）と米を計量する一人の人夫（月給六円）を使役し頗る貧民に便宜を与へ居候今ま此に就き調ぶるに

一日申込者　百六十戸乃至二百戸

一日売渡石高　二石五斗乃至三石

一升の代金　十六銭

而して魚津町の貧民ともいふべき租税免除者の数四百三十一戸、それに僅かに百六十戸乃至二百戸とは少ないやうに候が貧民にも我の顔のといふ者のある間は頼母しく候

○小作人の生活現状　四五反歩を耕作しつゝある小作人は例年田植頃より収穫頃まで困るものに候が本年は物価の騰貴と浮塵子虫の為めに一層弱わり居候様子にて農具等を質入れして食料となし或は地主に縋りて金を借るもあり南京米の村落に需用あるを見ても知らるべく候村税未納八九ケ月に及び村役場は吏員教員の給料仕払に困ることマヽ有之よしに候、北海道移住者も此頃頻に増加し相当の財産を有ちて渡航する者百中の十他は悉く糊口に困しく祖先以来の土地を離れて遙々北海道に赴く者に候今ま左に本郡役所に就き調査せる結果を見れは

三十年中北海移住者

戸数二百五十戸　千人

三十一年一月より四月まで

戸数三百七十三戸　千三百三十二人

小作人の困難せるに反して中以上の農民は腹鼓して太平を謡ひ居候余裕ある米は坐して高価に売り細民の苦を夢にだも知らず、三月頃までは寺詣り鎮守の御祭などに出掛けて栄華に暮し居候ひし畳屋建具職呉服屋の花主(とくい)は村落に多く候

○物価騰貴の一影響　世の中は不景気なるまゝ僥幸を希(ねが)ふ者多く此れに賭博的の分子加味せるもの多く流行致し候従来行はれたる無尽講頼母子講の数を増せしことは勿論なれど他に融通を目的に名を仏教に仮り頑迷なる信者を籠絡せんとて「元資積立本山参詣講」なる者頻りに行はれ毎月寺の御堂内にて開帳せらるゝぞ笑止なれ是は旧幕時代に行はれたる富籤と同一の物にて俗にトリノケ講と申居候毎月一円宛(づゝ)八十四掛込む予定にて抽籤番号の結果僅に一回掛けし者にても四十円乃至四十五円受取り爾後掛金せざるものにて殆んど一種の賭博なれども旨く法網を脱し居るは渠等も仕合せ者共に候

右に引いた記事は、横山源之助が社会研究会、貧民研究会を発起するにあたって、地方の細民事情を郷里の富山県魚津の友人にといあわせ、その返事を整理して載せたものにまぎれもなかった。「●地方貧民情況一斑」中の「○一種の貧民救助」の項は、横山が前年『国民之友』に載せた「世人の注意を逸する社会の一事実」（三〇・三～五、第三四〇、三四一、三四五、三四六号）に照応するものである。この年明治三一年四月前後に、大正七（一九一八）年米騒動の発祥の地となった富山県魚津町に前駆的な米騒動がおこっていて、その発生と手当てについてその地出身の横山源之助が簡明に記述していたことに注意をはらいたい。「○小作人の生活現状」の項はいうまでもなく『日本之下層社会』中の「第五編小作人生活事情」に照応する。「○物価騰貴の一影響」の項は「戦争と地方労役者」（二七・一二～『毎日』）に照応しよう。

第一二号は貧民研究会第一回会合を報じていること等をふくめ、物価騰貴、生活問題に多くの誌面をさき、雑報欄は細民困窮化の状を仔細に報じた。『労働世界』第一二号には横山の署名入りの記事は一つもない。社説の「日本の貧民問題」、雑録欄の「●地方貧民情況一斑」はあきらかに横山のものであり、他に雑報欄中の多くも横山の手によったものと推測される。このとき横山源之助はあきらかに『労働世界』編集部の黒衣であった。

「●地方貧民情況一斑」は、本来なら『毎日新聞』に載せられるものであったろう。それが『毎日』ではなく『労働世界』であったのは、横山源之助が片山潜の多忙や不在を肩替わりするほど、『労働世界』編集部に深く身をいれていたこと、そして労働新聞社の翼下にこのときちょうど貧民研究会が発足し、横山が主唱者の立場にあったこと、さらに貧民研究会の発足主旨と軌を一にするかのように、『労働世界』第一二号が、日清戦争後の経営膨張政策の結果ひきおこされた物価騰貴問題を特集する方針をうちだし、物価騰貴が労働者、庶民におよぼしている影響面にとくに重点をおく編集にでたこと、等によるものであろう。『労働世界』第一二号がそのような編集方針にでたのは、横山源之助の主唱、提言によるものとおもわれる。あるいは『労働世界』第一二号そのものが横山の編集責任においてだされた可能性もないではない。物価騰貴、生活困窮問題という主題はもっとも横山源之助的であったのだから。そのような事情から『労働世界』第一二号がだされたとすれば、この号で横山がまったくの黒衣にまわっている事情も容易にうなずけるのである。

このように、第一二号も第一一号につづき横山源之助に負うところが大きい。

物価問題と庶民との関係を追う報道は第一二号以降もひきつがれた。

第一三号以降、『労働世界』は注目していいひとつの企画をもった。一風変った、ちょっと意外な、見逃がされがちな企画である。家庭欄の創設であった。

『労働世界』の誌面構成は、大体社説、論説、演説速記、寄書、国内社会労働情報、海外情報、文苑、労働組合期

成会報、英文欄、広告等であった。『労働世界』はいうまでもなく労働組合期成会の機関誌であり、編集責任者がアメリカ帰りの片山潜。期成会会員の多くは鉄工組合員であり、それは同時に実質鉄工組合機関誌にひとしかった。記事中の漢字にはほとんど仮名のルビがふられ、読み易いように配慮されてあったが、ぜんたいの感じは男っぽさや難解げなかたぐるしさはまぬかれなかった。

『労働世界』が家庭欄を掲げたのは、第一三号から第一六号（三一・六・一〜七・一五）まで、わずか四号二カ月間で終わった。なぜ創設されたかさだかではない。「本号より家庭欄を置くこととせり、尚ほ次号より種々家庭の注意、話説を掲ぐべし」（第一三号）とあるのみであり、その間の事情は不明である。

第一三号から第一六号までの家庭欄の小見出しをひろうなら、以下のとおりである。

「●下女と嫁入仕度」「●婦人矯風会と雇人受宿」「●府下下女の給料」（第一三号）、「◎夏と細民の家庭」（第一四号）、「不景気と家庭」「◎製糸工場の女工数」（第一五号）、「男工と女工の関係」「婦女子の内職」（第一六号）。

労働運動を指導する知的集団と労働者との間にはなお距離があったことは事実であろう。家庭欄が創設されたのはその距離を縮めようとする努力のひとつであったろう。家庭欄が注目されていいのは、『労働世界』が労働者の家庭の内側にまでたちいり、その複層化した内情までも理解しようとしたこと、もうひとつは婦人問題らしきものをとりあつかおうとしたことである。家庭欄は別称すれば、婦人欄としてもいいものであった。婦人問題をとりあつかおうとしたとすれば、もちろん労働運動史上はじめてのことになる。だが、婦人（女子労働者）問題を視野内に設定するだけの明確な意図はなかった。そのはしりであった。婦人欄ではなく、家庭欄であった。

日本の労働運動は日清戦争後の産業革命に接してはじまるが、婦人労働者（工女）への解放の呼びかけはまだなかった。婦人労働者問題は、一般的な労働問題、社会問題という枠内でしかまだとらえられていなかった。労働運動は近代労働者の大多数をしめる工女を後にのこしたまま、はじまっていた。労働運動を指導する知的首脳部も、運動の主力を男子労働者群にそそいでいた。彼女等は打開を外からの理解や対策にまたねばならぬほど、男子労働者以上に前近代的な状態におかれていた。『労働世界』首脳に婦人問題がもっと視野のなかにおかれていたなら、創設された家庭欄が婦人欄となり、独自な展開ができたはずであった。家庭欄がながく持続できなかったのは、それが婦人欄に転化し、婦人問題をかんがえる――『労働世界』のイデオロギーがまだそこにおよんでいなかったからであったろう。『労働世界』家庭欄は、「女大学」や忠君愛国の貞女としてではない、はたらき、くるしむ、主婦や下女、工女の、それにふれている。

『労働世界』に創設された家庭欄の記事は柔らかく、文学的でさえある。記事の味は、片山潜風ではなく、高野房太郎風でもなく、西川光二郎このときまだなく、誰よりも横山源之助風であるようにおもわれる。貧民家庭によせる理解のしかたや執筆者のこころの傾斜が――。

『労働世界』第一三号に家庭欄が設けられたときの最初の記事は「●下女と嫁入仕度」である。無署名であるが、あきらかに横山源之助のものである。たとえば、「日本の社会にては、庖厨（だいどころ）の労働者は下女である。なれど、下女の仕業（しごと）は台所の事ばかりでなく、坊ちやん、お嬢様の守もする、主婦（をかみさん）、奥様の従者（おつき）となりて外へ出ることもある、一々数へ立ると下女の仕事は随分錯雑して居るが、既に文字の上に示して居る通り、下女といへば、婦女（をんな）の中で最も下の階級（くみ）の者で、社会（よのなか）からは名前の上に下の字を附けられて居る如く、世人（ひと）からは軽蔑さるゝ言はゞ憐むべき者である。私は、世間が下女を軽蔑するのを大変不愉快とするものであるが」「お鍋、おさんどんと言はれて居る下女は、女学校に通ふて居らるゝお嬢様達が夢にも御存じなき心配を持ちて居るといふ事、言葉を換へていへは婦女子、生涯の行路難に居るものだといふ事なり、即ち、下女といふ下女、大抵嫁入仕度は出来ぬから、その為めに親の膝下を離れて下女に出て居るといふ事なり、嫁入仕度！男から見れは気にも苦労にもならぬものであるが、それが細民の女子（むすめ）には、政府の大臣方は議会を切りぬいてゆくより重荷であらう」とある箇所と、横山源之助が『家庭雑誌』に載せた「嫁入準備と下女」中の以下の箇所とはそのまま短絡する。「或は田舎縞を身に纏ふて時に袖口を或は襟を或は髪を気にして、お嬢様に随いて行くを見ること多し、余は此の様なる出来事を見る毎に、常に一種の感情胸に浮ぶ世人は如何に思へるやは知らねど、余は下女といふ者に対して常に抑ゆべからざる気の毒なる思をなす」「われは地方に於ても都会に於ても、農家と商業家と官吏の家とを問はず下女を見る毎に、思ふは此の嫁入仕度にして、細民家庭の悲惨を思ふと共に、常に下女と嫁入仕度の関係に想ひ及ぶなり」「都下数万の下女、お鍋、おさんどんと呼はれ常に小説家講談師が玩弄の的に当れる下女の、胸中に入りてその下女となりし所以を思へば、多くは婦女子一世の行路難にあるものとはいふべからずや」。

二文はまったく同意同質のものである。『労働世界』家庭欄「●下女と嫁入仕度」（無署名）は第一三号（明治三一年六月一日号）に。『家庭雑誌』第一一五号「嫁入準備と下女」は三一年四月一五日のものであった。この二つは同時期、同題同意下にあり、『労働世界』家庭欄のそれは無署名で短文であるが、横山によるものであることはあきらかである。

家庭欄がいささか風流で、文学的でさえあったことは前に触れたが、つぎの第一四号（三一・六・一五）の「◎夏と細民の家庭」などはとくにそうである。「たのしみは夕顔棚の下た涼（しすゞみ）、われ等は夏を迎うると共に何時も此の言葉は胸に浮ぶ、夕顔棚の下涼、日中の労働に疲れたのを女房の誡を含める濁酒（にごり）で忘れ、夕顔棚の下、涼み台にねそべりながら、子供を相手に村の甲乙の噂、或は子供の成長せる後を想像して興を遣り居る一幅の画は歴々眼に映ずるなり。個（こ）は農家の生活なれども、夏の夕涼みは、一般にわれ等労働者に取りて天然が偏頗なく恩恵（めぐみ）を与へたる快楽（たのしみ）の中の、最も公平なる者なり、金は人間社会をして貴とし賤とし、貧、富、或者を九天の上にのぼせるとゝもに、或者を九地の下に落とし、あらゆる階級を作る標準なる、或意味よりいへば余り嘉すべからざる者にしあれど、夕顔棚の下涼は、此の金にても買ふことは出来ざるべし。／夏はあつくして労働に堪へずといふなかれ、われ等は労働者生活の大負担なる衣服に、費用少なきを喜ぶ、大工、左官、石工等職人の賃銭よきを喜ぶなり、（東京府下にては六、七、八、九月は職人の賃銭よし）新聞紙に海水浴、避暑地の案内記はそろ〳〵出づべし、われ等は幾十万の労働者諸君と共に戸を打ち開き、まんまるな月を室一杯にして、日中の疲労を家庭の団欒によりて忘れん」（全文）とあり、『労働世界』のごつい記事中にあって、なかなかしゃれたものであった。視点のおよびぐあいや職人賃銭の知悉ぐあいや等から推して、横山の筆によるものとみてまちがいなかろう。家庭欄は社会の下積みの下女や労働者家庭に人間復権的なひかりをあてたが、当然労働者のおかみさんについても筆をおこした。

つぎの第一五号（三一・七・一）「不景気と家庭」で、「世の中が斯う不景気になると皆なが困るが中にも一番ひどく困る者は労働者の妻君である労働者の妻君は日々亭主が働ぎ得て来る銭で其の晩の食物を支度するシテ不景気に成と追々亭主が仕事口を失ひ日々の食料をかせぎ得ぬ妻君も景気が好ひとマッチの箱を拵へるとか麻裏の草履を作るとか封袋をはるとか何か手仕事内職をして亭主を助けるが不景気だと此等の仕事もない故空しく米櫃の底をながめて心配計りせねばならぬ」といいおよんでいる。細民家庭の内職について、再三レポートした横山であった。この一文も横山のものとおもわれる。

「不景気と家庭」につづいてある小節「◎製糸工場の女工数」はどうか。「生糸は米に次いで日本の重要物産なるは、今更言ふ迄もなし、之に従事する女工の数、農商務省の調査によれは、器械工女十二万四千四百四十一人座繰工女は四万八千四百六十人、総数十七万二千九百一人、記者は曾つて田舎に遊べる時、児女を信州上州等の製糸地に出だせる細民の女房より、時々手紙書くことを頼まれし、工女一人は、他の方面よりみれば一人丈け細民が家庭の快楽を減らしつことといふ者ありたり、理ありと覚ゆ」（全文）。この一節はまぎれもなく横山のものである。「記者は曾つて、田舎に遊べる時、児女を信州上州等の製糸地に出だせる細民の女房より、時々手紙書くことを頼まれし」と、このように書くことのできるものは他にいなかったから。さらに文中にあげられてある三つの女工数は「製糸工女の状態」

（『日本之下層社会』）中に引用された数字と同一である。

『労働世界』家庭欄のひとつの魅力は、下女や細民家庭のおかみさんや工女等に目をそそぎ、陽のあたらぬ場所にあって、さらに下積みの役割をおわされているものたちから、一種の婦人労働者問題をかぎだしているところにあったろう。第一六号（三一・七・一五）にある「婦女子の内職」は前第一五号の「不景気と家庭」の延長線上にある。そこには、「浅草区内は婦女の内職に富める区なりと其の重なる職業は足駄のはなを、人形の製造、人形の采色、人形の着物等なり花川戸及び山之宿がはなを製造店の巣窟にして日本第一の場所と云ふも可なり然るに浅草区の下層民は是等の店より仕事を得て内職すと鼻緒を拵へる婦は一日十四五銭人形の着物を縫婦は一日四五十銭も得ると然るに当年は都て暇にて彼等は非常に困難の有様なりと」とある。これも社会探訪記者横山の筆にちがいない。『労働世界』家庭欄は労働者家庭の内部にまでたちいることによって、かれらの生活を守ろうとしたのであろう。

おなじく第一六号上の「男工と女工の関係」をみよう。

「世か文明に進み工場の数か殖へ機械仕事か多くなると自然に婦女子の職業も増加する様になるが斯なると下層人民は安楽になるかと云ふに決して然らず婦女か工場に働きて夫の活計を助くる故世帯持か楽になるかと思ふやうだが却つて一家の活計は困難になる傾きあり是は文明開化の弊害にして労働者は働けば働く丈け困難になると云ふありさまである是までは夫か一人で儲けた金を夫婦子供か共に儲けるまでの事にてつまるところは機械工場か出来る前に夫か一人て働ひて婦女子は内て内職でも仕て居た時の方が却て仕合なり今は働ひても物価は高し屋賃（ママ）は上るし誠に困難なる生活をせねばならぬ家内中が工場へ行きて働く故に家内兎角に乱れ安く晩に内へ帰るも喜んて迎へる者なく火も燈れて居らず冬でも室内は氷つて居ると云様な不愉快千万なる所へ帰り疲労の身を投して起居せねばならぬ実に憐れなる情態なり我邦の工業は未だ斯の如くに進歩せず故に婦人にして工場に働く者は僅かに紡績及び機業等に止まるなり然るに今や婦女子を職工として男工の仕事を減じて其の賃金を引下げんとする資本家出来て続々婦人を雇入る有り様

なり現に東京市小石川辺の大工場でも婦人を続々雇入れて男工を廃する方針を取れりと婦人も一時少しの金が儲かるを喜んで家庭の破るも風俗の乱るも顧みず好んで入場業を求むると云ふ」とあり、やがて破局しようとする労働者家庭に警鐘をおくっていたのである。エンゲルスが『イギリスにおける労働者階級の状態』のなかでつきとめたそれであり、『労働世界』ならではの警鐘であった。

『労働世界』家庭欄はユニークな仕事をのこしながら、わずか第一三号から第一六号までの短期間で終わった。仔細にみたように、家庭欄はおそらく横山源之助の主唱によって設けられ、大部分の執筆も横山源之助によったとかんがえられる。家庭欄はその頃横山源之助が主導していた貧民研究会のひとつの窓口であったにちがいない。

「江湖漫言」（第八～一一号、三一・三・一五～五・一）を中断して後、横山は署名入り記事を『労働世界』に載せなかったが、社説、雑報、家庭欄に無署名の執筆を持続した。ふたたび署名入り記事をみるのは「江湖漫言」中断二カ月半後の第一六号（三一・七・一五）においてである。第一六号は家庭欄が『労働世界』誌上にあった最終号にあたる。明治三一年七月一五日刊の第一六号社説は、大隈重信首班によるはじめての政党内閣出現（六月）にあたって、「第二の維新＝新新政」と呼び、意気軒昂として一〇カ条の項目をかかげてせまった。

（一）平民主義を取れよ
（二）新人才を登庸すべし
（三）課税を平均にせよ
（四）撰挙権を拡張すべし
（五）小学校授業料を全廃せよ
（六）貧民制度確定の必要

（七）監獄制度の完備を期す
（八）工務局を拡張すべし
（九）組合法案及工場法の制定を望む
（十）小作条例の設定

であった。すでに社説、論説欄で主張されてあったものである。同号論説欄にある横山の「涼夜独語」は政党内閣出現によせた軽い随想であった。

『労働世界』第一八号（三一・八・一五）は以後誌面を一新することを宣言した。労働組合期成会が発足してから一年余。『労働世界』が誕生して八カ月余。開幕した労働運動がいよいよ隆盛にむかっていたこと、はじめての政党内閣が出現したことを契機に、『労働世界』は誌面を一新してあらたな発展を期す意欲をみせた。誌面構成がとくにかわったわけではなく、より自信にみちたものになったということであろう。家庭欄は雑報、雑録欄に発展解消された。内田魯庵（不知庵）の「革命会議」を、誌面革新を宣言した『労働世界』（第一八、一九号）が載せたのはその意欲のひとつのあらわれであったろうか。

魯庵の「革命会議」が載った第一八号雑報欄に、つぎのような一節がある。「小作人問題につき未た世間には何等の議論出でざるは我れ等の常に遺憾に堪へざる所なりしが果然此頃に至りて我が社友の一人が雑誌天地人に小作条例設定の必要を説きたるを初めとしてちらほら小作人を問題とする議論新聞雑誌に見ゆるに至り」（「小作人問題に就きて」）と。ここに「此頃に至りて我が社友の一人が雑誌天地人に小作条例」とあるのは、明らかに横山の「本邦現時の小作制度に就て」（『天地人』第六、七号、三一・六、七）を指している。

ところで内田魯庵の「革命会議」であるが、「我が社友の一人」であった横山が知友魯庵に慫慂して、「革命会議」一篇を『労働世界』のために提供せしめた様子である。「革命会議」掲載時の解説紹介文をみてみよう。そこには、

●本誌に掲載せし小説　革命会議は魯帝亜歴山（アレキサンドル）二世陛下を弑逆せし震天撼地の大惨劇に参画せし公爵の姫君ソーフキヤ、ペローヴスカヤを主人公として綴りたる仏人ヌール氏の小説の一節を魯国の文豪ドストエフスキーの「罪と罰」を訳して有名なる内田不知庵氏の訳せるものにして之を実際の事実として言へば固より我れ等の悪み嫌（にく）ふ処なれ共むし熱（あつ）き今日此頃寝ころびながら読みもて行けば亦た一種の清涼剤とやなるべしと思へたるまゝ氏に請ふて本誌に掲げたるなり読者諒せよ

とある。「むし熱（あつ）き今日此頃寝ころびながら読みもて行けば亦た一種の清涼剤とやなるべしと思へたるまゝ氏に請ふて本誌に掲げたるなり」とある、そういういい方をするものも、魯庵に「請ふて本誌に掲げ」うる立場にあるものも、横山以外にはなかった。すくなくとも『労働世界』社中、社友中、内田魯庵に寄稿を一諾させるような近い面識にあったものは、横山源之助以外になかった。

横山が二葉亭四迷、内田魯庵、木下尚江、松原岩五郎等、横山周辺の知己に、発足した労働運動の活気について、吹聴して廻っていた形跡がある。そのうち二葉亭をのぞき、内田魯庵、木下尚江、松原岩五郎等は第一期労働運動になんらかのかたちで関係した。横山が労働運動の動きを内田魯庵に話し、運動にたずさわることをすすめたり、『労働世界』に寄稿するよう語っていたろうことは容易に推測される。後に述べるが、木下尚江が労働運動、社会主義運動にかかわっていく契機をつくったのも横山源之助であった。

「革命会議」は、文学者が第一期労働運動とかかわってもった唯一の文学作品であった。それがどのような経緯でうまれたか、ささやかならぬ興味であろう。横山源之助―内田魯庵―「革命会議」という線のつながりは厳密にはなお憶測の域にとどまらねばならない。研究者の解明をまちたい。ちなみに、魯庵の「革命会議」は、『労働世界』誌上にあったことは知られていたが（大原社会問題研究所編『日本社会主義文献　第一輯』）、ながく幻の作品であった。

誌面刷新をうちだし、内田魯庵の「革命会議」を載せた『労働世界』第一八号に、横山は「浅草公園死体事件」を、つづく第一九号（三一・九・一）に「ヲルデン氏と語る」を、そして第二一号（三一・一〇・一）に「職工証不可論」を載せた。第一八、一九号のそれは雑報欄に、第二一号のそれは論説欄にある。記事の末尾に、（夢蝶生）（茫々生）（天涯茫々生）とのみ付されてある。「職工証不可論」（第二一号）に、「近日農工商高等会議に附せらるゝ工場法案の規定中職工の移動を防ぐ一方法として職工証なる者を創設し吾人労働者の自由を束縛せんとす妄も亦た甚し、友人兼子氏も亦た余輩と見を同うす左に氏の寄書を掲ぐ余輩同問題に就き次号大に之を論究せんとす」とある。これはとりもなおさず横山が『労働世界』社中にあって、寄書を採択したり、次号執筆を自由に約束したりできる立場にあったことをみずから語るものであろう。横山が「次号」（第二二号にあたる）に書くことを約束した工場法―職工証論は、おそらく第二二号の社説「工場法は誰の為ぞ」、および第二三号（三一・一〇・一五）社説「全国の労働者に告ぐ」ではなかったろうか。内容からいって、第二二号の社説「全国の労働者に告ぐ」は前号の社説「工場法は誰の為ぞ」の承前のものであり、職工証論はむしろ前第二一号の社説のほうに述べられてあった。おそらくは半月刊というやや周期のながい編集期間中にいそいで次号ではなく当号に掲げられたのではないか。社説は多くは無署名であり、第二一、二二号の社説を横山が書いたという確証はない。両社説は編集責任者片山潜によって書かれたとみるのが本筋だが、前後の事情からみて横山源之助によるものとおもわれる。横山が約束した「次号」にあたる第二二号には横山署名による論説はなく、他に社説のそれ以外該当するものはない。

「余輩同問題に就き次号大に之を論究せんとす余は兼子氏と同じく経済上より職工証の如きを不可とするのみならず実に労働者の人権を侵害する悪法なることを断言す言ふ莫れ労働者に権利なしと余は労働者は衣食住――賃金の希望を外（ほか）にして尚ほ計算すべからざる権利あることを主張する者也（天涯茫々生）」といった意気込みからみて、執筆をとりやめたとはかんがえられない。両号の社説はその気負いをそのまま包摂するものであり、論調も横山風であることを裏切るものではなかった。公表がまたれた工場法の骨子をようやくキャッチできた急務の事情も「次号」掲載を当号にくりあげさせた理由であったろう。

第一九号（三一・九・一）雑報欄にある「ヲルデン氏と語る」には、その文頭に「先輩島田佐久間田口片山等の諸氏発起者となり、去る二十日上野精養軒にて、ペルシー、ヲルデン氏の歓迎会を開かれしが、余は差支（さしつかへ）ありて出席する能はず、親しくヲルデン氏と語ること得ざりしを遺憾と為したりしに、次の日、労働演説会の開かれたる青年会館の談話室にて、余は坐を壊（くず）して安楽椅子に倚り東京経済雑誌を嘿読しつゝありしに、突然氏及び同伴者ローレンス氏余が前の椅子に坐を占め、其の儘片山君の紹介にて少時（しばし）間相語るを得たるは僥倖（さいはい）（ママ）なりき」とあり、彼我の労働問題について「相語」った内容を紹介したあと、「彼方なる演説場には開会を促がす拍手の音激しく、既に開会の時刻に迫りければ、談話は是にて了りぬ、其の挙動（ふるまひ）の快活にして平民的なるに余は服せり、余が如きヘネクレ男を一種の同志者となし、開会の時刻に近づける忙しき際にも拘らず、娓々として応答せられしを此処に深く謝す。（茫々生）」とあった。ヲルデンをむかえて、労働組合期成会が神田美土代町青年会館に労働演説会を開いたのは明治三一年八月二一日であった。そのときおのれを比し、「余が如きヘネクレ男」と自称しているところがおもしろい。

第二一号（三一・一〇・一）の「職工証不可論」以後、第三一号（三二・三・一）、「労働者の社会上の位置」までの間、第二五号（三一・一二・一）上の「労働世界記者に寄す」をのぞいては、横山署名になる記事は『労働世界』誌上にはない。明治三一年一〇月から翌三二年三月まで、ただ一篇の寄稿の他はない。それはこの間に、横山が『日本之下層社会』、つづいて『内地雑居後之日本』の執筆に全力を傾注していた事情にちょうど符合する。この間の休筆は、片山潜等の諒解と激励あるいは要請のもとになされたと解される。なぜなら休筆当初、『労働世界』第二四号（三一・一一・一五）が「横山源之助氏の著書」として、「聞く処によれば横山源之助氏は『日本之下層社会』なる大著述をなし教文館より近日を以て出版せられんとすと思ふに吾人は此大著書によりて我日本の下層人民の状態を知り其実際生活を審かにすることを得ん而して吾人が平常熱心する処の労働問題に就て貢献する処尠からざる可きを信し速かに出版せられんことを望む」（雑報欄）と報じたし、さらに第二七号（三二・一・一）が「横山源之助氏の下層社会」と見出しをつけ、「既報の如く源之助氏の大著述は着々進行しつゝありて近日中に発刊の由なり吾人は労働問題が世に漸々呼ひ声高くなるを喜ふと同時に此種の書を歓迎する者なり恐くは横山氏程下層社会労働社会の情状を知る者あらさるへし又同氏程労働者下層社会に同情を持たるゝ士もあらさるべし今此の智識あり同情ある人が吾人労働者の事に就ひて一大著書の企あり吾人は刮目して其の書の出づるを待つ！！」（雑報欄）と熱っぽい言葉で追報していたのである。追報を載せた『労働世界』第二七号は明治三二年の新年第一号であった。次号第二八号（三二・一・一五）に、労働新聞社（『労働世界』発行所）は新企画として社会叢書の創刊を予告した。その新企画のトップバッターに、「社会論壇に名ある」として横山源之助が選ばれ、その第一弾が『内地雑居後之日本』であることが宣伝された（第二八号以降）。このように、横山の『日本之下層社会』と『内地雑居後之日本』の刊行予告や広告が、横山が『労働世界』に筆を休めた明治三一年一〇月から翌三二年二月までの間、『労働世界』誌上にぞくぞくとある。ということは、休筆期間中、期待をにないつつ、別務についていたということである。つまり横山の休筆は労働運動側の熱い要請にもとづくものであったということができる。その別務とは、第一に『労働世界』が渇望して待った『日本之下層社会』の執筆であり、第二に労働新聞社みずからが要請した社会叢書第一巻『内地雑居後之日本』の執筆であった。

『労働世界』休筆期間中に、横山署名のものとしてただ一篇ある「労働世界記者に寄す」（第二五号、三一・一二・一論壇欄）は『労働世界』発刊一周年を祝して寄せられたものであった。冒頭に「労働世界記者足下／久しく不沙汰せり。われ等労働世界第一号を、鉄工組合発会式場にて受取りたるは、昨日の様に覚へたるに、国民之友廃刊し、早稲田文学廃刊し、社会雑誌廃刊せる今日、独り労働世界は月に読者を加へ、既に二十四号を発刊し、方に二十五号を以て一周年を迎へんとす、余輩は出版界の異事にして、此処に労働運動前途の多望を喜ばんとす」と述べられ、「労働記者足下、余近頃一ツの仕事に忙しく、特に長文を綴るの暇を有せず」としながら、鉄道馬車賃引上問題と紡績職工の夜業廃止問題をいそいで論断し、最後に「至嘱。敢て所思を記して一週年の祝辞と為す。（十一月二十四日稿）」と筆がとじられてあった。ここにある「一ツの仕事に忙しく」とは、『日本之下層社会』の執筆に全力を傾注していたことにほかならない。『労働世界』創刊一周年という事情に祝文をよせずにはいられなかったのである。この一文は横山源之助の内的昂揚と、労働運動と『日本之下層社会』の成立のきずなをよくあらわしている。

横山が『日本之下層社会』執筆に専心したのは、『労働世界』への執筆が一時中断される明治三一年一〇月頃からであったろう。そして一〇、一一、一二月までの三カ月間でそれを終えた（『日本之下層社会』「例言」）。『内地雑居後之日本』のため筆をとったのは、労働新聞社が『労働世界』誌上に社会叢書創刊の予告をはじめて載せた翌三二年一月と同時とみられる。一月、二月をこれにかけ、ふたたび『労働世界』に筆をとる三月初旬脱稿したようである。(8)

（8）『内地雑居後之日本』の脱稿を三月初旬とするのは、その「例言」に明治三二年三月とあり、さらに『労働世界』の第三一号（三二・三・一）以降、ふたたび横山が書きはじめていること、および三月五日の青年団（青年演説隊の改称、期成会・鉄工組合員有志）発会式に出席した様子があるからである。

『内地雑居後之日本』の脱稿と同時に、横山は『労働世界』のためにふたたび筆をとった。三月一日発行の第三一号に「労働者の社会上の位置」と「人力車夫に檄す」の二篇。つづく第三二〜三四号に、「貧民の融通機関を論す」「再び人力車夫に就きて」「深更の東京が営める商業」をそれぞれ載せている。

「労働者の社会上の位置」のなかに、つぎのような一節がある。

志ある者は労働問題を唱へ社会主義を叫びて其の権利を伸べ勢力を張りて社会上何物をも有せざる労働者に何物をか有せしめんとす労働者たる者喜びて之を感謝すべきなり然るに余は之を中途にして暫らく余が資格を明らかにすべし、余は今日日本の労働運動に就きては全く局外者なり常に下層社会を研究し居る一書生のみ故に余は以下言ふ所は局外者として憶へる所を攄(の)べて職工諸君の参考に資するのみ

余は常に不平者の言に耳を傾く今日の労働運動に対して其の恩恵を蒙りつゝある職工の間に窃(ひそか)に不平の言を出だす者あり即ち今日労働運動に熱心なる人に対して之に感謝の意を表せざるのみならず却(かへ)りて猜疑の眼を放ち其の自己を踏み台として野心を企つるといふ是なり嗚呼何等の滑稽ぞや既に野心あり社会に為すあらんと欲せは別に他の途(みち)を撰ふべし社会上何等の勢力だも無き労働者を踏み台として何事をか為し得べきぞ余も亦た機会あらは実際労働運動に着手することあるべし然れども利益を謀り勢力を収めんと欲せは他の方面より打つて出づべし唯た労働者諸氏が余りに社会に踏み付けられ余りにイクヂなきが故に聊(いさゝ)か助力せんと欲するのみ是れ余一身の事なりと雖も若し諸氏にして余輩と志を同ふせる人に前者の如き不平の言を為す者あらは余は先づ最初に此の卑怯者に攻撃を加へん

（『労働世界』三三・三・一、第三一号）

なお横山は同号（第三一号、三三・三・一）社説に、無署名の「人力車夫に檄す」を載せている。無署名のそれがなぜ横山のものといえるかというと、その後第三三号（三三・四・一）論壇欄にある横山署名の「再び人力車夫に就きて」の冒頭に「余輩昨月発刊の労働世界第三十一号に於て人力車夫に就きて述ぶる処ありたり」とあり、それが第三一号誌上の社説の一篇「人力車夫に檄す」をさししめしており、末尾の「後日を待つて詳論する所あるべし」（「人力車夫に檄す」）と呼応するからである。

『労働世界』復帰後、第三一号から第三四号まで連続してある「人力車夫に檄す」「貧民の融通機関を論す」「再び

人力車夫に就きて」「深更の東京が営める商業」――これらには横山独特の共通のトーンがあったようである。それは、人力車夫組合、貧民銀行（「貧民の融通機関を論す」）、漁村維持法（「再び人力車夫に就きて」）等、社会、労働問題解決を示唆しながらいわゆる下層社会にふかくこころをよせているそれである。たとえば「再び人力車夫に就きて」は、このようにいっている。

今少しく人力車夫に就きて述ぶる処あらしめよ、嗚呼人力車夫の喜べる花見時は来りぬ、蓋し人力車夫の生活に於て正月と十二月とを除けば本月ほど多福の月はあらざるべし、平常ならば日に五十銭以上を得るも尚ほ難しといふに拘らず、本月に入れは五十銭六十銭を得るは甚だ容易にて満都の士女衣裳を飾りて狂ひ騒げる間に交（まじわ）り人力車夫も同じく多額の所得を収め、春の陽気なると共に懐中（ふところ）温かなるに連れて其の生活のラクなるは何より仕合せの事と言ふべし、併しながら余は一応人力車夫の為に之を喜ぶと雖も翻つて其の平生（へいぜい）を思ひ彼等を囲める境遇に思ひ至れば、むしろ此事あるが為に却て幾多の心配を懐く何ぞ。

（略）余輩は東京府下五万の人力車夫、悉く昨夜（よんべ）パイレチヤツテ己（おら）アオケラだ、のツけに来たと朋輩に威張り宵越しの金なきを名誉とせる無茶苦茶漢（もの）ばかりなりとは言はざれども、総じて之を言へば遊廓近辺に彷徨し居る朦朧の輩は言ふ迄もなくヨナシとヒルテンとに論なく此処に百人の人力車夫居らば其の九十九人迄は、金を手にすれば有るに任せて酒食に散じ却て収入少なき時は其の生活に順序あるが如き変態を示せるは多きに似たり、之を普通の階級より見れば彼等は果して何の為めに車を挽けるやを解釈に苦しむと言へるも固より偶然にあらざるなり、然かも人力車夫の境遇に入りて其の情実を察せば亦た酌量すべき者なきにしもあらず、あながち人力車夫は板一枚の下は地獄なる渺漫たる海上に出でゝ労働に服する漁民と類を同ふする者あり、漁民は時に意外の収獲有りて一時に多額の賃銀を得ることあり、然れども今日我国の細民中最も生活に苦しみ窮迫の状にあるは農民よりも職人よりも漁民に最も多きは何故ぞ、漁村維持法の立たざるにも由るべしと雖も漁民の職業は工場労働者の如く一定の規律の下に一定の労働に服することなく時に雨、時に晴、予想すべからざる天気に運命を委し、同じく極めて不確定なる海中の魚類を目的として然かも危険なる労働に従ふが故にあらずとせんや、人力車夫も同じく然り、其の労働は極めて不規則なり、時に一時間以上を疾駆すること有れば僅に二三十分にして休憩することあり、或は半日も客を得ずして路上を彷徨することもあり、斯くの如きを以て所得は全体より言へば人足的労働者に比して頗る大なるにも拘らず其の日〳〵の収入に相違あるが故に、たとひ正月、十二月、或は本月の如く好賃銀を得る事あるも敢て彼等の生活を改むることなく依然として日済屋と関係し夫婦喧嘩し一生涯車を挽きつゝ世を了るなり、かるが故に人力車夫の今日の如き有様なるは彼等が覚悟の足らざるにも之れ由ると雖も、亦た其の労働の過激にして報酬の不確定なるに由ること多し、余輩は常に漁民の為に漁村維持法の講究を主張すると共に都会の労働者にては人力車夫の如き不定の労働に従へる者は身自ら注意を怠る可らざるを言ふ迄もなく監督の位置に立てる警視庁及び市役所も能く其の境遇を察して彼等をして出来べき丈け其の生活を規則的ならしめんことに力を尽さんことを望んで已まざるなり。

余輩の見る所を以てせば今日先づ人力車夫に対して組合を起さしむるは最も急要なりと信ず。

（『労働世界』三三・四・一、第三三号）

人力車夫問題が一転して、やがて米騒動発祥の地となる漁民のまちにそだった横山に、「農民よりも職人よりも」窮迫した、「板一枚の下は地獄」の漁民問題にただちに二重映しになっている。それは第三二号（三二・三・一五）では「貧民の融通機関を論す」となり、第三四号（三二・四・一五）では「深更の東京が営める商業」となり、万年町、鮫河橋等の貧民問題や夜の露天商問題に移っていっている。後者の内容は横山が四年前、明治二八年五月一〇日『毎日』紙上に載せた「社会の観察」の其一「深更の東京」を換骨奪胎したもの、そのときの調査を多くかりたものであった。

『労働世界』第三四号は寄書欄に労働組合期成会名になる「労働世界に警告す」を載せた。明治三二年四月一五日号。明治三〇年七月労働組合期成会が誕生し、同年一二月同会の機関誌『労働世界』が創刊されて以来はじめてみた対立であった。『労働世界』第三六号（三二・五・一五）は巻頭に「吾人の地位」を掲げ、釈明反論した。なお蜜月中の好意的対立であったが、そこには労働運動指導のあり方や社会主義のイデーをめぐって、知的先進者と労働者群とのあいだにはやくもぬきがたいギャップがうまれていたことが露呈されていた。この年明治三二年をピークにして、後労働運動が急速におとろえ、知的先進者の一団が社会主義化へむかって一層加速し、運動をはなれはじめた労働者とのあいだになお一層の距離をおくことになる。そういう消長の問題が実は深刻に、予兆的にはらまれていたのである。労働組合期成会は『労働世界』中枢部に、つぎのように口火をきったのである。

労働世界に警告す

吾人の親友労働世界は其初刊以来今日に至るまで我労働組合期成会の為めには言語に尽されざる程に尽力せられ、殆んど吾人の機関新聞の如く我が弁護者となり宣言者となり又進撃者となりて吾人を補助せられたるは実に感謝に堪へざる所なり。然るに労働世界は往々激烈当るべからざる論鋒を以て我会員の働く所の工場を抗撃し甚しきに至つて労働者の悪風を吹張（ママ）し針小の事実を杵大にシヤベリ立てゝ以て労働者の感情を害し、又は工場内の裏面を白日に晒らして少しも延慮（ママ）せず、為めに期成会々員は不自由の結果を蒙る屢（しばしば）なり。抑（そもそ）も期成会は元来政社にあらず、純然たる経済的団体なり、然るに友人労働世界は社会主義だとか、政事運動の必要だとかサモ労働者を煽動せんとするものゝ如く頻りに政事の現状を論評し又稍もすれば抗撃の鋒を資本家に向け却て薄弱なる労働者を悪むに至らんとす、吾人は労働世界が労働者の為めを思ふ熱情心より出たる言動なるを信ずるも期成会も亦労働世界の如く社会主義を以て宗教とし同名罷工を以て労働運動の唯一の武器となす激烈なる団体と誤解さるゝの不幸に陥るの憂あり。労働世界が期成会に同情を寄せらるゝはよし又吾人期成会の為めに気焔を吐かるゝは敢て反対せず唯吾人が社会より誤解され、為めに組合の進歩を防害（ママ）するが如き不幸に至らしめざる様に注意せられんことを望む。

（『労働世界』三二・四・一五、第三四号）

この寄書が個人名でなく、労働組合期成会の名においてなされたことが重要である。『労働世界』中枢部、しいては労働運動指導中枢部に位置する知的先進者に向けられた不信第一矢であった。労働運動の基本にかかわる、そのイデーや志向を問う、オブラートにつつまれながらもある不信であった。『労働世界』がこれにたいして、どのようにこたえたか。つぎの第三五号はいまなお未発見であるが、そのつぎの第三六号（三二・五・一五）上の社説「吾人の地位」がそれにこたえる正式回答であったろう。それは文頭に「世の或る者は我紙面を批難して余り激烈なり、無骨なり、抗撃的なり、斯（か）る句調を以て進まば遂に上流社会の同情を失ふべしと云ふ、吾人は批難者の忠告に向つて謝意を表する者なり、如何となれば、我批難者は我々の敵にあらず寧ろ同情を持（もつ）人の言なればなり、吾人は将来大ゐに謹みて言を発せんことを期す、而して吾人は尚ほ一言して今までも決して激烈なる態度を取（とら）ざりしを証せん」と述べ、『労働世界』が発刊以来「十有八ヶ月」労働者の解放自立のためにつくしてきたこと、いまもなお一体であることをいい、『労働世界』の立場を「労働世界は労働者に経済の思想を注入するのみならず博愛慈善主義を奨励す、彼の疾病負傷死亡に向つて救済の必要を説けり、其正義と道徳を労働者間に鼓吹せり、而して労働世界は平和を以て最終の目的を達する最良手段となせり、故に労働世界は常に同盟罷工に大反対を表せり、資本家の圧制と虐待を暴露抗撃すると同時に労働者の不行跡不道徳の行為を責めたり」「労働世界は、社会主義の人類主義なることを示し且つ之が解釈の労をいとはず、然り社会主義の人類主義にして、一般社会に稗益あるを示すと同時に、無政府主義、露国虚無主義の恐るべきを示し且つ此無人情の個人主義に正反対を表したり、吾人は未だ曾て激烈なる挙動を表せず又激烈不法なる所為に賛同せず常に実際的に尽力し職工社会の自重を増すに努めたり」と詳述した。嘘偽りのない堂々たる反論であった。だがどこか苦渋にみちたものであることもたしかであった。どうして異質感がうまれたか。「労働世界は往々激烈当るべからざる論鋒を以て我会員の働く所の工場を抗撃し甚しきに至つて労働者の悪風を吹張（ママ）し針小の事実を杵大」にといわしめたものはなにか。発刊以来『労働世界』が工場法、普選法の制定のよびかけや運動に熱心であったのは事実であった。『労働世界』が社会主義欄を創設したのは、この年明治三二年一月一日新年第一号からであった。その四カ月後に、期成会員と『労働世界』との間にはじめて対立が表面化した。「会員の働く所の工場を抗撃」し「労働者の悪風を吹張（ママ）し」といい、政治指向を排撃するところになにがあったか。はやくも干渉分裂工作があったことはいうをまたない。そればかりではない。対立が表面化する一カ月半前、第三一号誌上にある横山源之助の「労働者の社会上の位置」に、「余は常に不平者の言に耳を傾く今日の労働運動に対して其の恩恵を蒙りつゝある職工の間に窃（ひそか）に不平の言を出だす者あり即ち今日労働運動に熱心なる人に対して之に感謝の意を表せざるのみならず却りて猜疑の眼を放ち其の自己を踏み台として野心を企つるといふ是なり」とはからずも書かれてあった。

　アメリカ帰りの高野房太郎や片山潜のみならず、島田三郎、佐久間貞一、日野資秀伯爵、松村介石、安部磯雄、河上清等錚々たる政治家、学者、ジャーナリスト、一流の先進者たちの庇護と応援をえて第一期労働運動がはじまっていたのである。そこに多少の「猜疑」や「労働者の悪風を吹張（ママ）し」といわしめるものがうまれるのもやむをえなかったかもしれない。旗挙げ当初から内在していたにちがいない違和感が、『労働世界』が社会主義イデオロギーを前面におしだしはじめたときに噴きだされた。労資協調主義と経済主義を期成会員側が逆手にとってイデー対立を表面化させた因由には、『労働世界』に代表される知的先進者側にも問題がなかったとはいえない。それは、労働者にたいしては誰よりも同情をよせているとされていた横山源之助さえも、労働運動の「恩恵を蒙りつゝある職工」「労働運動に熱心なる人に対して之に感謝の意を表せざる」といわしめている、与える者の独善主義がやはりあったことである。「蓋し今日我が日本の職工諸子に欠くる所は智識の欠乏にあり試に欧米諸国の労働者を見よ（略）欧米労働者をして仮に我国の如く賃銀低くき而して其の工場は不完全を極むる国に在らしめよ必ずや大に叫ぶ所あるべし我職工諸子が斯くの如くイクヂなき所以は必竟自己の不幸を自覚し得ざる知識の欠乏によるのみ故に今日日本の労働社会の面目を改めんとするには職工諸子の智識を開発するにあり」と、社会叢書発刊の辞のなかにある労働者大衆を凡愚とみる――それが労働者の弱点をえぐって逆に神経をさかなでするものでなかったか。「労働者の悪風を吹張（ママ）し針小の事実を杵大に」と逆襲させたものがなにであったか。社会主義を人類主義だとしておしすすめていくそこに、上からあたえる知識人の独善主義がなかったか。ここにも、労働運動が、一方が突出し一方が離れて、急速に衰退していく因由のひとつが内在していたのではなかったか。

　そしてついに社会改良主義路線と社会主義路線の二潮流がはっきり対立したのは、この年七月九日、活版工組合の演説会席上においてであった。それは社会政策学会の桑田熊蔵、金井延と『労働世界』発行責任者片山潜との論争対立となって表面化した。『労働世界』が社会主義欄を設けたのが、この年明治三二年一月。労働組合期成会が『労働世界』の政治主義、社会主義化を批判したのが四月。横山源之助が社会叢書第一巻『内地雑居後之日本』をもって労働運動の社会主義化を唱導したのが五月。社会改良主義路線と社会主義路線がはっきり対立する姿をみせたのが七月であった。

　理論展開、実際運動への進出よりも下層社会研究の「一書生」をもってみずから任じ、心情的にも下層との一体化を至上命令にしていた横山源之助であった。運動内部でジグザグに進行していく対立が横山源之助にはたしてかげをおとすことになるのかいなか、いま問うのはなお早計であろう。

『労働世界』第三二号（三二・三・一五）「組合彙報」（期成会彙報のこと）に、左のような記事をみる。

○青年団第一次会　三月五日夜事務所に於て開会左の諸項を議了せり
一　青年演説隊(9)を青年団と改称する事
（略）
一　左の諸君を名誉団員に推選せり
河上清君、高松豊次郎君、横山源之助君、
（略）

期成会員有志によって一時組織された青年団の名誉団員に、横山源之助が河上清、高松豊次郎の二人とともに推挙されている。三月五日、青年団の発会式に出席したのであろう。このときが、『内地雑居後之日本』が書きあげられた後の最初の外出であったろう。

（9）この前号第三一号（三二・三・一）に「○青年演説隊　去月十九日事務所に於て発起人総会を催ふし来る三月創設毎月二回以上演説会を開らき尚又毎月第一日曜日午後六時より事務所にて討論会を催ふし隊員相会し労働問題に対する意見を一致し且隊員間の交情を煖ため表情を啓らくことゝ定め来る三月五日午後六時発隊式を挙げ祝辞演説等を為す筈に決定せり」とある。青年団とは労働倶楽部の一異種であったようだ。期成会青年部・鉄工組合員（有志）であろう。

第四〇号（三二・七・一五）の組合彙報をみると、六月二五日午後三時からひらかれた期成会月次会の報告記事がある。このときの月次会は、労働組合期成会が発足ちょうど二周年をむかえるにあたり役員を改選した。常任幹事として片山潜、高野房太郎の二人を選出した。この記事の末尾に、

右了りて散会
次て臨時月次会を開き緊急議事に付協議会を開く
一　常任幹事高野房太郎君に月額実費支払の件
右の支出を一ケ月三十日以内とし交渉委員七名を選び鉄工組合へ交渉して出金せしむること
委員の氏名　間見江金太郎君、馬養長之助君、武田貞吉君、山崎義宗君、片山潜君、横山源之助君、高橋定吉君、
右にて散会す

とある。これによれば六月二五日にひらかれた期成会の月次会に、横山が出席している。

労働組合期成会は発足二周年をむかえ、このとき片山潜を東北遊説に派遣することを決定した。片山潜にとって、昨三一年夏につづく第二回目の東北遊説であった。目的はもちろん組織拡大——歴史的なストによって昨年二月以降労働運動の最尖端にたっている日鉄矯正会を労働組合期成会に加盟せしめること等にあった。片山潜は東北を経て、北海道まで脚をのばした。出発は七月一〇日、帰京八月二日であった。その報告は『労働世界』(第四一～四三号)に「東北通信」として詳しく報道された。

ちょうどこのとき、横山源之助は『中央公論』のもとめに応じて、「労働運動の初幕」(三二・八)という論文に筆を染めていた。『日本之下層社会』が上梓されたのが四月三〇日。社会叢書第一巻『内地雑居後之日本』のそれが五月三日であった。ここにおいて、横山源之助は労働運動イデオローグの最高峰にたったといえる。

僚友片山潜は東北に長駆し、横山源之助はその留守に、上昇する労働運動の熱風を、「労働運動の初幕」中につぎのように筆にのせていたのである。

横山は言う。「明治三十二年は是れ如何なる年ぞ。余輩は明治三十二年と言ふ年に対して、無量の意味を有す。世間は唯、政党者流の堕落を知るのみ。内地雑居を以って重もなるものとせん。然れども労働者の側に立てる余輩に於ては労働運動の初幕を開きたる年なるの故を以て世人に此の別種の意味を以つて長く明治三十二年を伝へんとす。蓋し昨年迄は余輩は我国に於て労働運動として僅に前章記したる労働組合期成会を有せるのみ。若し挙ぐることを得ば尚、外に日本鉄道機関方に依りて組織せられし矯正会を有したるのみ。然かも明治三十二年に入り遂然として幾多の労働団体起れり。曰く活版工同志懇和会、曰く洋服職工組合、曰く靴工倶楽部、曰く関西労働組合期成会、曰く神戸支那人非雑居団体、曰く野州労働団体、即ち是れなり。何を以て労働運動の初幕と為す。蓋し活版工同志懇和会や、洋服職工組合や靴工倶楽部や、是れ東京府下に起りたる労働団体のみ、今日迄日鉄矯正会を除きて未だ地方に労働団体の起りたることを聞かざりしなり。然かも本年に至りて先づ上毛に労働者千有余人を集めて労働組合起り、次ぎて大阪地方に弁護士河合清鑑氏政界の落武者大井憲太郎氏と謀りて、労働組合期成会を起こし、先づ燐寸職工を糾合せんとし、更に支那人雑居問題に刺撃せられて、神戸市に尨大なる労働団体組織せらる。若し人数の上より言へば神戸労働団体程大なるは他に有らざるべし。聞く処に依れば其の会員三万人に出づと。結合の強弱は未だ悉しく知る能はずと雖も、右三万の会員中沖仲仕人足六千、陸仲仕五千、都合一万一千の人数は既に県令に迫られて組合を設立し居れば仮令該団体は烏合の衆なりと言ふも、此の一万一千の人数は離散することなからん。然かも重(ママ)もなる組合員の意向は遙に長崎の仲仕と結び、更に横浜、東京の仲仕労働者と相呼応せんとするの計画ありと言へば重(ママ)立てる人にして前後を思慮し、健全に発達せしむることに之れ力めば異日大に注目すべき者あらん」と。

（『中央公論』三二・八）

いまや横山源之助は労働運動の代弁者であり、彼のこころはたかまるばかりの労働運動の躍動とこのように一体であった。

このとき、東北遊説中の片山潜から横山宛に書信がとどけられ、さっそく横山は執筆中の「労働運動の初幕」中にこれを掲げた。それは前文につづき日鉄矯正会の隆盛を述べるくだりのなかに、「左の書信は片山潜氏が旅行地より余に宛てたる書信なり。／読者の参考に資す」として挿入された。

片山潜発横山源之助宛書簡

仙台組合員は期成会員及鉄工組合員を合す。これは殆んど六七十名も有之候趣、我が期成会に同情の厚き推して知らるべく候。当夜は矯正会倶楽部に於て茶話会を催され石田氏（同盟罷工首謀の一人）外二三名演説の後余は我国将来の労働問題は労働者自ら起つて解釈せざるべからざることを論究し結局労働者自身が発憤して之が解釈を決するの至当にして善良なるを説き其の方針としては労働者に関係ある範囲内に於て政治運動も必要なるのみならず社会主義を研究して之を応用するも亦甚だ必要なる旨を詳論せしに満場大喝采、非常の賛成を博し候。石田氏の如きは、労働問題より、社会主義を除けば何もなし、労働運動に社会主義を除かんとするは労働運動に犬死せよと宣言すると同然なりと申され候。次に労働組合期成会の対工場法案運動方法に付き小生の思ふ旨を述べ大に其の必要を演説候に、何れも大賛成に候ひき。当地矯正会支部長浜田氏は期成会に全部合同を主張候ひしに是も満場一致にて可決せられ近日仙台に期成会の一大支部を設置することに相成候。其の発会式は小生青森、札幌等巡回せし後帰途挙行することに決定致候

「労働運動の初幕」（『中央公論』三二・八）中に掲げられてある片山潜の書信をみれば、労働運動の遂行について片山潜と横山源之助の呼吸がぴったりであり、二人が熱っぽく一体であったことがわかる。この書信に書かれてあるこ

とは、『労働世界』第四一号（三二・八・一）上の「東北通信」（片山潜）の仙台の部と照応している。東北遊説途上片山潜が仙台にあったのは、七月一二、一三日である。片山潜の書信はこのとき発せられ、横山源之助のてもとにとどいたのは七月一四、五日頃であったろう。横山が「労働運動の初幕」のため、筆をとっていたのはおそらく八月上旬である。文中に「昨月労働組合期成会東北遊説員片山潜の勧誘に随ひ」とある箇所、また他の箇所に「既に関西地方も動き、東北地方亦た此の快報を得。労働運動の前途豈多望ならずとせんや。之を聞く本月労働組合期成会は更に常任幹事を派して関西遊説を実行す」[10]とあるから、おそらく執筆は八月上旬であったろう。

（10）期成会の常任幹事高野房太郎は清国労働者非雑居期成同盟会の演説会に出席するため神戸へ出張した。七月三〇日出発、八月二日帰京（『労働世界』三二・八・一五、第四二号）。

片山潜が東北・北海道遊説をおえて帰京したのが八月二日。横山が「労働運動の初幕」を書きあげたのは、ちょうどその頃であったろう。

片山潜の無事帰京をむかえ、「労働運動の初幕」を書きあげた直後、横山源之助はついに過労にたおれたのである。そして一時郷里へ去った。明治三二（一八九九）年八月のことである。

このときをもって、開幕期労働運動と横山源之助との関係は一時中断される。

『労働世界』との関係からいえば、明治三二年四月一五日付第三四号「深更の東京が営める商業」をもって、『労働世界』誌上横山源之助の寄稿は中断されている。

だが、先にみたように、青年団会合、期成会会合への出席等をとおし、あるいは『中央公論』誌上の「労働運動の初幕」のなかにあるように、開幕期労働運動、僚友片山潜との熱い関係は郷里へ去る八月までつづいたのである。

横山源之助が一時郷里へ去ることになったのは、後に詳述するが、過労のため健康を害してしまったことに主因する。くわえて毎日新聞社を辞める仕儀になった事情がかさなっている。ともに労働運動、労働者の自立解放運動に熱中しすぎたためである。

横山源之助の帰郷は明治三二年八月であった。

そのときなお第一期労働運動の上昇はつづいていた。それは片山潜の東北・北海道遊説、高野房太郎の関西遊説、あるいは横山源之助の「労働運動の初幕」の熱気に見たとおりである。好箇の例はこのとき日本最初の労働演劇が創出されていることであろう。『労働世界』は共働店運動のよびかけにあわせ、労働倶楽部の結成をよびかけていた。そのひとつの結実は翌三三年歴史的な廃娼運動の口火をきっておとすことになる大宮の労働倶楽部の創生であろう。その大宮の労働倶楽部が日本最初の労働演劇を上演した。それはちょうど横山源之助が過労にたおれ、発足以来熱い関係をもった労働運動、『労働世界』の同志たちと袂れ、帰郷の途についたときであった。

明治三二年八月一五日発行の『労働世界』第四二号は雑報欄に、『●大宮の労働倶楽部演劇』と題して、報じた。「曩（さ）きに労働世界に掲載したる、労働倶楽部用演劇筋書、邦国光職工錦（みくにのひかりしよくこうにしき）と題するもの、去月一九日（日曜）同地末吉座に於て、新演劇共励会坂井一座をして演ぜしめたるに観客競ひ来り満場に立錐の余地なく、同地空前の盛況なりき因に記す同演劇の著者即ち本組合の同情者高松豊次郎氏は当支部の請を容れ同演劇中間に於て労働問題に関する演説をなされたり」とある。七月一九日、大宮の労働倶楽部主催のもとに、高松豊次郎作の「邦国光職工錦」を、新演劇共励会坂井一座が同地末吉座において上演したという。上演された演目は前に『労働世界』第三二、三三号（三二・三・一五、四・一）に掲載された労働倶楽部演劇筋書『二大発明（だいはつめい）国家（くに）の光職工錦（ひかりしよくこうにしき）』のことであった。作者高松豊次郎[11]はさきに青年団の名誉団員として、河上清、横山源之助とともに名をつらねた人であり、その後一種の社会落語を創始しようとした呑気楼三昧高松豊次郎そのひとであった。ちなみに彼が創始しようとした社会落語は、後に堺利彦の売文社が社会主義プロパガンダのためくわだてた社会講談とともに、考究されていい事例であろう。上演者新演劇共励会坂井一座とは労働者によるものであったかいなかは不明である。このときのそれが純粋に労働演劇とよばれるにふさわしいものであったかどうか、これも考究されねばならない。後年平沢計七等の手によってはじまる労働者演劇のまえに、このようなこころみがあったことは記憶されていい。「満場に立錐の余地」がなかったという。翌明治三三年中央の知識人、学生、基督教矯正会を捲きこんでひきおこされる廃娼運動の最初の口火をきった大宮の労働倶楽部がわがくに最初の労働演劇を創始するという熱っぽい誕生のしかたをしていたのである。

この頃、第一期労働運動は硬軟の運動路線をめぐってすでに亀裂をはらみつつあったが、まだ労働演劇を創始するほどの上昇エネルギーをもっていた。

横山源之助が郷里へ去ったのは、ちょうどこの頃であった。

明治三二（一八九九）年八月郷里へ去り、同三四（一九〇一）年三月再上京をまつまでの間、横山源之助と労働運動との関係は一応中断される。一年半余、二年弱の間である。この間、『労働世界』は断続的ながら横山源之助の消息を伝えた。

『労働世界』が郷里へ去った横山源之助の消息を追っていたということは、横山源之助と労働運動との絆の靭さを傍証しているだろう。そして第一期労働運動にとって、忘れてはならぬ横山源之助の功労の地位をも。またそれは『労働世界』の主筆の地位にあり、労働運動の中心部をになっていた、片山潜が横山源之助にかけていた期待がなみでなかったことを語っているだろう。片山潜のみならず、後述するように、高野房太郎や桑田熊蔵やもこのとき横山源之助復帰のために熱心に尽力していたのである。それは横山源之助という、片山潜や高野房太郎ともちがう別の地位から、労働運動の指導に独自な理論的貢献をはたしていた、労働問題の生字引にもひとしい才能をうしなうことが、発足したばかりの労働運動にどんな傷手であるか誰もが知っていたからに他ならぬ。帰郷中、横山源之助と第一期労働運動とは、『労働世界』の消息によって、つながっていた。

(11) 高松豊次郎については、松本克平著『日本社会主義演劇史』(昭和五〇年、筑摩書房)に詳しい。

(三) 過労にたおれた後

『労働世界』にある横山源之助の消息をおってみよう。

『労働世界』が横山源之助の消息第一報を伝えたのは、明治三二年九月一五日発行の第四四号雑報欄においてであった。それにはつぎのようにあった。

●横山　源之助氏はまだ帰京せず又関西にも行かずと

この消息第一報は唐突の感をあたえる。なぜなら横山源之助がどこかへ行ったという記事が前にあったわけでなく、第一報がとつぜん右のようにあったからである。

「まだ帰京せず」というのは郷里滞在がながびいていることを指すだろう。横山が郷里へむかったのはおそらく八月一五日のお盆前であったろう。とすれば、一カ月を経過しての第一報であった。それは少し長過ぎる滞在であった。おそらくは、はじめ一時の帰郷の約束であったのであろう。横山の帰郷時がとくに『労働世界』に報じられなかったのは右の事情による。帰郷中の横山から便りがあって、ながびいたときにはじめて不在第一報が載せられたのである。

消息第二報はそれから二カ月半後にあった。明治三二（一八九九）年一二月一日発行の『労働世界』第五〇号雑報欄である。第五〇号は『労働世界』発刊二周年号であった。

◉毎日新聞の記者であつた横山源之助氏が「平民の福音」と云ふ有益な面白い書物（山室軍平氏の著）を好評した長ひ文章を送られたか次の号に掲げて皆さんにおめにかけるマー夫れより山室氏の平民の福音を買ふて御覧なさるかいゝと思ふ（定価廿銭）山室氏は神田三崎町で働ひて居らるゝ氏は始めは一活版工であつたよ

横山は『労働世界』に、山室軍平の『平民の福音』を評した長文を寄せたという。帰郷五カ月後である。まったく筆をたつつもりではなかったことが、書評一篇の寄稿の報があることからしられよう。だがその書評は掲載されなかった。長文であったからであろう。ちなみに、約一年半におよぶ東京不在中、横山が『労働世界』のために筆をおこしたのは、このときのみである。

横山が毎日新聞社を退社したのが帰郷する前であったか、帰郷中であったか。いずれにせよ、横山の郷里における長期滞在は決定的となった。すでに五カ月を経過しているのである。

消息第三報は第二報の消息からさらに半年後にあった。すでに明治三三（一九〇〇）年である。この年五月一五日、『労働世界』第六一号の雑報欄は、

◉横山源之助氏は今尚ほ魚津に在りて大勉強中

と報じた。おそらく横山から片山潜宛に時候のたよりでもあったのであろう。『労働世界』側の情報のみからいえば、

このときはじめて、横山が魚津（郷里）にいることが報じられたことになる。すでに郷里滞在一年におよばんとしている。「大勉強中」とあるが、それはなにを意味したろう。

消息第四報はそれから四カ月半後にある。三三年一〇月一日、第六六号雑報欄は、「◉工場調査の進行」と題して、つぎのように報じている。

久保桑田氏等の委員は着々調査に掛り現に地方巡回（めぐり）だと云ひ横山源之助も調査委員属托（ママ）と為りて働くとやらて誠に望ましきことなり成り丈け早くやつて頂きたいものだぜ

横山が農商務省のおこなった工場調査に参加することになったのは、明治三三年五月頃からであった。したがって一〇月一日発行になる『労働世界』の報は若干遅れている。横山が帰郷したのが昨年夏。療養一年弱。ようやく社会復帰の途についた。だがなお労働運動主流への不在はつづく。

ちょうどこの頃、労働運動の凋落は覆いがたいものになっていた。この年、すなわち明治三三年一二月一日、『労働世界』第六八号はついに「緊急広告」と題して、左の記事を掲げたのである。

労働世界は明治卅年十二月初号を発刊してより茲に三ケ年一日の如く幾多の困難と幾多の経験との間に義侠の精神と熱誠とを以て我幾万の労働者に忠実と同情の言思と文明の知識を風調し鼓吹したり然るに経済界及工業界の不振は組合の不振となり社の経済に一大困難を生じたり印刷代支払の延滞は社をして進退維究せしめ且つや我社と直接の関係を有する組合は其代金支払に困難を感するに至れり故に明治卅三年九月廿五日鉄工組合本部に於て社員総会を開会し其決議左の如し

一、労働新聞社は九月卅日以後は左の条件を以て全部片山潜の責任に帰す
一、(ママ)労働新聞社は明治三十三年九月三十日以前の労働世界代金を期成会及鉄工組合に請求せざる事
二、(ママ)労働新聞社は九月卅日迄の収支決算を為し若し残金ある時は之を各社員持分券に応じて分配する事
三、(ママ)労働新聞社は九月卅日迄の決算に於て残金を生じたる時之を社員に支払の外は一切関係を有せざる事

労働新聞社

社員御中

第一期労働運動が開幕して三年。ついに瓦解寸前の危機に直面しつつあったのである。『労働世界』、労働新聞社はここに労働組合期成会、鉄工組合からわかれ、明治三三年九月三〇日以降、片山潜個人の経営に委ねられることになった。第一期労働運動はこの直前、運動の創始者高野房太郎をすでにうしなっていたのである。第一期労働運動が最高のたかまりをみせたのが、明治三二年。三三年の初頭にはいるやはやくも会員減少、財政窮迫という事態は危機的状況をむかえていた。一月三〇日、期成会をささえた鉄工組合の臨時本部委員総会は高野房太郎の手当辞退、常任幹事辞任を決議していた。その半年後、『労働世界』第六五号が高野房太郎の渡清[12]を報じている。九月一日号であった。すでにこのとき、第一期労働運動は生みの親をうしなっていたのである。

(12)　大島清著『高野岩三郎伝』(昭和四三年、岩波書店)によれば、高野房太郎の渡清は明治三三年春。

消息第五報はさらに翌年、三四年一月一五日、第七〇号にあった。工場調査に横山が従事することになったことをつたえた第四報におくれること三カ月半。

●横山源之助氏は工場調査の嘱托（ママ）を受け専ら工場探見に従事せりと云ふ

右の第五報は前第四報の続報に相当する。

消息第六報はそれから二カ月後、明治三四年三月一五日、『労働世界』第七四号英文欄にあった。

Mr. Gennosuke Yokoyama a former editor in the Mainichi just returned to the city after absence of a year. He has been engaged in the investigation of spining factories in north under the auspicis of the investigating committee on the factory legislation. We hope that his work will bear some good fruits soon, forethere happen so many events that are terrifly fatal to the workers but can not be helped at all, because there is no law to do any protection to them.

それは横山が工場調査をおわって帰京したことを報せるものであった。横山は明治三四年三月、『職工事情』（農商務省商工局編、明治三六年、生活社）調査をおわったものとおもわれる。

工場調査完了と同時に、横山は凋落下にあった労働運動、『労働世界』に復帰した。横山の運動不在は明治三二年八月のとつぜんの帰郷時より数えて一年七、八カ月におよんだ。この間の事情については後に稿をあらためて詳述するが、その間郷里にあること、明治三二年夏から翌三三年五月まで九カ月。ひきつづき農商務省工場調査に従事した期間、三三年五月以降から翌三四年三月まで九カ月余であった。消息第六報にあたる英文中「一年の不在の後」の帰京とあるのは後者農商務省工場調査従事期間をさすものである。横山が労働運動の戦線を去っていた期間は、より正確には一年半余、二年弱におよんだのである。横山の帰京を英文欄に報じた『労働世界』第七四号（三四・三・一五）に「労働問題演説会」と題した雑報記事がある。それをみると、「労働演説会は既報の如く去る九日晩三崎町吉田屋に開かれたり例の如く頗る盛会にて西川光二郎氏は労働運動の歴史に就ひて一時間以上の長演説を試み片山潜氏は近時欧米労働組合の進歩を説き（略）門脇横山々下、松岡諸氏も有益なる演説を試みられたり」とある。そのなかにある「横山」とはおそらく横山源之助のことであろう。横山の帰京を報じた第七四号の発行日前の三月九日、神田三崎町吉田屋で開かれた労働演説会に横山が出席していた様子である。この記事は横山の労働運動への復帰をしらせている。

確実な復帰第一弾は、その翌号『労働世界』第七五号（三四・四・三）にある、七顚八起楼の名をもって寄稿した「従来の職人諸君に望む」である。

この寄稿によって、横山の労働運動への復帰は確定的となった。その筆者は「労働者唯一の機関たる労働世界は、常に親切なる忠告を工場労働者に与へ居れり、われは今ま従来の職人諸君に対して少しく忠告を試みんと欲す。大工、左官、石工、木挽、指物等の職人諸君、諸君は知らず今日如何なる状態（ありさま）に在りや、余は久しく地方に在りて都会の状況（ありさま）を審かにせず、しかも東京に帰りて諸君の中の四五人に会し、其の状況（ありさま）の三四年前に比してなに等の異なるなきを見て転（うた）た仰天せずんばあらず、世の中は三日見ぬ間の桜といふと雖も諸君の状況（ありさま）は此の言葉に反対して五年前も三年前も今年の今日も少しも異なるなきは何とせる次第ぞ、成程賃銀は少しく上（の）ほりたり、昨年の年期小僧は一人前の職人と為り居れり」と書きだしていた。あきらかに横山の筆であり、復帰を告げる書きだしであった。七顚八起楼と署名されたのである。病にたおれ、一時筆をたち、農に帰ろうとした横山があしかけ三年におよぶ沈黙、紆余をへていま再起をとげようとする第一稿を、七顚八起楼[13]と署名した。再起への横山の感慨があらわれている。

（13）七顚八起楼という署名は、実は『労働世界』誌上、以前にもう一つある。明治三二年二月一五日刊の第三〇号論壇「時事漫言」七顚八起楼主人である。同誌上七顚八起楼（主人）の署名のあるものは、確実に横山の記事である「従来の職人諸君に望む」

（三四・四・三）と右のそれと二つのみである。「時事漫言」の載った第三〇号（三二・二・一五）は、横山が『日本之下層社会』『内地雑居後之日本』執筆のため一時『労働世界』への寄稿を中断（三一年一〇月〜三二年二月）し、第三一号（三二・三・一）からふたたび筆をとる、その前号にあたる。第三〇号上の「時事漫言」は「国憲党の政綱」「自由教育を賛す」「青年独立会の設立」の三論説からなり、とくにきわだって誰のものといえるものではないが、「自由教育を賛す」中に「授業料全廃の事は、労働世界記者と共に我れ等の常に望める所」という書き方をした箇所があり、休筆後の再筆という事情とあわせて、七顚八起楼（主人）の署名はともに横山のものであったのかもしれない。

横山は一年半にわたる不在をへて、ふたたび労働運動に復帰した。復帰と同時に発表した「従来の職人諸君に望む」（三四・四・三）一篇。だがその後、『労働世界』誌上に横山の作品は見あたらない。それは『労働世界』そのものが労働運動の急速な凋落とともに気息奄々たる状態にあり自滅を目前にしていた事情や、横山自身再起の方途をそのとき手さぐりしていた事情によるものであろうか。

つぎに横山の消息が『労働世界』誌上にみえるのは、復帰報道と復帰第一稿があった、そのほとんど半年後である。明治三四年九月一日発行の『労働世界』第八九号に、つぎのような雑報がある。

●兼て期したる夏季労働懇話会は去る廿四日夜神田青年会館に開き七八十名会集して頗る盛会なりき将来の運動に就ても決議する所あり尚ほ労働組合聯合会を組織せんとする手順に運ばんと左の十名事務員を撰定したり、

榛葉与三郎　片山　潜
川島烈之助　岡村鐘太郎
藤田富太郎　小野瀬不二人
笹岡　栄吉　斎藤房次郎

鵜沢幸三郎　横山源之助

これによれば、八月二四日神田青年会館で開かれた夏季労働懇話会に、横山が出席している。労働団体を再組織化する問題があって、片山潜等とともに、横山はその新組織（労働組合聯合会＝仮名）結成のための準備委員にえらばれている。

ここにあたらしく組織されようとした労働組合聯合会なるものは何であったか。準備委員の一人にえらばれた片山潜がこれに決然絶縁状をたたきつけるのである。二旬後に発行された『労働世界』第九一号（三四・九・二一）[14]をみよう。そこに「何故労働団体聯合会を脱するや」と題した片山潜の署名文がある。「余は八月廿四日開会の労働者懇話会を発起せし最初の一人なり而して労働団体聯合会は余の期望せし所なり然るに去る十日夜桜田会館に於て決議せられたる所の組織は我が労働組合期成会と大差なければ余に取りては入会の必要なきを認む而して其主意書は余等の取り来りたる主義と全然相反対せる点あるを以て到底将来会員として一致の運動を為すを得ざるや明かなり是れ余が仮参事員を辞し合せて脱会したる所以なり」。

同号の雑報欄はさらにそれに追討ちをかけた。

●労働団体同盟会の趣意書中には左の文字あり「何んぞ必らすしも極端なる理論に心酔して敢て漫りに資本家を敵視し労働問題の為めに故らに生産社会を壊乱することを喜ばんや」是れ近時曲学阿世の徒か又は狭量浅見の者が其利己の地位を保持是努めんが為めに社会主義に反対する句調に外ならず職工として又労働者に同情ありと称する人士が斯る挑戦的而も消極的不穏妥の言語を捕へ来つて各種の労働者を集団せしめんとするは吾人の解せざる所なり

さらに続いて「●芝桜田会館の労働団体委員会に出席せし中には鉄工組合、期成会及矯正会の会員も見受けたるも各自の会の代表者として出席したるにあらず茲に新聞紙の誤報を訂す」（同号）と追記されていた。

ここにいたって、第一期労働運動がイデーのみならず、事実ほとんど分裂寸前の状態にあることが露呈された。すでに初期的な大同団結の段階ではなかった。片山潜等は社会民主党の結成・解散（同年五月）、社会主義協会へとひたすら社会主義化の道をつきすすんでいたのである。横山源之助が九月一〇日芝桜田会館で開かれたという労働団体聯合会なるものの結成準備会に出席していたかどうか、いまはとわない。が、あたらしく結成されようとする労働団体聯合会なるものの背後には大井憲太郎があり、後章で述べるように横山源之助はここにうまれようとするあたらしい運動のうごきとすくなからぬ関係をもつのである。

（14） 第八九号の発刊日は九月一日。第九〇号は未発見。第九一号の発刊日は九月二一日、第九二号が一〇月一日である。『労働世界』は毎月一日、一五日刊のはずであった。末期の頃、発刊日にたびたび狂いがある。

さらに『労働世界』をおってみよう。

先にみた第九一号の英文欄雑報記事中に、

We have labor fakirs here in Japan.

Mr. Gennosuke Yokoyama is to lead the Fakir Party.

とある。それは何だろう。“labor fakirs”“the Fakir Party”とは。横山源之助はこの頃なにをしようとしていたのであろう。具体的なことは遺憾ながら不明である。

『労働世界』はついに明治三四（一九〇一）年一二月二一日、第一〇〇号をもって廃刊された。明治三〇（一八九七）年一二月一日、労働組合期成会の機関誌として発刊されてから、満四年にして『労働世界』は潰えた。三三年一〇月以降、期成会の手をはなれ、片山潜ひとりの経営に負わされていた。『労働世界』はついに終わり、日刊新聞『内外新報』の発刊によって、再生がはかられたがそれは日ならずしてやんだ（三五年一月以降一カ月間刊行されたという）。翌三五（一九〇二）年四月三日、第二次『労働世界』（旬刊）発刊へと三転した。そこには第一期労働運動末期の終熄と再生との死闘が映っている。さらに第二次『労働世界』から『社会主義』『渡米雑誌』『亜米利加』『渡米』へとつぎつぎに短命変身した。もう労働界の機関誌ではなかった。

第二次『労働世界』第一号（第六年第一号）の雑報欄に、横山の消息がみられる。『労働世界』誌上、最後の消息であった。明治三五年四月三日の誌上である。それには、

●板垣伯の貧民調査会　同伯と伯の二三知己とによりて設立され居る貧民調査会は、近々大拡張を為して精細確実なる調査を始むる由にて、既に横山源之助氏を聘し、又精細なる調査の項目も既に出来上りたる由。

とあった。

この報を最後に、『労働世界』誌上に横山の名をふたたびみることはない。このときをもって、すなわち明治三五年春頃をもって、『労働世界』――片山潜と横山源之助との関係は一応終わったとみることができる。労働運動を中

心にしていえば、後、片山潜は左傾化の道を行き、横山源之助は右傾化の道をえらんでいく。

(四)「貧民研究会」と横山源之助

横山源之助と貧民研究会の関係について、述べておきたい。貧民研究会なるものが労働組合期成会との触れあいのもとに、一時存在していたことは以前からしられていた。

片山潜と西川光二郎の『日本の労働運動』の中に、労働運動に関連のあった「会」として、社会問題研究会、キングスレー館、徒弟夜学会、貧民研究会、青年独立会、労働組合研究会、実業会館、社会主義協会、社会政策学会、社会学研究会、労働倶楽部の名があげられてある。貧民研究会については「三十一年四月の設立にして、本郷真治郎、片淵啄(ママ)、松原岩五郎、山室軍平、布川静淵、松村介石、片山潜、高野房太郎、安達憲忠等の如き各種の人を集め得しが、之れ又久しからずして亡びたり」という記述がある。従来その存在については漠として明らかでなかった。明治三四年という時点で書かれた『日本の労働運動』は貧民研究会に参画したひとびとの名を挙げるに際し、横山源之助の名を逸してさえいた。いうまでもなく『日本の労働運動』は日本の第一期労働運動にかんするもっとも詳細かつ貴重な資料である。『日本の労働運動』が公刊された明治三四年頃、片山潜と横山源之助との間が冷えはじめていたことにあるいは一因するのだろうか。

貧民研究会の跡を追ってみよう。

重複するが、明治三一(一八九八)年四月一五日発行の『労働世界』第一〇号雑報欄に、横山源之助が二、三の士と語らって社会研究会をおこそうとしたときの記事があった。もう一度掲げよう。

●下層社会の研究　近年社会問題の声喧（かまびす）しく四方に反響しつゝあるか仔細に其の議論を見れは多く抽象的にして実際日本の下層社会に適切なる言論も見えざるは必竟我国細民の事情が未た能く知られざるに因るなるべし吾れ人共に慨嘆して止まざる所なるが近者（ちかごろ）横山源之助氏外二三の士社会研究会を組織し親しく労働者に接し細民窟に入り大に下層社会の研究に力むるよしに聞く

続いて五月一日発行の第一一号には、

●南京米のかゆにいもの切りくづを入れて命を支ゆる貧民続々増加せり物価騰貴は其の止（とど）まる所を知らず実に思ひやらする（ママ）なり去る廿九日午後七時より神田きんぐすれい館にて貧民問題研究第一回を開きて種々討議するところありたりと云ふ。

とある。「貧民問題研究第一回」とはなにか。つづいて第一二号（三一・五・一五）はその詳細をつぎのように伝えた。

●貧民研究会第一会（ママ）　本社の片山潜及び横山源之助両氏の発起にて昨月廿七日午後七時よりきんくすれい館にて貧民研究会第一会（ママ）開かれたり出席者十六名片淵琢氏の静岡地方を旅行して感せしとて都会と地方細民比較談あり報知新聞記者たる井上慶吉氏は新網貧民の状況を語り甲談じ乙語り端なく、物価の騰貴は細民に幾何（いくばく）の影響ありや（ママ）」の問題に入り或は戦後官民事業の膨張は貧民に職業を与へ賃銭をあげたれば今日物価の暴騰は細民の生活に何等の影響なしと説ける石川安次郎氏の如きあり高野房太郎氏は影響ある論者の一人とて米穀取引所の存在（あるの）は人為的に米価を高むる者にあらざるか、余は取引所を睨みつゝありと気焔を吐き衆議紛々たりしが結局影響ありと決し井上氏提出の貧民救助所設置の議を宿題として散会せしは十時過ぎなりき初会の事とて秩序を欠き瑣談に終りしが次回には□□□□□氏演説し且つ貧民政策の講究を問題とする由に聞けり

ここに貧民研究会が誕生した。

明治三一年三月もしくは四月はじめ頃発足した、あるいは発足しかけた社会研究会結成の主旨がそのまま貧民研究会にひきつがれ、社会研究会が貧民研究会に改名継承されたものとみられる。社会研究会とは貧民研究会がうまれる前の一時の仮名であったのであろう。明治三一年三、四月頃うまれた、あるいはうまれかけた社会研究会が、四月二七日（第一二号報）、もしくは四月二九日（第一一号報）夜七時から神田キングスレー館（片山潜経営）で開かれた貧民研究会第一回会合となったものとおもわれる。ここにうまれた貧民研究会は『労働世界』の報によれば、「片山潜及び横山源之助両氏の発起」になるものであった。社会研究会、貧民研究会誕生の経過をみれば、横山源之助が片山潜をさそって両会を首唱したことは明らかであろう。

貧民研究会第一回会合は明治三一年四月二七日もしくは二九日に開かれた。『労働世界』第一一号と第一二号の日付の記述に相違があるが、第一二号のほうが詳報であること、さらに横山の一文「石川安次郎君に質す」（『毎日新聞』三一・五・七）に「昨二十七日」とあるところから、それは四月二七日であったとみるほうが正しいだろう。ちなみにいえば、横山が『毎日』紙上に載せた「石川安次郎君に質す」とは、貧民研究会第一回会合のおり討議を湧かせた物価騰貴と細民問題について、石川安次郎が細民に影響なしとしたことにたいする反論文であった。それははじめに「昨二十七日貧民研究会に足下も来会ありたりしを後にて片山君より聞き初めて知りぬ失礼せり」として、労銀米価比較表を統計にしてしめし、「余は足下と同じく戦争中及び戦後の経営は幾多（未曾有と言はず）の幸福を労働者に与へたるを認む。但だ渠等一般に職業を与ふること多かりしと言ふのみ白米小売相場一円四升五勺に昂れる今日尚ほ労働者の生活は曩日に比して大にラクなりとは夢にも言ふことは出来ざるなり」といっていた。この一文は貧民研究会にたいする横山の熱の入れ方を傍証するものであろう。

『労働世界』第一〇～一二号にあった社会研究会、貧民研究会の消息は、なお第一三～一五号と続く。第一三号（三一・六・一）は貧民研究会第二回会合の模様を、つぎのように報じた。

●貧民研究会の第二回　は予報の如く去月十八日夜開会され雨天にて来会者は少数（すくなき）なりしも大に益する所あり当夜（このよ）は其分類を区別して実地取調べの方法を定め各自其担任を定めて散会せり次回は本月中旬に開き各自よりの報告を参（て）照（ら）して研究する都合にて今日の処では貧民は大に困り居れりと云ふ説を慥（たしか）めるもの為し（ママ）

これによれば、貧民研究会第二回会合は同年五月一八日夜開かれた。第一回会合の二旬後であった。研究のテーマは第一回に引き続き、物価と貧民問題、生活がはたして楽になったか否か、であった。このテーマは次回第三回会合へひきつがれた。

六月一五日発行の第一四号をみると、

●貧民研究会の開会　本月十五日（水曜日）に開会あるべし前会（ママ）調査を委托（ママ）せる原、植松、副島諸氏が貧民と犯罪、養育院、質屋、貯蓄銀行、居酒屋等の現状報告井上氏の貧民救助所設置立案等出づべし状況は次号に報ずべし

とある。貧民研究会第三回会合は六月一五日に開会の予定であると。その日は第一四号の発行日とかさなっていたから、当然詳報は次号第一五号におくられた。七月一日発行の第一五号は貧民研究会第三回会合について、つぎのよう

に報告した。

●貧民研究会　第三回貧民研究会は去月十五日神田青年会（ママ）に於て開会し細民の情況に就き各調査委員の報告あり細民の目下困難に陥（をちい）れると云ふ事実を左の数点に於て見認（みと）め得たり

一、細民質屋の締切
二、濁酒屋の繁忙
三、貯金額の減少
四、労働者の賃銀と物価騰貴との変動の割合
五、地方の事情

是なり、就中（なかんづく）重要なる事実二三の聞き得たる者を挙くれば左の如し

▲細民の典物（てんぶつ）を受取る質屋に多く締切りとなりて一切質物を受取らず
▲細民は大に貯金の必要を感したれども貯金器の需要多くなりたれども其内に入るべき金額は減少したりと云ふ事実あり
▲地方の小官吏は目下非常の困難にて官金私消賄賂事件続出し目も当てられず
▲物価騰貴の影響にて相応の賃銭にて生活（くら）しをる労働者は近頃は父祖（をやぢ）の受継きの家作を売払ひし者頻りなり
▲鉄道事業中止の地方にては仕事はばつたりあがつて諸職人は殆んと生活の道を失ひ日々南京米の粥をすゝり居ると云ふ（茨城通信）

貧民研究会第三回会合は、予定どおり六月一五日神田青年会館において開かれた。第二回会合（五月一八日）の四

週間後であった。実地調査に分担してあたった結果が報告されて、生活が困難になったことを確認し合ったという。

貧民研究会についての雑報はこの後第一八号（三一・八・一五）に一つある。

それはつぎのような小報である。

◉貧民合宿所設立の議は嘗て貧民研究会の問題にてありたり今ま一部人士の間に再び此の説行はれ実際調査に従ひつゝありとの報あり喜ぶべし

右のように『労働世界』の記事を拾ってみると、貧民研究会は社会研究会を前身として、明治三一年四月頃片山潜と横山源之助の発起によってうまれた。前後三回の研究会をもったが、「久しからずして」消えたようである。

前後三回の研究会とは、

第一回　明治三一年四月二七日
第二回　〃　五月一八日
第三回　〃　六月一五日

であった。

貧民研究会は労働組合期成会、労働新聞社の翼下にうまれた。労働新聞社は労働運動の中枢部としていくつかの事業をもったが、関係した研究会としては社会主義研究会（社会主義協会）をのぞけば、貧民研究会はおそらく唯一の研究会であった。その首唱者は実は横山源之助であった。貧民研究会が存続した明治三一年四〜六月頃、研究会存続の余波は『労働世界』誌面におよび、物価騰貴問題、生活困窮問題を特集させたこと（第一二、一三号）、さらに第一三号（六・一）以降『労働世界』誌上に、家庭欄が設けられたのも貧民研究会の余波のひとつであったとみられることは、前節で述べたとおりである。横山源之助が貧民研究会を結成したのは、労働運動がおこるべくしておこり、あるべくしてある、その実証のとりでとするためであったことはいうまでもない。貧民研究会は労働運動の別働隊であった。貧民研究会の発起と定着こそ横山にもっともふさわしかった。

貧民研究会は長続きしなかった。

貧民研究会の存在と横山源之助との関係は歴史事実としても記憶されねばならない。

さいごに貧民研究会について、横山の回想記一片を付しておこう。

> 毎日新聞在社当時に知つたのは、社員では、故鳥谷部春汀氏があり、吉岡芳陵氏があり、戸川残花、岡野知十、大野洒竹、長田偶得等の諸氏、小説の原抱一、画家の和田英作、漢詩の町田柳塘、劇評の杉贋阿弥氏等も、毎日在社当時に、同僚として知つたのであつた。後には石川半山、木下尚江等の諸氏とも知つた。木下氏は、最初は政治記者として入社したやうだ。飄然として来り、飄然として去り、出勤時間は頗る不定であつた。此の時は石安先生得意の時で、どつかと、編輯主任の椅子に倚り、得意の人物評を以て、編輯内に羽振を利かせてゐた。僕は労働界彙報一点張りで、普通の新聞記事には関係しなかつたが、石川半山氏の雄心勃々たるには不感服の中に感服してゐた。但し僕等は旧社員であつたから、石安君との間は、面白くゆかなかつたのは事実である。尚江氏は石安系統の人だつたから、相近(あひちかづ)かない筈であつたが、社会問題が媒介(なかだち)となつて、間もなく木下氏とは懇意となつた。当時の尚江氏は独身主義の主張者で、好んで婦人問題を書いてゐた。和歌にも浮身を窶してゐたやうだつた。
>
> 僕が「日本之下層社会」を出した前後に、北米新帰朝の片山潜氏と組んで、貧民研究会といふを片山氏のキング

スレー館で発会した。第一回には高野房太郎氏も出で、植松考昭氏も出で、松原二十三階堂氏も出で、前掲の片淵琢氏も出た。で、僕は此の会上で、一個の意外人物に接した。意外人物といふのは、知名の人といふ意味でない。貧民研究に卓抜なる意見を出したといふ意味でもない。いや、実は名もない一雑兵で、貧民研究者の間では尠くも僕等の間では何等重きをなさなかつた名面であつた。一は万朝報に秋水の名を以て論説を掲げ初めた万朝記者で、他は報知新聞に新網記事を掲げてゐた井上某氏であつた。金縁眼鏡でぐつと反身になつてゐたのは石川半山其の人で、傍らにしよんぼりとしてゐたのは秋水と呼んだ万朝記者其の人であつた。半山君は五分もすかぬ新流行の洋服に四辺を払つてゐたが、此の万朝記者は、極めて揚らない風采の人で、始終無口で通してゐたやうだつた。焉んぞ知らん、此の無口の粗服者は、異日社会主義の花形役者として著はれた幸徳秋水であらうとは。

幸徳秋水の無口に反して、新網其の他の貧民事情を語り、好んで話題に入つたのは報知記者の某氏であつた。僕は其の熱心に服してゐたが、其の人柄には別段注意を払はなかつた。之より十二三年の後、事を以て報知新聞の辣腕家頼母木桂吉氏（今の市会議員）を尋ねたことがあつた。戸水寛人氏は紹介者であつた。逢つて見れば、なるほど兼て聞いた通り、美目清秀の好紳士だ。快腕敏手の人のやうだ。僕の挨拶するのを待ち、莞爾として、横山君、僕は君を知つてゐるといふのだ。と聞いて、ふつと思出した。変つたりや、変つたり、貧民研究会席上、新網談を試みてゐた井上某氏が、此の頼母木桂吉氏の前名ならんとは。僕は幸徳秋水の変化に驚いたよりも、頼母木氏の前後打つて変つてゐるのに驚いたのであつた。

（「人物印象記」『新潮』四四・一〇・一）

横山源之助は毎日新聞社在社後半、明治三一、二年頃、労働界彙報担当であったのだ。さらにこの回想記には、毎日新聞社を去る直前の社中、石川半山（安次郎）との微妙な関係が語られてあり、筆を追って、さらに片山潜とともに横山が発起した貧民研究会第一回の側面の模様があざやかに懐旧されてある。

（五）社会叢書の発刊と『内地雑居後之日本』

『内地雑居後之日本』については、前にたびたび触れた。若干重複するが、成立事情について加筆しておきたい。

明治三二（一八九九）年一月一五日付の『労働世界』第二八号に、労働新聞社（『労働世界』発行所）はつぎのような社告を載せた。社会叢書発行の予告である。「予約出版広告／天涯茫々生横山源之助君著／社会叢書」として、「今回我が労働新聞社に於て欧米諸国の労働社会に行はるゝ労働読本の例に倣ひ職工者の為に職工必読を出版せんとす。蓋し今日我が日本の職工諸子に欠くる所は智識の欠乏にあり（略）今日日本の労働社会の面目を改めんとするには職工諸子の智識を開発するにありと信ず是れ我社が社会叢書を予約出版せんとする所以なり先づ第一着手として兼て社会論壇に名ある横山源之助氏に請ふて其の第一篇を出版せんとす書中の要は我国職工の現状を詳記し次に職工が社会に占むる位置を論じて諸子の反省を促し転じて労働組合の効果に及び更に欧米労働組合の実況を述べ終には職工が社会、資本家に対するの覚悟を記るせるなり」と予告した。だが、この第一回予告には横山源之助著の書名がなにであるのか、社会叢書の内訳もなにであるのか、述べられていなかった。目鼻立ちをはっきりさせたのは、次号（三二・二・一、第二九号）においてであった。「社会叢書発刊の旨趣」と題して、こうある。「今回我が労働新聞社に於て欧米諸国の労働社会に行はるゝ労働読本の例に倣ひ神聖なる労働に服する職工諸君の為に社会叢書を出版せんとす。（略）今日日本の労働社会の面目を改めんとするには労働組合も必要なり世人を警醒するも必要なり然れども余輩は職工諸子の智識を開発するを以て最も必要なりと信ずる者なり、特に我が工業社会に於て大変革の至るべき前農商務大臣金子堅太郎氏の所謂開闢以来なき経済界の大変動たる内地雑居の期も方に本年七月に迫れり貨物の生産者たる職工諸子も今日迄の如く安閑として居らるべきにあらず是れ我社が社会叢書を予約出版せんとする所以なり。先づ第一着手として兼て社会論壇に名ある横山源之助氏に請ふて其の第一篇『内地雑居後の日本』を出版せんとす文章は出来べきたけ(ママ)平易にして何人にも読みやすからしめ大に職工諸子の智識を開発せんことを期せり」と。そしてさいごに、発刊予定の社会叢書[15]がつぎのように列挙された。天涯茫々生横山源之助君著社会叢書第一巻内地雑居後の日本／労働組合期成会評議員村井知至君著社会叢書第二巻社会主義／第三巻英国と日本片山潜君著／第四巻政治家と社会改良未定／第五巻日本工業の発達横山源之助君著[16]／第六巻日本の労働運動高野房太郎君著。

(15)　社会叢書第一期は六冊発行予定のうち、第一巻と第二巻だけで終わったようである。このころ労働新聞社は他に労働文庫を発刊していた。

(16)　社会叢書第五巻目に、横山源之助著『日本工業の発達』が企画されたが、未刊となった。

労働新聞社は、右に見たように、労働者啓蒙のため、一種の労働読本として社会叢書の発行を企画した。その第一巻目の著者として横山源之助が起用された。ということは横山が、社会叢書の予告がいうように、すでに「社会論壇に名ある」存在であったばかりでなく、労働運動陣営のなかで第一に指を屈する代表理論家としてあったことをあかしている。

かくして、『内地雑居後之日本』は労働新聞社（片山潜主宰）のつよい慫慂のもとに書きおろされた。『日本之下層社会』の発行は明治三二（一八九九）年四月三〇日である。『内地雑居後之日本』の出版は同年五月三日である。後者は、前者におくれること、わずか三日後の発刊であった。ほとんど同時発刊といえる。『内地雑居後之日本』を書き終わったとき、横山源之助は「昨年来、神経疲労して筆を取るに懶し、幾度か筆を抛ち漸やく文を成せり」（同書「例言」）と書き残している。『日本之下層社会』を書き終わったのが前年暮、明治三一年一二月下旬（同書「例言」）である。そして『内地雑居後之日本』を書き終わったのは、明治三二年三月（同書「例言」）であった。横山が『内地雑居後之日本』の筆をとりはじめたのは、おそらく『日本之下層社会』を書きあげた時点とほとんど同時であったろう。すなわち明治三一年一二月下旬か、三二年一月。両著を書きついだことになる。そして「昨年来、神経疲労して筆を取るに懶し、幾度か筆を抛ち漸やく文を成」し（同書「例言」）、三月、『日本之下層社会』についで、ついに『内地雑居後之日本』を書きあげたのであった。

社会叢書発刊の予告文をみれば、『内地雑居後之日本』が、なぜ書かれることになったかあきらかであろう。『内地雑居後之日本』という書名はいささか政治的である。内容もおとらずアジプロ（扇動・宣伝）的である。労働新聞社の慫慂により、急いで書きおろされたこの書はあらっぽさもあるが、日本の労働運動の夜明けを告げ、労働者、職人層の覚醒をうながすものだった。社会主義への指向と展望があかるく、しかも強烈にうちだされてある。それは労働運動開幕当初の日本の社会主義の到達点をもしめしている。

『内地雑居後之日本』については、岩波文庫の西田長寿の解説が適切かつ明細である。一言触れておきたいのは、労働運動の誕生とその上昇気流と一体であった横山源之助の社会主義思想についてである。

西田長寿が言っているように『内地雑居後之日本』は、明治三〇年四月日本の労働運動を誕生させるきっかけとなった高野房太郎等の職工義友会が配布した『職工諸君に寄す』の普及版である。それはそれから二年後、労働運動の中央機関部労働新聞社の需めによって創刊される社会叢書第一巻として、労働者に団結を促し、労働組合の結成を呼びかけるアジプロ書として刊行された事情とつながっている。『内地雑居後之日本』はもともとそのような意図と企画のもとに執筆慫慂されたものであった。当初、日本の労働運動は労資協調的、社会改良主義的思想から出発していた。状況は変わっていない。『内地雑居後之日本』が『職工諸君に寄す』の普及再生版的内容になったのはそのような事情に基因する。『内地雑居後之日本』がその原版ともいうべき『職工諸君に寄す』といちじるしく異なる点は労働運動の指向や支えをはっきりと社会主義においた点であった。そこにこそ明治三〇年という時点と三二年という時点の、労働運動の原初点と成熟時のちがいがあった。

職工義友会の『職工諸君に寄す』は「元来貧富平均のことたる人に賢愚の別ある以上は、其財産に不平均あるは誠に已むを得ざることなれば、貧富平均論は言ふべくして行ふべきことにあらず。左れば我輩は諸君に向つて断乎として革命の意志を拒めよ、厳然として急進の行ひを斥けよ、尺を得ずして尋を求むるの愚は、是を貧富平均党に譲れよと、忠告するに躊躇せざる者なり。而して我輩の諸君に勧告する所は、同業相集まり同気相求むてふ人類至情の上に基礎を置ける同業組合を起して、全国聯合共同一致以て事を為すことにあり」といい、そのときからはじまった日本の労働運動はあきらかに労資協調主義、社会改良主義から第一歩をふみだしていたのである。それは鉄工組合の創成のとき（三〇年一二月一日）、農商務省工務局長、同商務文書課長、逓信省技師、砲兵工廠技師等の来賓をえていた事情にもかさなるだろう。日本の労働運動は、はじめはそういう協調的な模糊としたものから歩みはじめた。それから二年後、『内地雑居後之日本』は、職工義友会の延長線上にある労働組合期成会のイデーを代弁し、宣言する使命を負いつつ、『職工諸君に寄す』のイデー的限界をつき破り補強再構築していた。両者には、内外の分析において格段の相違があったばかりでなく、横山の見解のなかに「資本家の都合のよい様に政府が組織せられ、法律は資本家の利益になる様に出来居る」というしたたかな認識があり、さらには景気の変動が労働者階級の一方的犠牲において「失業問題」を誘起させ、その対処の問題こそが「労働問題最終の目的」なのだという進んだ把握があった。さらに社会主義への展望がそこに付加されてあった。「余はフエルヂナンド、ラサルの説けるが如く、工業組織を今日の如く資本家制度とせずして、之を国家の有に属せしめんことを主張する者なり、尚くはしく言へば、資本といふ者を一人の所有とせず、万民の幸福を謀る為に出来居る政府の手に属せしめ、今日の如き資本を有せる者ばかりが威張ることなき様にせんことを欲するなり」と。また筆をかえ、「既に諸君は普通選挙権を得ば、如何なる主義を以て政治上の主義とすべきやは、是れ余輩は最終に諸君に答弁を与へんと欲するところなり、即ち余は諸君に工業上の共和を望めるを以て、政治の上に於ても社会主義を取るべしと唱導せんとす」ともいっている。

『内地雑居後之日本』を書いたとき、横山源之助は、高野房太郎が起草したにちがいない『職工諸君に寄す』がよったゴンパース風社会改良主義から明らかに一歩踏みだし、ラサールをもって出発した片山潜流のそれに身をよせていた。高野房太郎から片山潜に運動主導権がうつっていた状況ともかさなるだろう。

『労働世界』が初めて社会主義欄を掲げたのは、明治三二（一八九九）年一月一日発行の第二七号であった。横山源之助が社会叢書第一巻目（『内地雑居後之日本』）の執筆慫慂をうけたのがちょうどそのときであった。社会叢書発刊の第一回予告が『労働世界』に載ったのが次号の第二八号（一月一五日）であった。『内地雑居後之日本』の刊行は同年五月である。

労働組合期成会の機関誌『労働世界』の発行責任をもち、労働運動の中央機関的役割をはたしていた労働新聞社周辺は早くも社会主義に到達していた。「社会叢書第二巻に、村井知至氏は社会主義を著述せらるゝ筈なれば、今此処に詳細に記さゞれども」（『内地雑居後之日本』）と横山源之助は書きとめている。社会叢書第一巻として発行された『内地雑居後之日本』はその社会主義キャンペーンの第一弾を放ったにひとしかった。社会主義の夜明けを告げたにひとしい。『内地雑居後之日本』は開幕期の日本の労働運動、労働問題を語った書である。過去、現在、行く末に即して。ということは、日本的風土にそくして、社会主義がはじめて本格的にとりいれられたということであろう。社会主義と日本の土着の労働運動がはじめて統合されたのは、この書のでたときであった。その意味は大きい。

ラサール流の社会主義をとくに選別したわけではなく、もも色の、ばくとした社会主義に足を踏みいれたということであろう。そこにある社会主義は空中に画く段階をでているものではない。その意味では『職工諸君に寄す』の社会改良主義的立場に質的にかさなるものであった。横山源之助は社会叢書第一巻『内地雑居後之日本』を書いたときが生涯最高の思想的昂揚をみせたときであった。うまれたばかりの労働運動とその上昇気流と一体であったことが彼をそのように昂揚させた。

『内地雑居後之日本』が社会叢書第一巻として世におくられたとき、『六合雑誌』（三二一・六、第二二二号）はつぎのような評を載せた。

此書は近時「日本の下層社会」を公にせし天涯茫々生横山氏が労働新聞社より出版する社会叢書の第一巻として著述せしものなり（略）著者は工業発達の今日に於て労働者が団結して一致の運動をなすにあらざれば、決して自己の地位を維持する能はざることを痛感せり、殊に結論に於て社会主義が労働問題最終の目的なることを陳ぶるの一段に至り気焔万丈其快言ふべからず、凡そ労働者に同情を有して労働問題を真面目に研究する人は終に社会主義に到着せずんば止まざるなり、吾人は如此き実例を欧米に求めて決して其少なからざるを信す、著者が社会主義の結論に達したるは即ち彼が労働者に対する同情の如何に切なるかを証するに足るものと曰て差支なからんか

社会主義の唱導に先鞭をつけていた『六合雑誌』は横山がおなじようにそこに達したことに理屈ぬきで拍手をおくった。

社会主義研究会が安部磯雄等『六合雑誌』のメンバーを中心にしてうまれたのは、明治三一年一〇月であった。労働組合期成会の機関誌『労働世界』が社会主義欄の創設を宣言して、つぎのように述べたのが翌三二年初頭一月一日号においてであった。

労働世界は労働者の唯一機関なり又代表者にして弁護人なり正義を以て立ち進歩の態度を取る吾人が今社会主義

> 欄を設くるは知識的運動（インテレクチアルヂムナシアム）の為めに非ず又好んで夢想の言を吐かんとするにあらず吾人は此の欄内に於て毎号欧米に於ける社会主義の大勢を記して以て実際に社会主義は二十世紀の人類社会を救ふの新福音なるを示さんとす

このように、労働運動の指導をかっていた知的集団側では、社会主義がすでに暗黙の諒解になっていた。社会主義は、この段階の日本では、まだ傷ついてない、新しい思想の衣裳であったのである。横山源之助の社会主義も、知的集団側の新思想を代弁する意味をもって登場した。まだ汚れていない、新思想であった。

横山源之助が『内地雑居後之日本』を書きついでいるとき、開幕期労働運動もまだ傷ついていなかった。この書のなかにある社会主義が明るく、楽観的であるのは、そのような事情にもとづく。

それが書きおえられたのが、明治三二年三月。発刊五月。「労働世界に警告す」によって、労働組合期成会がはじめて社会主義批判にでたのが、その間の四月一五日（『労働世界』第三四号）であった。

社会叢書第一巻『内地雑居後之日本』の社会主義は右のような事情のもとに成立している。

いずれにせよ、そこにえがかれたのが日本的風土、日本的労働運動に適応した最初の社会主義であった意味は大きい。

（六）片山潜との袂別

労働組合期成会の機関誌として発足し、日本ではじめて誕生した労働運動の盛衰とともに歩いた『労働世界』はついに明治三四（一九〇一）年一二月二一日、第一〇〇号を最終号にして潰えた。第二次『労働世界』がほとんど運動の消滅した状況のなかでうまれたのが翌三五（一九〇二）年四月三日であった。横山源之助、片山潜、二人の袂別はちょうどその頃にあった。

明治三〇（一八九七）年、日本の労働運動の発足と同時に手を結んだ二人の盟友は、潰滅した状況のなかで、労働運動の再興、解放運動の途をめぐってついに左右に袂をわかった。左傾化の道をすすんだ片山潜のその後については、左傾化の歴史を正統史としてきた各書に詳しい。社会主義運動に転換した左傾化の歴史から脱落した右派の歴史はいまなお空白である。横山源之助はその歴史から脱落した右派の道を行った。横山源之助の名が労働運動史上、社会主義運動史上稀薄であるのはそのためである。だが、右派の道をいった者にも、労働運動の再興、労働者解放運動の持続の問題が至上であり、そこにも死闘の歴史がきざまれてあったのである。その問題については後章で述べるので、いまここでは触れない。

横山源之助と第一期労働運動、『労働世界』との関係は、運動開始期の明治三〇（一八九七）年から始まり、運動がほとんど消滅する明治三五（一九〇二）年まで続く。

横山源之助がとくに顕著に運動に関与したのは、まさにその序幕期であった。

横山源之助は、労働運動が開始されるまえから、その日のために労働事情調査にのりだしていた。種子蒔く人であった。その結実である『日本之下層社会』――それは労働運動の自立を実証する唯一の書として、労働者階級におくられたものだ。

社会叢書第一巻『内地雑居後之日本』がしめしているように、横山源之助はそのときの労働運動のあり方や方向を指示しうる第一等のイデオローグであった。そして『内地雑居後之日本』は社会主義を日本的風土に適応しようとした最初の書であったろう。

『労働世界』（労働組合期成会機関誌）について、横山は単なる寄稿家にとどまらなかった。記名寄稿のほかに、多数の無署名記事をも書いていた事実。それは「江湖漫言」、家庭欄、雑報欄、あるいは論説欄におよび、企画や発行や記事の選択やにも大きく関与していたとみられる。――発行責任者片山潜につぎ、横山は一時ほとんど『労働世界』社中の人であった。

労働運動の別働実証隊として、貧民研究会を主導したのは横山源之助であった。

木下尚江や内田魯庵を労働運動に関係させたのも、実は横山源之助であった。

横山源之助は、頻繁にひらかれた労働演説会に一度も出場していない。高野房太郎や片山潜のようなオルガナイザーではなかった。横山はほとんど裏方に徹している。そこに、横山の特異な役割がある。

高野房太郎を労働運動生みの親、片山潜を育ての親というなら、横山源之助は運動以前からの種子蒔く人、耕作者であった。わがくにの労働運動の開幕には、この三つの星があったといえる。この三つの星はあいともない、あいおぎなう光源であったのだ。

労働運動開始の年、明治三〇年、片山潜三九歳、高野房太郎三〇歳、横山源之助二七歳。

開幕期労働運動の一つの特色は、それが開幕した明治三〇年からほとんど消滅する三四（一九〇一）年までの間、急速な上昇と急速な落下をみたところにある。それは三人の去就にも影をおとした。高野房太郎は明治三三年渡清して去り、横山源之助は三二年一時郷里にたおれ、片山潜は労働運動の火種を灯しつづけた。

横山源之助のイデオロギー的立場は、高野房太郎と片山潜との中間に位置したといえる。気質的には、アメリカ帰りの二人よりも古かったかもしれない。後に述べるが、大井憲太郎や板垣退助とも一時手をむすぶように、横山には日本土着的な、自由党左派的なものにつながる側面があった。運動が社会主義化へ加速する過程で、さきに高野房太郎去り、ついで横山源之助右に去り、ついには片山潜すらも運動主流からおわれた。

明治三七（一九〇四）年、高野房太郎が青島で客死したとき、横山は高野を愛惜する一文を書いている（「労働運動者」『凡人非凡人』明治四四年、新潮社）。片山潜とも袂れた横山は、やぶれてもなおやまぬ、刻苦精励のリゴリスト[17]である片山潜よりも、途なかばにして敗れて去った高野のほうに、このとき深い同情をよせたのである。

（17）　大河内一男『黎明期の日本労働運動』（昭和二七年、岩波書店）。

その後の片山潜は平民社流に運動（社会主義）の主導権をうばわれながらも、やがて東京市電スト（明治四五年）をオルグし、ついには共産主義者にまですすんでいった。片山潜が一途にそのような道を歩くことができたのは、たとえば鉄工組合や日鉄矯正会やの、いわば近代労働者群がつねに彼の想定の根幹にあったからであろう。

その後の横山は、第一期労働運動上昇期に運動の教範ともなる『内地雑居後之日本』執筆時に到達した社会主義からは、思想的には後退した。横山をそうさせたのは、消えさろうとする労働運動をより低い次元でたてなおそうとしたことや、近代労働者群がその想定のなかになかったわけではないが、旧職人層や、過渡的労働者群である人力車夫や、貧民階層一般により多く拠っていたことによるのであろうか。たたかうすべもしらぬ者によせる傾斜こそ、横山の骨頂であったが――。

横山源之助を開幕期労働運動と関連づけて評価し論究したものに、平野義太郎の「労働運動の序幕――横山源之助・片山潜を通じて見たる」（『日本資本主義の構造』昭和二三年、初出『経済評論』昭和一一・一）がある。おそらく唯一のものだ。資料とぼしい条件下、みごとな位置付けがなされている。高く評価されていい。

平野義太郎は「日清戦役に基く償金の流入、半植民地、朝鮮の獲得によつて補充代位されてのみ産業資本が確立すると同時に、しかも大軍備拡張が行われつつ、急速に日露戦争前後へいたる過程は、日常必需品の急激な物価騰貴が賃銀の騰貴をはるかに追い越し、戦時財政が生活必需品に対する高率課税を不可避にし、したがつて、労働者の生計状態を不断に低めつつあつた。ここにも日本資本主義の特質矛盾の端初があらわれている。／それゆえ、まさに、ここに、明治三十年代の労働運動の勃興があり、爾後の発展の本質的端初が横たわる。／さて、資本に直接的に対立する労働力諸群が、有産者社会―日本資本主義社会―に対する批判の上に、さらにみずからを結成し、訓練し、対立物と闘争しはじめたこの端初の労働組合・政党運動過程において、われわれは、当時の無産的〈ルポルタージュ〉に秀でた、写実報告の優れた記者、横山源之助と大衆的組織者＝宣伝者たる片山潜とをもつ」といい、横山源之助を、片山潜とともに労働運動開幕期の立役者としてとらえている。さらに注目すべきことは「はじめ労働組合期成会が結成された当初（明治三十年）片山潜著『労働者の良友、喇撒（ラサル）の伝』が公刊された。それには三人の序文が載つている。一人は当の著者の自序であり、第二人は、前にかかげた横山源之助の序文であり、第三人は、高野房太郎の序文である。そして、ここに重要視すべきは、端初期における日本の労働運動において、この三人のもつそれぞれの地位であり、片山の急速な成長発展と高野の離脱没落である」として、片山、横山、高野の三人を一視のもとにとらえた観点である。またのちに横山が思想的に後退するまで、横山の存在に片山潜にも劣らぬ光彩をあてていることである。平野義太郎の「労働運動の序幕――横山源之助・片山潜を通じて見たる」は、横山源之助評価におけるもっとも先駆的な論文として記憶されていい。

さいごに付記するなら、横山源之助の僚友、底辺社会の先達記録者松原岩五郎は、開幕期労働運動に、貧民研究会その他で若干の関係をもった。

（七）木下尚江と横山源之助

木下尚江を労働運動にひきだしたのは横山源之助であったようだ。
ここに開幕期労働運動時代の横山源之助の風貌をしらせる一文がある。木下尚江の筆によるものである。

木下尚江「片山潜君と僕」

先づ念頭に浮ぶのは、初めて片山君を見た時の記憶です。僕は明治三十二年の春、信州の、山地から東京へ来て「毎日新聞」の一記者になつたものです。当時恰も日清戦争の後を承けて、世態が一変し、社会問題と云ふ声が漸く反響し、労働運動と云ふものが始めて頭を擡げて来て居ました。亜米利加帰りの新らしい人達が此の社会問題や労働運動に名前を出して居りましたが、片山君は其の頭目でありました。其頃毎日新聞社に横山源之助と云ふ面白い人がありまして、天涯茫々生と云ふ名で貧民研究の権威視されて居りましたが、或日僕は此の横山君に連れられて、始めて労働組合事務所へ行つて見ました。書記の人から種々な話を聞いて居る所へ、フロツクコートの厳丈さうな粗野な紳士が扉を開けて入つて来ました。是れが片山君でした。此日、帝国ホテルに基督教徒の名士招待会と云ふのがあつて、片山君は此の招待会からの帰りだと云ふのです。聞いて見ると、片山君は教会に籍を置いて居る正統信者なのだ。僕が始めて片山君に逢つて、第一の親しみを感じたのは、此の「基督者」と云ふことでした。

『今日の招待会はどうでした』

と、僕が言ひますと片山君は何とも答へず、只だニヤ〳〵と笑つて、嘲弄の色を片頬に見せて居りました。

僕は野生の基督者でした。

（略）

僕は片山君に引ッ張られて、よく労働者の集会へ行きました。其頃砲兵工廠の鉄工組合と云ふものが、一番有力な団体らしく見えた。其れから日本鉄道会社の大宮工場。

僕が「労働者」と云ふ人々と親しく語り、其の気風を学び、其の精神に触れることの出来たのは、全く片山君が指導の賜物です。

（『神 人間 自由』昭和九年、中央公論社）

木下尚江は第一期労働運動との接触をへて、やがて安部磯雄、河上清、幸徳秋水、西川光二郎、片山潜とともに日本最初の社会主義政党社会民主党の創設（明治三四年五月）に参加していく。日露戦争の開戦時には『平民新聞』によって激烈な非戦論を展開し、また『火の柱』『良人の自白』（ともに明治三七年『毎日新聞』に連載）等の革命文学をうみだしていく。その道程に入る最初の契機に、横山源之助が介在していたことはひとつの興味をうしなわない。はじめ木下尚江は政治至上主義者であった。その木下尚江に、革命への道は政治の道のみにあるのではなく、社会の下積みのひとびとと触れあってできる道や文学の道やもあることを教唆したのはほかならぬ横山源之助であった。つぎにみる、木下尚江と横山源之助の二葉亭四迷をめぐる論争が、後の木下尚江に多大な意味と印象をのこすことになったのである。『火の柱』や『良人の自白』というすぐれた革命文学がうまれることになるひとつの淵源であった。

木下尚江の二葉亭四迷回顧談の一節である。

木下尚江「長谷川二葉亭君」

僕は二葉亭と、夢のやうな交際を結びました。二葉亭の晩年(18)、恰も春の夜の夢のやうな交際を結びました。然かし其の受けた印象は誠に深酷で、敬慕の情は、今日も尚ほ潮のやうに湧き返る。其の因縁を少し語らせて貰ひたい。

二葉亭の名を知つたのは、始めて「浮雲」の出た時だ。明治二十年の夏、僕が早稲田の法律書生の時だ。年譜で見ると、二葉亭は元治元年生れと云ふことだから、僕には丁度五歳の兄で、あの時彼は二十四歳であつた。

（略）

瞬く間に十年を過ぎた。なか〳〵に多事多忙な十年であつた。憲法も出た、国会も開かれた、日清戦争も演つた。明治三十二年、僕は再び東京へ出て来て、「毎日新聞」へ入社した。

当時、毎日新聞に横山源之助と云ふ特色の記者が居た。天涯茫々生と云ふ文名で発表する貧民研究の文章は、毎日新聞の一異彩であつた。僕は此の横山君から無量の知識を得た。或日、例に依て閑談の折、横山君が突然、

『君、長谷川辰之助君を訪問して見ない（ママ）か』

と言つた。僕が不審さうに黙つて居ると、

『君、二葉亭四迷を知つて居るだらう、「浮雲」の二葉亭を』

『名前は聞いて居る。あの戯作者だらう』

僕が斯う言ふと、横山君は忽ち真顔になつて立腹した。

『君、二葉亭は戯作者じや無いよ』

『戯作者でなくて、何だ』

『革命家だ』

何時もブラリとして居る横山君が、顔色を変へて僕を見つめた。

戯作者と革命家、一寸距離がある。僕も黙つて見つめて居ると、やがて横山君が徐ろに二葉亭に就て語り始めた。

「浮雲」の著作の後、彼は官報局の属官になつた。其処に隠れて居て、政治問題社会問題に関する西欧の新らしい学説資料など翻訳しては、其れを官報に載せて居た。

『一寸待ちたまへ』

と、僕は横山君の談話を遮つた。僕の脳裡に古い記憶が復活したのだ。

僕は、明治二十一年、早稲田を出ると、郷里へ帰つて、直ちに小さな田舎新聞に書くことになつた。官報と云ふものを、是非見なければならぬ。此の官報の最終の頁に、実に好文章がある。其れは官報には無関係のもので、寧ろ不適当のもので、且つ実に勿体ないものである。社会問題労働問題に関する好論文好資料が毎号載つて居る。政治問題よりも社会問題の方へ移動し始めて居た僕に取ては、実に得難き貴重な読物で、僕は悉く切抜いては保存して居た。其事が、今ま横山君の談話で、鮮明に記憶に活きて来た。

『では君、あの官報の翻訳は、二葉亭の筆か』

『然うだ』

と、言ふて横山君は、嬉しさうに首肯いた。

『君の事を、僕は悉皆長谷川に話して置いたよ。一度一緒に尋ねよう』

露西亜文学者の革命家——僕は恣に空想を走せて二葉亭を描いて見た(ママ)。横山君と連れ立つて行く時間が無く、間もなく横山君は退社する、僕は遂に二葉亭を見ずに、又た名前さへ忘れてしまつた。（同前）

(18)　木下尚江と二葉亭四迷が直接識り合うのは明治三九（一九〇六）年である。

右の回想は、前にひいた片山潜回想とおなじく労働運動開幕期時代のことである。面目躍如たる描出である。二人の青年論客が白刃を打ちこみ撥ねかえす、はっとさせるような見事な状景である。

二葉亭四迷評価をめぐってあった、木下尚江と横山源之助の戯作者・革命家論争であった。

木下尚江と横山源之助の交流は、明治三二（一八九九）年春、木下尚江が信州から上京し毎日新聞社に入社して、横山源之助と同僚記者になったときからはじまる。横山が『毎日』を去って帰郷するまで（同年夏）、ほんの短い期間であったが、二人の間にはここに描出されたような熱っぽい友誼がかわされた。その間、木下尚江は横山源之助から「無量の知識」をえたという。横山もまた木下からおなじ程度の刺戟をうけたであろう。横山は毎日新聞記者としても、また労働運動の接触やについても、一日の先輩であった。信州からでてきた、この政治革命論者に、横山は惜しみのない友情をそそいだ。こびず、おそれず、こだわらぬ、そしていささか世話好きであった横山は誰にたいしてもおなじであった。惜しむということがなかった。横山源之助は木下尚江を入社早々片山潜のところへつれていき、二葉亭四迷のところへつれていこうとした。横山は木下からすぐに同好のにおいをかぎとり、よろこんで木下のため犬馬の労をとろうとしたのであろう。木下尚江は横山源之助から社会問題労働問題にたいする「無量の知識」をえ、くわえて横山源之助―片山潜という回路をへて、労働運動、社会主義運動へ参加していくのである。さらに木下は二葉亭をめぐる横山との戯作者・革命家論争によって、もうひとつの文学への道、革命文学への鮮烈な宿火をも得ることになる。木下尚江が上京するや、すぐに横山源之助という、労働運動家、社会・労働問題の通暁家、社会文学を強烈に指向していた男を、最初に友にもった意味は大きい。

明治三二（一八九九）年、木下尚江三一歳。横山源之助二九歳。片山潜四一歳。

木下尚江と横山源之助のその後の関係については、後に述べる。

なおちなみに、横山源之助が毎日新聞を去った後の席を、西川光二郎が継いだ。西川光二郎と横山源之助の関係についても、後に述べる。

第五章　帰郷時代

（一）魚津山中小川寺へ

明治三二（一八九九）年夏、開幕した労働運動隆盛のさなか、『日本之下層社会』『内地雑居後之日本』刊行直後、横山源之助は突如帰郷した。

明治三二年夏頃から三四（一九〇一）年春頃まで、ほぼこの一年半余は一応横山源之助が労働運動から離れていた期間である。前半の郷里にあった期間と、後半の社会復帰をした『職工事情』（農商務省商工局編、明治三六年、生活社）調査従事期間とは、区別されていい。だが、ともにその一年半余の間は労働運動を離れていた期間である。運動復帰後と質的にも区別されなければならない。

明治三二年という年は、労働問題をよぶ声はいよいよたかく、また開始された労働運動が最高のたかまりにあるときであった。

そのような時流は横山源之助のためにあるようなものであった。労働問題といえば、斯界の声価はすでに天涯茫々生横山源之助にさだまり、くわえて実証的理論家として労働運動の最前線に立っていた。すくなくとも客観的には、横山源之助に筆を断たせ帰郷させる条件はなかった。

片山潜、西川光二郎共著の『日本の労働運動』（明治三四年）をみよう。「労働運動に同情せる新聞及雑誌」の項に、毎日新聞社について、つぎのように述べている。

我国目下の政治家中最も社会改良に熱心なる島田三郎氏を主筆兼社長とせることなれば、紙面に常に「社会改良」てふ文字のあるは元よりなり。二十九年より三十二年の夏（中頃少しく絶へたれど）まで横山源之助氏は同社にありて労働者の状態を報ずるに務め、次で西川光二郎氏同社に入りて横山氏の後を継ぎしが、間もなく去り、今は社長島田氏と木下尚江氏によりて、「社会改良」叫ばれつゝあり。

おそらくこれは片山潜の記述であろう。横山源之助の毎日新聞在社を明治二九年からとしたのは誤りだが（片山潜は明治二九年にアメリカから帰った）、「三十二年夏」までとしたのは、横山源之助と片山潜がそのころもっとも親しい盟友であったから、一応信がおける。「三十二年夏」までというそれは、前章で「労働運動の初幕」（『中央公論』）を横山が書きおわったときが八月上旬であったと述べたことに対応している。したがって「三十二年夏」とは、三二年八月のことであった。そして『労働世界』に、「横山源之助氏はまだ帰京せず」とある横山不在の消息第一報が載ったのが、同年九月であった。

右の事情により、横山源之助が帰郷の途についたときを、明治三二年八月とみることができる。

横山の側には、いつ帰郷し、なぜ帰郷することになったか、この間のことを明かす明確な記述はない。ひとつの手がかりに、明治三七（一九〇四）年高野房太郎が青島で客死したとき、書かれた追悼記一篇がある。全文を引いてみよう。

労働運動の率先者にして、兼て鉄工組合を創立し、消費組合を創設したる労働社会の明星、高野房太郎君が、清国膠州湾に逝けるは、既に三ケ月前に経過す。数日前遺骨東京に到着し、明二十六日午前九時を以て、駒込吉祥寺に其の埋骨式行はると聞き、感慨の湧起するを禁ずる能はず。

余江湖に放浪すること、爰に十幾年。一枝の筆を以て、僅に陋巷に生を送る。時に平らかならざる者あり。山間に隠るゝこと今に数回。想起す、宛かも六年前、余は毎日新聞に従事し、「日本之下層社会」を編し了りて、健意の如くならず、突然東京を出で、加州金沢を経て、郷里小戸の浦辺に還る。而して遂に新聞記者を廃して、農に帰らんと決せるなり。当時其の不可を称へたるは君にして、翌年君が日本を去る匆忙の際に於ても、尚且余を忘れず。博士桑田熊蔵氏と相謀り、農商務省の工場調査に関係せしめたり。今日余が東京に帰りて、労働者の研究に従事するもの、先輩には佐久間貞一、島田三郎二氏の援助ありたるは言ふ迄もなしと雖も、亦君が常に余を慫慂し激励したるもの、与りて力多きに居らずんばあらず。嗚呼余は君を忘るゝこと能はざるなり。

啻に私情に於て君を惜しむのみならんや。近時、社会問題を議する者多く、竟に資本を公有にすべしとする社会主義の徒を出だすに至れり。社会主義者の出づる可也、其の所説、如何に空疎なりと言ふも、亦一種の学説たるを失はじ。然かはあれ、其の之を唱導する徒を見るに、徒らに其の説を奇激にして、労働者を思ふの親切寡きは余輩の与せざる所なり。

今や我国にも社会主義を喜ぶ者増加す。此の時に於て、労働者の心を心として、其の前途に計画を貯へたる君が如き人の逝けるは、労働者の不幸にして、蓋し亦日本国の不幸なりと謂ふべし。（三七・六）

（「労働運動者」『凡人非凡人』明治四四年、新潮社）

このなかには、明治三二年にあった突然の帰郷時と再起の事情とが、端的に、だが晦渋をもって語られてある。「健康意の如くならず、突然東京を出で、加州金沢を経て、郷里小戸の浦辺[1]に還る。而して遂に新聞記者を廃して、農に帰らんと決せるなり」と。

（1）魚津浦の別称。

「健康意の如くならず」とあるところは、『日本之下層社会』『内地雑居後之日本』を書きおわったとき、「昨年来、神経疲労して筆を取るに懶し、幾度か筆を抛ち漸やく文を成せり」（後者「例言」）といい、あるいは「余亦出版者の意を受け筆を着けたりしが健康を失せる為めに筆意に伴はず」（同書巻末付記）といっていることに符合する。『日本之下層社会』の編纂にとりかかった頃（三一年一〇月頃）、もう健康を害していた様子である。両著を書きおわった後（三二年三月以降）も回復をみなかったのである。

労働運動の最前線にたちまじっているさなか、かくして横山源之助は過労にたおれた。帰郷はそのためであったのだ。

高野房太郎追悼文のなかには、帰郷時について明確な記述はないが、前述したようにその時は明治三二年八月にちがいない。

横山源之助は毎日新聞社をいつ退社したか。

片山潜・西川光二郎の『日本の労働運動』は横山源之助の毎日新聞在社時を「三十二年夏」までとしている。ここに若干の疑問がのこる。というのは、「健康意の如くならず、突然東京を出で、加州金沢を経て、郷里小戸の浦辺に還る。而して遂に新聞記者を廃して、農に帰らんと決せるなり」とある横山記述の文脈と、『労働世界』に帰郷の翌月、「横山源之助氏はまだ帰京せず」とある文脈からである。前者には新聞記者をやめてから帰郷したとは書いてなく、後者の記述は「横山源之助氏はまだ帰京せず」なのである。そこから、突然の帰郷（一時帰郷）があり、帰郷後に引責辞職したのではないかとかんがえられるからである。一時帰郷し、健康回復の見込みが容易でないことをみさだめ、「而して遂に新聞記者を廃して、農に帰らんと決」したのではないか。そのようにもかんがえられる。帰郷がさきか、退社がさきか、たいしたちがいではない。いずれにせよ、『毎日』退社は帰郷の前後にあったのであり、しかもその間にはさほど日時のひらきはないはずである。帰郷は八月であり、『毎日』退社はその八月前後であったろう。

このとき、『毎日』との間にさいごの不和があった。「時に平らかならざる者あり。山間に隠るゝこと今に数回」と高野房太郎追想文中にある。まさに『毎日』との間をさすものであったといえる。

ここに、つぎのような回想がある。

徳富蘇峰に会つたのは、彼が直任参事官に挙げられた松方大隈合同内閣が倒れたのにも拘らず、辞することをせず止まつて居るので、世間から非常に批難罵倒を浴せられて居た時分である。当時社会か一斉に彼れに向けた痛罵の烈しかつた事は話にならぬ位で、『万朝』で阿峰などゝ云つたのも此の時である。其所で彼れは『国民の友』や其の他経営して居た二三の雑誌を止して了つて、四面楚歌の声の中に『国民新聞』の孤城に拠つて居た。／其の時である。僕は何う思つたものか、蘇峰に会つて一つ彼の旗下に働いて見てやれと云ふやうな気がして、民友社に彼れを訪ねて僕の所思を披瀝した。彼れは温乎たる紳士の風で、多少食へないやうなところはあるが絶えず目元と口元にかすかなる微笑を含んで接した。そして、僕の云ふことを聞いて、お志は有難いが斯う云ふ際で、雑誌なども廃刊するし、余り多くの人を要しない次第であるから、悪しからず推察してくれと云ふやうな意味を、極めて巧みな辞令を以て述べた。当時の世評に対して動じてゐる風が見えなかつた。

（「二十年前の初対面録」『新潮』四四・九・一）

松方・大隈内閣が倒れたのは、明治三〇年一二月である。『国民之友』の最終号は三一年八月。横山源之助が徳富蘇峰に会ったのは三一年夏頃だろう。この前後、似た用件で三宅雪嶺にもあったらしい（「人物印象記」）。

明治三一（一八九八）年六月以降、横山は『毎日新聞』にほとんど筆をとっていない。三二年一月に「社会の観察」（全四回）一篇を載せたのみである。その間に、『日本之下層社会』『内地雑居後之日本』を執筆している。『毎日』からすれば私事にすぎない。明治三一、三二年のこの頃、横山の主精力はほとんど『労働世界』、労働運動のために傾注されていた。さらにくわえて、みるべき論文は、『毎日』へではなく他誌に載せられた。『天地人』に「東京貧民状態一斑」「本邦現時の小作制度に就て」「我国労働者の生計如何」「職工教育に就て」。『国民之友』に「紡績工場の労働者」「工業社会の一弊竇」等——。他に『家庭雑誌』『太陽』『中央公論』にも筆をとった。

労働運動に血道をあげ、他誌への執筆、おのれの著書への執筆があった。『毎日』の仕事はなおざりにされた。社会改良路線をいく毎日新聞社がいかに寛容であったとしても、「平らか」でなかったであろう。そしてついに横山は過労にたおれたのである。かくして毎日新聞社を引責辞任することになった。

在職五年の間、毎日新聞社と横山との間が、つねにうまくいっていたのではなかった。その間、横山と毎日新聞社との間に衝突がたえなかったのは、横山が意図し企画する調査が社の尺をこえることが多かったり、横山の奔放不羈な性向がやはり社の尺をこえることがたびたびであったからであろう。横山が社命に忠実であったなら、あの小作人生活事情調査や阪神労働事情調査はなかったかもしれないのだ。しかも過労にたおれた遠因は、個人として過多にすぎた実証調査活動、ルポルタージュ活動にあったのだ。そして時代の寵児として脚光をあびるにいたったとき、ついに横山の肉体はやぶれた。

毎日新聞在社五年。後、日露戦争の頃まで「社友」であったという。

横山源之助は郷里へ去った。郷里にあって、健康の回復をまったが、回復の容易でないことを知って、農に帰ることをかんがえたらしい。つまり一時は郷里永住を決心した様子である。

竹馬の友黒田源太郎が書きのこした『炉辺夜話』中の「魚津町の人が知らざる横山源之助君」から、その頃をかいまみてみよう。

　私の上京したのは、三十二年の秋十一月で、君はまだ下新川郡西布施村小川寺の心蓮坊に在り、私のために各方面の名士へ紹介状を呉れたのは丁度其時であつた。君は翌年上京し、再び原稿生活を続けてゐたが、私は或年の暮に、君が「欧米渡航案内」編輯の助手として上野図書館に通ひ、見も知らぬ外国の事情を、糊と剪刀を以て記述し、君に越年の資金を獲させた逸話もある。又「婦人貞操の価値」を書くために、彼の指導をうけて、浅草、柳原の魔窟に行き、売笑婦の内幕を調べたこともあつたが、私は漸々君と遠ざかりつゝ、三十七年の秋司法省より市ケ谷監獄へ転任してから、一二度遇つた切りである。其前後であつたらう、君は二三の友人と無人島開拓を計画してゐて、見事失敗した話もある。

（黒田源太郎著・発行『炉辺夜話』昭和八年）

おなじく黒田源太郎著『炉辺夜話』付録『予が過ぎ来し方を語る』の一節をみてみよう。

友人横山源之助氏が、偶々帰省中であつたので、同氏は坪内雄蔵博士、島田三郎、長谷川辰之助（二葉亭四迷）、村井知至、それに今はソヴイエート・ロシアに逃がれて居る片山潜諸氏宛の紹介状を認め呉れたので、明治三十二年十一月二十三日、東京に行くべく魚津浦を出港し、直江津に上陸して上野駅へ到着し、一時兄の許に身を寄せた。今当時の感想を述べるなら、東京一流の新聞社長や文学博士や、其他知名の玄関やを訪問したが、其得る処や如何、体裁よき門前払にあらずんば、延見して上京の目的に反対なる説法を聴かさるゝのみ、斯くして東奔西走、勝手知らざる都大路を彷徨すること約一ケ月、下宿楼上世人の頼み甲斐なきを長大歎息せしこと数度、時将さに霜枯の十一月下旬、喪家の狗の如うに、幾度も々々、悄然として名士の門に立ちし時の辛らかつたこと、今も猶忘れんと欲するも忘るゝことが出来ない。

斯くて翌年一月、島田三郎氏の令兄相川某氏の紹介で、漸く京橋区西紺屋町印刷株式会社秀英社（ママ）へ校正係として採用され、十二人目の末席を汚した、其時は十時間労働で日給参拾銭、膝を屈して見習ふこと十余日、文学物を担当して居たので、其頃文名喧しき大橋乙羽の「耶馬渓」を校正したのが唯一の記念であつた。

（略）

同三十七年四月、――当時横山源之助氏に勧められ、博文館発行の市町村雑誌に、初めて「婦人と放火」を、次に板垣伯主宰の雑誌友愛に「婦人と殺人」を寄稿したのが縁となり、之に若干の趣味を有するに至り、将さに新聞記者に転回せんとしたことがあつた。（同前）

明治三二年一一月、黒田源太郎が上京するとき、横山源之助は「下新川郡西布施村小川寺の心蓮坊」にいたという。そして上京する黒田源太郎に、横山は坪内逍遙、二葉亭四迷、島田三郎、村井知至、片山潜宛の紹介状を書いてくれたという。

病を養おうとして、横山源之助は帰郷したのである。そのとき養家横山家はすでに没落し、家屋を人手に渡し借家住まいをよぎなくされていた。

横山が身をよせた「下新川郡西布施村小川寺の心蓮坊」というのは、今日のいいかたをすれば魚津市西布施小川寺心蓮坊のことである。そこは魚津の町を一〇数キロ離れた山懐にある、ふだんは人の行き来のない古刹である。真言宗小川山千光寺は、蓮蔵坊、光学坊、心蓮坊の三坊をもってなり、千光寺三坊はともに聖武天皇代、天平一八（七四六）年草創、行基菩薩開基という。心蓮坊はその三坊のひとつであった。小川寺は布施川の上流、幽谷の地にあって、その昔は真言密教の修業道場の地であった。

後年、「須賀日記」（『趣味』四一・四）に横山が挿入した回想のなかに、「僕は寺に寄宿したのは、今日まで幾度も経験がある。今より十二三年前には、牛込市ケ谷の某禅堂に塩と粥で生命を続けたこともあつた。北国の山中で、真言寺の大広間に一ト冬越したこともあつた。加賀金沢の某庵室で、元旦を迎へたこともあつた。身を雲水に任せて、俗累を脱れんとしたのも一二回ではない。僕の過去には、寺すまひが中間に挟つて、平凡な半生涯を彩つてゐる」とある。そのなかにいう「北国の山中で、真言寺の大広間に一ト冬越したこともあつた」と。このときのことである。おそらく明治三二年秋頃から翌三三年春頃まで、西布施小川寺心蓮坊に閑居したにちがいない。

郷里富山県魚津に病を癒す間、横山は人の訪うことも稀な山中の古刹小川寺心蓮坊に起居した様子である。明治三三年五月一五日、『労働世界』第六一号が、「横山源之助氏は今尚ほ魚津に在りて大勉強中」と報じたのは、横山がいぜん郷里魚津の山中にある小川寺心蓮坊に籠っていることをさしていたのであろう。小川寺心蓮坊に起居しつつ、横山源之助はなにをし、なにを期していたろう。後に書かれた「田舎だより」一篇に、模糊としてつかめぬ小川寺時代の消息がわずかにつたえられてある。それは「村役場」「八十の小使」「新しき村落」の三小節から成る。小川寺閑居時代の見聞が書かれてある。閑居しつつ何に関心をよせていたろう。

「村役場」の一節をみよう。

村役場には東京の新聞紙を取り居れば、世間離れたる寺住ひの身にも世の中恋しく、隔日、或は三日目毎に村役場に赴くを例とせり、但し村役場といふも、此村のは、他町村に見ゆる官吏昇降口などぺたり張紙あることなく、役場の名あるも、吏員の羽織なると、椅子机、帳簿箪笥の列べあるを除けば、普通の民家と、少しも異なることなければ、余が如き性質の者には、出入に憚ることなく、行けば吏員を相手に時計の進むを忘れたるも屢次なりき、特に余が目を惹きたるは、村長の勤勉なることなり、小遣にも足らぬ小給にて、よくもあの如く謹直に勤まるものぞ、と余は役場に赴く毎に感服せり、兀々として嘗て筆を休めたることなく村民の来るあれば、「己は村長だ」といふ顔もせで、笑を含みながら、静かに村民の訴うるに耳を澄ましつゝあり、併しながら村長は、名の示すが如く村の長、旧幕時代の肝煎に等しき者なれば、村に何事か相談ありて集会し、或は長老の転寺、若しくは兵士送迎等の為に宴会を開くことなどあれば、先づ村長を上席にし、然らざれば招きたる客と共に遙に上座に据え、酒をすゝむ、収入役、書記、皆な村の者なればにや田圃着物を其儘泥まみれの村民に対しても、朋輩に接するが如く諧謔を交へながら言葉を換はし居れり、『収入役様気の毒ぢやが一円札一枚貸して呉れツしやれ、明日町から這入ると、すぐ返すから、どうか頼みますわい。』村長之れを聞きて敢て怪しむことなし、或は其の不規則を尤むる者あるべし、われは村落と役場と親近なるを喜ばむとす。

（「田舎だより」『新小説』三四・三、第六年第三巻）

つづいて「新しき村落」の一節をみよう。

余が住めりし小川寺村より魚津町なる父母の許に至らんとて、馬坂と呼る小川寺村と天神野村とを境せるだら〴〵

坂をのぼり、上杉謙信の古蹟を伝ふる、擂鉢を伏せたるらしき、まんまるき小山を傍方に見て、片貝川に出で龍宮まで続き居れりとか称へらるゝ立石村の細き長き石の安置せらるゝ森を過ぎて、加積村といへる一部落あり、夜に入りて此処を過ぐれば、洋燈の光賑かに、機具を操れる響音耳を掠めて、煙突の出で居る工場十幾つも見ゆ、是れ一昨年来起りたる機業場なりける、今迄米作の外に何等の事業はあらざりし此郡下も、今は七十万円の羽二重を出だし、村民は争ふて農業に投じたる資本を羽二重等の工業に移すに至りぬ、すでに北国に於ける村落は、事業の上に新面目を示し来れるなり。

今まで記るし来りたるは、生存競争の遅緩なる自然に近き方面のみ、更に維新以来移動しつゝある村落を見るも一興なるべし、村落の風光は依然たり、しかれども時世の変遷につれて、右の如く事業の上に変化を示せるのみならず、風俗に於ても、人情に於ても、之を曩日に比ぶれば、幾多の変遷あるを認む、以下少しく新しき村落を見ん。

青蕪平野四囲山、山廓 依々紫翠 間、村遠 路長 人去 少、一竿 斜日酒旗間と支那の詩人が謡ひたる如きは、是れ工業の興らざる過去の村落ぞかし、今の村落は糸挽き場なし、ばんもち石に趣味を置くことは漸次減少す、而して道路の開かれたるより町との往来は日に頻繁に赴き、曩日町に出でざれば見ること能はざりし人力車も、今は時々村落に出入して路の真中に寐そべり居る犬を驚かし、巡査郡吏の外に洋服を着くる者を見ざりし渠等は、時に『農談会』、『村農会』に於て城下より出張せる県吏と膝を交へて話すことを得家に籠り、糸挽き熟れたる農家の娘等も、今や他村に出でゝ名も工女と呼ばるゝに至りぬ、特に村落の面目を新にしたるは、政党競争の村落に侵入せし以来、最も著しきが如し。

帝国議会の開かれざりし以前は、今日の如き事はなかりしなり、自由党あり、改進党あり、世間は、明治十五六年来政党の起りたるより引き続き、政治論は喧しかりしかど、わが村落には腥き政治論の風は入らず、此処政治論を離れたる武陵桃源、最も地主の若主人等は或は政党に関係し、時に県会議員等に熱心なる者もなきにあらざりしが、一般村民は之に対すること対岸の火事を見るよりも冷淡なりき、然るに帝国議会開かれて、自家の有せる選挙権は、一票拾円弐拾円の代価に購はれ、且つ今日迄威張りに威張りし町民も、村民の前に頭を低（た）るゝに至りてより俄かに村落と政党とは密接し、延（ひ）いて政党熱は郡会議員、村会議員等の選挙に至る迄侵入し、今や政党談は、話説（はなし）の材料なき村民の口頭に上（の）ぼり、炉辺に進自（しんじ）を争ふに至れり、其の影響は村民と町民との間に往来繁く、今迄一家の用事を外にしては町に出でざりし村民も、町の倶楽部に遊びて半日の家業を休み、更に遊廓に入ることも知り、カルタに夜の耽（ふけ）るのを忘るゝに至れり。

現に我が住めりし小川寺村の如きも、村民の一人は村外（はづ）れの田圃（たんぼ）中に料理店を開き酌女を置き、緡（さし）に銭を付し之を曳きて楽める穂引（ほひき）てふ単純なる賭博を以て家上（がじやう）の愉快を取りたる村民は、四五年前よりそろ〱花牌（かるた）を知り初め、今や若者四五人集れば、すぐ八々（はちく）を初む、かくの如きは、社会の進歩上或は自然の順序ならんも知らざれども、地方政党の之を導き、町と村とを近接せしめたるは最も力多しと思はる、余は今日村落が『町』の風尚を帯び殆ど町と其の社会生活を等しうするに至りたるは、其の近因政党――選挙競争の之を媒介せるもの最も多しと信ずるなり。試みに渠等の家に入りて之を見れば、昔日は粗末なる蓆を敷き、畳を用ゆる者は殆ど見ることなかりしに、今は藁土間は曩日（むかし）の如（ごと）けれど、坐敷の装置は町と同一にし、人の訪（と）ふことあれば、毛布（けつと）を敷き、茶をすゝめて浮世の義理に重きを置き、而して其の言語の如きも七八年前迄は全く都会に通ぜざる土音（どおん）にてありしが、今は誰より聞き覚えけん、隣家の爺が耳にして解し得ざる堅くるしき言葉を時に吐くことあり、気候の寒冷にも婦女子の醜悪にも、生計の欠乏にも、其何人（そのなんびと）たるを問はず、常に『寒（さぶ）し』の語を用ひ、例令（たとへ）ばあの婦女（をんな）は寒い、生計（くらし）は寒いといふ事つた、など言ひ居たりしに、今は一々言葉を別にし、立派に町の者に対し居れり。其の他日常の動作等、一々詮索（せんさく）せば、十年二十年前に比ぶれば別格の相違あり、特に婦女子の粧飾（さうしよく）の如き、最も注意を惹（ひ）くに足る、蓋し二十年前頃は、婦女子にして洗髪（あらひがみ）するものはなく、多くは藁をもて髪を結び、元結を用ゆる者の如きは十人に一人、分限者の娘等にあらざる限りは、大抵藁にて結ひ居りしに、今は物日等には町に出でゝ髪結女の手に掛け、而して其の衣服の如きも、町に流行すると同じき縞柄を撰び、一見村落の婦女なりや、あらずやを知るに苦しましむ。特に余をして驚かしむるは、一方に酒屋あり駄菓子屋増加せると共に、村民の性情は、曩日の醇朴なる気風失せて、なべて軽薄となりし事なり、或意味にては、渡世に利巧とはなりし也、要するに、『山』の生活は『村』に進み、『村』は『町』と風尚を等うしつゝあるは、今日何人の眼にも映ずる処なるべし。（同前）

引用がながくなったが、このなかにあるように、横山はたまには町の養父母のもとに帰った。雪国の山中の冬は長く寒い。丈余の雪のなか、古寺の大広間で一冬を越した。村役場へいって東京の新聞を借覧がてら、八十翁の小使さんとよく閑談したという。村人の家もたまには訪れた様子だ。明治三二年から翌三三年春までの帰郷時、このようにして山中の古寺にすごした。そして注目されるのは、時代変遷にたいする関心が強くはたらいていることであろう。

明治三三年から三四年春（帰郷・職工事情調査時）までの作品は、つぎのとおりである。

明治三三年　「北国の二名物」六（『読売新聞』一・九～）
　　「村落生活」（『新小説』四月、第四、五号）
　　「魚津文庫の設立を喜ぶ」（『富山日報』五・九～一〇）
　　「宿場の社会観察」（『太陽』一〇、一二月）
明治三四年　「田舎だより」（『新小説』三月）

さきに引用した「田舎だより」（三四・三）をふくめ、右にあげた五篇のみが帰郷・職工事情調査時代を通しての全作品である。この五篇はともに郷里に取材している。逸することのできないのは、「宿場の社会観察」（『太陽』三三・一〇、一二）であろう。郷里静養をついにおわり、社会復帰の第一歩農商務省委嘱の職工事情調査に参加した頃書かれたとおもわれる。小川寺心蓮坊閑居時代、心的転換があったことをさししめしている作品である。郷里静養時代はやはり横山の重大な転換期であった。

横山源之助後期のかなり大きな部分をしめる宿場変遷研究、中産社会研究へ転出する契機が「宿場の社会観察」のなかで明らかにされている。

社会風尚の変遷、社会構造のさまざまな仕組みやその転位には、横山は当初からかなりつよい関心をもっていた。その関心の側面がついに宿場研究、中小都市研究、中産社会研究へと移ろうとする。その転機が郷里静養時代におこっている。

郷里魚津は北陸道の枢要な宿場町であった。「宿場の社会観察」はいう。「余は十年前の越中地方を知れり、今より四年前、又た此処——今ま余が記せんとしつゝある目的の地に足を停めたることありき、今日来りて之を見れば、幾多の変化あり」「旅行者は常に都会を記し、名山を記し古蹟に注意を置くと雖も、旧幕時代の宿場の変遷を社会的に注目する者なきが如し、宿場や、旅行者の一瞥、一泊、一往来の間に能く知り得べきにあらざれば、今日幾多の旅行者あり、旅行記ありて、しかも之に及ばざるは怪しむに足らざれども、社会の土台は宿場と村落とにあれば、今日我国の社会状態を知り、其の変遷を極めんと欲せば、余は旅行者の注意に上らず、その旅行記に見えざる宿場の状態を、精密に研究するは最も趣味あり、価値多き事実なりと信ず、其の端緒として、北国筋の宿場を記して読者の一粲を博せんとす」

宿場変遷研究というあたらしいテーマがここではじめて提示されたのである。横山社会学のあらたな転進と展開であった。ちなみに「宿場の社会観察」の内容は、さきの引用文をふくむ前文、第一宿場の変化、第二宿場の一日、第三宿場の内容、第四宿場の繁昌？（見出し欠）、第五宿場の社交、第六新家と旧家、第七宿場の行楽——である。横山源之助が宿場変遷、中小都市変遷に興味をもったのは、大きな時代変革のなかで、そこに旧家の没落や、職人層の衰退等の姿があり、社会の哀歓の縮図をみたからであろうか。養家横山家の没落もあったのである。

ここに一書がある。博文館発行の日用百科全書第四十四編、横山源之助編『養蚕と製糸』である。郷里静養時代完成されたものらしい。アルバイトに編された。奥付をみると、明治三三年六月二二日発行、編者横山源之助、定価二〇銭、二三四頁。編者とあるが、実際は著者である。小型、二段組の、ちょっと変わった本である。

巻頭に「例言」がある。

一　博文館の依嘱に応じ本書を編纂したるは、今より二年前、恰も「日本之下層社会」の材料蒐集に従事せる時なりき、今日に至りて之を見れば、意に満ざるもの甚だ多し、然れども本書編纂の主意は、学者に供せん為にもあらざれば、専門家の参考に資せん為にもあらず、一般養蚕者、若くは生糸家の為に、平易に養蚕と生糸との方法を記述せるに過ぎざれば、其の帳簿と算盤との配列せる傍ら、当業者の参考と為るを得ば、編者の望即ち足る。

一　本書劈頭に本邦養蚕史及び諸外国の養蚕生糸の状況を審にせり、編者は一般営業者が仏伊諸国の現状に顧みて、深く意を致さんことを欲す。

一　実業者たるべし、虚業家たるべからず、我が実業社会を見るに細心なる実業者少くして、唯だ一時を胡麻化して虚利を貪らんとする者多きは、慨嘆に堪へざるなり、養蚕と言はじ、生糸と言はじ、機業に於ても、紡績業に於ても、若くは燐寸業に於ても時々恐慌来りて、折角発達せる有利の事業を中途に挫折せんとするが如きは、概ね営業者が其の本分を逸して虚業家たらんとするに原く、余輩は本書の読者に対し、深く両者の区別を守らんことを望む者也。

明治三十三年六月　故郷越中魚津に於て

横山源之助識

（横山源之助編『日用百科全書第四十四編　養蚕と製糸』明治三三年、博文館）

「例言」によるなら、「二年前」（明治三一年頃にあたる）に、編纂されたものである。したがって、郷里に静養しつつ筆をとったのは、「例言」と加筆訂正部分のみであったろう。この書はもちろん養蚕家、生糸家のために書かれたものだが、内容的には高度である。質をおとしているということもなく、むしろ好著の部類に属する。「明治三十三年六月故郷越中魚津に於て」とあり、このときをもって、郷里静養時代にピリオドがうたれたと、解される。

ちなみに博文館日用百科全書中には、第一二編目に樋口一葉女史編『通俗書簡文』等があり、多くの作家たちの内職になっていた。

（二）農商務省『職工事情』調査参加

横山源之助は、一時は郷里永住を覚悟したらしい。それに反対をとなえたのが、東京にある高野房太郎等であったという。もう一度、横山による高野房太郎回想記からそのあたりをみておこう。

「余は毎日新聞に従事し、『日本之下層社会』を編し了りて、健康意の如くならず、突然東京を出で、加州金沢を経て、郷里小戸の浦辺に還る。而して遂に新聞記者を廃して、農に帰らんと決せるなり。当時其の不可を称へたるは君にして、翌年君が日本を去る匆忙の際に於ても、尚且余を忘れず。博士桑田熊蔵氏と相謀り、農商務省の工場調査に関係せしめたり」とある（「労働運動者」『凡人非凡人』明治四四年、新潮社）。

労働運動の生みの親高野房太郎がたたかいに敗れ、渡清する多忙のときが、横山源之助がふたたび社会復帰の途についたときであったらしい。大島清の『高野房太郎伝』によれば、岩三郎の兄房太郎の渡清時は明治三三（一九〇〇）年春である。『労働世界』の記事をおえば、高野房太郎の渡清時は同年秋頃である（第六五、七〇号）。『労働世界』（第六六号）が横山源之助の工場調査委員属託となったことを報じたのは、同年一〇月一日である。いずれにせよ、横山源之助はその頃上京し、渡清準備多忙のなかにあった高野房太郎や、片山潜等と再会したことは確実である。

横山源之助の上京のときがいつであったか、推測する手がかりとして、「魚津文庫の設立を喜ぶ」一篇と、前述した『養蚕と製糸』とがある。前者は明治三三年五月九、一〇日の両日『富山日報』紙上に載ったものである。その冒頭に、「昨年来故郷魚津町に閑居して久しく世事を顧みず、今や郷地を辞するに際して最も喜ぶべき報道を得たり、即ち魚津文庫設立の計画是なり、啻に魚津一地方の為めに喜ぶのみならず、余輩は我国全体の上より」とあり、末尾には、「魚津の一民として暫く廃したる筆を揚りて此の文を作る」とある。すなわち「魚津文庫の設立を喜ぶ」は郷里を辞するとき、ふたたび社会に起つことを決したときに書かれたものであった。明治三三年五月頃、そのときが高野房太郎等による再起慫慂をうけいれたときであったろう。

五月に「魚津文庫の設立を喜ぶ」を書き、そして『養蚕と製糸』の「例言」を「明治三十三年六月故郷越中魚津に於て」と書いている。『養蚕と製糸』の発行日は六月二二日である。五月にある「魚津文庫の設立を喜ぶ」と、六月にある『養蚕と製糸』の「例言」――発行日の関連から推すなら、横山源之助の上京は六月上旬であったろう。すなわち郷里魚津で、最後に『養蚕と製糸』の「例言」を書き、原稿をたずさえて上京したのであろう。上京と同時に、『養蚕と製糸』が印刷に付され、六月二二日発行をみたものでなければならない。

ちなみに魚津文庫とは、後に魚津町立図書館、魚津市立図書館となる、その草創の名であった。明治三三年四月二七日付、皇太子成婚「御慶事記念魚津文庫設立趣意書」の発起人の一人に、ときたま郷里にあった横山源之助が名をつらねていたらしい（魚津市史編纂委員会編『魚津市史下巻　現代のあゆみ』昭和四七年、魚津市発行）。発起人に名をつらねたことが「魚津文庫の設立を喜ぶ」一篇を郷里を去るにあたって書かしめた事情であった。「廃したる筆」をとって、あえて竿燈をもつ役にでたのは、そこに「社会教育」や、「通俗図書館」「平民図書館」の芽をみたからであったろう。そのような見方のなか、あるいはつぎのような言辞のなかに、彼の社会学のしたたかさを、ここでもあらたな、おもわぬ側面として発見することができるのである。市井の図書館の発祥を、いちはやく「社会教育」といい、「通俗図書館」「平民図書館」という位置で規定したことはいささか注目に価する。図書館史上でも先駆的な示唆である。学問を平民へ。文明開化を平民へ。それは横山のねがいであったろう。「魚津文庫の設立を喜ぶ」は彼の職工教育論、平民教育論のひとつの派生であったといえる。参考までに抜粋する。

「魚津文庫の設立を喜ぶ」より

余輩は日本の社会は外容に於て内地雑居の域に入り、時代は二十世紀に入らんとするにも拘らず地方の情況が斯くの如きを見て転た我国開化のカタハなるに驚かずんばあらず、特に学校教育と社会情態と相扞格し相衝突しつゝあるは最も注目するに値す。児は学校に在りて地球廻転説を知れり、而して父兄は之を聞きて妄誕不稽と為す、児は学校に於て燐火の作用を知り化学の効用を説けは父兄は仰天して幽霊の存在を固執す、更に其の子弟は中学に入り漸次思想を定むることを得は、父兄の信仰及智識と相去ること益々甚しく終に家庭の不調和を致し『学問は一家の平和を破る』者との感を懐かしむるは余輩の常に見る所なり斯くの如きは必竟学校教育と社会情態と一致せざる所以にして社会観察者は新旧思想の衝突なりとして冷然たらんも余輩は軽々之を観過するを欲せざるなり、而して学校教育は年々益々普及せるに拘らず、社会の情態は依然として何等の進歩なきは是れ今日我国の情況にあらずや、喜劇か悲劇か目下識者の間に社会教育の必要を唱うる者多き蓋し此れを以てにあらずや。／新聞紙も社会教育普及の一方法なり、講談演説も一方法なり、而して通俗図書館の設置の如きも亦た有力なる一方法なり、之を米国に遊べる一友人に聞く百戸、千戸、部落を為せは必ず其処は新聞紙発行せられ、図書館設置せらると、（略）更に発起人諸子に望む、事を起すは易し、唯た之を始めて平民図書館たる実を示すは実に諸子の責任に属す。

横山源之助が嘱託となって参画した農商務省職工事情調査とは、以下の土屋喬雄の解説が要をえている。すなわち、

明治三十年には新設された工務局（農商務省、引用者注）において工場法案を起草した。これは職工法案と改称し、三十五ケ条から成るものである。ついで翌三十一年六月これを修正して、工場法案四十四ケ条を作成し、各地商業会議所並びに農商工高等会議に諮問したところ、後者はさらにその修正案二十二ケ条をつくり、且つ工場および職工の実情調査をなす必要あることを附言、力説した。こゝにおいて明治三十三年四月勅令第百四十九号を以て臨時工場調査掛を置き、三十五年該掛の立案にかかる工場法案要領十四項目ができ、同年十一月各方面え（ママ）諮問された。この法案は明治四十四年に成立し、大正五年九月一日から施行された工場法の先駆をなしたものであるとされている。／右調査掛においては工場法案立案の基礎資料とすべく各種工業部門の職工事情を調査したが、それは各種の工場を実地見分し、かつ工場の経営者・技師・事務員・職工・徒弟・口入業者等の談話をも聴取して、詳細に労働事情を調査したものであつた。そして明治三十六年にいたつて『職工事情』五巻として印刷に附した。全体として菊版五号活字にて約一千百頁に達する、尨大な労働事情の調査書であつて、正に日本におけるこの種のものの最初の古典というべきものである。因みに工場調査掛は、明治三十六年十二月『職工事情』刊行後いくばくもなく

廃止された。

（農商務省商工局工務課工場調査掛編、土屋喬雄校訂『職工事情第一巻（綿糸紡績職工事情、生糸職工事情、織物職工事情）』解題、昭和二二年、生活社）

横山源之助が起用されたのは、右にある「工場調査掛」にではなく、調査員嘱託であった。したがって横山が参画した仕事は、工場法案作成のための、その下準備参考資料となる「工場および職工の実情調査」であった。工場調査の主なる任にあたったのは、窪田静太郎、桑田熊蔵等であったという。このときの工場調査は、澎湃としてあった労働問題の世論におされてなされたという事情が介在する。実際に調査を主導したのは農商務省官僚と東大アカデミシアンの一部であった。無冠の横山源之助がそれに起用されたのはまったく異例であった。そうなったのは、『日本之下層社会』の実績を官ともに認めざるをえなかったからであろう。事実農商務省『職工事情』は、先例として横山の『日本之下層社会』から、調査の方法を多少ならず学ばざるをえなかったのである。横山源之助の起用はいうまでもなく高野房太郎と桑田熊蔵の斡旋によるものであった。桑田熊蔵は工場調査の責任者的地位にあったのである。

桑田熊蔵博士（後貴族院議員）の属した社会政策学会は、明治三二、四年頃体制内社会改良主義を明示して（『社会政策学会趣意書』三二年）、片山潜等の社会主義に対立していた。労働運動の発足当初は桑田熊蔵も支持者の一人であった。そのような運動当初の関係が高野房太郎、桑田熊蔵、横山源之助の三人にある。明治三三年運動が退潮し、社会主義をめぐってイデーの左右分裂が顕在化したとき、今あたかも敗軍の将となって高野房太郎は日本を去ろうとしていた。また桑田熊蔵は体制内社会改良主義を鮮明化して、社会主義に突出していた片山潜等とするどく対立していた。横山源之助の社会復帰の去就は微妙なものであった。横山源之助が郷里山中にこもっていた間に、運動中央の様相は一変しようとしていたのである。横山源之助が、修飾的にいえば「農に帰」った雌伏期を破って、社会復帰の途についたのは、こういうときであった。郷里静養ほぼ一〇カ月（三二年八月～三三年六月）――。

横山が工場・職工事情調査に従事した期間は、ながくみても一〇カ月をこえない。「魚津文庫の設立を喜ぶ」が書かれた明治三三年五月九、一〇日頃、そのときが調査起用が内定したときであった。そして『養蚕と製糸』（博文館日用百科全書）の「例言」を書いた六月、郷里をたっている。それは「明治三十三年四月勅令第百四十九号を以て臨時工場調査掛を置き」とある土屋喬雄の解題とほぼ一致する。付言するなら、この工場調査は早くから世論の注目をあびていて、前年なかば頃から下準備が取沙汰されていた（『労働世界』第四一号以降）――。明治三四年三月一五日付の『労働世界』第七四号は、工場調査を完了した横山源之助の帰京記事を載せている。そのときが、横山が受け持ち担当分の調査を完了したときであった。明治三三年五、六月から翌三四年二、三月頃までが、『職工事情』調査に従事した期間である。ほぼ一〇カ月――。それは横山が担当した調査部分の終了であった。

明治三六（一九〇三）年三月、農商務省商工局は、このときの工場調査を『職工事情』と題して印刷に付した。横山源之助が工場調査のうち、どの部分を担当したろう。調査全体のまとめとなった『職工事情』からはわからない。おそらくは、と推測される手がかりがひとつある。それは『労働世界』第七四号英文欄が横山の帰京記事を載せたときに、そこに、（He has been engaged in the investigation of spining factories in north ……）とあるそれである。ここでいう〈in north〉とはどこか。それはおそらく北陸地方のことをさしていたのではないかとおもわれるのである。北陸地方は福井県を頂点に、石川、富山県に製糸、織物工場が多数あったし、くわえてこの地は有数の工女供給地でもあった。さらに横山の出身地でもあった。横山は北陸地方の製糸、織物工場、工女聞書を担当したのではないか。ここに二、三の傍証資料がある。それをみよう。

明治四〇（一九〇七）年、横山が富山農工銀行頭取島田孝之の他界を悼んで書いた「犠牲――島田孝之を思ふ」中に、つぎのような一節がある。

今より八年前、余は農商務省の嘱托(ママ)を以て、故郷富山県に帰つた。一日金沢市に赴かんとして、富山発の汽車に乗ると、車中余が肩を撃く者があつた。顧れば君は莞爾として、余の傍らに坐してゐたのであつた。余は宴会其の他の席上で、君と言葉を換はしたのは一二回でなかつた。併しながら親しく膝を交へて懇話したのは実に此時が最初であつた。其の後余の一身に特種の事情出来し、君に身上を謀ると、交際日浅きにも拘らず、君は病軀を忘れて、余の為に尽力されたので、余は故国には幾多の先輩があり、知人があつたが、特に君の知に感じたのであつた。唯、疎懶の性、屢々君を問ふことをせず、故郷を去つて、今日に至る迄、未だ一回だも問はなかつたのは、自分ながら慚愧に堪へない。

(『中央公論』四〇・二)

横山が農商務省嘱託として担当した工場調査、職工事情調査区域はおそらく北陸地方であったのである。また、前にも引いた「須賀日記」(『趣味』四一・四)中「寺ずまひ」の項に、「僕は寺に寄宿したのは、今日まで幾度も経験がある。今より十二三年前には、牛込市ケ谷の某禅堂に塩と粥で生命を続けたこともあつた。北国の山中で、真言寺の大広間に一ト冬越したこともあつた。加賀金沢の某庵室で、元旦を迎へたこともあつた」とある、最後の箇所は、おそらく明治三三年から三四年にまたがる職工事情調査のときのことであろう。

さらにここに一通の貴重な資料がある。それは農商務省職工事情調査に従事しているさなかに、横山源之助から二葉亭四迷宛に書かれた書簡である。

横山源之助発二葉亭四迷宛書簡

秋ノ末ト申候乍ら北国地方ハ好天気、昨日迄金沢ニ参リ居候　兼六公園ノ紅葉今ヤ真盛リ、随分に御座候
却説唯今東京評論記者、内村鑑三ノ反抗者、基督信者ニシテ労働者、孤児、出獄人、癩病患者等ノ同情者タル安孫子貞次郎、西川光次郎の両氏ヲ紹介致候　安孫子氏ハ小生東京独立雑誌東京評論ニテ相知リ候位ニテ未タ不相知候ヘ共西川氏は昨年小生ノ後ヲ受ケテ毎日新聞ノ労働界彙報担任致し呉レ候人ニテ小生ノ最モ愛シ且ツ最モ敬スル一人ニ御座候　安孫子氏トハ互ニ其ノ面ヲ知ラサレドモ其ノ文章等ニヨリテ充分敬愛スヘキ文士ナルコトヲ認メ居候
唯今紹介申上候ハ無論文学者トシテ老兄ヲ尊敬致居候ヨリ起りたる者ニ候ヘ共他ニ世間的要件有之実ハ同氏等ハ内村氏ト離別候以来幾多ノ辛酸ヲ嘗メ種々ノ奔走ヲ重ネテ「東京評論」トイフヲ発刊候ナレド無論世間受ケヨカルベキ筈ナク、タトヒ世間ニ受ケル実質的要素アルモ未タ博ク名ヲ知ラレサル謂ユル無名ノ豪傑連ノ執筆ナレハ未タ仔細ニ不相知候ヘ共恐くハ此ノ一雑誌ノ発刊ニヨリテ同志四人衣食シ得ヘキ筈ナク且ツ我レ等ト同ジク有リ余ル財産トイフ者モナキ我党一流ノ人達ニ候得者定メテ雑誌維持及ヒ一己（二字難読推定）ノ生活上等ニ言フベカラサル艱苦アルヿト常ニ同情致居ルコトニ御座候　野生東京ニ居候ヘバ乍不及種々尽力致度候得共雲烟ノ百里余ヲ隔テ居レハ奈何トモ仕様ナク、ソコデ老兄ヲ紹介致候而此人達ノ慰論者タラレンコトヲ望メルヨリ小生ヨリ特ニ此ノ両文士ヲ紹介候次第ニ有之候　最モ小生ノ方ニ於テモ富山金沢ノ新聞社長若クハ主幹等熟知候得者東京ニ在リテ通信若クハ論説等相書キ多少ノ収入アル様奔走致候而高岡ニ発行スル北陸中央新聞主幹小松八郎トイフガ大ニ同情シ何レ社長ト相談ノ上確答スヘキ様四五日前申候得者或ハ此方ハドフニカ可相成候ヘ共固ヨリ十円カ十五円位ノモノニテ二十円ハ出サヌベク依テ小生此処ニ一策ヲ建テ同氏等ヲ博文館ニ紹介シ太陽、文芸倶楽部、中学世界、少年世界等ニ寄書セシメ依テ以テ雑誌維持、及生活ノ補助ト相成候様致候テハ如何ト申送リ候処大賛成ト相見え、至急老兄ニ紹介シテクレベキ（ママ）旨依願有之候間博文館ニ信用アル老兄ニマデ同氏等ヲ紹介致候次第ニ有之候　何卒坪内雄蔵、内田

頁、松原岩五郎等ト御相談原稿料モワルクナキ様博文館ニ御紹介被下度右東京評論維持ノ為メ記者諸君ニ代リ折入ツテ願上候
御引見、親しく御相談被下候得者有難ク存候

十一月九日　　　　　　　　　　　　　　　横山生

長谷川老兄

小生近状、西川氏ヨリ御聞キ被下度候　又一昨日か昨日初メカニ矢崎ノ処へ長い手紙ヲダシ置キ候間ソレヲ御覧被下度候
矢崎氏ノ近状、案ノ如クニ候　小生手紙か変ニ候故或ハソウデアラウト老兄ニマデ相質シタル次第ニ候　御当惑御察シ申上候　詩人ダノ小説家ダノトイフ人ハ小生精神ノ上ニハ多少ノ尊敬ヲ払ヒ居候へ共嵯峨ノ様ニ相成候テハ実ニ浩嘆ノ外御座ナク候　実ハ小生モ地方来、相ス丶メ候へ共、ケンモホロ丶ノ挨拶、実ニ驚入候へキ坪内氏ハ倫理、教育等真キ大熱心ノ趣承知致居候へハ同氏等ヲ坪内氏ニ御紹介相成候てハ如何御相談申上候　小生目下大奔走致居候無縁塔着々成蹟ヲ収メ居候　大喜ヒ被下度候　小生社会ニ出タル首途ニ多少成蹟ヲ収メントスルハ快限ナク候　但シタトヒ一小事業ト雖モ種々ノ齟齬モアリ蹉跌モアリテ時ニ腹ノ立ツコトモ多ク候へ共小生此頃心機一転候者カ案外ニモナカ〳〵ノ楽天家ニ相成候得者トシ〳〵社会ノ抵抗ニ相勝チ居候　来月上京、親シク談話候ヲ楽シミ居候
多忙ニ候故乱筆、御高免

（玉井乾介「一通の手紙――二葉亭と横山源之助」『近代文学鑑賞講座』昭和四二・六、月報25）

右の書簡の発見者は、岩波書店にあって『二葉亭四迷全集』や、あるいは『日本之下層社会』の文庫版の編集にあ

たった玉井乾介である。玉井は早稲田大学坪内博士記念演劇博物館が収蔵する『長谷川二葉亭書簡集』(逍遙編集)の中から右の書簡を発見したという。

玉井はつぎのような考証を付記している。「これは年号はないが、横山が明治三十二年に『日本之下層社会』『内地雑居後之日本』を刊行し、翌年、飄然と故郷、魚津へ帰った時の明治三十三年十一月の書簡である。『東京評論』はいうまでもなく内村鑑三が主筆であった『東京独立雑誌』が内紛によって明治三十三年七月、七二号をもって廃刊した後、内村から去った西川光次郎、安孫子貞次郎、中村諦梁、坂井義三郎によって編集された雑誌で明治三十三年十月に第一号が刊行されている。文中にある同志四人とはこの四人を指すのであろう。(内村と彼等との紛争については『東京独立雑誌』終刊号と『東京評論』創刊号にそれぞれ詳しい)」(前掲玉井論文)。このように、この書簡の日付が明治三三年一一月九日のものであることを玉井は傍証している。横山源之助の帰郷を、『日本之下層社会』『内地雑居後之日本』の刊行の「翌年」(明治三三年)としたのは誤りであるが、いずれにせよ、右の書簡は明治三三年一一月九日のものであることにちがいはない。

明治三三年一一月九日。このとき、横山源之助は農商務省職工事情調査のさなかにあった。そのことは文中、「小生目下大奔走致居候無縁塔着々成蹟ヲ収メ居候　大喜ヒ被下度候　小生社会ニ出タル首途ニ多少成蹟ヲ収メントスルハ快限ナク候　但シタトヒ一小事業ト雖モ種々ノ齟齬モアリ蹉跌モアリテ時ニ腹ノ立ツコトモ多ク候へ共小生此頃心機一転候者カ案外ニモナカ〳〵ノ楽天家ニ相成候得者トシ〳〵社会ノ抵抗ニ相勝チ居候　来月上京、親シク談話候ヲ楽シミ居候／多忙ニ候故乱筆、御高免」と、近況をしらせた箇所によくにじみでている。

右の書簡は金沢もしくは魚津から投函されたと思われる。この頃、横山源之助が魚津、富山、高岡、金沢近辺を縦横にとびまわっていた様子が読みとれるだろう。農商務省職工事情調査に従事したとき、横山源之助の担当区域が北陸地方であったことを、右の書簡があますところなく証している。

ついでにもう少しこの書簡につき書きそえておきたいことがある。それは玉井も指摘しているところだが、この書簡が二葉亭四迷から坪内逍遙宛にだされた別掲の書簡と対応する関係にあるということである。横山からの煩わしい依頼にたいし、二葉亭が義理堅くも逍遙に一書を書いてやっているのだ。『二葉亭四迷全集第七巻　日記・手帳2　書簡』（昭和四〇年、岩波書店）のなかにある、つぎのような逍遙宛の書簡である。

二葉亭四迷発坪内逍遙宛書簡

相変らす御無沙汰に打過申候其後御変も無之候や余り久しくお目に懸り不申ゆゑさる日曜日にハ参堂の積なりしも朝来来客ありて不任意残念致候語学校の方も近頃ハ主任といふ重荷を背負はせられ終日学校の事にのみ齷齪たる有様大に閉口致居候

さて此頃別帋横山源之助の紹介状を持ちて東京評論記者西川某安孫子某の両名来訪貴兄に紹介してくれといふに任せ紹介状認申候　小生ハ是迄交際なき人々故如何なる人物とも存不申其御積にて御話願候来訪後一両日にして東京評論を郵送し呉れ候故一覧致候処甚た幼稚の雑誌にて（以下略）　第七巻　日記・手帳2　書簡（岩波書店、昭和四〇年）

あきらかに、この書簡は横山源之助の前に掲げた「別帋」に応じたものであった。

横山源之助が西川光二郎等の窮状に同情し、あれやこれやとさまざまに肝を煎りながら、二葉亭や逍遙に救援をたのんでいる。しかも遠く北陸の地にありながらである。横山のお人好しぶりに二葉亭も少々辟易した様子であった。世話好きな横山源之助の人柄をよく語っている。

横山の書簡中、「西川氏は昨年小生ノ後ヲ受ケテ毎日新聞ノ労働界彙報担任致し呉レ候人ニテ小生ノ最モ愛シ且ツ最モ敬スル一人ニ御座候」とある箇所は注目されていい。この箇所は『日本の労働運動』のなかにある『毎日新聞』

の記述箇所――「三十二年の夏（中頃少しく絶へたれど）まで横山源之助氏は同社にありて労働者の状態を報ずるに努め、次で西川光二郎氏同社に入りて横山氏の後を継ぎしが、間もなく去り」と、照応する。

横山源之助と西川光二郎の関係がこの書簡に直接明かされている。その意味でもこの書簡は貴重である。西川光二郎は一時片山潜と組み、後年社会主義内部の抗争が激化し、分裂した頃、右側の道をとった。横山の存命中西川は横山と交誼をもっていた様子である（尾崎恒子談）。

横山源之助を再起させたのは、高野房太郎であり、桑田熊蔵であった。後年横山は、高野房太郎が青島で客死したとき、回想記一篇をおくった。桑田熊蔵についても、令閨が逝ったとき、「桑田熊蔵氏と其内助」（『中央公論』三六・一二）一篇をおくっている。その文中に「昨月下旬、偶々君が東京に在るを聞きて、一日落葉堆（うずたか）き千駄木の邸を訪へり。平日の温容に似ず、暗然として憂色あり。故を問へば、久しく病床に在りし内君は此日を以て医師の宣告を受け、到底全癒の見込なきに至れるなりと。余は余りに事の意外に驚き、深く君の胸中を諒として匆々にして辞し、帰路大学教授高野岩三郎氏に会し同君の不幸を語りて相別れたり。越へて数日、一葉の手簡来る。嗚呼。桑田氏の令閨は逝けるなり。／余は桑田氏を知れること今に数年なりしと雖も」とある。桑田熊蔵との親交は職工事情調査終了後もつづいたのである。

明治三六（一九〇三）年、横山源之助が参加して成った『職工事情』につき、土屋喬雄が覆刻にあたって解題に、「この『職工事情』がその量において尨大なものであったことは、すでにのべた所であるが、その記述の様式においては、官庁調査に往々見られる歪曲はほとんど見られない。はじめに述べたように、当時の劣悪きわまる労働事情をほとんどあるがまゝに描出しており、労働者に対する同情的立場も示されている。その記述の様式すなわち質においてすぐれたものである点でも、古典と称せられるに値するものである。横山源之助の『日本之下層社会』とともに本書を繙けば、日本産業資本確立期の労働事情を正確かつ詳細に摑むことができるであろう」と述べている。とくに付録にあつめられた元工女の実話のかずかずは、土屋喬雄がいうように「官製『女工哀史』」(前掲『職工事情第一巻』解題、昭和二二年、生活社)の白眉であり、戦慄を禁じえないものであった。

第六章　労働運動への復帰――右派労働運動の旗挙とその潰滅

さて、明治三四年三月一五日付『労働世界』第七四号上の雑報をもう一度見る。

労働演説会は既報の如く去る九日晩三崎町吉田屋に開かれたり例の如く頗る盛会にて西川光二郎氏は労働運動の歴史に就ひて一時間以上の長演説を試み片山潜氏は近時欧米労働組合の進歩を説き殊にニュージーランド洲の労働政策を評論し以て我邦にも斯る法律を作るは必要にして又難きにあらざるに論せられたり門脇横山々下、松岡諸氏も有益なる演説を試みられたり

三月九日には、横山は片山潜や西川光二郎等と旧交をあたためていた。労働問題演説会にさっそく顔をだして、花をそえていた――。横山源之助の労働運動への復帰はこの頃――明治三四（一九〇一）年三月頃であった。

このとき、横山源之助は相当な覚悟をしていたようだ。――全生涯を労働者階級のためにささげるべく。以後紆余をたどるのだが。

横山はさっそく復帰第一号の筆をとった。『労働世界』第七五号（三四・四・三（ママ））上である。〈七顚八起楼〉の筆名をもって。「従来の職人諸君に望む」。復帰第一号の筆をとるにあたり、筆名を〈七顚八起楼〉としたことは意味深長

である。明治三二年夏、過労にたおれ、『毎日新聞』記者の職をなげうち、さらには労働運動絶頂期に指導的イデオローグとしてあった地位をなげうって、こつぜん郷里へ去って一年半余――復帰第一声の筆名が〈七顚八起楼〉であったのである。この筆名には、労働者解放運動に一身をささげるために再起した感慨がこめられてあった。

この年四月三日、二六新報社発起になる日本労働者懇親会が向島でひらかれ、数万の労働者が集ったという。ちょうど横山が帰京した直後の頃である。沈滞した労働運動がいっぺんに息を吹きかえしたようであった。

だが、労働運動者側は労働者大衆をふたたび組織化することはできなかった。片山潜等労働運動指導者はいよいよ社会主義化への道をつきすすんでいた。この年五月、安部磯雄、幸徳伝次郎、木下尚江、河上清、西川光二郎、片山潜等六名によって日本最初の社会主義政党社会民主党[1]が結成（即日解散）されている。運動指導部からは、すでに労働運動の生みの親高野房太郎が去っている（明治三三年）。そこには運動の突出と停滞があった。

労働運動が開幕した頃の大同について手をむすびあうおおらかさはすでになくなっていた。労働者大衆はあったのである。新旧雑多であったとしても。その大方は社会主義思想以前の状態からはうごいていなかったのである。労働組合期成会の機関誌であったはずの『労働世界』が期成会や鉄工組合の手からも離れ（同三三年）、いまは片山潜の個人経営にまたねばならぬ状況であった。さらにその『労働世界』がこの年明治三四年をもって終わり、労働日刊新聞『内外新報』に衣替えして回生をはかったが果さず、急遽第二次『労働世界』（三五・四〜三六・三）へ後戻りするいきさつは凋落した労働運動の末路の苦悩を如実にかたってあまりある。そして同年末日鉄矯正会の解散によって、第一次労働運動はほとんど潰滅状態におちいるのである。

いわば運動のたてなおしを、社会主義路線によるべきか、労資協調路線によるべきか、その岐路にたつ状況下に、横山源之助が運動に復帰したのである。僚友片山潜とともにすすむなら、社会主義運動への参加の道はさけられなかったのである。

なぜ横山が運動に復帰したか。

「一書生」としてでなく、こんどこそ実際運動――労働者解放運動の渦中に身を投じるためであった。ところが、労働運動―労働者解放―弱者救済を総体にみていた横山にとって、おのれの視野のなかにある労働者や職人層や人力車夫等は、一部インテリの突出した社会主義からはあまりにも後方にあったのである。右すべきか、左すべきか、横山源之助の混迷は労働運動復帰のその日からはじまらなければならなかったのだ。

『労働世界』誌上に復帰第一声を放ってからの横山源之助の去就は、はなはだ微妙である。すなわち横山源之助が帰京、運動に復帰したのが三月。そして復帰第一声を放ったのが四月。僚友片山潜、木下尚江、西川光二郎等が安部磯雄等とともに社会民主党の結成を議したのが、おなじく四月。翌五月がその結成である。片山潜等労働運動正統派のもとに復帰した横山源之助が、この社会民主党結成に相談や誘いをうけなかったはずがない。片山潜がそれに参加し、横山源之助が参加しなかった事実こそ重要である。それはこのときをもって横山が非政治主義の道をみずからえらんだことを裏側からあかしているだろう(2)。横山がどのように運動中枢からはなれていき、以来、急激に政治主義化する社会主義運動をはた目にみながら、みずから背負った労働者（弱者）救済運動の重荷にたえながら、いかに混迷し、いかに紆余曲折していくか。

横山の後半生は、歴史の主流をはなれた、歴史の傍流者の、漂流者にも似たそれであった。

潰滅した労働運動にかわって、社会主義運動が歴史の前面に登場する明治後期――それがやがて大逆事件に捲きこまれ、社会主義冬の時代をむかえる。日本社会主義の昂揚と分裂、停滞の時代、横山源之助はそれら社会主義主流の動きとはいっさい関連をもっていない。はげしい、そしてはなばなしい社会主義運動のかげにおしやられ、労働運動がほとんど消えた谷間の時代に、社会改良主義のとりでにしりぞき、忘れられた労働者解放運動をおのれの爪先に灯そうとして苦闘し、紆余し、また曲折していく——。かくれた労働運動者——それが横山源之助の後半生であったのだ。

大井憲太郎の大日本労働協会、板垣退助の貧民調査会との接触。あるいは無人島開拓計画や大陸移民、ブラジル殖民へと、主流をはなれて屈折し、紆余していく、ひとりの労働運動者のいきざまの路線がある。思想的には、社会改良主義に定着しつつ、社会・労働問題研究という終生の課題をおいつづけ、くわえて宿場・中小都市研究、中産階級研究、富豪研究、人物評論、殖民事業研究へと、おのれの研究対象をひろげ、外延化していく。

明治三四（一九〇一）年、労働者解放運動のため一身をささげようとして復帰したその日以降、よるべき労働運動が姿を消してしまう谷間の時代を手さぐりしつつ、いま集約したような屈折した経路を、横山はしだいにたどっていくことになるのである。

（1）社会民主党の綱領は、安部磯雄の起草になる宣言書と、八カ条からなる「理想」と二八カ条からなる「実際運動の綱領」からなっていたという。たとえば八カ条の「理想」とはつぎのとおりである。

（一）人種の差別、政治の異同に拘はらず、人類は皆同胞なりとの主義を拡張すること
（二）万国の平和を来す為には先づ軍備を全廃すること
（三）階級制度を全廃すること
（四）生産機関として必要なる土地及び資本を悉く公有とすること
（五）鉄道、船舶、運河、橋梁の如き交通機関は悉くこれを公有とすること
（六）財富の分配を公平にすること
（七）人民をして平等に政権を得せしむること
（八）人民をして平等に教育を受けしむる為に国家は全く教育の費用を負担すべきこと

「実際運動の綱領」二八カ条のなかには、普通選挙法の実施、死刑全廃、貴族院廃止、治安警察法、新聞紙条例の廃止等がう

たわれた。（石川旭山編・幸徳秋水補「日本社会主義史」『日刊平民新聞』明治四〇年。荒畑寒村『日本社会主義運動史』昭和二三年、毎日新聞社）。

（2）たとえば、社会主義研究会（同三一年一〇月～、社会主義協会前身）、社会主義協会（同三三年暮～）には、横山源之助はやはり参加しなかったようである。社会主義協会が社会民主党創成の母胎となった。

明治三四年四月、『労働世界』第七五号に復帰第一声を放ってからは、『労働世界』への横山の寄稿はない。横山が運動に復帰した明治三四、三五年には、意外に横山の作品はすくない。わずかに三四年に四篇、三五年に四篇あるのみである。(3)

それは横山が労働運動に復帰したとき、その決意が不退転なものであったことをあらわす。復帰後二、三年間の彼の動きをみるなら、研究者として解放運動につくそうとするよりも、実行者として参加しようとしている。想像以上に積極的であったのだ。

（3）明治三四年には「田舎だより」（『新小説』三月号）、「従来の職人諸君に望む」（『労働世界』四・三）、「慈善財団」（『新小説』一一月号）、「富山の売薬」（同一二月号）、三五年には「春風閑話」（『新小説』五月号）、「漁民の生活」（同八月号）、「慈善家の妻」（『女学世界』一〇月号）、「移民雑話」（『新小説』一一、一二月号）であった。

さて、復帰後の横山の動きをみよう。

明治三四年三月、労働運動へ復帰。それは三月一五日付『労働世界』第七四号でみた。復帰第一声が四月三日付同誌第七五号上「従来の職人諸君に望む」となった。

翌五月、社会民主党結成即日解散。横山源之助の参加はなかった。

同年八月二四日、夏季労働懇話会に横山源之助が出席している。第八九号『労働世界』（三四・九・一）に、つぎのような記事をみる。これも第四章第三節で見た。

●兼て期したる夏季労働懇話会は去る廿四日夜神田青年会館に開き七八十名会集して頗る盛会なりき将来の運動に就ても決議する所あり尚ほ労働組合聯合会を組織せんとする手順に運ばんと左の十名事務員を撰定したり、

榛葉与三郎　片　山　潜
川島烈之助　岡　村鐘太郎
藤田富太郎　小野瀬不二人
笹岡　栄吉　斎　藤房次郎
鵜沢幸三郎　横　山源之助

斯の十名中鵜沢、川島、片山の三氏は常務委員に任ぜり。

八月二四日、労働各界代表が参会して開かれた労働懇話会に横山源之助が参加した。その労働懇話会の席上が、事実上労働組合聯合会（後の大日本労働団体聯合本部）設立のための準備会となった。そのとき横山源之助は設立委員の一人となった。

この日の労働者懇話会について、『万朝報』（三四・八・二六）はつぎのような記事を載せた。

一昨日午後六時より神田青年会館に催したる都下労働者各組合有志の懇話会ハ活版工、鉄工、鞄工を初め其他各組合よりの出席者凡そ一百余名にて最初に秀英舎監事たる富山幸次郎開会の辞を述べ次に普通選挙同盟会幹事北川筌固ハ普通選挙と労働者の関係を演説し次に片山潜ハ只今大阪より帰りたりとて旅装の儘演壇に現はれ現時の社会問題より説き起し工場建築法に付大阪に於て実査したる事を縷述し夫より大井憲太郎登壇し今回上京の趣旨より労働協会本部設置の事を述べ進んで都下に一大労働会館を建設し各労働組合の大会合ハ勿論平常に於て各労働者の部門を分ちて調査局を置くべしとの議を提唱し満場大喝采の裡に降壇したり是に於て活版工組合の鶺沢幸三郎の発議にて左の三項を決議したり

一　普通選挙の実行を期す事
一　工業条例の発布を促す事
一　労働会館設置の事

尚ほ該懇話会を毎年四季に開会する事等を協議し終りて会を閉ぢ更に別室に於て茶菓を喫し夜十時頃散会したり因に言ふ自今該会を日本労働組合聯合会と称し事務所を開設する事となり各組合より委員を出し尚ほ其常務委員ハ片山潜、川島烈之佐（ママ）、鶺沢幸三郎の三名に任せりといふ(4)

『万朝報』がこの記事を載せた二日後、幸徳秋水は同紙（三四・八・二八）上で、労働懇話会について「近日労働懇話会なる者開かれ、普通選挙の実施、工業条例の発布、労働会館設置の三件を遂行せんことを決議せりと、善い哉、吾人ハ雙手を挙て之に賛同するに躊躇せず」といい、さらに労働懇話会が治安警察法の廃止にもつきすすむよう促し、つぎのように述べた。「吾人は不幸にして懇話会の当日出席すること能はざりしが為めに、諸君の高説を詳聞するを得ずと雖も、思ふに吾人の見る所と大差なきことを信ず、而して吾人をして望蜀の言を為さしめバ、諸君ハ更に極めて重大なる一大問題を閑却されしに非ざるやを恐る何ぞや、治安警察法の廃止若くハ改正是なり、現行治安警察法なる者が我労働者の為めに忌むべく憎むべく恐る可き仇敵なることハ、曾て吾人の痛論せし所なり、次回の懇話会に於てハ是非とも其改正若くハ廃止を討議し決定するの必要ありと感ず、諸君以て如何となすや(5)」

八月二四日に開かれた労働懇話会は、労働各団体の提携のためにもたれたものだが、この労働懇話会の模様を、労働者自身どのような目でみていたか、『労働世界』（第八九号）雑報欄中に掲載されてある長髪嶺南の目は皮肉である。情景が面白い。引いてみよう。

▲唐突　労働者懇話会と云ふ文字の上には無量の愉快な意味を労働者自身に於て感得する事であつて、誠に楽しき会合であるかの様に思はれたが、其の第一回目であつたが為めか、甚だ唐突に物事を遣つて除けられた、

▲演舌　名士の演舌は労働者の頭脳に、真理の糧を与へ、運動の考証を与ふるものであるに由て、努めて聴く可きであるが、又其論旨にして陳套に属して居るならば、特更に珍らしからぬ言論を弄して御茶を濁すならば、之れを聴かせらるゝ労働者の迷惑は甚だしいものであつて、労働者懇話会に於ける演舌も片山氏の労働会館と云ふ古るくから唱へられある論旨の外には何の得る処ろも無かつたのは惜しむ可き事だ

▲団体　各団体に於ける重立ちたる労働運動者の集会であるに依て各団体が抱持する労働運動の経歴談或は其意見を聴得るであらふと思ふて楽しんで居つたる時間も許るさぬで有つたらふが、更に団体として労働者が話、（演舌）をなさなかつたのは残念であつた、得れは幹事諸士に其責ありと云はねばならぬ。

▲名士　予は名士とは吾人を指導せんが為めに熱中して呉くる義侠な人々である事を信じて居るが為めに何人に対しても此の労働運動に興味を有して居る人は殊に慕はしい様に思ふて居つたが、彼の懇話会に於ける名士諸君の態度は少しく労働者をして不満の色を起さしめた、何故なれば名刺を捧げて名士に自己を披露する事は仮令労働者であるからとて見識を思ふ者の潔よしとせぬ処である、殊に第二流第三流的の人々まで名士側に打混りて揚々として居る幇間的労働者あるに反し、団躰に於て、有力なる労働者側は隅の方に不平を忍んで苦笑して居る等は大ゐに懇話会の為めに惜しむ可きである、第二回目に出席すべく心待にせらるゝ労働者は無かるべし。

『万朝報』紙上の好意的な紹介記事、それをおいかけるようにして書かれた幸徳秋水の賛意記事があった反面、このような批判的な目が労働者のなかにそだちつつあったことをみるだけでたりる。

政界の老雄大井憲太郎の登場という劇的な事態によって、そこにあたらしい労働運動が展開されようとする契機が、実はこの懇話会にあったのだ。沈滞した労働運動をなんとか再構築しようとする緊褌一番の局面にたちながら、そのとき指導する側（名士諸君？）と労働者側にともに緊張をかいた様子がかくしようもなくあったことを、長髪嶺南が指摘しているのだ。

横山源之助がその場にあり、労働組合聯合会（仮名）設立準備委員のひとりとなった。

大井憲太郎は本拠地大阪での労働運動ふるわず、この夏大日本労働協会をみずから解散し、東都の地で再興をはかるため上京したばかりであった。ともに弁士となった片山潜が、大井憲太郎がみきりをつけた大阪の地へいって一時関西労働組合期成会を結成させ、ちょうどこの日労働懇話会開催の日に帰京したのは皮肉であった。

ちなみに労働組合聯合会（仮名）設立準備委員のうち、鵜沢幸三郎は活版工厚信会々長であり、小野瀬不二人は二六新聞社員であり、四月三日にひらかれた第一回労働者大懇親会の主任幹事であった。

八月二四日の労働者懇話会席上の決議にもとづき、九月一〇日芝区桜田本郷町桜田会館において、大日本労働団体聯合本部の創立が議された。そのときの趣意書である。

大日本労働団体聯合本部趣意書

労働者ト資本家トハ必ズシモ反抗スベキモノニ非ズ。協同一致以テ生産事業ニ従フベキモノナリ。唯悲シムベキハ今日に於ケル労働者の位置甚ダ卑ク、生活豊カナラズ、往々貧生苦死ノ悲惨ヲ免レザルニアリ。此悲境ヨリ吾人ヲ救ハンガタメニ、世ノ志士労働問題ヲ提起セラル、是レ労働社会ノ深ク感謝スル所ナリ。乃チ亦吾人相集リテ爰ニ自カラ労働者ノ位置ヲ進メ、窮苦ヲ脱シ労働社会ノ改良ヲ期センガタメニ本会ヲ組織ス、惟フテ労働者ノ位置進ミ生活ノ安固ナルコトヲ得バ、心身ノ力倶ニ自ラ其強健ヲ加フベク以テ生産力ヲ増スベシ。則チ生産事業モ発達スベク、資本家ノ利益モ之ニ伴フテ増進スベシ是レ竊ニ吾人ノ信スル所、何ンゾ必ラズシモ極端ナル理論ニ心酔シテ、敢テ漫リニ資本家ヲ敵視シ、労働問題ノタメニ故ラニ生産社会ヲ壊乱スル事ヲ喜バンヤ。本会ノ運動方針ハ左ノ如シ

一　広ク各種ノ労働団体（職工、農民、漁民其他ノ力役者）ノ聯合ヲ謀ル事
一　各団体互ニ気脈ヲ通ジテ、労働者ノ位置ヲ進メ、道徳ヲ高メ、教育ノ普及ヲ謀リ利益ヲ保護スル事
一　労働者ニ同情アル諸名士ノ賛助ヲ仰ク事
一　資本家ト労働者トノ紛議ヲ仲裁シ、相互ノ愛情ヲ和ゲ、利益ヲ謀ル事
一　各種労働者ノ実情ヲ調査シ、之ヲ広ク社会ニ報告シ、其同情ヲ求ムル事
一　労働者ニ関スル制度ノ設立改廃ニ就テ労働社会ノ希望ヲ披陳シ之ヲ社会一般ニ訴フル事
一　少年労働者ノ教育ニ関シ、殊ニ精密ノ調査ヲ遂ケ、其教育ノ普及ニ就キ資本家ト協議シ、其教育機関ノ設備ヲ充分ナラシムル事

（『印刷雑誌』三四・九・二八、第一一巻第八号）(6)

ここに設立されようとする大日本労働団体聯合本部の本意は文字どおり労資協調路線であった。それは、片山潜が指導し、社会主義化をつよめている労働運動に真向対立している。前章で述べたように、片山潜は『労働世界』第九一号（三四・九・二一）をもって、ただちにこれに反撃した。

労働運動のあり方と再建の問題をめぐって、ここに二勢力がはっきり対立することとなった。ひとつは片山潜が指

導する社会主義路線派。ひとつはいまあらたに登場した、労資協調路線をいこうとする大日本労働団体聯合本部。横山源之助がえらんだのは後者大日本労働団体聯合本部であった。これは横山源之助の後半生を決定付ける事実上の転機となった。大日本労働団体聯合本部が誕生する経緯を巨細にながめる理由である。

横山源之助が運動に復帰したのが、この年（三四年）三月。大日本労働団体聯合本部が結成準備されたのが、それから半年後の九月。横山源之助が運動に復帰したその頃、凋落した労働運動の中枢はわずかに片山潜等によってささえられていた。横山源之助のはたらく余地はほとんどなかったとおもわれる。ついに横山源之助は、労資協調路線を基調にし、あたらしく誕生する大日本労働団体聯合本部をえらんだのである。

大日本労働団体聯合本部は、片山潜等社会主義路線派のはげしい反撃をあびながらも、一一月三日、旧自由党左派の領袖大井憲太郎を頭領に、久津見息忠、柳内義之進その他関係者によって創設された。神田錦輝館を会場にして、趣旨発表式ならびに労働者懇親会がひらかれた。

結局、大日本労働団体聯合本部とは、大井憲太郎の大日本労働協会（明治三二年、大阪で結成、三四年夏解散）の東京における別働隊にほかならなかった。横山源之助は僚友片山潜とわかれ、かくして政界の老雄大井憲太郎と手をむすんだのである。

創設の頃、『社会』（三四・一一・二、第三巻第一一号）に、つぎのような記事がある。

大日本労働団体聯合本部はその議決せる同部趣意書の第五項第六項即ち各労働者の実情を調査し之を広く社会に報告し其同情を求むる事又労働者に関する制度の改廃に付て労働社会の希望を披陳し云々とあるに従ひ左の方針に依り実地の活動を始むる由

第一　左の各工場を調査し其顚末を世に公示する事

一、葛飾郡吾嬬村モスリン紡績会社
二、王子製絨会社
三、岩谷天狗煙草各工場
四、鐘ケ淵紡績会社
五、小名木川東京紡績株式会社
第二府下に於ける其他の各工場及地方の工場を調査する事
第三工場調査の報告を兼ね趣意の普及計らんが為め毎月一回宛公開演説を催す事
第四工場法案を調査し政府案として当期議会に提出せしむる事を運動する事(7)

だが、大日本労働団体聯合本部は、結局ほとんどみるべき運動はしえなかったようだ。その後は大日本労働協会東京支部のようなものに変身し、『平民の友』『労働月報』にあるような若干の動きをした。

(4〜7) 労働運動史料委員会編『日本労働運動史料第一巻』、昭和三七年、東京大学出版会。

山路愛山が、大井憲太郎のこの頃の動きについてつぎのように述べている。参考までにみておこう。

山路愛山「現時の社会問題及び社会主義者」

氏は明治三十二年(一八九九年)六月大阪に於て大日本労働協会を作りて盛んに労働問題を呼号し、尋で大阪週報なるものを出して労働者改善の機関とし、其結果頗る良好にして将来の希望稍や其胸中に輝きたりしかば、明治三十四年(一九〇一年)を以て上京し、我は力を労働問題に致さんとするの外他の意あること無し、政界の事復た我の知る所に非ずと唱へ、芝の逆旅に在りて関東にも其運動の領域を広げんとしたり。博学能文の士として聞へたる万朝報記者久津見息忠氏は大井氏と結んで其参謀の一人となり、東西に奔走し、老騏千里の雄志を有する此老政治家を助けんと欲したるも、関東の人心、労働問題、社会問題に於ては既に大井氏の予想したるより以上の進歩を為し居りたれば、其運動も関西に於て得たるが如き成功を得る能はざりき。聞く、当時幸徳秋水氏一日芝の旗亭に大井氏を訪ふ。大井氏之を待つこと頗る簡疎にして、礼意の厚きを見ざりしのみならず、其談論も亦幸徳氏の意を満たすに足らざりき。是に於て幸徳氏は、大井氏の運動は労働者の自信力を鼓舞して富豪と対抗せしめんとするに非ず、却て陳腐なる資本労力調和の説を唱へて陰に資本家の為めに調訂（ママ）の地を為すに過ぎずと論じ、其同志に説きて大井氏の事業を助くること無からしめ、新聞紙も亦大井氏の東上に就ては冷眼之を見、寧ろ「けち」を附くるも、決して賛成の意を表せざりしかば、大井氏の志も自ら空しく其運動も何時しか龍頭蛇尾に終りたりと云ふ。諺に曰く、年寄りの冷水と。総ての事業には年齢あり。其年齢を過ぎて猶ほ少年の故態を学ばんとす、壮志或は称すべしと雖も、牛は牛連れ、馬は馬連れなり、思想感情の既に齟齬したる年少後輩、爰んぞ其穉態を笑ふの情なきを得んや。大井氏の事業も亦恐らくは年寄の冷水たるを免れざりしが故に、其結果も亦思はしからざりしのみ。

（『独立評論』四一・五、第三号）

大日本労働団体聯合本部のなりゆき、大井憲太郎の進退については、山路愛山の言によって締め括ることができるようである。

ついでに左に掲げるのは、大井憲太郎上京当時のゴシップ記事である。面白いのでみてみよう。

大井馬城が過般出京して労働協会本部を東京に設置せんと運動しつゝある趣きは既に報ぜしが、故星亭の機関たる自由通信は昨、嫉ましげに報じて曰く大井が労働者保護の運動は表面の名のみにて内実は星の横死に由り関東の健児が首領を喪ひて今正に方向に迷ひつゝあるに乗じ往年の縁故を利用して自から其後を襲はんとの野心を蔵し玖こそ突然出京したる也、而して此魂胆は彼れ独自に畫画き出せるのみならず例の高島将軍等とも打合せたるものにて、彼れは出京以来、頭山満、河野広中、並に自家の旧乾児たる小久保喜七、森隆助の諸輩と屢次密会し、新たに旗揚げを為すことに就きて協議を凝らしつゝあり、尚ほ之に関しては現内閣の有力なる某大臣の援助をも求めんとの計画にて、是等の運動に要する費用は頭山所持の某炭山を売却し之に充つるの予定也、云々と、馬城残年幾干もあらず、掉尾の一運動を遣るも面白けれど大分時世後れと為れる彼れには成功の程如何

（『万朝報』三四・八・四、前掲『日本労働運動史料第一巻』）

横山源之助が大日本労働団体聯合本部、ならびに大井憲太郎と行をともにした期間は、聯合本部の創設が企画された明治三四（一九〇一）年九月頃から三六（一九〇三）年前半頃まであったとおもわれる。この期間、大日本労働団体聯合本部は右派労働運動機関として存在したのだ。

大日本労働協会の方針[8]にみられるように、大井憲太郎には、社会の弱者救済、社会問題解決をかんがえる積極的な側面があった。横山源之助が大井憲太郎と手をむすんでいった理由がある程度うなずかれるのである。最下層者の同情者横山源之助には普遍的な古さが共存していたのである。

（8）　片山潜・西川光二郎著『日本の労働運動』明治三四年、労働運動社。

大日本労働協会（明治三二年創設）は各種労働者や職人の組合育成、出獄者保護、人夫の口入周旋、炭坑夫、漁民の救済世話等をめざし、小作争議の応援等もしていた。

新発足しようとする大日本労働団体聯合本部の前途に、大日本労働協会のイメージがオーバーラップし、横山源之助に魅力でなかったはずがない。

ところで、横山源之助が大日本労働団体聯合本部に、どの程度参画したろう。

意外なほどの熱のこめようであったようである。

この頃、横山源之助がなにをしたか。

その去就を追ってみなければならない。まず二葉亭四迷回想記「真人長谷川辰之助」からみてみよう。


　長谷川君が文壇に復活したのは、二葉亭四迷の生涯には重要であらうが、その後の僕は膝を壊して、赤裸々の長谷川君と附き会つてゐたのだから、其の消息は省く。唯だ御親父の病歿されたのが、君の処世に非常の影響があつたのは争はれない。当時博文館の太陽または文芸倶楽部に翻訳を出してゐたが、厳君の病歿後は、よく〳〵文学に愛想が尽きたと見え、間もなく海軍編輯書記に就き、暫らくして陸軍大学講師と為つた。一体長谷川君は思慮の周密な人で、事を定めるにも容易に極らない人で、その代りに一ト度覚悟が定ると、前後左右を顧みず、一事に熱中するのが長谷川君の長所で、また短所であつた。文学に対しても其れで、日清戦役後再び文壇に立つたが、之は理想生活より実際生活に転ずる過渡期に、ちよつと小説に指を染めた迄で、生活の一方便として翻訳に取り掛つたという迄である。官報局引退後は、寧ろ新聞記者を望んでゐた。すでに一二の知人を以て二三の新聞社に交渉されたやうにも聞いてゐる。原抱一庵が、屡く君の下宿（片恋を出した当時は暫らく神田錦町に下宿してゐたことあり）に出入したのは、その片影であらう。斯くて御親父の永逝後、俄に原稿生活の足を洗ひ、前掲の如く海軍省に入り、陸軍大学に移り、外国語学校に転じて、初めて素志の一端に就いたのである。斯うなると、文学などは那処かへ歿くなつて、一意専心露語生の養成に取り掛つた。けれど、実際的の計画を忘れたのでない。露語教授当時、僕の処へ這んな手紙が来てゐる。

……最後の御尋ねは誤解に出でたるものと存候、現に労働者の需用ありて小生の手元に申込あるにあらず小生は只年来浦塩より帰朝せる者の話に聞きたるゆゑ西伯利出稼の頗る利益あるを知り居るに過ぎず候、若し確実なる資本家ありて一事業を起さんとならば彼地在留の諸友に図り、応分の尽力するも可なれど、資本の出処確かならねば、仲々面倒ゆゑ、うかと手を出し兼候（三十四年十月四日消印）

長谷川といつたら斯んな風だから、遠方から眺めると、或は文学者とも見えたであらう、けれど、僕等には些しも其様な臭気がなく、常に実際と相伴はんとした長谷川君の外、二葉亭四迷も何もなかつたのである。（君自身も二葉亭四迷の名を嫌ひ、幾度か二葉亭の名を換へんとした、特に北京より帰つた後、最も此の傾向多く、僕が二葉亭の虚名がなかつたら、どれ丈け仕事が出来たか知れないといつてゐた）

君が外国語学校に教授と為つた当時は、僕は地方に出てゐたので（一時は農商務省の嘱託で工場を視てあるいたことあり）、外国語学校に出た消息は余り知らない。帰つて見ると、君の模様がすつかり変つてゐた。最も日清戦役後実際に近かんとする意気込は見へてゐたが、それでも呉秀三とか石川千代松とかいふ学者の名前がちよい〳〵君の言葉に出たものだ。処が外国語学校へ出てからといふものは、官報局時代の面影はさらりと消えて、逢ふと何時も商業とか貿易とかいふことを口にしてゐた。身の上知らずの僕も当時何か遣つて見やうと野心鬱勃たる時であつたから、君の貿易論には耳を傾けた。その中君はます〳〵実際的の方面に身を入れ、機会かあれば日露貿易の衝に当つて見たいなど、言ひ出し初めた。此時僕は大井憲太郎の東上を機会として、労働運動に関係した時であつたから、労働者の口を露領に求めやうと君の処へ出掛けて相談したこともあつた。前に掲げた手紙はその一つである（ハバロフスクよりスレーテンスクの間及び哈爾賓以北の鉄道工事に労働者の需要多かつたので）。当時頻繁に君の家に出入したのは、語学校の生徒連で、卒業生の捌口には最も熱心であつたやうだ。一体君は語学教師で満足した人ではない、自ら冷笑して、蓄音機だといつてゐたのを能く聞いたものだ。

然かも甘じて外国語学校に出てゐたのは、露西亜語を通じて人物を作らんとする抱負があつたからで――卒業生を仕立てゝ日露貿易に資せんと意気込んでゐたからで、此理想があつたが為に、君は万幅の熱心を傾けて――小説を作るよりもヨリ以上の熱心を以て、卒業生の前途に心を配ばつた。或は実業家と会見し、相談を纏めた例は一回や二回でない。特に人物の鑑別かお得意であつたから、卒業生の人柄や気風を飲み込み、先方の人物と対照してそれ〳〵需用先を探した親切といつたら、恐くは他の教授に見ることが出来まい。故に僕は斯う思ふ、最も君の死を悼んでゐるのは、小説又は翻訳に依つて君を知れる文学者の階級よりも、寧ろ君の誘掖を受けた露語生であらうと。

斯くて君は露語教授の立場から、次第に実際家に近づいて来たが、三十五年の五月に入り、蹶然露語主任教授の職を辞した。海外留学生の選定に就て校長高楠氏と意見が衝突したのが近因であつたが、日頃校長と教授方針を異にしたのが偶々留学生問題で爆発したものといた（ママ）つた方が適切であらう。泣いて君の決心を翻へさんと試みた生徒もあつたやうだけれど、一ト度斯うと決すると槓でも動かないのが長谷川君の気性。間もなく満州哈爾賓に出掛けたのである。無論日露貿易の衝に当る考であつた。是より先、君は日本貿易協会に関係してゐたから、協会は沿海州貿易の実情調査を君に嘱託した。君は出発前、大谷嘉兵衛その外いろんな実業家に逢つたが、別に乃木将軍等と会見したのを見ると、日清戦役頃より頭を擡げてゐた国際問題が、矢張那処歟に炎々と焚へてゐたのである。

君の支那時代は僕とは没交渉である。君を横浜迄送つたが、僕は此時丁度二三の友人と無人島の開拓を計画して見事に失敗し、更に老母の病気といふ大厄に逢つたので暫らく長谷川君と遠ざかつてゐた。その中哈爾賓から、北京に下つたことを君の留守宅から聞いた。そして警務学堂に提調と為つたことも聞いた。僕は此時川島浪速氏の留守宅に接近して、本郷追分町に住(すま)つてゐたから、川島一家とも往来してゐた。川島氏の留守宅には、令弟の順吉君（後に日露戦役に従軍記者として戦死した）がゐた。厳君の良顯氏や、順吉君から、警務学堂の噂を聞けば、長谷川君の噂も聞いた。嘗て僕の口から屢々評判されてゐた支那男の川島君と、露西亜男の長谷川君とが、十数年の後に相提携して、北京の檜舞台に立つたとは不思議だ。僕は独り笑坪(えつぼ)に入つてゐた。（是より先川島君警務学堂監督となるや、帰京して谷中にゐたことがある、僕は川島君の名を以て長谷川君より太田黒重五郎氏を煩はしたことがある。外国語学校以来此時初めて長谷川君と川島君と逢つたのである）川島君と長谷川君とを駢(なら)べてみると、面白い対照(コントラスト)である。彼は支那風、是は露西亜風、丸で肌合が違つてゐたが、僕の知つてゐる長谷川君と川島君は似てゐる所も随分多い。長谷川君も川島君も世の辛酸を嘗(な)め尽した苦労人、貧乏の味を知つてゐることは、或ひは川島君の方が兄分でもあるかも知れない。天下の士を以て任じてゐる自負心といつたら、長谷川君と川島君とはそつくりその儘、殆んど兄弟のやうだ。剛情我慢であつたのも、二人の間に優劣はない。剛情我慢か似てゐると同じく、那処か才子肌（良い意味の）で、座談などの巧いのも能く似てゐる。長谷川君が常磐津に嗜みを持つてゐたのは没後博く世間に知れ渡つたが、川島君も彼様(あん)な顔して、器用な喉を持つてゐるはず。長谷川君は一時俳句に浮身を窶(やつ)したが、川島君も新体詩の一トくさり位は遣つて退(のけ)る腕がある。たゞ川島君は那処までも支那豪傑風で押し通し、長谷川君は露西亜の志士気質、其処に性格にも風采にも相違があつたのは、争はれないが、若し此の二人を赤裸々(まつぱだか)にして、教育、学問、境遇を同一にしたら、或は同一模型の人物が出来てゐたかも知れない。長谷川君が北京に下ると、一見して、相許したのも無理がない。僕は支那官人間に於ける川島君の勢力と、長谷川君の世界的智識と抱合して、長短相補へば、面白い事業が出来やうと期してゐた。然るに一年ばかりで、川島君と別れたので、僕は君の為にも川島君の為にも深く悲(かな)しんだ――丁度長谷川君が脳貧血で田端に静養してゐた時、川島君が帰朝してゐたので、手紙を以て、君の病気を報じてやると、川島君より折り返し君を尋ぬると言つて来たので、君も内々川島君の尋ぬるのを待つたものだ。

その中川島君が北京に帰つたといふ噂があつたので、僕も其の儘尋ねず仕舞へに終つた（実際此時まだ川島君は東京に居た、といふことは後で知つたが、さうと知つた時は最う北京に帰つてゐた）昨年長谷川君が日本を出発せんとする時、矢張川島君が帰つてゐたさうで、旧交を温めんとしたが、復電の遅れたが為に、遂に逢はずに露都に出発した。かくて君と川島君と相会するの機会は永久に去つたが、長谷川君の訃音を聞いた川島君は、定めて一大驚愕を喫したであらう、と僕は幾多の遺憾を懐いてゐる。

（「真人長谷川辰之助」坪内逍遙・内田魯庵編『二葉亭四迷――各方面より見たる長谷川辰之助君及其追懐』明治四二年、易風社）

二葉亭四迷が東京外国語学校教授となったのは、明治三二（一八九九）年九月である。東京外国語学校を辞めたのが、明治三五（一九〇二）年五月。ハルピンへ出発したのが同じく五月。北京の京師警務学堂提調代理になったのが、同年一〇月。警務学堂提調を辞し、帰朝したのは翌三六（一九〇三）年七月である。二葉亭四迷が東京外語を辞め、実際家たろうとして大陸に雄飛変転していたとき、横山源之助はあたらしい労働運動、労働者救済運動の旗挙げや展開に鬱勃たる野心をもやしていたときであった。

二葉亭四迷が東京外国語学校を辞め、ハルピンへいき、さらに北京へ遍歴した頃（明治三五年）、「僕は此時丁度二三の友人と無人島の開拓を計画して見事に失敗し、更に老母の病気といふ大厄に逢つた」といっている。

つぎに横山の『凡人非凡人』（明治四四年、新潮社）のなかにある「趣味の人聡明の人」から、その頃をみよう。

星亭が、白刃の下に倒れて間もなく、大井憲太郎は東上して、神田錦町の堀端に、「大日本労働団聯合本部」の看板を掲げた。

当時余等は、稚気万幅の時であつたから、該聯合本部と提携して、労働運動に加盟し、平地に波瀾を捲かんとした。特に余は事務所の一室に陣取り、日々大井馬城と顔を合せてゐた。すると、或日宿車を駆つて、事務所を尋ねた者があつた。黒羽二重の羽織に、仙台平の袴を着けた、身の丈五尺六七寸ばかりの、風采の堂々とした壮漢、顎で車夫を指図して、玄関に立つた模様は、なか〳〵立派であつた。丁度大井馬城は不在であつたので、その儘引き取つたが、翌日、又もや尋ねて来た。

応接間に通ほすと、凝然と、周囲を見廻はし、更に或方角に視線を注いで、そして静かに坐に着いた。が、直に用事に入らず、他客の雑話に耳を傾け、自身は口を噤んで、控へてゐた。かくて十分、二十分、三十分も、寂然としてゐた。

余、いや、余ばかりでない。当時此の聯合本部に出入した者は、何人も此の訪客の人物を知つた者はなく、姓名さへ知つた者がなかつた。トいふのは、当時雑多の人物が遣つて来たので、りゆうと、仙台平の袴に威儀を整へた人物が来ても、別段余等の注意を惹かなかつたからで。その後屢々遣つて来た。名を聞くと、飯野吉三郎。

今日こそ飯野吉三郎といへば、知らぬ者はないが、当時は名もない一浪客であつた。曩に精神団の組織を以て、巌本善治等に知られたのは仄に知つてゐたが、巣鴨の監獄で奇蹟を演じた飯野某と同一人とは知る由もなかつた。で、飯野吉三郎と聞いても、殊更に記憶に留める者もなく、渠の来訪は、余等には雲烟過眼であつた。たゞ一人此の訪客と親近なる者がゐた。それは後に予言者を以て世人を驚かした宮崎虎之助であつた。当時同人は大井幕下の一人として、大阪労働協会の一員として、此の聯合本部に出入してゐた。言葉の穏やかな、沈み勝な男であつたが、酒を冠ると、がらりと、模様が変つて、何時も鉄拳を振舞はすので、余等は窃に同人の出入を喜ばなかつた。焉んぞ知らん、五六年の後に、予言者として、われ等の前に現はれんとは。

斯くてあること一二ケ月、毎日のやうに、飯野は労働本部に遣つて来た。最初身をそらして、容易に口を開かなかつた渠は、厳めしい顔に微笑を湛へ、卓子（てーぶる）の傍に寄つて、雑話を交へた。渠は婦人に向（むか）つて、如何なる面相を発（あら）はすかは知らない。が、自分等の前では、何時も野中の一本立のやうに、屋根の上の烏のやうに、澄ましてゐた。当時芝の桜田会館に、坂本金弥を中心として同臭の志士論客が集まつてゐた。秋山定輔、田川大吉郎、佃信夫などいふ顔触れ。飯野は桜田会館にも出入した。斯くてある中、或時われ等の間に大阪に出張した某が予期の如く帰京せぬので、幹部の二三は、秘密会議を開いたことがあつた。三人寄つても文殊の智慧が出ず、小田原評定に終らんとする時、ひよツくりと、顔を出したのは、飯野であつた。同人もやはり某の帰京を待つてゐたものと見え、小田原評定の中に入つた。——余等が飯野吉三郎の片鱗を認めたのは、此時が最初（はじめ）であつた。

飯野は一座の思案顔を見て、すつと起つて、硯を片寄せ、筆に墨たつぷりと含ませながら、何やら書き初めた。ト見てゐる中に、一枚の紙は真黒々となつた。にやりと笑つて、筆を棄て、明日の正午（ひる）迄に帰るに相違ない、ト断言した。神色自若としてゐた。

正中か、偶中か、飯野吉三郎の予言は半ば中（あた）つた。待ちあぐんでゐた某より、翌日帰京の電報が来た。間もなく帰京した。兎（と）にかく飯野の断言は半ば霊験があつたので、われ等二三人の間に、ちよツと不思議の感を懐いたのであつた。すると、暫らくして這（こん）様な事があつた。

当時大井馬城は京橋新富町の某旅館に逗留してゐたので、余等は屢々某旅館に出入し、幹部会を開いた。飯野もやはり此の旅館に出入し、或日端なく玄関で邂逅した。飯野メ、来てゐるわい、と思ひながら一室に通ると、飯野も遣つて来た。例に依て、黙然（もくねん）と坐つてゐたが、暫らくして、座を起ち、那処へか去つた。程経て、同坐してゐた某を招き、相伴ふて、再ぶ(ママ)姿を消した。

例に依つて例の如く来客は推し寄せた。三人集り、十数人集つた。国会議員の古手も来た。旧自由党の壮士も来た。新聞記者も居れば、カールマークスを口癖にする洋行帰りもゐた。予言者の卵であつた彼の宮崎虎之助も、フロックコートを着て、坐客の間に割り込んでゐた。飯野はまだ帰つて来なかつた。

間もなく酒は初(はじま)つた。……酔が廻はると、最(も)う争論だ。火元は宮崎虎之助と相場は何時も極(きま)つてゐた。何時帰つたものか、飯野は厳然と、宮崎の対角(むかふ)に坐つてゐた。

中坐した友人も帰つて来た。西園寺侯爵の甥に逢つたと得意顔である。西園寺侯爵の甥？　何人であらう、不審を打てば、西園寺亀次郎さ、トいふ返事であつた。西園寺公成の一族は、侯爵家とは何等の縁故もない筈。不思議な事を聞くものかな、ト眉を顰めたのは余一人ではなかつた。飯野は落ち着き払つて、隣席の某に、西園寺に逢へと勧めてゐた。

西園寺某は、何の為に来てゐるのだらう！　そんな疑問は如何(どう)でも好い、西園寺某を以て、侯爵家の身内なりと吹聴してゐる飯野の揚言には、自分は尠(すくな)からず奇怪を覚えた。――千葉県選出代議士で、某といへるが、丁度此の旅館に同宿してゐた。飯野と熟知の間と見え、飯野の所説を賛美し、一座に紹介してゐた。眼を挙げて見ると、飯野は悠然と、上座に構へてゐた。

その中、座の一隅に、わや／＼と怒罵の声が聞えた。例の宮崎虎之助は、飯野の方に膝を向け、大した見幕で、議論を挑んでゐたのであつた。ト見てゐる中に、宮崎は前に駢(なら)んでゐた酒盃を取るや、飯野を目掛けて、発矢(はつし)と放(な)げた。羽織も袴も、びツしよりと濡れた。飯野は平然として、顔色だも変へなかつた。

何時となく飯野の人物は、われ等の間に注意を惹いて来た。大井馬城の左右には、最も評判を博した。

飯野が河野広中を知つたのも此時であつた。頭山満の家に出入し初めたのも、此時であつた。犬養毅の家にも、屢々俥を向けた。志賀重昂も渠の訪問を免（まぬが）れなかつた。

右によれば、横山源之助は大日本労働団体聯合本部の幹部の一人であり、事務局常任的存在であった様子である。大井憲太郎を中心に、柳内義之助、久津見息忠、奥宮健之、頭山満、河野広中、小久保喜七、森隆助、川島烈之助、城水兼太郎、佐藤直二郎、宮崎虎之助等々——。自由党左派の残党あるいは政界ごろまがいのものが、いれかわりたちかわり大日本労働団体聯合本部に梁山泊をきめこんでいた。大日本労働団体聯合本部が大日本労働協会の東京版として構想され、その構想が規模壮大でありながら、実質ほとんどなすところなかったのは、その粗大さに起因するとおもわれる。

横山源之助がみずからのかかわりをもふくめ描きだしている大日本労働団体聯合本部の内状は、大阪事件（明治一八年）の裏面について、福田英子が生証人として暴露しているそれと大差がない。

福田英子『妾の半生涯』

大阪なる安藤氏の宅に寓居すること数日にして、妾は八軒屋と云ふ船付きの宿屋に居を移し、只管（ひたすら）に渡韓の日を待ちたりしに、一日（あるひ）磯山より葉石の来阪を報じ来り急ぎ其旅寓に来れよとの事に、何事かと訝（いぶか）りつゝも行きて見れば、同志等今や酒宴の半（なか）ばにて、酌に侍せる妓（ひと）のいと艶めかしうそうどき立ちたり。斯（か）ゝる会合（まとゐ）に加はりし事なき身の如何にしてよからんかと唯だ恐縮の外はなかりき。さるにても、同志は如何様の余裕ありて、斯くは豪奢を尽すにかあらん、こゝぞ詰問の試みどころと、葉石氏に向ひ今日の宴会は妾ほと〳〵其の心を得ず、磯山氏よりの急使を受けて、定めて重要事件の打ち合せなるべしと思ひ測れるには似もやらず、痴呆（たはけ）の振舞、目にするだに汚（けが）はし、ア、日頃頼みをかけし人々さへ斯の如し、他の血気の壮士等が、遊廓通ひの外に余念なきこそ道理なれ」「重井、葉石、新井、稲垣の諸氏までも、此の艱難を余所にして金が調へりと云ひては青楼に登り絃妓を擁しぬ
(『妾の半生涯』明治三七年、東京堂)

それから二〇年――。大阪事件の首領大井憲太郎の周辺はさほど変わりがない。
大日本労働団体聯合本部がほとんど空中楼閣のうちに消え、横山源之助が労働運動の育成や労働問題の解決を運動内部で内在化する地道さに欠け、露領の地に解決の方途をもとめたり、あるいは無人島開拓にもとめて、すべて失敗に帰したことは故なしとはしないだろう。横山源之助等が企画し、熱中し、あいついで失敗した事業は、大日本労働団体聯合本部のイデーや運動が奈辺にあったか、一半を語って余りある。

大日本労働団体聯合本部の創設準備会がひらかれ、創設趣意書がつくられたのが、明治三四(一九〇一)年九月一〇日である。

横山源之助が労働者の出稼ぎを露領シベリヤにもとめようとして、二葉亭四迷からその返書をうけたのが、同年一〇月四日である。聯合本部の創設準備段階で、はやくも横山はそういう構想にはいっている。

そういう労働運動の一環(労働問題解決=労働者救済運動)として、無人島の開拓を計画したのが、翌三五年夏前後である。

横山源之助が川島順吉を追想した「回想記――敵弾に殪れたる従軍記者」(『東洋銅鉄雑誌』三七・一一・六)のなかに、つぎのように書かれてある。

其の後自分の身も幾変転、弁護士試験を廃めて、牛込市ケ谷の某禅堂に引ツ込み、変り〳〵て新聞社に入り、関西北陸に放浪して、職工状態の研究に従へ(ママ)、再び東京に出でゝ、又候(またぞろ)新聞記者と為り、走馬燈のやうにぐる〳〵変はつて、恰かも同志数人と、無人島の拓植を計画してゐた一昨三十五年の夏、暫らく会はなかつた順吉君と、駒込追分の往還で、はたと邂逅した、知らぬ事とて、当時自分は、駒込追分町の三十番地に住み、君一家は同町の三十一番地に住んでをられたので有る、之を機会に、再び君と往来を続け、時には痛飲淋漓虹の如き気焔を吐いてゐたが、恰かも自分等の計画が、一狡児の為に、見事に失敗せる矢先に、弱り目に祟り目、義弟は五人の子を遺こして頓死し、老母は重患に罹り、内憂外患交も〳〵自分の一家に蝟集つて、生涯未曾有の難境に嵌まつた、調度其の時令兄浪速君は、鎮国将軍を伴ふて帰朝せられたといふにも拘らず、同君が成功してゐるに、斯んな破目に出会(でつくわ)してゐる自分の馬鹿面(づら)を見せるでもないと、実は会ふべき用務もあり、義理もあつたが、箆棒な意地も有つたもので、ついに会はずに仕舞い、君の一家が、信州松本に引き上げらるゝといふ時、独り順吉君と、根津権現境内の一茶店で、麦酒を傾けて、袂を別つたので有る、爾して君は、一時故郷の信州に帰り、一二ケ月後、美濃の山中に入つて、坐禅を修する筈だと言つてゐた、之が此の現世で、君と言葉を交へた最終で有つたので有る。

つまり明治三五年夏頃、横山源之助は無人島開拓計画に熱中――もしくは計画失敗の後始末の忙中にあったのだ。二葉亭四迷がハルピンへむかって日本を発った五月頃、すでに無人島開拓計画にはいっていた模様である。義弟竹次郎（源之助の養父伝兵衛の左官職の弟子で横山家の養子となった）が急死したのはその六月である。このような諸点からみると、横山源之助が大日本労働団体聯合本部の幹部の一員として労働問題解決のため、無人島開拓計画を同志数人とともに企てたのが明治三五年春頃――そして春から夏頃にかけてそれに熱中し、「一狡児の為に」それが失敗し、夏頃その後始末におわれていたということになる。それは川島浪速が帰朝したとき顔をあわせるのがいとわれたほどの打撃であったらしい。かさねて義弟の死と養母の重患に見舞われたという。

義弟竹次郎の死は六月八日であった。横山家では長男源之助、次男鶴之助がともに東京へ去ったため、家職を継ぐ者がなく、伝兵衛夫妻は明治二三年隣村道下村の弟子旧姓大崎竹次郎（慶応元年生）に長女ゆきを娶らせ、養子とし左官職を継がせた。養子竹次郎夫妻は一応魚津町金浦町に別居していた。が、竹次郎が急死したため、一一歳の子を頭に五人の子がのこされた。くわえて源之助の養母が重患に罹ったという。無人島開拓計画の失敗にくわえ、一家の不幸がかさなり、「内憂外患」が一挙に横山源之助を襲った。彼は長男であったから、横山家の重荷を当然背負わねばならない立場にあったのだ。


大井憲太郎はこの年──明治三五（一九〇二）年、海外移民調査会(9)（東京市麹町区三番町六九）をつくっている。横山源之助が大日本労働団体聯合本部の幹部の一員として、シベリヤに労働者の出稼ぎを構想したり、無人島開拓計画に頭をつっこんだりした動きは、大井憲太郎が海外移民調査会を設けたこととほぼ同一線上のものであろう。無人島開拓計画はあるいは海外移民調査会との連繫事業であったのであろうか。

明治三六（一九〇三）年三月──、大井憲太郎が『平民之友』を発刊したころ、大日本労働協会が復活し、二万の会員、二一支部を擁したという。そういう動きに、横山源之助が関係あったかどうか。

横山源之助は大井憲太郎といつごろ袂れたか。横山が大井と行をともにした期間は、明治三四年九月大日本労働団体聯合本部が創設準備されたころから、翌三五年海外移民調査会がつくられた後まで、せいぜい三六年春頃までではなかったかとおもわれる。横山源之助は明治三六年六月頃から文筆生活にもどっている。横山源之助と大井憲太郎との関係はこのころには終わっている。横山が実際活動家たろうとしたことも、一旦その時点で終わる。

（9）平野義太郎・福島新吾編著『大井憲太郎の研究──馬城大井憲太郎伝別冊』昭和四三年、風媒社、日本歴史学会・平野義太郎著

『大井憲太郎』昭和四〇年、吉川弘文館。

ここで板垣退助との関係について、一言触れておかねばならない。明治三五年四月三日刊、第二次『労働世界』第一号雑報欄に、

●板垣伯の貧民調査会　同伯と伯の二三知己とによりて設立され居る貧民調査会は、近々大拡張を為して精細確実なる調査を始むる由にて、既に横山源之助氏を聘し、又精細なる調査の項目も既に出来上りたる由。

とあったことは、前にみた。明治三五（一九〇二）年四月といえば、横山源之助が大井憲太郎と組んで、労働運動の再建に熱をあげていたさなかであり、そのとき板垣退助の貧民調査会にも関係した様子である。貧民調査会に関係しつつ、このとき横山源之助が「精細なる調査の項目」をつくったらしいのである。「精細なる調査の項目」とは、あるいは一年後『中央公論』誌上に発表された、「貧民状態の研究に就て」（三六・六〜）中にあげられてあるそれではなかったか。それは厖大かつ精細な調査項目であったから。あるいはそれに類するものであったろう。横山源之助が板垣退助の貧民調査会にどの程度関係したか、他にしる資料はない。あえていえば、板垣の雑誌『友愛』に横山の寄稿が若干あるのはそのときの関係からだろう。

山路愛山が大井憲太郎のその頃について「年寄の冷水」と評したことは前にみた。愛山は板垣退助のそれについても、おなじ評を投げているのである。参考までに掲げよう。

而して年寄の冷水たるもの独り大井氏の事業に止まらず、矢野（文雄、引用者注）氏の事業、板垣伯の事業の如き

も亦均しく是なることを免れざりき。板垣伯の社会問題に注意すること蓋し一日にあらず。伯の嘗て内務大臣たりしや、小松三省氏をしてヘンリー・ジョージの「進歩と貧困」とを訳せしめ、社会問題と題して其上巻をのみ発行せしめたることあり。今や社会問題、労働問題の声漸く人心を動かさんとす。伯たるもの何ぞ黙するを得んや。伯は是に於てか其意見を公にしたり。曰く、憲政の完美を鞏固ならしめんとせば、社会の根底を鞏固ならしめざるべからず。社会の公徳腐敗しては独り政治の健全を望むべからず。社会の公徳は宗教家若くは道学先生の説教のみにて維持し得べきに非れば、先づ有形上の礼節作法より矯正し始むるを要す。是れ余が風俗改良に着手したる所以なり、と。伯は其為さんと欲する事業に冠するに社会問題、若くは労働問題の名を以てせずして風俗改良の名を以てせり。明治三十五年（一九〇二年）十月の太陽記者曰く、

板垣伯は社会事業に老後の慰藉を求むる人となりぬ。曰く風俗の改良、曰く日本音楽の改良、曰く労働者の保護、曰く盲人の教育、曰く女囚乳児の保育、是れ彼れが老夫人の熱切なる同情と助力とに依りて現に社会に寄与しつゝある残光なり。

伯の志も亦壮ならずとせず、されども時代は今や伯を解せず、伯も亦時代の感情を解せず、世は漠然として伯の事業に対し、伯の盛名を以てすと雖も、亦多く人心を動かすには足らざりき。

（前掲「現時の社会問題及び社会主義者」）

横山源之助と片山潜との友誼は、横山が板垣退助の貧民調査会に招聘されたことを第二次『労働世界』が報じた頃（明治三五年四月）までつづいたとみられる。

労働運動再建のため、片山潜が『労働世界』の休刊、復刊へと苦闘していたとき、立場を異にしながら、横山源之助も労働運動再建の方途を手探りしつつ、大陸出稼ぎや無人島開拓を構想するという、屈折した方向にでて悪戦苦闘

していたのであった。片山潜、横山源之助の左右いずれにも、遺憾ながらこのとき労働運動の本隊はほとんどなかった。

横山源之助が文筆生活にもどるのは、明治三六（一九〇三）年六月からである。そのごの横山は、文筆活動をつづけながら、労働問題解決、労働者救済——という畢生のねがいを一管の筆先にともしていく。労働運動者としてたどる道はなおつづく。

明治三四（一九〇一）年三月、労働運動に一身を投じるため、東京に復帰して以来二年、実際活動家に徹しようとしたとき、なすところすべてくいちがい、ほとんどみるべき成果なくおわった。明治三五、六年頃、労働運動は潰滅していた。運動の本隊を見失った——そのことが活動の振子を外におしやる結果となり、さらに自由党左派残党とくんだことが、活動、構想をともに粗大にさせ、地道なつみあげを欠く結果になった。横山の失敗はそこにある。自由党左派くずれの大言壮語にひきずられたのが真相であろう。それなら横山の本心はどこにあったか。その問にこたえることができるのは、運動をやめた直後、『中央公論』誌上に発表された「貧民状態の研究」（上・中・下）（三六・六、八、九）であろう。横山源之助が板垣退助の貧民調査会に招かれたとき、第二次『労働世界』創刊号（三五・四・三）が「精細なる調査の項目も既に出来上りたる由」といっていたのは、おそらくそれにちがいない。とすれば、右派労働運動を組織しようとして、大井憲太郎の大日本労働団体聯合本部および板垣退助の貧民調査会に関係したさなかの、その明治三五年四月には、「貧民状態の研究」のなかにみられるような「精細なる調査の項目」が横山の手によって、すでにできあがっていたものとみなければならない。労働運動再建のなかではたすおのれの役割を、横山は『日本之下層社会』や『職工事情』をもしのぐほどの、より広範囲な、より精密な実態調査活動にやはりおいていたのだ。それが準備されながら、不発におわってしまったが、そのようなものが横山によって地道に準備されてあったことを見過ごすことができない。

横山にも問題がなかったわけではない。この間、横山源之助は彼本来の研究家的生き方をむしろ抛擲していた。「一書生」たるよりも、実際家たろうとして、人生を賭けていた。その点、文学者であることを拒否し、実際面で経世家になろうとして失敗をかさねた二葉亭四迷と、横山源之助はやはり似ていた。——潰滅状態にあった労働運動を、社会改良主義によって再建しようとした大日本労働団体聯合本部のなかで、横山の地位は本部付常任幹部であったのだ。やはり横山源之助は有能なオルガナイザーではなかった。ついに労働運動を自立的には組織しえず、「精細なる調査の項目」を実現するほどの個人的資力もなく、結局ルンペン、半ルンペン労働者の救済事業へむかっていってしまった。それも労働運動のヴァリエーションにはちがいない。救済運動も、労働運動の大事な側面であることは否定しないが——。

労働運動の潰滅期、史上忘れられた右派労働運動の動きを、労働運動開幕当初すぐれた指導家のひとりであった横山源之助の屈折した道筋から、多少はたどってきた。

そのごの横山源之助はただひとりさらに狭隘な、苦難の道をたどる。

第七章　後半生の横山源之助

（一）文筆活動への復帰

明治三六（一九〇三）年中頃から、横山源之助は文筆生活にもどった。その最初の論文は六月以降三回にわたって『中央公論』（三六・六、八、九）に掲載された「貧民状態の研究に就て」であった。

労働運動の再興に奔走していた頃（明治三四〜三五年）、構想したものにちがいない。実践家であろうとし、悪戦苦闘していた間、ほんとうは横山がなにをかんがえ、なにをねがっていたか、この作品が遺憾なくあかしている。そこにしめされてある貧民状態研究の設計図がもし完成されていたなら、『日本之下層社会』を上廻る未曾有の研究が完成されたはずであった。貧民状態研究の構想がいかに壮大、かつ克明に設計されてあったことか。それは、労働運動途上、道なかばにして屈した横山源之助の夢の記念碑でなければならぬ。厖大だが、ここに再録する。

前にも述べたが、おそらくこれは、大日本労働団体聯合本部および貧民調査会（板垣退助）に関係した頃、できていたという「精細なる調査の項目」のそれにちがいないのだ。

ちなみに、「貧民状態の研究に就て」の（上）と（下）は「貧民状態の研究」とされ、（中）のみの題名が「貧民状態の研究に就て」とされた。「貧民状態の研究」とするほうが、より正しいのかもしれない。

貧民状態の研究（全）

（上）

下層社会の研究は余が十年前より志せる所にして、今も尚ほ之に注意を置き、日夜思を潜め居れりと雖も、俗累纏綿、其の研究に専らなる能はず、依然として呉下の阿蒙たるは余の窃に耻づる所なり。爰に年来坐右にして研究に供へたる調査項目を挙けて、江湖識者の是正を請はんとす。

下層社会の研究を行ふに当りて、先づ最初に起るは貧民てふ文字の意義なるべし。抑々貧民とは如何なる者ぞや、研究者に依りて各々相違あり、試に今日行はるゝ実例に依りて区別を立つれは、一、生活に不如意なる者にして貧窮の生活に在る者を悉く貧民の中に加ふる者あり、其の階級の普通労働者たると技術を要する職人及び工場職工たるとを問はざるなり。二、特更（ママ）に範囲を一定の場所と職業とに撰び其の限られたる範囲に居住する者を貧民と為す者あり、新聞紙上に散見する貧民窟探検記事の如き概ね之に属す。三、貧民救助法の制定及慈善事業の上より見地を立て不具廃疾鰥寡孤独の類に意を致す者あり、法律学者及慈善論者の云ふ貧民の如き之に属す。四、工業革命の近世社会的変遷より議を立て特に工場職工に就きて意を置く者あり、社会主義を唱へ労働問題を論する者悉く之に属す。五、更に範囲を一部分に限り或特別なる生活社会の研究に止むる者あり、故柳瀬勁介氏が新平民の一事に十年の精力を注きたるは最も適例なるべし。

其の研究の態度に於ても大略二様の別あり、単に生活状態を叙述し描写して其の実際を穿つを専らとする者あり、民友社出版の「最暗黒之東京」の如き、一昨年及昨年の文芸倶楽部に連載せられたる「貧民窟」の如きは、蓋し其の一例にして、専ら文学者の間に行はる。深く数字に重きを置き統計に依りて研究を下だす者あり、社会学雑誌には常に此種の研究続出す、前者は文学上の研究にして後者は経済上の研究たり。初期時代の貧民研究は概ね前者の方法を取りしが、今や第二の方法を取る者大に増加す。而して我国に於て未だ嘗て歴史的研究を企つる者なきが如し、唯た僅に柳瀬氏は新平民の来歴に研究を極め、小宮山綏介氏は細民間の融通機関たる頼母子講等の沿革を探り、横井時冬氏は徳川氏以前の各種職人の技芸を日本工業史に発表せるを除きて余輩は他に研究者あるを知らざるなり。啻に過去の事実を研究する者少きのみならず、欧米の書籍を読む者多きに拘らず、彼の貧民状態と対照して比較研究だも企つる者なきなり。

以上、固より学術上の分類にあらず、今日我国に行はるゝ実例に依りて漫然区別せるに過ぎざれば貧民の意味の如きも甚た不分明にして殆んど一定せる者あるを見ず。余輩亦た貧民の範囲を定めんことを欲すれども、其の種類を挙くるに止めて暫らく其の定義を曖昧に附す、蓋し貧民の性質は、研究者の目的に依りて各々其の種類を異にするが故なり。而して余輩は最も広汎の解釈を取り中等以下の社会民人は悉く之を貧民の範囲に加へんことを欲す。鮫ケ橋万年町等に居住せる雑業者は言ふ迄もなく、日傭人足、人力車夫の普通労働者は固より、技術を要する職人及ひ工場職工の如きも同じく之を貧民に加へ、力役者外の屋台店、大道店（テントボシ）、棒手振（ボテフリ）の小商人も之を同一研究の下に置かんとす。唯た其の間に程度を置くのみ、即ち余輩は貧民の意味を細民と同一にし、中等以下の生活社会は悉く之を貧民の埒内に加ふるなり、要するに、余輩の貧民研究は中等以下の社会一切を包容する下層社会の研究なり。而して余輩は貧民研究を一般と特別との二大項目に分つ、一般的研究としては

（1）他府県より移住し来る人の増加の割合
（2）精神労働者と体力労働者との増加比例
（3）東京市の細民は如何なる職業に従事する者最も多き乎
（4）東京市政の貧民及労働者に及しつゝある程度
（5）社会問題の及びつゝある範囲如何
（6）東京市に在りて最も貧民多き所は那処ぞ

（7）貧民部落　附、貧民部落の変革

右は一般研究の調査概要なり、特別研究には、職業。住居。融通機関。共済制度。風俗。衛生。宗教。教育。貧民に関する法令規則。慈善事業。特別の階級。の十一の大項目に分つ。其の職業には

▲一　技術を要する職業

甲　従来の職人

イ　職人の種別

職人の種別法…（1）維新前より存せる者と後に起りし者、（2）技術の精粗（美術的と然らざる者、）（3）輸出貿易器に従事する者と然らざる者、（4）居職人と出職人

ロ　居職人と出職人

旧幕時代に於ける職人制度―職人に関係せる当時の風習―小説戯作者の描ける職人気質―維新当時の擾乱―両者区別の錯綜。

ハ　居職人と問屋との関係

旧幕時代に於ける問屋の位置―仲継人と問屋との関係―仲継人と居職人との関係。

ニ　出職人と得意場との関係

得意場は一種の株なり―得意場の横奪―出職人と受負事業―技術の衰退。

ホ　同業組合

太子講の沿革―自由主義最盛の時代―組合の堅固なる職人―大工は何故に一致せざる乎。

ヘ　親方と徒弟との関係

旧幕時代技芸習熟の方法―ワタリの慣習―見習年月―礼奉公―師弟道徳の変遷

乙　工場職工
イ　従来の職人にして工場職工に変化せる者
ロ　職人と工場職工との比較
ハ　工場職工の失業者
▲二　技術を要せざる職業（所謂普通労働者）
甲　普通労働者の二大種類
イ　日稼人足
日稼人足の類別…（1）道路人足、（2）土方人足、（3）工場人足、（4）手伝人足、（5）車力人足、（6）荷上人足。
ロ　人力車夫
人力車夫の類別―「ヤド」の親方の占むる利益―「バン」の組織―街鉄馬車の乗客及其の収益と人力車夫全体の一日収入―人力車夫と警察規則―人力車夫の運命。
乙　雑種の稼業
イ　貧民部落の職業類別
ロ　徳川時代の大道稼業
ハ　東京市の内職一班（ママ）
丙　小商人
イ　小商人の類別
ロ　小商人と職人との比較

ハ　貧民部落の小商人

以上は特別研究の第一項たる職業の調査細項目なりとす。而して職業研究に附属して調査を要するは労働の供給方法たるべし、余輩は今日現在する紹介機関に対し、之を新旧の二者に分ち居れり、而して旧式の紹介方法として桂庵の組織、来歴、悪弊等を研究し、特に潜(ムグ)り桂庵の消息を審らかにせんことを欲す。織(ママ)業紹介所の続設、新聞社の職業紹介等の如きは、彼の桂庵に比して大に趣向を異にすと雖も、労働の供給機関としては尚ほ未だ完からざる者多し、特に職業紹介所の如きは、即ち桂庵の外観を異にせる者のみ。余輩は欧米の労働組織に鑑み、一方には新聞紙の職業紹介の普及するを望むと共に、更に今日の職業紹介所を改善し、労働者に同情ある紳士の手によりて、誠実にして簡易なる文明的紹介所の起らんことを欲して已まざるなり。

（中）

職業調査に次いて研究すべきは。(ママ)貧民の経済状態と為す。蓋し経済状態の中には、賃銀問題あり、住居問題あり、融通機関、共済制度等、重要なる研究問題多し。余輩は本項調査に依りて我国貧民状態の真相を明白にすべき材料の包容せることを期して、之に十二分の注意を払はんとす。

一　賃銀問題

（1）徳川時代の賃銀と米価との割合

（2）明治維新以来の変動

（3）日清戦役前と戦後との差異

（4）機械工業の勃興は一般職人の賃銀に如何なる影響を与へたりしや

（5）職人の中にて賃銀の昂上せる者と低落せる者

（6）現在の職人の賃銀と工場職工との賃銀差異

（7）普通労働者と技術労働者との比較

余輩が我が貧民及労働者の賃銀に就て知らんと欲する者概ね右の如し、賃銀に次ひて注目すべきは住居の問題なり、メーリング氏の独乙社会党史に依れは、普仏戦争後の独乙の生活社会は、三十億フランの償金の国内に注入したる為めに貨幣の価格は著しく下落し、生活に必要なる物品の価格は之と反比例に騰貴し、殊に家賃の騰貴は最も甚しかりしとなり、伯林に於ては食物の騰貴の割合は六割七分、衣服は一割八分、而して家賃は二倍以上に騰貴したり、ブレスラウ、ケルン等の大都市に於ても同しく伯林に譲らず。然かも其の賃金額を見るに、伯林にては、大工左官の賃銀は九割の騰貴を為したりと雖も、到底屋賃（ママ）の騰貴に伴ふこと能はざりしといふ。顧みて我下層社会の屋賃（ママ）の状態果して如何、余輩は我国貧民の住居の状態を研究するに際して先づ最初に念頭に浮へるもの即ち是なり。其の調査項目を挙ぐれは

二　住居問題

（1）屋賃（ママ）

イ　日清戦役前と役後屋賃（ママ）騰貴の割合

ロ　一般屋賃（ママ）の騰貴と貧民部落の屋賃（ママ）比較

（2）屋主（ママ）と借家人の干係（ママ）

イ　屋主（ママ）に対する義務

敷金の性質―契約書々式―屋賃（ママ）支払方法―未払の場合に於ける制裁―屋賃（ママ）外の義務―差配人に対する義務。

ロ　貧民部落の借家方法

貧民部落に於ける地主及家主の資産の程度―屋賃（ママ）支払方法。

（3） 木賃宿

イ 維新後木賃宿の変遷

明治二十年前木賃宿の状態―区域を定めたる警察規定の効果―木賃宿区域の地主と木賃宿営業者

ロ 木賃宿内部の情況

屋根代―宿泊者の人物及職業―宿泊者相互の間柄―独身者と妻帯者との割合。

ハ 木賃宿と風俗問題

別間（ベツマ）の設備―木賃宿と淫売婦―貧民部落の居住者と木賃宿泊者との比較。

（4） 共同長屋

共同長屋の起原―共同長屋の居住者と木賃宿居住者との比較―借家賃―共住者相互の干係（ママ）―長屋衛生如何。

以上住居に関する調査の概要を挙げたり、更に融通機関に調査を転せは

三 融通機関

甲 質屋

イ 質屋の種類及組織

質屋の類別…地質―テンカ質―親質―下質

ロ 貧民部落の質屋の情況

ハ 質屋の沿革 附 質屋業と慈善

乙 担保なき融通一般

イ 細民を相手とする高利貸

日済貸屋と細民の干係（ママ）―日済貸の証券―融通し得べき金額―返金不能の場合に於ける日済業者の処分。

ロ　時勢の進歩と高利貸業者の増殖

日済業者の増殖―看版を美にせる高利業者の創設―該業者の資本高―借主の多寡

の如きは、細民間に於ける融通方法の一般とす可し、要するに余輩は今日我国の下層社会には、其の融通機関の極めて不備不完全なるを悲む者也。然かも共済制度如何を見れは、尚一層の不完全を致せるに驚くべし。

四　共済制度

甲　同職組合の間に包容せらるゝ共済的分子

乙　無尽講

イ　無尽講の沿革

ロ　無尽講の種類

ハ　無尽講の成蹟（ママ）

ニ　無尽講の弊害及迷信

丙　保険

附言す、欧羅巴の労働社会にては英国と大陸諸国とを問はず、苟も労働問題行はれ労働組合の成立せる邦国に於ては、其の自由主義と強制政策との相違ありと雖も概ね労働保険の行はれざるはなし、英国の労働組合の如きは各種組合の趣意目的同一ならずと雖も、賃銀増加の運動と労働保険を行ふに於ては其の精神を一にし、災厄、疾病、老廃、失業、死亡等に対して周密なる保険方法行はる。殊に強制保険の行はるゝ独乙の労働社会の如きは、人口総数の六分の一乃至三分の一は疾病、災厄、老廃保険の一に加入し、其の之に要する経費は三億四十九万マークに達し居れりといふ、労働者の負担額は大約一億四千万マーク、資本家は一億五千九百マーク、而して国家の負担額は千六百万マークなり。

顧みて我国に在りては保険制度を採用せる労働組合なきのみならず、保険会社の中にも労働者の為に便宜を謀る者あるなし。強て之を求むれば、万世生命保険会社が嘗て職工生命保険を標榜とし、(ママ)大東生命保険会社が簡易職工生命保険を看板とし、大阪生命保険会社が創立の際大阪生命病傷保険会社の名を以て職工の病傷を保険したることある二三の形跡あるのみ、然かも僅に其の萌芽を示したる件の現象も後直に其の名称を放棄して、今や数十の生命保険会社中名称だも労働者に関係する者なきなり、加之、百円以上の保険を認めたる我国の各保険会社は、近年俄かに小額保険を避くるが如き傾向を致し、現に第一生命保険相互会社の如きは逸早くも五百円以下の保険は之を認めざることを標章せり、斯くの如くにして我労働者は、漸次一般の保険社会よりも相離れつゝあり。敢て労働運動に従へる諸君子に注意す。

（下）

前々号及前号に於て職業及経済状態の調査項目を挙けたり、経済状態に次いて研究すべきは風俗上の調査に属す、左に其の大要を掲ぐ。

第一　風俗問題

甲　家庭

イ　正式に婚姻せる者の割合

ロ　貧民部落に於ける婚姻の儀式

(2)(ママ)出産

イ　私生児と公生児との割合

ロ　死産の有無、其の割合及其の原因

附　産婦日常の行為動作如何

（3）貰子（ママ）

イ　東京市各口入宿より出づる貰子の統計、子を他に与ふる家庭上の原因如何

ロ　貧民部落の貰子

芸人と乞食の貰子需用の比較―貰子の方法―子供借用の定価

（4）夫婦喧嘩（ママ）

イ　夫婦喧嘩の原因

ロ　夫婦喧嘩の影響

（5）離婚（ママ）

イ　離婚の割合及其の原因

ロ　離婚後の婦人状態

（6）同居人（ママ）

同居人多きは細民社会の常態にして、特に貧民部落に於ては常に数組の同居人あり、近時貸家札を張れる明家（ママ）を見ること多し、余輩は貸家札の多少に由りて常に不景気の程度を測量しつゝ有り。

乙　近隣

（1）日常の交際如何

（2）婚姻及死亡等非常の場合に於ける近隣の関係

東京市の生活社会にては、近隣は殆ど無意味にして、平日何等の関係なしと雖も、唯貧民部落に於て聊か研究に値する者あるのみ。

丙　娯楽
（1）　鈍張芝居
鈍張芝居の劇場組織―各鈍張芝居の一ケ年の開場回数―入場者統計―演劇の種類
（2）　寄席
（3）　貧民部落に在りて娯楽とせらるゝ者
貧民部落に在りて娯楽とせらるゝ者は何ぞ、下谷万年町等に於て、職業多忙を致して部落の景気良好なる時は其の融通機関たる質屋が常に繁昌を極むるを以て通例と為す、是れ賭博の行はるゝが故にして、而して賭博は渠等の間に最も喜はるゝ娯楽の一方法たり、但し賭博は警察事項に於て研究すべきを穏当とすれは、此処には他の娯楽方法を研究するを可とす。
第二　衛生問題
甲　食料
（1）　外国米の需用高
イ　景気の好否と外国米需用の相違
ロ　労働者にして一ケ月若くは半ケ月払に米を需用せる者と然らざる者
ハ　貧民部落の米屋は幾何の信用を其の住民に与へつゝありや
ニ　残飯屋の状況如何
（2）　副食物として最も行はるゝ物
（3）　小商人と日稼者との食物比較
乙　飲酒

（1）混成酒の需用せらるゝ程度
（2）木賃宿所在地と濁酒屋（ナワノウレン）の数
（3）貧民部落に在りて飲酒する者と然らざる者との割合
（4）飲酒の多少は職業の種類に依るが如きことなきか
（5）禁酒運動者は幾何の勢力を貧民及労働者に与へつゝありや
（6）飲酒者と犯罪
丙　医薬
（1）貧民及労働者の衛生思想
（2）一般医師の貧民及労働者に対する態度及其の取扱
丁　施療
（1）一個人の施療
（2）公共団体の施療
衛生問題に次ぎて研究に資すべきは、教育及宗教状態と為す、左に概略を挙ぐれば
第三　教育及宗教状態
甲　貧民教育
（1）特殊学校の成蹟
（2）宗教家の手に成れる貧民教育如何
（3）貧民部落に遺れる五厘寺子屋の現状
乙　技芸教育

（1） 従来の徒弟教育
徳川時代の職人養成法―親方と年期小僧との関係―年期―礼奉公―年期終りし後の両者の関係―明治以来の変遷―
今日行はるゝ職人見習方法
（2） 徒弟学校の成蹟
丙 貧民部落の宗教
（1） 最もはるゝ宗教は何ぞ
（2） 仏教と貧民部落
仏教信仰の程度―僧侶との関係―法話の実例―葬式―僧侶は無縁者を如何にしつゝ有りや
（3） 天理蓮門等の淫祠妖教の行はるゝ範囲如何
（4） 吉凶禍福に対する感念（ママ）ト筮―咒字―神符―筮女―鬼門等
（5） 救正（ママ）軍の及びつゝある勢力及範囲
と為す、世に幾多の宗教家あり、宗教学者あり、然かも進んで貧民部落に入り、其の熱誠を溉いて、貧民の為に慈悲を垂れ、渠等の味方と為り朋友と為り父母と為りて慰藉と教訓とを与ふる者甚だ尠し、慨すべき哉。
第四 警察事項
甲 警察取締規則違反者の種類
乙 乞食と掏児
丙 無宿者
丁 淫売婦
淫売の種類―白首の巣窟―ヒツパリの出没する所―仕入方法―独身者と夫婦者―西洋売淫（ママ）婦との比較

戌（ママ）　賭博

以上は実に貧民状態研究の概略のみ、尚貧民及労働者に対する法例規則あり、已（ママ）人及公共団体の慈善事業あり、特に慈善事業に伴ふて貧民救助の目的物たる所の棄児、孤児、行旅病者の消息の如き貧民状態の調査上逸す可らざる研究事項たり。

余輩は更に如上の研究と連続して、浅草亀岡町に大部落を作れる新平民の一階級に十二分の注意を払はんと欲す。中央公論の寄書家某氏は、新平民と貴紳とを比較し、渠等無告の民の為に椽大の筆を揮へり、喜ぶ可し。余輩の知れる所を以てすれは、最も深く新平民を研究したりしは故柳瀬勁介氏なりき、其の救済の為に台湾の地に赴き、不幸にして疫病の為に中途に倒れたりと雖も、其の遺書は今日之を見るも、尚苦心を諒とす可き者あり。

余輩は不完全乍ら貧民状態の研究項目として、以上、其の概要を挙けたり。僅に机辺に備へる一私案にして、之を世に発表するは潜（ママ）越の誹を免れざるべしと雖も、一は之を以て同好諸氏の参考に資し、他は之に依りて江湖識者の指摘を得て聊か自ら益せんと欲するの微意のみ。英吉利にはチヤールスブースの「英国倫敦の労働及生活」あり、仏蘭西にはルブレー氏の「欧州労働者の状態」あり、独乙にはベーマード氏の統計的研究に成れる「七十七の大都市の貧民事情」あり、而して我国に在りては、社会問題を唱ふる者、年に増加するに拘らず、未だ一冊の参考に値する貧民に関する著書あるなし、貧民及労働者の状態にして明らかなれは、社会問題首唱者が如何に諤々の議を称ふるも、一種の空言のみ、漫語のみ、苟も二十世紀の新運動者を以て任する者は、空言を喜び漫語を弄して豈其れ得々として已む可けんや。(完)

明治三六（一九〇三）年――。

このようにして、この年に、横山源之助は本格的に文筆生活にはいっている。以来、一管の筆に生活を託すのである。その最初の作品が「貧民状態の研究項目に就て」であった。だが、このとき以降文筆生活にもどった横山の関心が、かならずしも「貧民状態の研究に就て」の延長戦上にはのばされない。それは中産階級をもふくむ方向や、宿場、中小都市研究の方向へも向き、また殖民事情研究の関心もこの頃に芽ばえている。

横山源之助がさきに嘱託として参画した、農商務省の工場調査の成果がまとめられて、『職工事情』として印刷に付されたのは、この年、三六年の三、四月であった。

対露貿易、大陸殖民に夢をかけ、前年五月ハルピンへ渡った二葉亭四迷が、ハルピンからさらに北京へいき、夢破れて帰朝したのが、この年七月である。二葉亭が大陸へ行くとき、壮途を祝し、横山は横浜まで見送っている。境町公園前の万華楼で晩餐をともにし、別れたという（「遊外紀行」『二葉亭四迷全集第六巻　日記・手帳1』昭和四〇年、岩波書店）。そのころ、そろそろ横山源之助も海外殖民の夢をだきはじめていたのだ。二葉亭四迷が帰国し、ふたたび書斎の人にもどったとき、それより一歩早く横山源之助も、実際活動にやぶれ、文筆生活にもどっていたのである。

この前後の作品概要をまとめてみよう。

三三年　社会（労働）問題　一（連載計六）
　　　　中小都市研究　二（連載二、計四）
　　　　その他雑　一（連載計二）
三四年　社会（労働）問題　二
　　　　中小都市研究　二
三五年　社会（労働）問題　三
　　　　殖民問題　一（連載計二）
三六年　社会（労働）問題　八（連載三、計八）

中小都市研究	二一
人物評論	一

右は分類別作品数である。

明治三三、三四、三五年、ともに各年わずか四篇ずつの作品数である。

明治三六年にいたって、二〇篇の作品がある。一篇を除き、すべて同年六月以降の作品である。

明治三三年は郷里静養と職工事情調査期間である。

明治三四年三月から三六年前半頃までの二年間は、実際運動に身を投じていた期間――おもに大井憲太郎とくみ、あたらしい社会・労働運動を旗挙げしようとして辛酸をなめていた間。

そういう事情と符節をあわせて、作品はほとんど空白である。

明治三六年後半になると、俄然、作品数が増えている。

大井憲太郎と連合した労働運動の成り行きがかんばしくなく、そろそろそれにみきりをつけなければならない状況になっていた。

さらによりさし迫った事情がある。すなわち、ちょうどそのころ横山家の東京移住があり、多数の家族の糊口をかせがねばならない状態においこまれていたのである。

大井憲太郎はじめ自由党左派の落武者どもと、梁山泊をきめこみ、夢のような談論に気焔をあげているわけにはいかなくなったのである。

明治三六年。日露開戦にいたろうとする雲行きのなかで、幸徳伝次郎（秋水）、堺利彦等が非戦運動のために平民社を結成したのは、この年である。週刊『平民新聞』第一号の発行は一一月一五日であった。『平民新聞』は最終頁を広告欄にあてた。そのなかに、発行所東京神田区三崎町三丁目一番地社会主義図書部（片山潜主宰）の出版書目の広告がある。「横山源之助著『労働問題』副題（内地雑居後の日本）割引十五銭郵税二銭」とある。四年前、明治三二年片山潜の労働新聞社が社会叢書第一巻としてそれを出したときは、『内地雑居後之日本』であった。いま書名を『労働問題』と変えて、社会主義図書部出版書目のなかに、それがある。最初は定価二十銭郵税四銭であった。いま割引十五銭郵税二銭となっている。

明治三七（一九〇四）年――。

この年、日露両国のあいだに、戦端が開かれている。

横山源之助は、二葉亭四迷についてこのように書いている。

支那より帰つて、間もなく大阪朝日新聞社に入つた。[1] 一体君が新聞記者に希望を抱いたのは一日でない、官報局辞職後も、新聞記者に希望を持つてゐたのは前に言つた通り。支那から帰ると、暫らく原稿生活を遣つたが、此時の長谷川君は、満韓問題で固まり、文学などいふ者は殆んど忘れてゐた。いや、女学世界又た新小説等に翻訳文を出したが、真気(ほんき)で掛(か)つたのでは無論ない。その中日露の風雲は、日一日と険悪となり、君は驀地(まつしぐら)に大阪朝日に入つた。新聞記者として、日頃の抱負を披瀝しやうとしたのだ。けれど、「趣味」にも出して置いたが、新聞記者として、大した成績がなかつた。その中に日露戦役も終局を告げたので、君は無為徒手でゐるのを非常に心外がつた。通信員として満洲に出掛けんとしたのは此時であつた。殖民学校の創立を思ひ立つたのも此時であつた。

（「真人長谷川辰之助」坪内逍遙・内田魯庵編『二葉亭四迷――各方面より見たる長谷川辰之助君及其追懐』明治四二年、易風社）

（1）二葉亭四迷が大阪朝日新聞社東京出張員となったのは、明治三七（一九〇四）年三月四日である。日露戦争の勃発は、この年の二月一〇日であった。日露の間に戦端がひらかれるや、横山源之助はただちに筆をとった。「戦争と手工業者」（『太平洋』四・一、一五、第二巻第七、八号）、「戦争と貧民部落」（『中央公論』三七・四）、「戦争と労働社会」（同三七・五）、「浮浪人問題」（同三七・六）を、やつぎばやに放っている。それぞれ戦争のなげかける波紋、影響をさぐった、すぐれたルポルタージュであった。日清戦争時には、ルポルタージュ「戦争と地方労役者」があった。それから一〇年、第二回目の大戦にさいし、底辺社会をみる横山源之助の眼はなお健在であった。「戦争と労働社会」に、次のようにある。

戦争は工場職工に如何なる影響を与へつゝありや、といふ漠然たる疑問の下に、直に世人の眸裡に映ずるは、一工場の中に最も多数の職工を収容し、其の製作品は、支那貿易の第一位を占むる紡績職工の状態なるべし、知らず、紡績職工の現状は如何。

紡績職工！、（ママ）常に蝦茶袴を材料とし、恋愛を題目とする詩人小説家の眼には、紡績職工は、汚らしき衣服を纏へる、蠢然たる一物体に過ぎざるべし。然かも何等の詩趣なきげに見ゆる此の紡績職工は、余輩の間に在りては、最も多様の意味を含める職工階級にして、其の状態に幾種の教訓あり、研究に価値多し。二月一日（ママ）、戦争来の声を聞くや、余は逸早く、府下第一の工業部落を以て名ある鐘淵紡績会社の所在地、都鳥の浮べる隅田川に沿ふて、天には煤煙漲り、地には汽笛の声充てる吾妻村に趣（ママ）けるなり。

読者諸君、余輩は今爰に簡単に、此の工業部落の現状を挙ぐべし、府下有数の工業部落と知らるゝ鐘淵紡績会社の所在地――南葛飾郡吾妻村は、戸数より言へば、各種の工場集れる王寺村に劣るべしと雖も、其の住民の過半、否七八分迄は、鐘淵紡績会社に関係ある者を以て成る、会社附属の社宅を挙ぐるも、八畳の一室を一戸とし、十六戸を一ト棟とせる長屋四棟、即ち六十四戸あり、而して八畳一室の一戸に三人四人、甚しきは五人の同居者あり、単に社宅の人員を挙ぐるも、二百人以上に出づべし、其の他千戸に近かき住民の中、工場に関係なきは甚だ稀なり。

蓋し同紡績会社の使役せる職工、男女を合せて二千百人、而して女工の大半は、寄食舎（ママ）に寝食すと雖も、尚其の半分は、男工と共に、工場外の工業部落に散在す、而して爰に料理店あり、寄席あり、雑貨を兼ぬる菓子屋あり、酒屋あり、湯屋あり、理髪店あり、女髪結あり、皆職工を中心として相集れる者、名は村落と言ふと雖も、一小区劃の間に、各種の機関備はり、之を従来の農業村落に比ぶれば、其の性質に於ても、其の風俗に於ても黒白の相違あり。然かも工業部落なるの故を以て、時勢の影響あること亦甚だ大なり。（略）

工場を辞して、余は更に工場を囲める附近の村民に接し、親しく工業部落の現状を質せり、而して工務掛員の語らざる幾多の事実を耳にしたり、然れども本稿の紙幅に限あるを以て、余は爰に唯、一事実を掲げて、他は読者の推察に委せん。即ち工務掛長は、夜業を続け居るといふにも拘はらず、目下夜業を中止しつゝあるといふの一事は、最も余輩をして驚かしめたり。但し未だ大阪府下の紡績工場の如く、職工解傭（ママ）の事なきは、聊か喜ぶべしと雖も、夜業を廃せる結果として、工場勤務を三日交替にし、即ち各職工は、一日出でゝ二日休みつゝあり、故に例令一日三十銭賃銀を得るといふも、食料を払ふて僅に三日間に三銭の金銭を剰すのみ、惘れむべきに非ずや。

故に府下有数の工業部落を以て知らるゝ吾妻村も、寂として、燈下（ママ）の消へたるが如し。基礎の堅固を以て名ある鐘紡工場にして即ち然り、営業資本の不十分なる一般紡績工場の窮迫、蓋し想像するに難からじ、職工の現状、亦想察するに足るべし。

（『中央公論』三七・五）

このように、日露戦争が開始されるや、横山源之助はさっそく労働社会や貧民社会の表情をルポしているのである。

この年六月、銅鉄業界の『東洋銅鉄雑誌』（東洋銅鉄社、発行及編輯人田中辰次郎、月刊）が創刊されるにあたり、横山はこれにむかえられた。編輯長兼主筆のようなものであった。この『東洋銅鉄雑誌』には、約一〇カ月間、翌三八年四月頃まで関係した様子である。発行、編輯上、意見を異にして、去った節がみられる。この銅鉄業界の業界誌『東洋銅鉄雑誌』の創刊は六月、日露戦争の開戦当初である。開戦によって一挙に好況をみた斯業界の発行である。横山源之助が直接関係した間は、この雑誌には業界の宣伝臭があまりなく、むしろ総合誌的あるいは文芸誌的体臭が濃厚である。また当初、さかんに労資協調主義、社会改良主義に調和をもとめようとして苦心しており、そういう立場がこの雑誌の特色であった。横山源之助の苦心と抱負がそこににじみでている。業界誌らしからぬ、そのような編輯方針が結局横山源之助を間もなく去らせたのではないか。

「府下の銅鉄業者」のなかで、横山は「東洋銅鉄雑誌は、一方には学者の所説を実業者に紹介すると共に、他方には実業家自身の談話を掲げて、他の同業者の参考に資せん」と述べている。横山は彼の知人を極力この雑誌に動員しようとしていた。たとえば戸川残花、岡野知十、高野岩三郎、桑田熊蔵、金井延、田口卯吉、久津見蕨村等々である。

●東洋銅鉄雑誌発刊を祝す

銅鉄の腕に自由の風涼し

残花

●横山君等の雑誌はくろがねあかがねを礎とすとぞ

炎天に耐ゆる力や健やかに

知十

とあったのは、第一巻第一号上である。

高野房太郎追悼文を横山源之助が発表したのは、実はこの『東洋銅鉄雑誌』の創刊号（三七・六・二五）であった。天涯茫々生「高野房太郎君を憶ふ」がそれである。それは『凡人非凡人』に収録のおり、「労働運動者」と改題された。同誌第一巻第二号（三七・七・二五）中に掲げられてある、「拝啓　先日来御来訪被成下候処生憎いつも不在にて欠礼申上候、（略）亡兄に対する御吊文難有拝読仕候」とある書簡は、高野岩三郎からのそのときの礼状であった。

同じく第二号中には、他に桑田熊蔵、吉岡芳陵からの横山激励の献辞がみえる。桑田熊蔵のそれには、こうある。

「天涯詞兄。／余は、足下が頃日東洋銅鉄雑誌の編輯を主管せらるゝを聞き、欣喜の情に堪へず。（略）且夫れ銅鉄業は、我国刻下の一大問題たる労働問題と関聯するや緊切なりとす、欧州に於て、職工組合等、所謂労働運動の先駆をなす者は、斯業に於てせらる、我国に於ても、此事例や、之を徴するに難からず、去（ママ）れば余輩社会改良主義を執者は、先づ斯業に於て此理想の実業を期せり、（略）足下の学殖や、地下に埋没せる鉱物の如くに、多年の蘊蓄を存ぜり、足下の社会改良の精神は、其堅固なること銅鉄の如し、斯人にして銅鉄業者の機関雑誌を主管す、一方には当業を提撕して、奉公の大義を全ふせしめ、一方には労働者を督励して社会改良の実を挙げしむるは、足下の任務に非る乎、時下溽暑、金を鑠す、乞ふ自愛せよ」（「偶感一則」）

吉岡芳陵のそれには、「友人横山源之助君は『日本の下層社会』の著者なり、今下層の労働が、最も多く其生産を助くる銅と鉄とに対し、雑誌発刊の挙ある、事頗る縁れありと謂ふべく、予は双手を挙げて之を祝する者なり」（「銅鉄局外観」）とある。

また、この第二号で、夢蝶生こと横山源之助は、こう書いている。

「△炎熱、金を鑠かす、兀々として編輯に従ふ、身は九十幾度の暑中に在るを忘る、多忙は我家の銷夏法也」（「紛々録」）と。熱心のさまが目にみえるようである。

他に田口卯吉からの寄書、金井延博士との対談記事等があるが、久津見蕨村からのそれをみてみよう。「天涯君足下／君の書に拠ると、僕に貴雑誌の為に何にか書けとの事だが、僕は銅であるの鋼であるのと斯業に対して理屈を云ふことの出来るものではない。鉄が銅か鋼が銅か、其辺の知識は一つもないものだ。だから書きやうがない。実際文に窮したと云ふのは、此場合であらう。／足下よ、銅か僕に此難役を命ずることを鉄ー撤去して下さらぬか」

横山源之助に寄稿をおしつけられて、悲鳴をあげたのは久津見蕨村ひとりではなかったろう。

右に紹介したものをみれば、横山源之助が『東洋銅鉄雑誌』の編輯に相当熱をいれていたことがわかるだろう。『東洋銅鉄雑誌』の発行当初、横山源之助がひとりでほとんどなかば以上の記事を書いている。参考までに、同誌にある横山の作品を以下に掲げる。

第一巻第一号（三七・六・二五）

「銅鉄業者は世界的なるべし」横山源之助

「府下の銅鉄業者」有磯逸郎

「高野房太郎君を憶ふ」天涯茫々生

「名工談」夢蝶生

第一巻第二号（三七・七・二五）

「府下の銅鉄業者」有磯逸郎

「鉄工服を纏へる紳士」（精工舎工場長吉川鶴彦氏）天涯茫々生

「新らしき両国橋」天涯茫々生

「旧時代の遺こせる名人」夢蝶生

「紛々録」夢蝶生

第一巻第三号（三七・九・一五）

「実業家の覚悟如何」「職工諸君に与ふ」無署名

「旧時代の遺こせる名人」夢蝶生

第一巻第四号（三七・一一・七）

「金井博士と語る」（職工改善の方法に就て）有磯逸郎

「回想記」（敵弾に殪れたる従軍記者）横山天涯

「旧時代の遺こせる名人」夢蝶生

第二巻第一号（鉄之巻）（三八・一・一五）

「旧時代の遺せる名人」鉄軒

第二巻第三号（三八・三・二五）

「旧時代の遺せる名人」鉄軒

第二巻第四号（三八・四・二五）

「府下の金剛砂砥石業者ニ附（ママ）」鉄軒

『東洋銅鉄雑誌』に、横山源之助は「旧時代の遺せる名人」を連載した。はじめは夢蝶生の名をもってし、翌三八年からは鉄軒という名にかえた。鉄軒という筆名を使ったのはこのときのみである。「旧時代の遺せる名人」は、のち『怪物伝』が編まれたとき、「名工の苦心」、あるいは「隠逸伝」中に一部転用された。

無署名の論説を横山がいくつか書いたとおもわれるが、確実に横山のものとみられるのは、第一巻第三号上の「実業家の覚悟如何」「職工諸君に与ふ」である。前者は日露戦争後の戦後経営を予測して、実業家に慎重な覚悟をうながした好論説であり、戦捷の浮かれ気分をつよくいましめている。後者は職工労働者に社会主義をしりぞけ、工業補習学校へいって技能を磨けと呼びかけている。社会改良主義にたつ横山源之助の微妙な立場がよくあらわれている。

右にみた作品リスト後、横山源之助の名は『東洋銅鉄雑誌』にはない。したがって、横山源之助が『東洋銅鉄雑誌』に関係した期間は、それが創刊された明治三七（一九〇四）年六月から、翌三八（一九〇五）年四月まであったとみなければならない。その間一〇カ月、日露戦争さなかのことであった。業界誌であったが、その体裁や内容に横山は相当な工夫や抱負をこめた。知人の寄書に、その片鱗がうかがえよう。

久津見蕨村が目を白黒させてあわてていた。業界誌の埒をやはりこえていたのであろう。恬然として去ったあたりが、横山源之助らしかった。

横山源之助が雑誌発行に直接関係したのはこのときのみであった。間接的には、後年明治末年頃、雑誌『新公論』の編輯同人であったことがある。

「一昨年の恰かも七月であつた。余は事を以て、市村座附近の、神田和泉橋に事務所を開ける群馬県出身の某機械商の許に出入して、其の主人と或事業を同ふしてゐたことがあつた。一日、店頭の椅子に凭れて、例の機械談を聞いて居ると、腕車を飛ばして、極めて風采の上らぬ一人の傖夫が、入口の扉を開いて入つて来た。」（『海外活動之日本人』明治三九年、松華堂）とあるのは、おそらく『東洋銅鉄雑誌』に関係したときのことだ。

横山が『東洋銅鉄雑誌』に関係した頃、逸することのできない一文がある。それは同誌第一巻第四号にある「回想記——敵弾に殪れたる従軍記者」（三七・一一・六）一篇である。さきにも一部を引用したが、それは川島順吉の死を悼む回想記であり、そこには、その頃の横山源之助の様子や日露戦争にたいする横山の見解やが述べられてあり、さらにはひるがえって横山の半生記が走馬燈のあとをおうように織りなされてある。横山源之助の生涯についてしることのできる好箇の資料である。横山の半生記「真人長谷川辰之助」につぐ、いまひとつの補完資料であろう。左に全文を掲げよう。

横山天涯

○回想記

（敵弾に殪れたる従軍記者）

昨月十五日の夜、雑誌の文章や、其の他色々冥想に耽るべきことが有つて、自分は独り浅草小嶋町の編輯所、四畳半の一室に、空気洋燈と、遠く、時々佐竹の原に反（ママ）れゆく人力車の音と、蔵前の電燈会社の汽笛の声とを相手に、夜を更かし、その儘宅へも帰らず、編輯室に一泊した、何時も朝の五時頃は新聞紙を読む習慣がついてゐるので、矢張朝は早く眼は覚めたが、なほ昏々としてゐて、床より起きたのは、大（ママ）陽は三竿に上ぼつてゐる七時半―八時頃でゞもあつたらうか、顔を洗ひ、座敷を掃き、机に対つて、茶を啜つて、朗らかなる碧落を凝と眺めてゐると、薄い雲が、幾つも輪のやうに重なり合つて、棚引いてゐる、爾（ママ）うして直ぐ間近の屋根には、雀はちよい〳〵と飛んでゐる、暫らく身動きもせず、碧落（そら）を見てゐると、三味線堀辺で、飴売であらう、太鼓の音も聞こへて来る、何時も騒がしい、殺風景な響音（おと）であるが、此日ばかりは如何にも暢気に聞こゆる、と思つてゐると、俄かに路上にけたゝましい声が仕たので、耳を傾けると、其れは号外売の声であつた。戦争は如何為つたらうと思つたのも、真（ほん）の一瞬間、直に此戦争に対する感想も消へ、再び本来の無心に還へつて、机の上に両肘を置き、傍らに松風を奏づる鉄瓶の音を聞きながら、茫然（ぼんやり）としてゐると、社中の機械学者星野赤城子は、例の亜米利加式の、事務家特有の跫音を立てゝ、二階に上つて来た、何心なく氏の持ち来つた新聞紙を見ると、従軍記者敵弾に殪る、と題した記事を見て、一驚を喫した、信濃日報社従軍記者、川嶋順吉！（ママ）自分は霹靂に打たれたやうに暫らく声さへ出すことは出来なかつたので有る。

川嶋順吉！、(ママ)新聞社会には、此東京の文壇にては、恐らく其の名をだも知れる者は有るまいが、自分は此の川嶋順吉といふ名に対しては、幾多の記念と、追想とを持つてゐる、嗚呼旧知川嶋順吉君は、敵弾に殪れて、白玉楼中の人と為つた、自分は今如何なる言葉を以て、其の霊を慰むべきか、社会は、彼の死を壮なりとして、全国の有らゆる新聞紙は、其の死を伝へてゐる、彼の家庭は国家主義で固まつた勤王論者の集合してゐる家柄で有るから、其の死を聞いて、大に面目としてをらるゝで有らう、爾うして彼自身も、国難に殉じ、敵弾に殪れたのを本望としてゐるに相違ない、併しながら自分は、旧友の一人として、其の死を壮なりとする前に、正直に心情を白状すると、何んだか斯うぼツとして、寂寥に堪へなかつたので有る、辞つて置くが、自分は所謂社会主義者のやうな、非戦論者ではない、むしろ今日の戦争を以て、国家の存立上、免るべからざる必然の数なりとして、常に我陸海軍の健全を祈つてゐる者で有る、であるにも拘らず、斯んな気分(ママ)の為るといふのは、思ふに、うら淋しき秋の故でゞもあらう歟。

爰に長き夜のつれ〱、三四年前―八九年前―十三四年前の旧時を追想して、後日の記念に充てよう。

川嶋順吉とは、如何なる人物ぞ、片山潜氏等の編纂した『日本の労働運動』を見ると、其の第三頁目に

二十四年、六月、高崎に奉職せし日本鉄道火夫川嶋某、自由党壮士小嶋某と共に、上州前橋の敷嶋座に於て、政談演説会を開き、時の県会を罵り、其の為め川嶋は、官吏侮辱罪に問はれ、又会社より解雇せられたりき(2)

此の記事で見ると、『日本の(ママ)労働運動』の著者も、前橋の劇場で、過激の言論を弄した、此の一少年の人柄を深く知らぬらしい、が、此の無名の一少年こそ、今度奥軍に従つて、敵弾に殪れた従軍記者川嶋順吉氏で有る、当時彼は一家の不幸より学業を廃てゝ、日本鉄道に入り、純然たる火夫と為つて、労働に服してゐたので、然かも本来

の野性と、鬱勃たる勇気は、何時の間にか政論壇上に立ち、其の初陣に、官吏侮辱罪に問はれて、獄中の人と為つたので有る、自分が同氏を知つたのも、牢獄より東京に帰つた当時であつたから、今から思ふと十三年前、随分旧い。

当時自分は、口に権利義務を称へて、妙に怜悧振つた法学書生で、代言試験を受けんとて、準備の為に、谷中の、奥に引ツ込んだ植木屋の一室に閉ぢ籠り、一心に法律書を読んでゐた、まだ世間の事も何も知らない弱年で有つたが、不思議な事には自分の借りてゐた家の前の、小さな家に当時事業の失敗より世を隠くれ蓑、市中を離れて、同氏の両親が住はれてゐたので、爾うして其処には、今は清人の間には豪傑の称を受け、慶親王の信任を得て、警務学堂の監督と為り、北京の警察権を掌中に握つてゐる令兄浪速氏も、支那より帰つて、座禅に凝つてゐた、牢獄より帰つた順吉君は、白い袋をつけた長ひ竹竿を持ち、試験用にといふんで、毎日のやうに蛍沢辺を、虫を猟つてあるいてゐた、今は支那語を操つて、立派な男に為つてゐる「謹ちやん」もゐた、今は老の身を安楽に故郷の信州松本に養つてをらるゝ厳君と一処に住んでゐる量平君も、漸つと這つた位の赤ん坊で有つた、何んでも八畳の間一ツに、一家七八人も住んでをられたやうに記憶してゐる。

特に今に自分が忘れることが出来ないのは、同氏の母君で、如何した訳か、妙に世間とソリの合はない此の自分を贔負にせられ、隣り合つてゐる因縁より、殆んど毎日のやうに遊びにゆく自分等を子のやうに可愛がつてくださつたのは、自分は忘るゝことができぬ、当時自分と同室してゐた友人も、今に其の感を失はぬで有らう、爾うして当時川嶋一家は、其れは言語に名状し難い生活難の絶頂に際してをられたらしく、当時最も懇意にしてゐた令兄浪速君は、屢々その状況を語られたので、左らぬだに幼時より一種の運命を背負つてゐる、継子根生（ママ）に為つてゐる自分には、しみ〴〵と身に入（ママ）んで当時早くも、理屈でも何でも解し難い、社会思想が胸に刻みつけられ『貧』といふ者に対して一種の同情を持つやうに為つた、ので有らう、と今に為つて思はれる、ト言つて川嶋浪速君は今日と同じく当時も矢張国家論者―寧ろ頑固に近かい愛国論者であつたから、十数年後の今日に至りて、自分が斯くの如き事を言へば、恐くは同君も意外に打たれるであらう。开(ママ)は暫らく措き、自分が、順吉君兄弟を知つたのは、君等一身が右のやうな境遇に居られた時で、恐くは川嶋一家に於ても、今日より追想して、当時は最も種々の逸話を遺こした時で有つたらうと思はれる。

其の後、順吉君は如何に変化せるや、と言へば、厳君と共に塗物を遣つてゐたことも有る、日清戦役には、軍夫の群に入りて、従軍も仕た、一攫千金の空望を懐いて、台湾に渡つたことも有る、或は北海道に赴き、山林事業を計画してゐたことも有る、嘗ては最も逆境に在つた令兄浪速君は、日清役後は、年一年と身を順境に置くに反して、君は、計画一として意の如く為らず、風塵の間に困頓してゐたらしい。

其の後自分の身も幾変転、弁護士試験を廃めて、牛込市ケ谷の某禅堂に引ツ込み、変り〳〵て新聞社に入り、関西北陸に放浪して、職工状態の研究に従へ(ママ)、再び東京に出でゝ、又候新聞記者と為り、走馬燈のやうにぐる〳〵変はつて、恰かも同志数人と、無人島の拓植を計画してゐた一昨三十五年の夏、暫らく会はなかつた順吉君と、駒込追分の往還で、はたと邂逅した、知らぬ事とて、当時自分は、駒込追分町の三十番地に住み、君一家は同町の三十一番地に住んでをられたので有る、之を機会に、再び君と往来を続け、時には痛飲淋漓虹の如き気燄を吐いてゐたが、恰かも自分等の計画が、一狡児の為に、見事に失敗せる矢先に、弱り目に祟り目、義弟は五人の子を遺こして頓死し、老母は重患に罹り、内憂外患交も〳〵自分の一家に蝟集つて、生涯未曾有の難境に嵌まつた、調度其の時令兄浪速君は、鎮国将軍を伴ふて帰朝せられたといふにも拘らず、同君が成功してゐるに、斯んな破目に出会(でつくわ)してゐる自分の馬鹿面(づら)を見せるでもないと、実は会ふべき用務もあり、義理もあつたが、箆棒な意地も有つたもので、ついに会はずに仕舞い、君の一家が、信州松本に引き上げらるゝといふ時、独り順吉君と、根津権現境内の一茶店で、麦酒を傾けて、袖を別つたので有る、爾して君は、一時故郷の信州に帰り、一二ケ月後、美濃の山中に入つて、坐禅を修する筈だと言つてゐた、之が此の現世で、君と言葉を交へた最終で有つたので有る。

嗟呼、今や自分は、半ば文壇を離れて、俗務の人と為つてゐる、文壇と縁遠き筈の君は、従軍記者と為つて、血花走る砲烟弾雨の間に、華々しき最後を遂ぐ、人間の運命も、亦不思議にも妙といふべきではないか、知らず、今日俗累の中に頭を没してゐる自分は、今より数年の後、若くは数十年の後如何なる運命の中に、此の人生を終るであらう乎。

（2）前後の文脈上引用に多少の字句修正がある。同箇所の原文は次のとおりである。「同年六月頃、高崎に奉職せし火夫川島某、自由党の壮士小島某と共に上州前橋の敷島座に於て政談演説会を開き、時の県会を罵り、其の為め川島氏は官吏侮辱罪に問はれ、又会社より解雇せられたりき」（片山潜・西川光次郎『日本の労働運動』昭和二七年、岩波文庫）。

これは、日露戦争のさなか——明治三七（一九〇四）年一〇月か一一月頃の横山源之助のこころの位相である。「今日俗累の中に頭を没してゐる自分は、今より数年の後、若くは数十年の後如何なる運命の中に、此の人生を終るであらう乎」と締めくくっているのだ。日蔭の人や不遇な人々にたちむかうとき、横山源之助のこころはいつもこのように騒ぐらしい。日露戦争下戦場に逝った知友の「其の死を壮なりとする」よりも、「寂寥に堪へなかつた」といっているのである。この回想記はそのやりきれぬ寂寥感を基軸にして書かれたものだ。周知のように、日露戦争時平民社を中心にした社会主義者の反戦運動は熾烈であった。「自分は所謂社会主義者のやうな、非戦論者ではない、むしろ今日の戦争を以て、国家の存立上、免るべからざる必然の数なりとして、常に我陸海軍の健全を祈つてゐる者で有る」と、横山源之助はいうのである。かつての僚友たち片山潜、西川光二郎、木下尚江等をふくむ社会主義者の陣営がある。いまはかれらから一線をかくして社会改良主義の場へ退いている横山源之助——。一〇年前、日清戦争のときはどうであったか。「一将功成つて万骨枯る」とするのが、そのときの横山の戦争観であった。応召兵、戦没者ののこされた家族にかわって、悲しみと憤りとを国家にストレートにぶつけた日清戦争時の横山源之助ではなかったか。日露の戦いを国家の必然悪とみとめ、陸海軍の健全を祈っている、といわしめたものは、熾烈に反戦運動を展開している平民社一派――社会主義陣営にたいする一種の不在証明、あるいは後退者の踏絵的言辞でありすぎなかったか。日清戦争から日露戦争にいたる間に横山源之助にはたしかに思想的後退があり、もはやそれはおおいがたく顕然であった。後退したとき、横山源之助はそのわびしさを、「であるにも拘らず、斯んな気分の為るといふ」といい、「其の死を壮なりとする前に、正直に心情を白状すると、何んだか斯うぼツとして、寂寥に堪へなかつたので有る」といっているのである。兵卒や兵卒遺族によせた柔軟なこころを国家へ憤りとしてぶつけた、わかわかしい悲憤がいまはなく、平民社一党への思惑思慮などが介在して、ただ「寂寥」感に低迷しているのである。だが、このときの横山源之助の救いは、「其の死を壮なりとする」まえに、「寂寥に堪へなかつた」と吐露することに固執しているその柔軟なこころのありようにこそもとめねばならないのであろう。それがこの「回想記」一篇をすてがたく読ませるのだ。かりにこれが太平洋戦争時であったら、厭戦思想として、国家権力に葬りさられるまえに袋叩きにあっていただろう。横山源之助の日露戦争時の態度は日清戦争のときよりも後退し、かつ微妙だが、かならずしも戦争全面賛成の立場にあったわけではない。否定面は否定面としてみつめる立場を固持している。それは「戦争と貧民部落」その他のルポがあかしている。横山の寂寥感はそのあたりの段落に微妙にただよっているのである。

川島順吉によせる「回想記」のなかには、その寂寥感をてこにして、横山源之助自身の流転の半生が語られてあった。

三七年作品

社会（労働）問題　六（連載一、計二）　中小都市研究　六

殖民問題　三（連載一、計二）　人物評論　六（連載二、計七）

明治三八（一九〇五）年――。

横山源之助が『東洋銅鉄雑誌』を去ったのは、この年の春四月頃である。

この頃、二葉亭四迷から内田魯庵宛に出された書簡のなかに、横山に関する箇所がある。岩波書店版『二葉亭四迷全集第七巻　日記・手帳2　書簡』（昭和四〇年）の書簡番号一六九の末尾に「横山の件ハ当人も急きゐる訳に無之候故態々には及はず、御序があつたら御話し置奉願候」――。また同一八二の末尾にも「横山の件につき御配慮の段々小生に於ても深く感謝致居候　今度面会シタラ能ク貴意を伝へ置くべし　草々長谷川生　内田兄」とある。二書簡とも月日不明だが、明治三八年春から夏頃のものとされている。もう一通八月頃のものとされる魯庵宛書簡がある。その末尾に「御留守へ横山が御尋ね申たるに取次の方の口上では何だかさしたる御病気とも思へぬ話だつたと申事故或は令閨又は御子供衆がおわるいのではないかと存居候　矢張兄が御加減わるかりしにや例の御持病にや折角御摂養可被遊候」（同二〇四）と付記されてある。二葉亭四迷、内田魯庵、横山源之助のあい変わらずの関係である。この頃横山源之助から二葉亭四迷―内田魯庵へ、なにか面倒がもちこまれていたらしいのである。前二通の書簡から察するなら、一身上の処理のことであったらしい。ちょうど『東洋銅鉄雑誌』を去った頃のことであり、身の処理方を頼みこんだものであろうか。

明治三七、八年頃、日露戦争に遭遇したこともあって、横山は社会・労働問題にかんする作品をかなりのこしている。他に殖民問題、人物評論、あるいは歴史の裏面史への関心が定着し、これらの作品がきそいあい、混在している。多筆家、売文家へすすむのはこの頃からである。一種の暴露物「明治闇黒史」を、一二回にわたって『中央公論』に連載したのは、明治三八年一月からであった。「明治闇黒史」が政界裏面の暴露的読物として好評のうちに年内に終わるや、つづいて翌三九（一九〇六）年一月から「怪物伝」を同誌上に連載（七回）した。それまでになかった、まったくあたらしい横山源之助が現出した。政、財界裏面を縦横に書く文筆家横山源之助がである。「明治闇黒史」は有磯逸郎の名で、「怪物伝」は覆面冠者の名で、発表された。好評を博した「明治闇黒史」は執筆完了直後に、単行本（上・中・下）となって上梓されるはずであった。『中央公論』は、「明治闇黒史」の完結間近の頃から（一〇月以降）、つづけて一頁大の上梓広告を掲げた。連載されたそのままを単行本にしても、充分に読みごたえのあるものであった。有磯逸郎こと横山源之助はさらにこれに筆を加えて完成するつもりであったらしい。ところが、それはついに刊行されなかった。まったく横山源之助の責によるものとかんがえられる。

明治三六年六月「貧民状態の研究」を同誌上に載せて以来、文筆家として復帰しつつ、三六、七、八、九年と、以来横山源之助はほとんど『中央公論』のお抱え作家にひとしかったのである。明治四〇（一九〇七）年三月以後、『中央公論』との関係を絶った。おそらくそれは『明治闇黒史』刊行問題にからまる約束違反のこじれによるものにちがいないのだ。ここでも横山は世間を狭めていく――。なぜ完成できなかったのか、後に述べよう。

参考までに、流産した『明治闇黒史』の広告を、左にみよう。

新刊予告／有磯逸郎著／明治闇黒史／十二月発売紙数約四百頁／発行所東京本郷区西片町反省社／明治闇黒史は、表面の事実に耳を仮さずして常に裏面の消息に注目せる明治年間の活歴史なり、権貴者と浪人、勢力者と無勢力者、強者と弱者とが感情と利害との衝突に依り暗闘せる時代推移の真相を描写せる社会史なり／上巻には、明治新政府の創設に筆を着け、維新派と復古派の二大潮流を挙げて、公家と浪人、藩主と藩士との衝突を描き、横井平四郎の横殺、広沢真臣の惨殺より、愛宕事件を中心として、当時全国に瀰漫せる復古派の面目を発揮す。其の前後に、雲井龍雄の叛あり、円海坊の奥羽十七藩同盟の劃策あり、大村益次郎の襲撃を前提として、長州騎兵隊の暴動あり、掉尾の運動として、丸山作楽の朝鮮計劃あり／中巻には、征韓論破裂より筆を起こし、全国に磅礴せる士族の反抗運動に入りて、西南戦役の大破烈に筆を収めたり。其の間に江藤新平の叛あり、前原一誠の叛あり、前原と連絡せる永岡久茂の思案橋事件あり、熊本の神風連、其の後を承け、西南戦役に至りて、士族の党爰に全敗す。然かも之を前にしては、芝増上寺の焼払あり、岩倉具視の要撃あり、後には林有造等の政府顚覆運動あり、竹橋暴動あり／下巻には、自由民権論を中心として、初めて我国に起りたる国民大運動を紹介す。立志社及嚶鳴社に依りて鼓吹せられたる自由民権論の勃興は、政党の現出を促がし、然かも政党の挫折に依りて、政界再び闇黒に陥り、秘密結社の類四方に起こる。福島事件を先駆として、群馬事件、加波山事件、筑波暴動、飯田事件、名古屋事件、静岡事件等相継いで起り、大井憲太郎等の大阪事件に至りて、僅に一段落を告ぐ／昨今東京焼払の暴動に驚ける世人は、本書に就て、動乱の来る因由を探れ、本書は、斯くの如き変調に対して静かに警戒と教訓とを与へつゝあり。

（『中央公論』三八・一〇）

三八年作品

社会（労働）問題	八（連載一、計二）	中小都市研究	二
殖民問題	五（連載一、計四）	人物評論	七（連載二、計一六）
富豪研究	二（連載一、計七）	文学評論	一

明治三九（一九〇六）年——。

日露戦争後、明治三九年頃の横山源之助について、述べねばならぬ。

ふたたび、二葉亭四迷回想記「真人長谷川辰之助」のなかに書かれてある部分から、追ってみよう。

その中に日露戦役も終局を告げたので、君は無為徒手でゐるのを非常に心外がつた。通信員として満洲に出掛けんとしたのは此時であつた。殖民学校の創立を思ひ立つたのも此時であつた。君の葬儀後三日、浤然として去つた、長田信蔵氏の計画に参し、朝鮮で事業を起さんとゐた（ママ）のも此時であつた。月一ト月、君は煩悶に陥つて来た。流石に健啖を以つて誇つた君が著しく食欲の減じたのも此時からである。而して曩に蛇蝎の如く嫌つてゐた文学に近づいて来たのも此時からである――何月何日の夜であつたか、日は瞭然と覚へないが、君は飄然と、下谷の家を尋ねて来たことがあつた。夜の十時過ぎであつたらう、両側の店は、皆んな蔀を下ろして、春のおぼろ月は、うすぼんやりと地上に流れてゐた。相伴ふて、上野広小路に出で、湯島天神に登り、切り通しを語りながら、本郷三丁目の曲り角に来た、小説を遣る気だと君は憮然として胸中を明かしたのも、実に此朧ろ月の夜であつた。僕は不思議にも一種の悲哀を覚え、窃に眼を拭ふた。天麩羅ずきの君に勧められ藪蕎麦に入つたが、別れたのは十二時過ぎであつたらう。

三十九年の二三月、日露戦役後浦塩斯徳で、ドクトルランコフスキーの捕縛をキツカケとして、一月二十三日の大騒乱が演ぜられて間もなく――長谷川君がそろ〳〵小説に韜晦せんとし初めた頃、波蘭の亡命客ピルス（ママ）ウ（ママ）ツキー（ママ）氏が、日本に遣つて来た。その頃僕は湯島の天神に暫らく下宿してゐたが、某雑誌記者を君に紹介すると、労働者の研究に熱心な露国人が来てゐるといふ伝言であつた。丁度その頃僕は中央公論の嘱に応じ、明治闇黒史の編纂に取り掛つてゐた時で、波蘭の亡命客と聞いて、喜んで待つてゐると、雨のじめじめと降つた夕暮、君の来訪を下女が通じて来た。玄関に出て見ると、四十を越したかと思はれる、でつぷりとした外人が、君と駢んで立てゐる。

ピル(ママ)スウ(ママ)ツキー(ママ)氏である。僕の顔を見ると、君の紹介も待たず、莞爾(にこ〳〵)として手を出す。大学の坪井博士と逢つて来た帰路(かへり)だといふ。で、僕は長谷川君と、その外人と連れ立つて、お成道の西洋料理店で晩餐を共にしたのであつたが、晩餐を済(す)ますと、僕の下宿に引き取り、三人鼎坐して、長谷川君の所謂研究の交換を初めた。僕は僕の経歴、といつて別段経歴ある身でもないが、放浪時代の木賃宿生活や貧民状態を有りの儘(まゝ)に話すと、ピ氏も、サガレン島漂泊の状況などを語り、長谷川君を通じて、一見旧の如くなつた。特に本国を亡命して二十年余、頭(かしら)に白髪を交へてゐるにも似合はず、些(すこし)も幽欝(ママ)の模様がなく、無邪気で、暢気で、キヤツ〳〵騒ぐ具合などは丸で小供(ママ)のやうだ。そして此人の特長は、科学的研究心に富んでゐることで、アイヌの研究には最も趣味を持つてゐた、「日本の学者は何故日本の旧民族である此のアイヌを閑却してゐるのであらう」とは、ピ氏が日本に到着して最初に懐いた疑問で、坪井博士を人類学教室に尋ねたのも、アイヌ種族に対する同博士の意見を質(たゞ)さんが為めであつた。学者的態度を以て研究するばかりでなく、正義博愛の観念強く、社会的同情を以てアイヌの現状を見てゐたのが日本の学者と異る所で、従がつて貧民労働者の身上にも無限の同情を注いでゐた。僕が新平民の事を話すと、初めて新平民の名を聞いたものと見え、左(さ)も意外の色を現はし急に真面目になつて種々の質問を出して、新平民の実況を聞き初める。その後逢つて見ると、最(も)う浅草の亀岡町に出掛けてゐた。（僕が亀岡町を亀沢町と言ひ誤つたが為に、本所に出掛けて一日まご〳〵したといふ奇談もある）斯(こ)んな風であるから、日本の労働運動にも注意し、社会主義者といへば、つい先頃頭を出した連中にも交際を求め、その談話をノートに筆記して、喜んでゐた。甲某、乙某の社会主義の領袖株を日露戦役の大立者大山、東郷、黒木大将などと同格に考へ市中に写真の見へないのを怪しんだので僕等は大笑したこともある。であるが、此の無邪気の人も、時に名説を吐いた。社会主義の領袖丙某が欧州より帰朝したその歓迎会に列席したといつて喜んでゐたから、その所感を叩くと、同氏は労働者の頭数寡(すく)なかつたのを怪んで、日本の社会主義は労働者と別々であるのが奇妙であると、不思議がつてゐた。長谷川君は傍より、「日本の社会主義は学生の社会主義だ」と説明したので、左様か、と例の莞爾した顔で合点した。で、ピ氏自身は革命運動に怖毛を立て、革命は好物だが、運動が嫌ひだといつてゐたが、永年西比利亜に漂ひ、革命者に知己が多かつた所から此の無邪気の人も、日本に在留してゐた露国革命党の捲き添となり、日本に在留して長崎と東京との連絡と為つて、革命党の為に民間に運動してゐた。――当時長崎港は露国革命党の中心だつたので、西比利亜に散在してゐた革命党の有志は、前年の大赦令で自由の身と為つたのを僥倖に、一月二十三日の騒乱より逃れて、皆な長崎に集つてゐた。首領は北米の桑港で露国の大主教を弾劾して欧州革命党の間に名声高いドクトル、ルツセル氏で有つた。（日本在留の捕虜を煽動して革命思想を鼓吹したのも此のル氏で）之より前、ルツセル氏が同氏の所有である布哇の耕地を売払はんと東京で買手を求めてゐた（ルツセル氏は布哇に永年住み嘗て同島議会の議長となつたことあり）如何な手順で運んだものか、大隈伯爵が買手の一人に指目されてゐたので。長谷川君がピルスウツキーと懇意となるに従ひ、ピ氏は革命党の秘密を明かして、革命党の為に一臂の力を添へんことを懇望した。長谷川君は或意味から言へば帝国主義者で、殖民だの貿易だのいふことは口癖に言つてゐたが、殖民といつても、貿易といつても、日本国といふ立場から常に割出されてゐたので、此上から言ふと、君と同じやうなことをいつてゐる殖民論者の僕とは正反対だ。殖民といつても満韓殖民の意味で、君の眼には布哇移民もなく、南米殖民もなかつた。であつたにも拘らず帝国主義反対の（また反対であるべき）革命党に同情して革命党の為に種々画策したのは、今日から見ると、其処に多少の矛盾があつたやうだが、君の意を謀るに日本の為に満洲経営を必要とし、露国の為には社会主義者一派に援助して、民権の伸ぶるを必要としたものだらう。それに学生時代の自由独立主義やら、ツルゲーネフ、ガンチヤロフ、ドブロリユーボフ、ピーサレフ等が平民の為に力めた露文学の影響やらが、君をして露国革命党に同情せしめたものであらう。かくて君とピ氏とは、殆んど毎日のやうに往復した。僕も連れ立つて銀座通りの箱館屋に屢々出掛けた。（ピ氏は箱館屋に室を借りてゐたので）出無精の君は、島田三郎氏にも逢へば、大隈伯爵にも逢つた。板垣伯にも会見を申込んだ。特に大隈伯の如きは、例の長広舌を以て「西比利亜の広野に共和国を創立すべし」などゝ放語したので、ピ氏は大喜び！　別に例の土地売却にも関係し、隈伯とル氏との中間に在つた巖本善治氏をも尋ねて、一二ケ月は東奔西走の体。その中にルツセル氏も亜米利加から遣つて来た。長崎に革命派の機関ウオリヤが出た。妖雲惨として、長崎港を本営として、露領一帯革命派の気勢を以て蔽はれた。然かも君は此時から革命派の運動に冷淡となつた。用心深い君の眼にはかれ等が余りに理想的で、実際運動の拙劣に失望したのであらう。後日君は露国革命派の主義に忠実なのを認めてゐたが、露国の人物は、武断派に在りといつてゐたのを見ると、渠等の人物が余りに単純で、実際的手腕の欠けてゐるのに愛想が尽きたものと見える。斯んな風に、革命運動は不得要領に終つたがピ氏との交際に変状なく、旅費の才覚が出来て、故国のガリシヤに帰る時など、イの一番に尋ねたのは、長谷川君の家で、二十幾貫の大男が突然飛びついて、潸々と涙を出して、君に喜悦を分つたといふ。で、君が露本国の文壇と関係がついて来たのも、帰国後ピ氏がペテルブルクの友人に吹聴したからで、日波協会の創立を思ひ立ち、波蘭文学の紹介に当らんとしたのも、また此のピ氏との関係から来たのである。長谷川君の晩年、幾多の友人が出来たやうだが、最も親密にし、最も傾倒した友人といへばピ氏はその一人であらう(3)。（前掲「真人長谷川辰之助」）

(3)　右引用文中、差別用語ならびに被差別地区名の記載があるが、たとえば伏字にするというような——臭いものに蓋式の仕方はさけた。学術上原典の改竄はすべきでないし、そのなかでみつめるべきものはみつめるべきだと愚考されるからである。文中にある横山の記述は無批判なものであることは否定できない。横山には「新平民社会の状態」（『太陽』三二・一〇）という作品がある。それは差別問題について打開をうったえた作品ではない。日本的差別構造の深部にまでメスをいれていない。その意味では横山はやはり時代の限界をこえていない。「貧民状態の研究」（『中央公論』三六・六、八、九）のなかでは、とくに横山は差別問題に筆をさき、研究の必要のあることに言及していたことを付言しておこう。

二葉亭四迷と朝日新聞社の間で、小説執筆が合意されたのは、明治三九年五月頃であった（中村光夫『二葉亭四迷論』昭和二二年、進路社)。『浮雲』後、筆を折って十数年——、二葉亭の第二作『其面影』が『東京朝日新聞』に連載されたのは、同年一〇月以降である。

「春のおぼろ月」の夜、二葉亭四迷が横山源之助をたずね、小説をやることを洩らしたという。それは二葉亭が朝日新聞社と小説執筆について合意した五月頃——とほぼ符合する。二葉亭四迷が大阪朝日新聞社に入社したのは、日露戦争の開戦直後であった。日本有数のロシア通であった二葉亭は読者本意の新聞社のなかでは冷遇された。日露戦時、戦後の三八、三九年頃、二葉亭の進退問題がとわれていたという。小説の執筆合意によって、その危機をようやく二葉亭はのがれている。その合意のとき、二葉亭は無念の涙をながしたという(弓削田精一「朝日に於ける二葉亭四迷」前掲坪内逍遙・内田魯庵編『二葉亭四迷——各方面より見たる長谷川辰之助君及其追懐』)。横山源之助が回想した前半部分のあたりは、そのときの二葉亭の心情に通じる。

「月一ト月、君は煩悶に陥(おちい)つて来た。流石(さすが)に健啖を以つて誇つた君が著しく食欲の減じたのも此時からである。而(そ)して曩(さき)に蛇蝎の如く嫌つてゐた文学に近づいて来たのも此時からである——何月何日の夜であつたか、日は瞭然(はっきり)と覚へないが、君は飄然(ぶらり)と、下谷の家を尋ねて来たことがあつた。夜の十時過ぎであつたらう、両側の店は、皆んな蔀(しとみ)を下(お)ろして、春のおぼろ月は、うすぼんやりと地上に流れてゐた。相伴ふて、上野広小路に出で、湯島天神に登り、切り通しを語りながら、本郷三丁目の曲り角に来た、小説を遣(や)る気だと君は憮然(ぶぜん)として胸中を明かしたのも、実に此朧ろ月の夜であつた。僕は不思議にも一種の悲哀を覚え、窃(ひそか)に目を拭ふた。天麩羅ずきの君に勧められ藪蕎麦(やぶそば)に入つたが、別れたのは十二時過ぎであつたらう」と、その箇所にある。横山源之助はそれをきいたとき、「窃に眼を拭ふた」という。

「参謀本部か外務省」むきの原稿ばかりを書いてほとんどボツにあい(池辺三山「二葉亭主人と朝日新聞」『二葉亭四迷全集第九巻　草稿・雑纂2』(昭和四〇年、岩波書店)、一時は会長、社長から勇退勧告をせまられていたという二葉亭が、男子一生の事業とするにたらずとしてなげうったはずの文学にふたたびむかわねばならなくなった——。二葉亭四迷の苦衷をほんとうにしることのできるものは、横山源之助以外になかったろう。いつも二葉亭四迷の身辺にいて、人間長谷川辰之助の表裏を熟知していた横山源之助が、「おぼろ月」の夜不意に訪ねてきた二葉亭からいちはやく傷心の異常をかぎつけている。「小説を遺る気だ」といった二葉亭の一言で、横山は「窃に眼を拭ふ」ている。すべてを察したのだ。

そのとき、二人は下谷から上野広小路—湯島天神—本郷三丁目と、おぼろ月のしたを彷徨したという。

二葉亭四迷の「其面影」が『東京朝日』に連載されたのは、それから五カ月後の一〇月一〇日からであった。連載直前の九月、二葉亭四迷から横山源之助にあてられた二通の書信がある（ともに前掲『二葉亭四迷全集第七巻』）。一通はつぎのようである。

二葉亭四迷発横山源之助宛書簡

「今日は残念したり若し在宅であつたら詳しく承まる(ママ)べきものをと、御手帋によれハ専門家間にも尚ほ異論ありと、異論かあるやうでは困る、それといふが或ハ問題の女の身分判然せざるか為にハあらぬか、尚ほ今一応左に詳記するゆゑ之に依りて再度御調へを煩したし、あまり勝手の申分なれど／甲某　某の二男、乙某の女婿となる／乙某の女婿となる前に死去／乙某未亡人　現存／乙某の長女　前記未亡人の腹に出来たる乙某の長女なり、甲某ハ此長女の婿となりし也／乙某の次女　乙某存命中、小間使に手を着け、其腹に出来たる女なり、其小間使ハ此女を分娩する時死にたり、されハ戸籍上の経過をいへば此次女は一旦ハその小間使の私生児として届出てられたるを、後日乙某が認知して（即ち自己の女なるを承認して）我家へ引取りたれば其際此次女の身分は変更して乙某の庶子となりたるべし、さて生長後出てゝ丙某に嫁したるに結婚後幾もなくして丙某は病死したり、因て実家に帰りて厄介になりをれど離縁して戻りたるにあらねバ尚ほ丙某の未亡人として其姓を名乗りゐるなり、但し此丙某の家は分家ゆゑ（又ハ廃家を再興したるものとしてもよろし）之を廃家となして全く実家に復籍するも差支へなけれど本人の希望によりて尚ほ亡夫の姓を名乗りをる也／さて問題ハ／前記の次女ハ現に独立して生活することになりたれバ実家の保護を受け居るに非ず／甲某は次女の家出後長女を離婚して実家に復籍したり／甲某は更に曾て我義妹たりしことある前記乙某の次女と結婚せんと欲す／現行民法ハ此結婚を許すや否や／甚た御面倒を懸け恐縮なれと今一応専門家につき御聞糺被下度何分願上候　草々　九日夜　長谷川　横山兄」――この書信に「九日夜」の記とあるから、九月九日か、九月一〇日の発信であろう。もう一通は葉書であり、九月一二日の発信である。それには「結婚差支なしとの事、これて大安心、いろ〳〵御骨折千万鳴謝、この手帋を人か見たら何と思ふやら　十二日」と、簡単に結果のみが記されてある。この九月九日、九月一二日の二通は「其面影」が連載されるちょうど一カ月前の書信である。この二通の書信は「其面影」の内容――人物設定にかかわるものであることは、瞭然であろう。書信中にいう「甲某」とは小野哲也であり、「乙某」とは哲也の義父小野礼造、「乙某未亡人」が義母滝子、「乙某の長女」が哲也の妻時子、「乙某の次女」が「其面影」の悲劇のヒロイン小夜子にほかならない。九月九、一二日の二通の書簡は、「其面影」のプロット設定、人物設定にあたって、哲也と小夜子の愛の終局問題について、二葉亭がかつて法律書生であった横山源之助に疑義照会したものであった。二葉亭は小夜子を結果的にクリスチャンに仕立て、義兄妹間の愛を罪深いものとして受けとめさせ、「其面影」を一種の家庭悲劇におわらせた。二葉亭がそのようなプロット設定をしたのは、横山から「結婚差支なし」という返答をうけ、それで法律的には問題は解消したが、倫理上の問題がいぜんとしてのこったからであったろうか。小夜子をクリスチャンに仕立てたことになにか安易な逃避を感じさせるが、そのような仕立ても横山源之助にわざわざ照会したような、結婚にからむ複雑な問題を避ける、てだてであったのかもしれない。

二葉亭四迷が横山源之助に、「小説を遣る」と憮然としてうちあけたとき、横山は二葉亭の苦衷を察して「窃に眼を拭ふ」たのだ。だが、「其面影」の下調査にあたっては、二葉亭のために横山は犬馬の労をいとわなかったのである。

『浮雲』以来十数年後にやっとうまれた、二葉亭の第二作『其面影』執筆のかげには、そして『其面影』が一応好評のうちにおわり、二葉亭と『朝日』との間に平穏がとりもどされたかげには、二葉亭四迷と横山源之助のあたたかい友情の一片がこのようにきざまれてあったのである。

明治三九（一九〇六）年春五月、おぼろ月の夜、二葉亭四迷が横山源之助を訪ねたとき、横山は下谷に住んでいたようだ。

そして九月にある二葉亭の書信の宛先は、本郷区湯島天神二丁目二六番地伏龍館横山宛となっている。横山源之助はその頃そこに下宿していたのである。

二葉亭四迷がポーランドの亡命者ブロニスワフ・ピウスツキ（引用文中ではピルスウッキー）をつれて、横山源之助を訪れたのは湯島天神の下宿であったという。

二葉亭四迷とピウスツキとの関係について記された資料はほとんどない。内田魯庵の『思ひ出す人々』（大正四年、春秋社）のなかにわずかに「其頃波蘭の革命党員ピルスウヅキー（ママ）（ママ）（ママ）といふ男が日本へ逃げて来て二葉亭を訪ねて来た。其外にも二葉亭を頼つて来た露国の虚無党亡命客が二三人あつた。二葉亭は渠等の為めに斡旋して或は思想上多少の連絡ある人士又は政界の名士に紹介したり、或は渠等が長崎で発行する露文の機関雑誌を助成したり、渠等の資金を調達する為めに布哇の耕地の買手を捜したり、或は文芸上の連絡を目的とする日波協会の設立を計画したりして渠等の為めに種々奔走をした。二葉亭は曾てヘルチエンやビエリンスキーに傾倒して虚無党思想に就ての多少の興味をも持つてゐたから、帝国主義を懐抱して日本の膨張を夢見つゝも頭の隅の何処かで渠等と契合してゐたかも知れぬが、其以外に渠等を利用して国際的芝居を一と幕出さうとする野心が内々有つたらしい」と、書かれてある程度である。魯庵が冒頭にいう「其頃」というのは、二葉亭四迷が『其面影』（三九・一〇・一〇〜一二・三一）、『平凡』（四〇・一〇・三〇〜一二・三一）を『朝日』に書いた頃を漠とさしている。横山の記述では、二葉亭はピウスツキやロシアの革命党亡命者のために、島田三郎、大隈重信、板垣退助、巌本善治、その他の間を熱心に歴訪してあるいたとあって、より具体的である。二葉亭が彼等と特別に関係した間は、三九年春頃から翌四〇年明けの頃まででであったろう。

木下尚江の「長谷川二葉亭君」をみると、二葉亭はやはりピウスツキ（おそらく）をつれて、木下をおとずれている。このときに、木下は初めて二葉亭にあうのである。それにはこう記されてある。

明治三十九年の春、或日、給仕が一枚の名刺を僕の卓上に持参した。見ると「長谷川辰之助」——聞き覚えの名だ。さうだ、二葉亭の名だ。然かし同名異人かも知れない。疑念を抱きながら応接室へ行つた。大きな外套を着た頑丈な大男が立つて居る。蒼味を帯びた四角張つた顔。僕が丁重に自ら名乗ると、客は其の迫つた濃い眉を開いて軽く笑ひながら、

『僕長谷川』

斯う言ひながら、フイと顔を前へ出した。

『横山が——ね』

二葉亭の長谷川辰之助君であつた。僕も唯だ首肯いて笑つた。生れながらの知己でゞもあるかのやうな親しみを覚えた。

長谷川君の背後に一人の外人が立つて居る。長谷川君は顧みて、其の人を紹介した。波蘭の革命党員で、シベリ

ヤの流罪地から逃れて居たのだ。始めて見た時には一寸老人かと思つたが、話して居る中に壮年者であることが知れた。是を機縁に、僕は数々長谷川君と会見したが、二人の間は妙な関係であつた。

横山君は、僕の事を何と言ふて、二葉亭へ吹き込んで置いたものか知らぬが、日露戦争後の僕は、政治的革命熱が欺むかれたやうに醒めて、内面的に闇黒界を探求する傾向が、日に〳〵強く自分を苦しめて居た。僕は思ひも掛けず二葉亭に逢ふことの出来たことを非常に喜んだ。僕は其頃始めて「文学」と云ふものに対して、疑問と希望とを感じて居た。僕が二葉亭と会見することの、唯一の目的は、此の文学に関する、彼の胸臆を聞かせて貰ふことだ。二葉亭は避けてしまつた。或時は、深い谿谷のやうな皺を眉の間に寄せて、うつ向きになつて黙つてしまつた。或時は、目を天井へソラして、烟草をふかしながら、ハ、〳〵と軽く笑つてしまふ。

何時も銀座の箱館屋と云ふ店の二階で会つた。薄暗い、まるで地下室か巌窟かのやうな閑かな一室。悒鬱な二葉亭と二人相対して、黙つて顔を見て居る。

『又た逢はう』

斯う言つては別れた。

彼は一個の「苦悩」と云ふものであつた。「魔」だ。彼を見て居ると、僕は腹違ひの兄貴の側にでも居るやうな、安らかさと懐かしさを感じた。

其秋、僕は遂に新聞社も辞し、同志とも別れ、全くの孤独となつて山へ行つた。丁度其頃、不図途上で横山君に出会つた。相変らずの天涯茫々生であつた。

『近頃、長谷川が新聞へ小説を始めた。君、見たかね』

と言ふ。

『いや、知らない。どうだ』

『つまらんね』

斯う言つて、笑ひながら風のやうに行つてしまつた。

其の翌年、明治四十年、何か用事で、僕が一寸東京へ出で来た時、今ま飛鳥山まで延びて居る電車が、本郷三丁目迄で、「かねやす」の前が終点であつた。電車が着いたのを見て、小走りに走せて行くと、どや〱車を下りて来る群衆の中に二葉亭が居た。

『やア』

と言つて、笑つた。何でも、露西亜の亡命客のことで、今ま検事局へ行つて来た所だと言ふのだ。彼の家は西片町で、直ぐ其処だから一緒に行かうと、切り(ママ)に勧めて呉れた。久し振で語らうと言ふ。然かし僕は取り急ぐ問題を抱いて居て、行くことが出来なかつた。

『さうか。では又た逢はう』

斯う言つて、丁寧に会釈して、幅広な背中を少し円めて、のそり〱と帰つて行つた。あの後姿が、僕の目にある最後の二葉亭だ。


（「長谷川二葉亭君」『神 人間 自由』昭和九年、中央公論社）

木下尚江の回想は二葉亭四迷が主であり、ピウスツキについての部分はほとんど捨象されてある。が、二葉亭にともなわれていた「外人」がピウスツキであることはあきらかであろう。そのときが明治三九年春。そしてロシア亡命客のことで検事局にいってきた帰りの二葉亭に、木下が出あったのが翌四〇年のことである。二葉亭四迷が木下尚江をはじめて毎日新聞社に訪ねて以来、銀座の箱館屋の二階で、二葉亭とたびたび語りあったと木下はいっているのである。銀座の箱館屋というのは、横山源之助の回想に「君とピ氏とは、殆んど毎日のやうに往復した。僕も連れ立つて銀座通りの箱館屋に屢々出掛けた（ピ氏は箱館屋に室を借りてゐたので）」とある、その「箱館屋」である。

おなじ時、おなじ状況を回想しながら、横山源之助と木下尚江の回想はまったく内容を異にしている。横山のそれはピウスツキと二葉亭との交流について、きわめて具体的である。ポーランド（ロシアの属領）の独立運動家、シベリア流刑地からはるばる亡命してきたピウスツキを中にして、二葉亭四迷は実にいきいきとした交流をかわしている。そのとき二葉亭四迷はちょうど『朝日』との合意により、文学者として復活すべく『茶筅髪』（未完成）『其面影』のために悪戦苦闘しているときであった。にもかかわらず、ピウスツキをはじめとするロシア革命亡命家たちのために、労を惜しまず東奔西走していたという。日本の社会主義運動が日露戦争時に昂揚し、戦後は内部分裂の危機をはらんでいたとき、その社会主義運動の渦中や周辺に、木下尚江、田岡嶺雲等が、あるいはより若い文学者等が参加していた状況が主流としてあり、それとは別の次元で、二葉亭四迷が世界の革命運動の末端に接触していた事実がこのようにある。横山源之助が二葉亭四迷回想記「真人長谷川辰之助」を、明治三九年に主軸をおきながら、ピウスツキとの交流をめぐってあった関係や、その他ロシア革命亡命者との間にあった関係を、かなり克明にえがいた理由も、また二葉亭回想記の最後をここでとどめた理由もそこにあった。ひとしおの感慨をこめて書かれたのである。無念の涙をもって文学者に復活したのが明治三九年なら、人間長谷川辰之助が革命家の一面を発揮して面目躍如としてあったのも、そのときであった。横山の二葉亭回想記「真人長谷川辰之助」は、ピウスツキが日本を去るときをもって、あえて筆がとめられてある。

それから二年後、明治四二（一九〇九）年五月一〇日、二葉亭四迷はペテルブルグからの帰途ベンガル湾上で、逝った。

木下尚江の二葉亭四迷回想記からピウスツキにかんする部分がほとんど欠落していることは前に述べた。それは、革命運動や、文学、人生問題に、その頃木下尚江がちょうど深い懐疑におちこんでいたときであった――そのことに関連するにちがいない。革命家ピウスツキの亡命にも興味がわかなかったのであろう。そのときに、二葉亭四迷がはじめて木下尚江の前にたちあらわれたのである。文学と人生の懐疑派の先輩二葉亭に、木下がたちまちとりつかれたのはむしろ当然であったろう。「文学に関する、彼の胸臆を聞かせて貰」おうとして、木下は二葉亭をたびたび訪ねたのである。ピウスツキが「室を借りていた」箱館屋へ、である。木下尚江の二葉亭回想からピウスツキが脱落し、二葉亭四迷が前面に出ている理由がその辺にある。本来ならば、ピウスツキと二葉亭四迷と木下尚江の三人をめぐる回想でなければならぬ。最初、ピウスツキを日本の社会主義者木下尚江にひきあわすため、二葉亭は木下を社に訪ねたのである。だが、そのとき木下の関心はすでに革命運動になく、期せずして現われた文学懐疑派の先輩二葉亭その人に直結してしまった。二葉亭にしてみれば、的をはずされてしまった、ということになる。逆に木下のとりこにされてしまったともいえる。文学とはなにか、と木下から思わぬ議論をふっかけられ、二葉亭は「深い谿谷のやうな皺を眉の間に寄せ」たり、あるいは「目を天井へソラして」、「ハヽ〱」とただ笑うしかなかった――。

かたや日本の近代文学成立の基礎をつくった、かたや『火の柱』『良人の自白』やで日本の革命文学の地平をきりひらいた、二人であった。

足尾鉱毒事件、あるいは日露戦争時反戦運動にもっとも激烈な言動を展開した木下尚江が急激な落下感のなかにおちこみ、懊悩していたときであったのだ。

木下尚江が幸徳秋水、堺利彦等の同志とわかれ、いっさいの革命運動と袂別して、ひとり伊香保山中に去ったのは、この年明治三九（一九〇六）年一〇月末であった。直前、二葉亭四迷との間に期せずしてもたれた知遇もついに救いとはならなかった。だが、木下尚江にとって、そのときにうけた知遇はとくに忘れがたい印象として残ったようだ。二葉亭の出現は闇夜にともされた一条の光のようなものであったろう。

数年前（明治三二年）、毎日新聞社で机をならべて、横山源之助との間に交された、戯作家・革命家論争の記憶が、二葉亭に出あったとき木下の脳裡にあざやかに想起されたにちがいない。最初に二葉亭四迷と出あった模様を、木下尚江が述べるとき、

――

二葉亭の長谷川辰之助君であつた。僕も唯だ首肯いて笑つた。

『横山が――ね』

斯う言ひながら、フイと顔を前へ出した。

『僕長谷川』

――軽く笑ひながら、

であった。この短い描写は万言をもってするよりもなおそのときのさまを髣髴させるものがあるだろう。『横山が――ね』といった一言で、木下は二葉亭に「生れながらの知己でゝもあるかのやうな親しみを覚えた」という。かげにある横山源之助であった。

そのご木下が同志と袂れ、伊香保山中に隠棲するころ、偶然横山と木下が路上で出遭っている。木下尚江はそのときの横山源之助について、また実に見事に描くのである。

――相変らずの天涯茫々生であつた。

『近頃、長谷川が新聞へ小説を始めた。君、見たかね』

と言ふ。

『いや、知らない。どうだ』

『つまらんね』

斯う言つて、笑ひながら風のやうに行つてしまつた。

木下尚江に映ってみえた横山源之助像とは、このように飄々としたものであったのであろう。

このときの対話中にある、二葉亭の新聞小説とはもちろん『其面影』であることはいうまでもなかろう。『其面影』が『東京朝日』に連載されたのは、一〇月一〇日からである。木下尚江が伊香保山中に去ったのが、一〇月末である。横山源之助と木下尚江が路上に出遭ったのは、実に此の間の一瞬であった。『其面影』の構想に陰から下調べの労をとった横山源之助が『つまらんね』と一言評して、「笑ひながら風のやうに行つてしまつた」というのだ。天涯茫々生横山源之助の飄々然としたひとがらをえがきだすため、そこに若干の文飾があることは当然であろう。ここではかかれていないが、実はこのときに、ひとつの要件が横山源之助と木下尚江との間に交されてあったのである。

つぎにひく引用は、横山源之助の側からかかれたそのときの路上点景である。ときは一〇月下旬、その路上とは小石川指ケ谷町附近であった。

この年の一二月、木下尚江から横山源之助の手許に「明治闇黒史の著者に呈す」という一文がおくられてきた。それは翌四〇年の『中央公論』一月号に掲載された。「明治闇黒史の著者に呈す」に付されてある横山の注釈部分に、こうある。

畏友木下尚江君は、同志と別れ事業と別れて飄然として伊香保の山中に入れり君を知る者皆嘆惜せざるはなし、余独り其の挙を快とし君が異日の為に窃に之を喜べるなり。十月下旬、余は袴に衣服を改めて小石川指ケ谷町附近を往来す。帽を阿弥陀に冠り、古き洋服を纏ふて、とぼ〳〵此方を指して歩み来る者あり。近づけは即ち君なり相見るや、君は余が平常に似げなき破格の服装を注視して、如何（どう）したのだといふ、余哄笑して、其の近状を質せば、いよ〳〵明日（あす）は都落（みやこおち）だと、慨然たり、余風聞の実際と為りしを喜び、其の前途を祝して、更に余の為に明治闇黒史に一文を嘱して茲に袂を別てる也。約を履んで伊香保の山中より送り来りたるは左の一文と為す。

嗚呼君や風清く人穏かなる山中に入りて、静かに著述に従事す、余は生活の途に迷ふて旧態依然たり。特に明治闇黒史を年内に終る能はざりしは、余の最も慚づる所なり。茲に木下君の文を掲げて、反省社主と読者とに謝意を表す、然かも余は明治闇黒史の筆を中途に廃する者にあらざるなり。（三十九年、極月十四日夜、有磯逸郎）

（木下尚江「明治闇黒史の著者に呈す」横山の注釈部分『中央公論』四〇・一）

指ケ谷町路上、横山が『明治闇黒史』の序を頼み、木下が快諾していたのだ。本文を左に掲げよう。

伊香保山中にて　木下尚江

明治闇黒史！　何ぞ其の名の深刻なるや、世人往々「文明」を尊んで「闇黒」を嫌ふ、然れども人の世の実相は常に闇黒の深き底に埋没して容易に人目の触るゝ所とならず、故に我が日本の如き、其の唯一の誇りとする所は祖先の歴史に在りと雖も、彼等の称して自国の歴史となす所のものは、ホンの表面の浅き枯殻に過ぎずして、歴史を貫流する人生の真髄に至ては未だ曾て味ふこと能はざる也、僕常に之を以て遺憾となす、

僕の往年始めて君と銀座街頭に握手したる時、胸底窃に一個の怪画を抱けり、「日本叛逆史」の編纂即ち是れなりき、当時国法学者なるもの盛に帝王神権論を唱導し、而して其の学理のキソを日本国史の事実に置きぬ、然るに

彼等が引拠する所の日本国史なるものは、決して日本の国史に非ずして、全く彼等が捏造の蜃気楼に過ぎず、虚偽の国史をキソとして諂諛の学説を構造す、其の罪決して鮮少なりと云ふべからず、僕の見る所を以てすれば、国史の事実は常に叛逆に在り、而して其の不断の叛逆の底を通じて人の世の生命は着々として進化発展し来れるなり、僕此の志を抱いて今に至るまで遂に果すこと能はず、早くも君の「明治闇黒史」其成を告ぐるの報に接す、自ら省みて我が怠慢を耻ぢ、君が忙中能く此の大業を成せるの勤勉と労苦とを謝し且つ称せざるべからざる也、

遠景は描き易く近景は写し難し、歴史に於て亦々然りとす、況んや一点の松火地底深く其の闇窟を探くるに於てをや、僕先づ君の苦心に対して敬意と同情とを払ふに吝ならざる也、然れども君は到底人世の探検也、人生の探検は君の天職也、明治闇黒史の成る、君に在りては寧ろ負債の一部弁済に過ぎざらんも知るべからず、闇黒の鉄門、君の手を待つもの極めて多し、僕は謹で君の益々勇健ならんことを祈る（明治三十九年十二月）

かつて横山源之助と木下尚江は『毎日』の同僚記者であった。後から入社してきた木下尚江を先輩として世話をしたのは横山源之助であった。木下尚江を片山潜のもとに同伴し、手を握らせたのは横山源之助であった。伊香保山中に隠れる直前、深い懊悩におちこんでいた木下尚江のもとに二葉亭四迷を訪れさせたのも横山源之助であった。二葉亭四迷との邂逅は木下尚江にとってなににもましてこころのなぐさめとなっていた。ここ数年、横山源之助と木下尚江は主義主張を異にする立場にあった。主義主張をこえる、人間的な何かをたがいに感じあっていたのであろう。『毎日』記者時代の横山、そしてまた二葉亭四迷との知遇の仲立ちになった横山――その友情と恩義にむくいるために、木下はよろこんで横山の嘱に応じ「明治闇黒史の著者に呈す」を、伊香保山中からおくったものにちがいない。だが、前述したように、『明治闇黒史』はついに完成されることがなかったのだ。

本来なら、木下尚江の「明治闇黒史の著者に呈す」は、『明治闇黒史』が刊行されたとき、その序を飾るべきもの

であった。刊行のときまで未発表である筋のものであったろう。「余は生活の途に迷ふて旧態依然たり。特に明治闇黒史を年内に終る能はざりしは、余の最も慚づる所なり。茲に木下君の文を掲げて、反省社主と読者とに謝意を表す、然かも余は明治闇黒史の筆を中途に廃する者にあらざるなり」とある。「明治闇黒史」は『中央公論』誌上に明治三八年一月号から一二月号まで連載され、好評のうちに一応終わったものである。反省社（後の中央公論社）では、連載途中、同誌一〇、一一、一二月号につづけて一頁大の広告を載せ、連載完了と同時にそれを単行本にして上梓する予定であった。その熱心さは『明治闇黒史』が回を追って大きな反響をよんでいたことを裏書きしている。連載終了と同時に上梓予定であったそれが延期されたのは筆者横山の申し入れによるものであったにちがいない。好評に気をよくした横山がさらに加筆して完成を期したいとしたのも無理はない。一年たってなお完成していないのはどうしたことか。「年内」に完成できず、しかも当分完成できそうもなかった事情が急遽「明治闇黒史の著者に呈す」を釈明付きで、『中央公論』に掲げねばならなかった理由でなければならない。完成が近いうちに予定されたなら、木下尚江からおくられたそれが変則に発表されるはずがなかったのだ。

幻の著として終わった『明治闇黒史』について、ここでもうすこし触れておかねばならぬだろう。『中央公論』に連載された「明治闇黒史」は維新以来の権力抗争の裏面を強烈にえぐりだしたものである。したがってあるいはその筋からの掣肘があって陽の目をみなかったのではないかとの疑問がわかないではない。しかしそのような形跡はないし、なかったとかんがえられる。のべ一二回にわたる連載がなんのさしさわりもなく終わっている。一年をへてなお公刊を約束している横山の言のなかにもそのような形跡をさぐることはできない。『明治闇黒史』が未刊に終わったのは、横山個人の事情、横山の責にあったとかんがえねばならない。連載を終わってから一年後、横山は公刊を約束し、「明治闇黒史を年内に終る能はざりしは、余の最も慚づる所なり。——然かも余は明治闇黒史の筆を中途に廃する者にあらざるなり」と苦しい弁明をしている。それは容易にできそうもないことを逆に語っている。しかももう言い逃がれのできないところにきていたのである。反省社側にしてみれば、連載終了と同時に公刊することを読者に約束している。今また木下尚江の推薦文までつけて筆者の遅延釈明文を掲載誌に載せた。読者への信義上、版元である反省社は横山につよく督促したにちがいない。そこへもってきて、いまひとつ問題がさらに絡んだとおもわれる。それはなにかというと、『海外活動之日本人』の発行である。明治三九年一〇月、松華堂発兌、『明治闇黒史』と同じ有磯逸郎著である。『明治闇黒史』の完成をよそにしながら、『海外活動之日本人』が他社から発行された。横山の信義が問われたにちがいない。――そのような余力があるなら、なぜ早く『明治闇黒史』を完成しないのか。完成するまで執筆を断る――。そのような成り行きになったのではないか。横山も『明治闇黒史』の完成を約束して、去ったのではないか。両者の諒解によってか、あるいは若干の衝突をまじえてか。天下に公刊を約束した両者の責任のとり方は他になかったはずである。『海外活動之日本人』の発行が明治三九年一〇月。『中央公論』が木下尚江の「明治闇黒史の著者に呈す」を載せたのが、翌四〇年一月。そして二月（第二二年第二号）に一篇「犠牲――島田孝之を思ふ」、三月（同第三号）に一篇「現代人物論」を載せたのを最後に、横山源之助の名が『中央公論』誌上からついに消えたのである。両者の袂別は以上にみたような背景によるものでなければならぬ。後に、横山は人物評論集『怪物伝』（明治四〇年、平民書房）、『凡人非凡人』（明治四四年、新潮社）を上梓したとき、『中央公論』誌上に載せた「怪物伝」「犠牲――島田孝之を思ふ」「現代人物論」等もそのなかに収録したが、「明治闇黒史」のみはついに一片の収録もすることがなかったのである。反省社にたいして信義を守ったのであろう。明治三九年一二月、伊香保山中にあった木下尚江から「明治闇黒史の著者に呈す」が送られてきたが、それすらもついに横山源之助を完成へむかって奮起集中させえなかったのである。

この頃、横山源之助は、人物評論に、海外殖民問題に、あるいは社会・労働問題に、多彩な筆をふるっていた。主題が分散化していた。いわば一種の売文家になっていた。しかも横山源之助の関心はこの頃に海外殖民事情調査、紹介に定着しつつあった。このような事情が『明治闇黒史』の完成に横山を集中させなかったのだ。ほんの二、三年前(明治三四〜三六年)、大日本労働団体聯合本部にあって、大井憲太郎や自由党左派の残党等とくみしていたときの見聞や経験が善悪をとわずまわりまわって、『明治闇黒史』に結実していたといえるだろう。おそらく『明治闇黒史』への跳躍台はそこにあったのだ。維新以来の明治政界成立史の裏面に容赦のない照射をあびせた『明治闇黒史』が公刊されていたなら、おそらくは最高の売れ行きをみていただろう。それをしなかったところに、横山の別の一面をあえてみなければならぬのであろう。

『海外活動之日本人』について、一言触れておこう。見返しをみると、「島田三郎序／有磯逸郎著／海外活動之日本人／東京　松華堂発兌」とある。奥付には、「明治卅九年十月九日印刷／明治卅九年十月十三日発行／著作兼発行者小石川区指ケ谷町百三十番地横山源之助／発行所松華堂」とある。見返しに、「有磯逸郎著」とあり、奥付に、住所ならびに著者名横山源之助の名が記されてある。ちなみに、「小石川区指ケ谷町百三〇番地」とは横山家の住所であり、一家は富山県魚津をひきはらってきていた。横山源之助本人は湯島天神町の伏龍館に部屋を借りていたのである。『海外活動之日本人』は、『日本之下層社会』『内地雑居後之日本』(ともに明治三二年刊)以来七年目、『養蚕と製糸』(博文館日用百科全書、明治三三年)以来六年目にみる著書であった。

島田三郎は「序」に、「横山氏、内地の社会を視察して、其裏面を記し、下層の情態を説くに至りては、人の知る能はざる所に及べり、蓋し其慧眼才筆能く之を致せるなり、其海外の記事評論に於ても、亦必ず其手腕の人を感ぜしむる者あらん、氏の求めに応じて一言所感を述ぶ」といっている。毎日新聞社主島田三郎はかつて横山の上司であった。

海外殖民熱は明治後半期一種のブームにあった。日清、日露の対外戦争をくぐりぬけたそれと無縁ではない。また地球上をほぼ占拠分割し終わった先進国帝国主義競争との動向とも無縁なものではない。占拠のあとには地均しがある。おくるもの、おくられるもの、そしてむかえいれるものの間には、矛盾と軋轢がある。庶民は常におくられる側である。横山源之助がどのような視点に立っていたか、横山自身の「序言」がほぼそれをあかしてくれるだろう。『海外活動之日本人』は、ことわるまでもなく横山源之助の海外殖民問題にかんするはじめての著作集である。「序言」の全文をひいてみよう。

一　余は我国の生活状態に意を潜むること爰に年あり、而して生活問題解決の一策として、移殖民問題の世に盛んならんことを欲する者、帝国主義を抱いて殖民を論ずる者の如きは、余の与せざる所なり。

一　本書は海外に在りて成功せる人物を紹介せるにあらず、縦令其の人物にして何等現著なる成功なしとするも其の事業にして伝ふべきは其の事業を尊重し、其の精神にして称すべくんば其の人物を称せんと欲す、事の成れると成らざるとは余の関する所にあらざるなり。唯、此書に依りて海外に散布せる邦人の消息を知るを得は、余の願足る。余は海外に活動せる健児の風丰を想望して無限の快怡を喫す。

一　本書は特に南米大陸の状況に力を盡せり、余は生活問題の上よりして、常に南米拓殖の利多きを信ずるが故のみ、尚機会を得ば、南米拓殖論を世に出さんと欲す。

一　本書の材料は親しく其の活動者、若くは其の知己朋友に就て之を得たり、而して統計上の数字は外務省及領事の報告に依りたる者多し。サモア漂流者の記事は、友人を通じて間接に得たる者なれは、或は多少の相違あらんも知るべからず。尚旧稿二三あり。

一　終りに材料の蒐集に就て本書に幾多の便宜を与へられたる明治植民会社の山村四郎氏、佐世保海底商会の渡辺歡氏等に謝意を表し、特に知友伊尾準氏が、余に代りて材料蒐集の労を取られたる好意を謝す。

丙午九月　　　　　　有磯逸郎識

（『海外活動の日本人』明治三九年、松華堂）

横山が「生活問題解決の一策として」殖民問題をかんがえていたこと、「帝国主義を抱いて殖民を論ずる者」に反対の立場に立っていたこと、「縦令其の人物にして何等現著なる成功なしとするも其の事業にして伝ふべきは其の事業を尊重し、其の精神にして称すべくんばその人物を称せん」として日陰のものにたいする関心を失っていなかったこと、等について留意しておこう。底辺社会ルポ、労働運動をへてきた精神の槓杆がなお保持されてある。さらに移民の地を、中国大陸やシベリアではなく、南米大陸にもとめたことは用心深く帝国主義をしりぞけていることと関連する。この頃に、横山源之助の殖民問題への関心は定着した。以後横山の精神はほとんど殖民問題に傾注される。片山潜が渡米協会をおこし、移民の奨励、世話をしたのはこの前後であった。片山潜の場合も、横山源之助の場合も、労働運動潰滅後の出口を殖民にもとめた。消えさった労働運動を労働者救済運動にきりかえざるをえなく、それが労働運動者たちのさいごの拠りどころとなっていた。『海外活動之日本人』がうまれたのは、そのような事情にもとづく。

『海外活動之日本人』の目次を、小目次を省き、中目次のみをひろってみよう。

第一　北米合衆国
一　大平洋(ママ)沿岸に於ける日本人の発展
二　遊侠伝の人赤羽忠右衛門
三　学生時代に入る

四　産業時代の健児安孫子久太郎氏

第二　英領加奈陀

一　腕車を飛ばし来れる一傖夫

二　加奈陀日本人の雄相川之賀氏

三　加奈陀在留の日本人

四　相川之賀氏の閲歴

五　相川之賀氏の前途

第三　アラスカ

一　有為の青年アラスカ

二　アラスカ在留の日本人

三　エスキモー土人を妻とせる特種の快男児

四　エスキモー種族の生活

第四　南米大陸

一　南米大陸に喧伝されたる快男児

二　世界の注目を受くる南米大陸

三　南米大陸に於ける日本人

四　南米移民の卒（ママ）先者田中貞吉氏

五　秘露移民の新計画者南米次郎氏

六　移民地としての南米大陸

第五　墨西哥共和国
一　墨西哥の植民者
二　墨国殖民の率先者照井氏及清野氏
三　藤野農場と小橋岸本商会
第六　布哇諸島
一　南太平洋の新日本
二　布哇に於る本邦移民
三　布哇在留の日本商店
四　布哇移民の小歴史
第七　東洋諸国
一　極東の小伯林
二　海外唯一の活動的婦人
三　支那内地の旅行者
四　露領に於る勝利の日本商人
第八　南洋諸島
一　南洋に於ける日本人の発展
二　ボルネオの伐木業者
三　南洋の一島に奇功を奏せる小説的人物

（同前）

『海外活動之日本人』本文中、欄外にこのような記述がある。「八月某日の夜、勝海舟伯の令息梶氏と相列り、明治植民会社楼上、河村氏と卓を囲みて晩餐を喫す、梶氏は小名木綿布会社在社当時の同盟罷業を語れば河村氏も此の暴動当時の状況を語り、其の動乱の激甚なりしを詳述して移民統御の困難を語る、然かも氏は誠意を以てすべしといふの一語を以て談話を結べり。本書を編成して爰に至り当夜の河村氏の談話を回想して無限の感あり」——その頃の横山の一端がかいまみられる。同年八月に、そのようなことがあった。

三九年作品

社会（労働）問題	三	中小都市研究	二
殖民問題	一三（連載一、計五）	人物評論	六（連載二、計九）
富豪研究	二	文学評論	二
その他雑	三（連載一、計二）		

明治四〇（一九〇七）年——。

同年一月、木下尚江の「明治闇黒史の著者に呈す」を、釈明付きで『中央公論』に掲ぐ。「嗚呼君や風清く人穏かなる山中に入りて、静かに著述に従事す、余は生活の途に迷ふて旧態依然たり」と、横山が嘆いたのはこのときである。

同年三月、『中央公論』に「現代人物論」を掲げたのを最後に、同誌と袖を袂つ。

同年七月、最初の人物評論集『怪物伝』が成った。平民書房発行。『中央公論』に七回連載された「怪物伝」（三九・一〜）、その他が収録された。

巻頭の「例言」には、

一　本書は余が三四年来、中央公論、商業界、女学世界、新小説、文章世界等に掲載せるを輯録したるもの。余は此の五六年来、社会に在りて、殆ど無用の民たり、偶々作文することあるも、必竟生活の必要に迫られて然るのみ。故に余にして老父母なく、弟妹なく家族の煩累なからしめば、余は一行の文字だも、作らざりしやも知るべからず。然かも余は、此の三四年来種々の雑誌に、自ら見て、愚とし迂とし駄とせる、数十百の文章を世に出せり、本書の如き其の一部のみ。

一　余は最初本書を輯録して、題名を「闇中の人」と為す、書肆は其の平凡なるを忌みて、輯中の主要なるものを取つて「怪物伝」と改めたり、闇中の人、怪物伝、其の内容を模索するを得ば可なり、余は書肆の意に任じて深く尤めじ。

一　中央公論発行所反省社より、明治闇黒史を出だすの約あり、一身の事情は著述に専らなる能はず、其の発行を世に発表して殆ど二年ならんとす。有磯逸郎の名を以て、本書を世に出だすの自由を与へられたる、反省社主麻田氏の宏量は、余の感謝に堪へざる所、付記して反省社主の好意を謝す。

四十年七月七日　　　　　　　　　　　　　　　　　　著者識

とある。続いてある「自序」には、

六月二十八日、夜、友人を本所に訪へり、余は妖魔窟を舞台として小説を作らんとするの意あるを告ぐ、蓋し必らずしも小説に意あるにあらずと雖、曾て雑誌中央公論に小説掲載を約したることあり、且つ余の友人にして小説作者たらんとする者多きより、余も亦世の風潮に倣ふて、偶々此の言を出せるのみ。余の言に耳を傾け居たる友人の細君、此時微笑を湛へて曰く

怪物の妖窟のと、アナタは其様な事ばかり言つて入らツしやる、御損ですよ、御自分は一本調子の、真正直で入らツしやる癖に

と、余之を聞いて愕然たり。越へて七月四日、平民書房主人熊谷氏来りて、怪物伝の印行近きに在るを告げらる。余は六日前に於ける、彼の細君の言を想起して、多少の感なき能はざりき。日記の一節を抜いて、序言に充つ。

四十年七月

小石川蓮華寺山背、緑蔭深き処に於て

有　磯　逸　郎

（同前）

と記されてある。「有磯逸郎の名を以て、本書を世に出だすの自由を与へられたる、反省社主麻田氏の宏量は、余の感謝に堪へざる所」とあるのは、今回の『怪物伝』発刊にあたって、反省社に事前了解をもとめた事情をしめしている。まだ、有磯逸郎著『明治闇黒史』の約が果されていなかったのだから。『明治闇黒史』にくらべるなら質的にも劣る『怪物伝』を、さきに刊行せねばならぬ事情が横山源之助を忸怩たらしめたようだ。「例言」や「自序」中にみられる自己否定的な言辞はその事情に多少とも関連する。

友人の細君がいったという、「怪物の妖窟のと、アナタは其様な事ばかり言つて入らツしやる、御損ですよ、御自分は一本調子の、真正直で入らツしやる癖に」という言は横山の肺腑をえぐったにちがいない。――「明治闇黒史」（三八年）、「怪物伝」（三九年）を『中央公論』に載せた前後から加速した、横山の売文家たる生きざまの核心を評して余りある。

『怪物伝』――これがかつての『日本之下層社会』の作者の作であろうか、と横山自身思ったらしい。ただ「惨」

の一字を感じたろう。それにしても、横山の言のなんという荒れようであろう。その荒涼ぶりはどうだ。『怪物伝』の「例言」の場をかり、横山はいうのだ。「余は此の五六年来、社会に在りて、殆ど無用の民たり、偶々作文することあるも、必竟生活の必要に迫られて然るのみ。故に余にして老父母なく、弟妹なく家族の煩累なからしめば、余は一行の文字だも、作らざりしやも知るべからず」と、本来なら書かるべきでない慨嘆、自嘲のことばがつらねられ、つづいてたたきこむように、「然かも余は、此の三四年来種々の雑誌に、自ら見て、愚とし迂とし駄とせる、数十百の文章を世に出せり、本書の如き其の一部のみ」と、ひきつがれてあったのである。それは謙遜というよりは、自己を葬る無頼のことばにひとしい。

この頃、横山源之助の身辺が容易でなかったことは事実だ。それはほぼこうであった。

五年前、義弟竹次郎の急死があったことは前に述べた。その結果、富山県魚津にあった養父母伝兵衛・すい夫妻、ならびに一一歳の子をかしらにして、五人の子をかかえた義妹ゆき（竹次郎妻）の家族がともに東京に移ってきていた。明治三六年頃に移ったとおもわれる。一家の重荷がそっくり横山源之助の肩にかかってきたのである。「老父母なく、弟妹なく」とある、「老父母」「弟妹」とはこのことをさしている。そのとき横山源之助は八人の家族をいっぺんにかかえたのである。さらに翌三七年、縁類の松島やい（後、源之助の内縁の妻となる）がある事情から、郷里を逃がれ、横山家に身を寄せてきて一子を生みおとしている。「三四年来」、横山源之助の肩には一〇人もの家族縁類の重みがかかっていたのである。明治四〇年のいまもその状況はほとんど変っていない。ついでに言えば、横山源之助と松島やいとの間に、一女梢がうまれたのが明治四一年。源之助の養父伝兵衛が世を去ったのが同じく四一年。養母すいが逝ったのが翌四二年――。

明治三六年なかば以降、横山源之助が、労働運動から、文筆家へもどったのはそのためだ。否応なく、しだいに売文におちるしかなかったのだ。なんという惨か。ひとつの仕事にうちこむには、あまりにも苛酷な赤貧であった。

「明治闇黒史を出だすの約あり、一身の事情は著述に専らなる能はず、其の発行を世に発表して殆ど二年」、あるいは「余は生活の途に迷ふて旧態依然たり。特に明治闇黒史を年内に終る能はざりしは」とたびたび書かれた。稼ぎに逐われた結果が、たとえベスト・セラーが約束されていたにしても、腰を据えて『明治闇黒史』にかからせなかったのだ。さらにその結果、作家としての信義さえも問われ、世間を一層せばめていった。『怪物伝』の自序に噴出した自嘲のことばがその一端をあらわしている。年一年ただ暗く、ただ惨であり、この頃が、横山にとって、生涯もっとも暗かったときだ。

この年六月二八日、夜、横山源之助は本所に友人を訪い、妖魔窟を舞台とした小説をかく意志があることを話している。

そのときのことだ。友人の細君が、「怪物の妖窟のと、アナタは其様な事ばかり言つて入らツしやる、御損ですよ、御自分は一本調子の、真正直で入らツしやる癖に」と言ったのは。

同年七月四日、平民書房の主人が来て、『怪物伝』の印行近きを横山に告ぐ。

この頃、横山源之助は「自序」の末尾にあるように、「小石川蓮華寺山背」（おそらく小石川指ケ谷町三〇）に部屋をかりていたようだ。そこは養父母等横山一家が住んだ指ケ谷町一三〇番地とは市電通りをはさんで右左にあたる。蓮華寺は戦災で焼失したままだが、この界隈はなお昔の面影をのこしている。

四〇年作品

社会（労働）問題	四（連載一、計二）	中小都市研究	一
殖民問題	三	人物評論	六
富豪研究	四	文学評論	四

明治四一（一九〇八）年――。

三月二八日、養父伝兵衛逝く。小石川区小石川指ケ谷町一三〇番地。享年六二歳。

六月二九日、横山源之助と松島やいとの間に、一女出生（尾崎梢）。

二葉亭四迷が朝日新聞露西亜特派員となって、新橋駅を発ったのが、六月一二日。二葉亭の「旅日記」および「入露記」につぎのようにある。

「社命を畏こまつて雲の彼方の露都を志し六月一二日雨持つ空の何となく湿つぽい夕弱妻幼児親戚の誰彼、さては新知旧識のなつかしき人々に見送られ新橋より大阪行の客となる。二十年来の知己横山天涯君統計好きの乾びた頭にも露の情けの湿はあつて同車して国府津（こふず）まで見送られお蔭で退屈を免れたのは嬉しかつたが、国府津からは全くの一人となつてとう〳〵雨さへポツ〳〵降って来た。」

（「東海道線旅日記」「日記手控（書写資料）・22」明治四一年、早稲田大学図書館所蔵）

「社命を畏まつて遙なる露都を志し、六月一二日雨持つ空の何となく湿つぽい夕細君頑児（わんぱく）親戚の誰彼さては新知旧識のなつかしき人々に見送られ新橋から下り列車の客となる。二十年来の知己横山天涯君、同車して国府津迄見送られた。お蔭で退屈を免れて嬉しかつたが、国府津からは全くの一人旅となつて雨さへ到頭降り出した。」

（「入露記」『東京朝日新聞』四一・七・八）

二葉亭四迷はさかんな見送りをうけて新橋駅頭を発ったが、横山源之助ひとりが国府津まで同行している。このときの横山源之助の回想は、つぎのとおりである。「真人長谷川辰之助」の冒頭である。

長谷川辰之助君は最う墓標の人と為つた。昨年の恰も本月、君と国府津で袂を別つた時、僅に一年の後に、斯んな事にならうとは夢にも思はなかつた。平沼に着いた頃、別杯を傾けやうと食堂に赴き、麦酒を飲みながら、何時逢へるだらう、と聞くと、左様さ、大博覧会の開く頃だらう、と例の落ち着いた返事。僕は今日も其様だが、その頃南米熱の最も盛んな時で、一二年の後には南米に出掛けやうと、窃かに思ひ定めてゐた際であつたから、僕はその頃日本に居るだらうか、と言へば、君は暫らくして、南米も良いが、それよか支那にしたら如何だ、といふ。君の真意は判つてゐたが、世間の尻馬に乗るのが面白くないので、支那も良いが、僕等の舞台でないでしやうと、話説は其の儘、傍へそれた。偶と何かの機会に、今度の露都行は、小説を書かなくて済むのが何より至福だといへば、君は、片頬に微笑を湛へながら、僕も随分苦労した、と顔色は急に晴々とした。這んな愉快なことはない、と言葉をつづけ、僕が帰つてくるまで、君も……と何時の間にか話説はしんみりしたが、汽車は長橋に掛つたものと見えて、俄に音響が高くなつたので、気がつくと、汽車は最う大磯近くに来てゐるのだ。斯くて十数分の後に、国府津に着いたが、僕は身体を大事に、と車外に出て、振り回へると、君は窓より半身を現はしながら、お湯をくれ、と物売を呼んでるのが聞えてゐた。しよぼ〳〵と雨が降つてゐる。汽車の停つてゐたのも一二分間、プラットフオームに立つてゐる間もなく、汽車は忽ち闇黒に隠れて、その形も、音響も消えて仕舞つた。しかも之が永久の別れと為らうとは、夢にも思はなかつたのである。（実は沼津まで同行しやうと言ひ出して見た（ママ）が、時間を繰つて見ると沼津に着くのが深更の一時、泊るのに困るだらうと国府津に下りたのだが、君の訃を聞いて強いて沼津まで同行しなかつたのを残念に思ふてゐる）

（前掲「真人長谷川辰之助」）

食堂車でビールをかたむけながら、横山源之助は二葉亭四迷のロシア行を祝し、おのれもまた南米行の計画を持っていることを話している。

二葉亭四迷の出立が六月一二日。これより六日前の、六月六日上野精養軒で文壇人が集まって二葉亭送別会が開かれている。それには横山源之助も出席している。出席者はつぎの人々であったという。

小杉天外、内田魯庵、坪内逍遙、広津柳浪、島村抱月、後藤宙外、長谷川天渓、正宗白鳥、中島孤島、小山内薫、岩野泡鳴、蒲原有明、田山花袋、佐藤北萍、小栗風葉、徳田秋声、柳川春葉、吉江孤雁、昇曙夢、登張竹風、樋口龍峡、杉原岫雲、西本翠蔭、西村央華、三島霜川、中村星湖、川上眉山、中沢臨川、宮坂風葦、前田木城、相馬御風、伊尾準、戸川秋骨、横山天涯、本橋靖、蛯原詠三、徳田秋江（「長谷川二葉亭送別会出席者」前掲『二葉亭四迷全集第九巻』）。

この年二月、雑誌『太平洋』に、横山は「独逸派経済学者の新活動」という一文を載せている。それを見ると、その頃、横山源之助が思想的拠りどころをどこにもとめていたか推察できる。

文中に「爰に憂慮に堪へないのは、日露戦役前後より傍若無人の経済論が一部年少の間に行はれてゐることである。所謂社会主義者と称する一派の連中が其れである。従(ママ)らに奇激の言を弄して心ある者をして顰縮せしめてゐるが、滔々として職工の間に勢力を扶植しつゝあるのは、何人も見逃がす訳にゆくまい」とあり、社会主義者の近状を「憂慮に堪へない」ものとし、一方工場法を討議したりする社会政策学会のありかたを地道なものとして「余輩は最も快とする所」と述べている。

「須賀日記」（『趣味』四一・四）に、半生涯に幾度も寺住いをしたことがあると回顧したのは、この頃である。

友人を訪ねて平塚に行く。――四日午後、馬入河口の当須賀にうつる。隣室に「偉人に及ぼせる婦人の感化」の著者某女史あり――。

平塚の須賀へ行ったのは三月四日のことであろう。しばらくそこに「寺ずまひ」をした様子である。

この年七月に、『南米渡航案内』が刊行された。『海外活動之日本人』につづく、殖民問題にかんする第二冊目の著書である。発行日七月八日、定価四五銭、二二四頁、著者横山源之助（奥付）、発行所成功雑誌社。内容は懇切丁寧な渡航ガイドである。巻頭に、横山の「例言」のみがある。その終わりの項に、

「一、本書の発行に就き、秘露の情況に関しては、川村八十武（明治植民会社里馬府出張員）進藤道太郎（前スタンホールド(ママ)大学助教授）の二氏に負ふ所甚だ多く、伯剌西爾の事情に関しては水野龍（皇国殖民会社々長）鈴木貞次郎（伯国サンパウロ州移民収容所吏員）二氏の調査に拠りし物多く、西爾然丁に関しては伊藤幸次郎（東洋汽船会社支配人）及秦正雄氏（旧農商務省練習生）に質せし所多し、茲に掲げて是等諸士の厚意を謝す。

明治四十一年七月　　有磯逸郎識

とある。

四一年作品

社会（労働）問題	一	中小都市研究	一
殖民問題	五	人物評論	三
富豪研究	三	その他雑	二

明治四二（一九〇九）年――。

この年五月一〇日、二葉亭四迷、日本への帰途インド洋ベンガル湾洋上に逝く、享年四六歳。五月二九日、故二葉亭の乗船賀茂丸神戸入港。五月三〇日、遺骨新橋に到着。六月二日、染井信照庵で神式による告別式が執行され、つづいて染井墓地に埋葬された。各界の名士多数が会葬したという。

二葉亭四迷の死と同時に、横山源之助は回想記数篇を書いた。「長谷川君の志士的方面」（『新小説』四一・六）、「予の知れる二葉亭」（『趣味』四一・六）、「二葉亭四迷」（同四一・九）。坪内逍遙・内田魯庵編『二葉亭四迷――各方面よ

り見たる長谷川辰之助君及其追懐』が出たのは、八月一日である。易風社発行。それには横山は「真人長谷川辰之助」を載せている。

明治四二年という年も、横山の身辺は多忙にあけくれたようだ。

同年一月一五日刊の雑誌『太平洋』にみえる、実業理想団第一回会員名簿中に、

小石川指ケ谷町三〇

（太平洋海外欄寄書家）横山源之助

とある。小石川指ケ谷町三〇とは、『怪物伝』自序末尾に「小石川蓮華寺山背、緑蔭深き処」とあったそこであろう。

七月四日、源之助の養母すいが世を去っている。享年六〇歳。養父伝兵衛が逝ったのは昨年三月である。

同年九月、雑誌『趣味』に載せた「二葉亭四迷」の冒頭に、

西本君足下、僕が兄に約するに「特種の人」の原稿を以てせんとしたるは、数月前なりき、爾来身多忙、文章に専らなる能はず遂に今日に至る。本月、約を果たさんとして、初旬に養母の逝くあり、中旬義妹の父死し、今又僕の一身に某の事件出来してます〳〵筆硯に遠るの余儀なきに陥る。僕窃に我運命の多事多変たるに驚く。

と記されてある。二葉亭四迷が逝ったのが五月一〇日。養母すいの物故が七月四日。義妹の父の死をみたというのが七月中旬。「今又僕の一身に某の事件出来して」とあるのはなにであったろう。いま不明である。

四二年作品

社会（労働）問題　一　中小都市研究　一
殖民問題　一〇　人物評論　三
富豪研究　一　文学評論　三

明治四三（一九一〇）年――。

五月一〇日、二葉亭四迷追悼会（一周年）が上野精養軒でひらかれている。出席者は、内田魯庵、鈴木於菟平、宮島大八、横山源之助、弓削田精一、大田黒重五郎、福田英子、坪内逍遙、矢崎鎮四郎、長谷川天渓、夏目漱石、正宗白鳥、西本翠蔭、島村抱月、佐々木安五郎、饗庭篁村、その他。

この年六月七日、『明治富豪史』発行。発行所易風社。巻頭に付されてある「例言三則」だけをみてみよう。


政治時代去り、経済時代来る。然るに政治的人物評、今に盛んにして、経済的人物評、多く世に行はれず。余の不思議とする所なり。

社会は常に無名者に依つて進歩を促さる。然かも世間の人物評は、名ある者に媚びて、名なき者を逸するの偏頗あり。余の不思議とする所なり。

余は久しく日本富豪の史的研究に意あり。塵事多忙、今に果たす能はず。暫らく本書を以て自ら慰めんとす。題して明治富豪史といふも、必竟明治富豪に拘はる断片を蒐集せる者のみ。異日大成するの期あるべし。

庚戌四月　小石川蓮華寺山背に於て
有磯逸郎識

（『明治富豪史』明治四三年、易風社）

奥付の著者名は横山源之助である。「小石川蓮華寺山背に於て」とあるのは、三年前『怪物伝』の自序末尾に記されてあったそれと同一であり、このときもなお小石川指ケ谷町三〇番地に部屋借していたのであろう。

『明治富豪史』は西田長寿の言によれば、「山路愛山の現代金様史（ママ）、現代富豪論、西川光二郎の富豪伝研究などとともに、逸することの出来ない著作だと思う[4]」とある。『明治富豪史』は筑摩書房『明治文学全集第九六巻　明治記録文学集』（木村毅編）に収録されてある。

大逆事件が起きたのは、この年明治四三年六月である。日韓併合があったのは八月である。

四三年作品

社会（労働）問題	一	殖民問題	四
人物評論	七（連載一、計二）	富豪研究	六
その他雑	一		

（4）「横山源之助著『日本之下層社会』の成立――その書史的考証」（『歴史学研究』昭和二八・一、第一六一号）。

明治四四（一九一一）年――。

同年一月、『実業倶楽部』に載った「新領土の新年風俗」という一文がある。夢蝶閑人の署名である。台湾、琉球、樺太、朝鮮の正月をつたえている。「日章旗の輝やく処、今は北方樺太の端より、南は琉球台湾諸島、西は朝鮮の鴨緑江に至る迄、悉く聖天子の万歳を寿き奉る明治四十四年の春である」このような一節が目にふれる。帝国主義を用心深く否定していたはずの横山でなかったろうか。陽のあたらぬ下積みのひとびと――工女や地方細民や都市底辺部のひとびとの正月にこころをいためた横山源之助ではなかったか。『日本之下層社会』当時の、あのはりつめたところはどこへきえたのであろう。そういえば、この頃の横山には、緊張感のある文章がほとんど見当たらない。

同四四年四月、横山にひとつ、大逆事件にふれた作品がある。「眼前に展開せる妖怪」という一文である。冷笑すらもあびせているのだ。やはりみておかねばならぬだろう。

土佐の読書生幸徳某等は、主義の為に、いや、虚栄の為に、いや、てんやわんやの為に、一世の耳目を奪つたのであつた。幸徳等外十一名は、刑法第七十一条の条目を以て、死刑の人と為つた。思慮ある新聞記者は、其の事件に憂慮を抱いたが、此の大事件を演出した曲中の人物に対しては、必らずしも大した意味を寄せなかつた。いや、中には慶安年代の由比正雪を事新らしげに論じてゐる者も見へないでもなかつた。幸徳某等一味は、そもや何者ぞ。余は同人等を思ふと共に、明治初年の詩人的陰謀者雲井龍雄其の人を連想するを禁ずることは出来ない。（略）幸徳某等のたくらんだ大逆事件の内容は、固より余の知る所でない。が、首魁の目がある幸徳は、口に貧民労働者を説き、筆に社会主義又は無政府主義を説いてゐたが、未だ嘗て都下の貧民窟を見舞つたことなければ、紡績工場等に出入したこともない社会主義者であつた。いや、無政府主義者であつた。此の貧民を知らない、労働者を知らない、社会と接触の寡かつた読書生は貧民労働者の味方たるべき社会主義に入つたのさへ不思議であるのに、極端に飛ツ走つて無政府主義に墜ちたのは一種の戯劇であつた。或は社会の実際に接触せず、単純に書籍を相手とした読書子であつたが故に、無政府主義に墜ちたのであらうといふ説もあつたが、兎にかくも一片の空想に駈られて、大それた密謀の人となつたのは、単純なる意味に於ての悲劇で、複雑なる意味に於ての喜劇であつた。

（「眼前に展開せる妖怪」『新公論』四四・四）

とある。批判はなかばはたしかにあたっていよう。横山が生涯、社会・労働問題の主題をおいもとめたことはたしかだ。なかば売文におちながらも、ある意味ではその売文の糧によってこそ、彼の生涯の主題はつらぬかれたのだともいえる。だが、そういう横山に、この頃いくつ幸徳批判に耐えうるような作品があったろう。売文化による荒筆は横山社会学の濃度変質とも軌を一にしているのだという批判を、横山自身やはりうけねばならぬ。

この頃、横山源之助は雑誌『新公論』の編輯員か、もしくは同人のひとりであったようである。たびたび同人雑記欄に横山源之助の筆がみられる。おそらく、横山源之助が『新公論』に筆をとりはじめた明治四二、三年頃から大正二、三年頃まで、ちょうど晩年の数年間、横山は『新公論』の同人であったとおもわれる。

四四年一〇月号にある同人雑記欄「回顧録」は、前に一度ひいたことのある毎日新聞社入社当時の横山の回顧録である。四四年一〇月現在にかかわる部分のみを、いま一度みてみよう。冒頭部分がそれである。

過去を回想するのは、老人の癖である。が、秋の夜長に、十年乃至二十年前の旧事を回想するのは、われ等中年者にも、能く有る。僕が新聞社の人となつた最初も、思出の多い一つである。／新公論社の編輯会議に列なると桜井楓堂、久津見蕨村君等は、固よりだが、僕なども最も中老のやうだ。爾して笹森北天、小牧簑嶺、関天園、村上藍川、岡松里、葦名艸夕、谷江林堂、森草嶺、原呆人、鱸元猷等の少壮連を見ると、希望に充てる眼孔（まなざし）、勇気溢るゝ容貌等を見ると、僕は言い知れぬ快味に打たれる。僕が新聞記者の新生活（？）に入つたのは、二十七年の日清戦役当時――今より十六七年前であつた。沼南島田三郎の主宰して居た毎日新聞であつた。

（「回顧録」『新公論』四四・一〇）

明治四四年――横山源之助四一歳。四〇の坂をこえ、回想口調にも生活につかれた中年者の停滞と疲労がにじみでている。さきに「新領土の新年風俗」あるいは「眼前に展開せる妖怪」という、けっして代表作ではない、駄文にひとしい文章をあえてかいまみた。秋の夜長に回想の感傷にふける男が、そのとき北は樺太から、南は台湾、西は朝鮮まで、聖天子の日章旗がはためくのをめでたく祝し、大逆事件被告人の死刑執行に死者を鞭うつことがあっても、日本帝国の内外政のありかたにたいしては一片の疑問も批判もくわえていなかったのである。精神の弛緩は回想する男のそれと同体であろう。『日本之下層社会』『内地雑居後之日本』当時の、体制、階級批判に一途にぶつかっていた横山源之助ではなかった。体制内社会改良主義者――それが十余年を経た横山源之助の精神の位相であった。だが、ふたたびいうが、横山源之助の真価はやはりそこにはない。この翌年におこなわれるブラジル行きがなぜあったか、ブラジル行きをどううけとめたらいいかという問題ともかかわることだが、労働運動がほとんど潰滅していたとき、運動本隊を見喪った横山がなおひとりの労働運動者として社会・労働問題解決の出口を模索していた――そのブラジル行きをもふくめ、彼の生涯は下積みのひとびとの救済にはらわれていた。なかば売文にいきる不遇においやられながらも、この基調の一線はかわらない。ある時期一時弛緩したことがあったにしても。駄文の一片をつまみあげてきて、横山源之助を日章旗のお先棒かつぎとするのはあたらない。木をみて森を見ず、わくら葉をみて樹を見ずのあやまりをおかすことになるだろう。むしろ後衛にてっした男であったのだ。宿場研究、富豪研究、人物評論、殖民事情研究へと多折したときも、陽のあたらぬひとびとをすくいあげようとしていた。その視点は横山源之助の生涯をつらぬいた。『日本之下層社会』以来の地下水はそこにあった。横山の富豪研究、人物評論の特色もそこにあった。歴史のかげにきえた富豪や政治家、あるいは二流三流のひかげの人物、名もない職人の名人をほりおこしたりする、そういうところにあったのだ。

この年、明治四四年七月、『凡人非凡人』の発行がある。新潮社刊。『凡人非凡人』は『怪物伝』『明治富豪史』につぐ第三冊目の人物評論集である。四人の士の序が巻頭を飾ってある。著者横山自身は例言数則をまえがきとしている。四人の士とは内田魯庵、福田徳三、岡野知十、そして三宅雪嶺であった。『凡人非凡人』は四つの序で飾られた。『怪物伝』所収のものも一部転載された。第一人物評論集が「怪物伝」という露悪的な題名が冠されたのにたいし、今度のは「凡人非凡人」という抑制されたものにかわっている。これは内容にも若干かかわっている。『怪物伝』の「例言」と「自序」は前にみた。『凡人非凡人』の「例言数則」はどうか。

本書は是れ余が最近三四年間の文集なり、努力集なり。富豪研究に拘はるもの、最も多し。余が如き社会万象の中の最も微少なる一個が、如何に刻苦し、如何に努力すと雖も、忽ちにして百万金の富を獲、忽ちにして公侯爵たる世間最大なる人間に比して、殆ど言ふに足らじ。然も最大と最小とは、余の関する所に非ず。本書は或は人物評論の一種なるべし。余に好意ある一部の読者は、或は人物評論を以て本書を迎ふべし然も余は私に惑なき能はず。本書に幾多の褒貶あり、毀誉あるは、固より論なし。焉んぞ知らん、余の褒貶し毀誉せる人物は、余一個の眸子に映せる仮象にして、真実の人物は、或は一種の微笑を浮べて、他に別に存せんも知るべからず。所謂人物評論家たる余は、独り矇然たり。

余は唯余一個の満足の為めに、本書を公にする者のみ。

辛亥五月

横山源之助識

（『凡人非凡人』明治四四年、新潮社）

「凡人非凡人」の名にふさわしく、自己過大も自己矮小化もない。たしかに鎮静している。三、四年間の「努力集なり」とさえも、横山はいっている。人物評論のめぼしい代表作がほぼあつめられた。『凡人非凡人』が新潮社から出版されたいきさつを、中村武羅夫はつぎのように述べている。中村武羅夫は当時新潮社の新進社員であった。

私が知つてゐる限りに於いて、源之助の著書は新潮社から出版されたものが、一冊ある。それは「凡人非凡人」といふ標題で、明治四十四年七月に出版されてゐる。新潮社長の佐藤さんは文学好きで、青年時代には自ら文章も書いたし、その文学好きから「新聲」や「新潮」などといふ文学雑誌を出すやうにもなり、ひいては文学出版書肆としての新潮社の今日あるに至つたことは――つまり佐藤さんの「文学好き」といふことに、根本の原因があることは、既に周知のことである。明治初期から中期時分の青年がさうであるやうに、佐藤さんは政治に関心を持ち、興味を寄せてゐる。そして政治論、人物論を読むことが好きだつたし、殊にその当時（明治四十年ごろ）横山源之助の人物論は愛読してゐた。皮肉と、辛辣味と、びび綿々として盡きないといふやうな文章の味とが、面白いのだといふやうなことを、佐藤さんは私に話したことがあつた。（私は、人物論など興味がなかつたのでどこが面白いのかと、質問したのだ）佐藤さんは、源之助の人物論を愛読したものだから、つまり「凡人非凡人」は、佐藤さんの一種の道楽から出版したものでもあつた。

（中村武羅夫『明治大正の文学者』昭和二四年、留女書店）

中村武羅夫による横山源之助回想記は、後でふたたび紹介することになる。右は『凡人非凡人』にかかわる部分のみである。文中にある「新潮社長の佐藤さん」とは、いうまでもなく新潮社の創始者佐藤橘香、本名儀助―義亮である。

『凡人非凡人』には、内田魯庵、福田徳三、岡野知十、三宅雪嶺の四人が序をよせたが、内田魯庵の「序」は秀逸であった。さすが、二〇年来の知己であったばかりか、二葉亭亡きあと二葉亭にかわる横山のよき理解者であった。

魯庵独特の名文によって、横山源之助のひととなりがよく描かれてある。ここに全文をみてみよう。

二十年前、突然余が僑居を訪ふて刺を通じた人がある。当時客の来る大抵開口先づ文学を談ずるを常としたが、此の紹介状をも何にも携へざる訪客は対座する約一時間、竟に文学のブの字も云はずして帰つて了つた。此人は即ち横山源之助君で、君は其後、月に一回乃至二回、時としては数月顔を見せなかつた事もあつたが、或時は又一週二度も三度も続いて来訪して昼より夜へ掛けて談論倦むを知らざる事もあつた。君の来るや常に突如たりであつた。君は滅多に文学を談じなかつた。多少の興味を文学に有する如く見えないでは無かつたが、文壇を見る冷々淡々として、『文人なんてものはノホ、ンだからネ、』と冷かに嘲りつゝノホ、ンの一人たる余に向つて好んで談るものは、曰く貧民、曰く木賃宿、曰く売淫婦、其の微に入り細に徹するの舌鋒明快犀利を極めて、敢て雄弁と云ふでは無いが、或は憤るが如く、或は愬ふるが如く、或は哀むが如く、或は罵るが如く、言々真に迫りて惻々人を動かし、君が眉を挙げ肩を動かして弁ずる時、一場暗黒面の舞台を眼前に展開し来る。言説の妙が然らしむるに非ずして、君が真率の意気と一種他人の模倣す可からざる犀利なる観察力とが此の人を酔はしむる底の能弁となるので、君は実に此方面の知識に於ける余の教師であつた。

君と余とは二十年の交際であつたが、君は余り文学を口にせず、寧ろ文学を見るに極めて冷淡であつた故、君が文筆上の造詣は久しく知らなかつた。天涯茫々生が君の変名であるのは他の友人より聞いて初めて君の才の文章にも亦著るしく煥発してをるのを驚嘆したので、君は常に余を訪ふて半日相対座する事屢々なるに係らず、曾て一回たりとも自ら天涯茫々生たる事を余に語らなかつた。有磯逸郎が君の他の別号であるのを知つたのも、有磯逸郎の名が中央公論の呼び者となつて頻りに嘖々せられた時より一年有余を経たる後であつた。余の迂遠遅鈍は云ふまでも無いが、君が何事をも知らざる擬（ママ）しつゝ常に何事をか為しつゝあるはコンナ塩梅であつた。

君は沈黙者なるが如くして其実能弁者である。君は朴念人なるが如くして其実野心家である。君は近視眼なるが上に、細き眼を半ば鍼（ママ）ぢて何物かを夢みる如くボンヤリと忘れたるやうな風しつゝ、其実隙間もない鋭どき洞察力を八方に逞うして人の容易に気の附かぬ意外の獲物を其肚裡に入れて去る。誠に油断のならぬ物騒なる人物と云ふべき也。

君は曾て事物に凝滞せず、決して主義に擒へられず、何等偏見の痕跡をだに有せざる玲瓏たる頭脳に映じ来る其のまゝを描きて少しも註釈を加へず、加ふるに君は文学を冷笑しながらも亦頗る脚色の才に富みて其の洞察したる事件を巧みに塩梅する伎倆は方今天下一品である。長谷川式の大道具に鳴物囃子入りの賑かなる幕開きに非ざれども、遠見の書割もあり楽屋の鳴物もあり下廻りの仕出しもありて其人物と其背景とを併せ描きて曲盡するが故に痛論詳説せずして大小人物皆眼前に活躍し来る。君の人物評は一種の芝居也。幾多の英雄才人怪物変物皆君の傀儡となつて躍つて躍つて躍り抜くが如し。君は文学を冷笑して天下第一の無用の長物の如く罵つてをるが、実は君が演劇的脚色を按出する才幹の遙に専門文人を凌いで其の詩嚢の貧弱なる転た笑止に堪へぬからであらう。

横山君の材としたるヒーローは盡く未見未聞の人物ゆゑ、其人物の真相が果して描き尽されたか否やは知らぬ。が、読んで面白い、如何にもさもありさうに首肯かれる。我は彼に非ざれば我の心を以て彼を知らんとするは難しで、人間の心のドン底はお釈迦さまでも顕微鏡で細菌を発見するやうに解るものでなからう。大岡越前守の眼も人相八卦辻占判断も五十歩百歩で、所論人物評はマコーレーもカーライルもステッドも徳富蘇峰氏のすなるものも皆一種の創作に外ならんのだ。此意味に於て横山君の如きは獲易からざる創作家で裏だなの嬶の井戸端会議を漢語に翻訳したやうなエッセイや人物論の鼻を突く中に横山君の芝居を見るやうな小説を読むやうな人物評は蓋し文壇の珍と推すに足るものであらう。

横山君今や新著を公けにするに臨みて二十年来の交際を理由として余の序文を徴す。由来序文といふものは書いた事なけれども、横山君の芝居の幕開きの為め拍子木を叩いて口上さやうと爾かいふ。

五月二十九日

魯庵生

（内田魯庵「序」前掲『凡人非凡人』）

ちなみに、『新潮』（四四・七・一、第一五巻第一号）にある内田魯庵の「凡人非凡人の著者」が、『凡人非凡人』の「序」となった。

四四年作品

社会（労働）問題	二	中小都市研究	一
殖民問題	四	人物評論	四
富豪研究	一八	その他雑	二

（二）ブラジル渡航

明治四五（一九一二）年――。

この年、宿願のブラジル渡航をはたす。殖民事情の実地調査である。どの程度か、大隈重信の後援をえたようである。

「二千八百浬の海上より」（『新公論』四五・七）の一節に、つぎのようにある。

今四十五年は伯国移民史新レコードを開いたものである。竹村殖民商館が一千四百名の移民（児童を加へて）を輸送し、現に余は此の移民船に同乗してゐる。次で東洋移民会社も略ぼ同類の移民を輸送する。即ち二千幾百名の日本人が此の三月を以て南米大西洋岸に奔注するわけである。（略）余は伯国行と定るや、大隈老伯を早稲田の幽棲に訪ねた。例に依つて高論卓抜、少年のわれ等は、転た老伯の元気に驚かざるを得なかつた。（略）余は老伯の意を移民の重（ママ）もなる者に伝へんと申し出づると、老伯は大に喜ばれ、間もなく新日本[(5)]十数冊を余が家に届けられた。東京を発して神戸に出づるや、移民の重（ママ）もなる者の会合があつた。余は此の会合を機会として、老伯の意を敷延し、新日本を配布した。（「二千八百浬の海上より」『新公論』四五・七）

（5）大隈重信の主宰雑誌『新日本』のこと。

横山は大隈重信に宛てて、「大隈老伯に寄せて　伯国移殖民の現状を報ずる書」（『新日本』四五・一二、第二巻第一二号）を書いたし、帰朝後刊行した『南米ブラジル案内』（大正二年）の「序」を大隈重信からえた。

厳島丸乗船。神戸出港が三月三日。暮の一二月帰朝したようである。ブラジル渡航の経過を彼のリポートの各所から拾うと、ほぼつぎのようになる。

三月三日神戸出港―三月一六日シンガポール出港―三月二一日赤道線通過―四月七日南阿ナタール着―五月三日伯国サントス港着―九月二四日サントス出港―一〇月一四日英国リバプール―一〇月一五日ロンドン着（出発二六日）―一一月三日マルセイユ出港―地中海―一二月五日神戸着。

五月上旬から九月下旬まで、サンパウロ周辺でおこなった五カ月間弱の調査がこのときの主要調査であった。さらに渡航経路全体がいわば副次的な殖民事情調査にあてられた。行路南阿ナタールで、帰路ロンドンで、若干の日をあそんだようだ。神戸出港以後のリポートは『地球』『新公論』『新日本』等の雑誌に、あるいは『大阪朝日新聞』に逐次送られた。とくに『大阪朝日』に送られたそれは主要な長期継続リポートであった。

『新潮』編輯部に送られた便り――「南米ブラジルより」（『新潮』四五・八・一）によると、一年ぐらい滞在の予定といい、物価が高く、そのためグランデ・ホテルからサンパウロ市外のモウカに下宿したとある。

桐生・足利の調査（明治二九年）、富山県での小作人生活事情調査（同年）、阪神地方工場調査（明治三〇年）――は横山源之助の前半生における三大調査行であった。今回のブラジル渡航調査は後半生の壮挙であった。

「五月三日は、伯剌西爾（ブラジル）発見の日だつた。僕が神戸港を発したのは、端午（ママ）の三月三日、しかも三時といふ三の字の重なつた日だつた。爾（そ）して僕がいよ〳〵厳島丸船長と袂を別ち、サンパウロに腰を据えたのは、此の伯国発見の記念日で、爾来僕は私かに三の日を僕一個の記念日とした」（「一万二千浬外の新大陸に入る」『新公論』四五・八）

現地調査は横山源之助の宿願であったのだ。右に見るような喜びようであった。しかもこのときの署名には、「伯剌西爾サンパウロ市にて横山源之助」とあり、末尾には「六月一日（天涯茫々生有磯逸郎）」とある。なんと、ペンネームまでも総動員している。その有頂天ぶりを推してしるべきである。

横山源之助はブラジルに多少の縁がある。かつて恩顧をうけた故佐久間貞一がブラジル移民のはじめの嚮導者であった。また富山中学の初代校長田中貞吉が南米太郎といわれ、南米移民の先鞭者であった。渡航途上、故佐久間貞一のことや、『海外活動之日本人』（明治三九年）を書いたとき、そのなかに故田中貞吉について触れたことなどが、去来したことであろう。田中貞吉は周防岩国（山口県）出身。米国へ留学。ボストン大学卒。明治一五、六年頃帰国。後年南米移民に先鞭をつけ、日露終戦の年に歿。

「南米移民の率先者田中貞吉氏」
「(米国から）帰国した田中氏は、眼中英雄なき東洋流の人物の事とて、官途にも就かずに居たが、友人の勧むるに任せて、海軍省に入つて、初めて給金取になつた。後ち、吉井友実氏に容れられず、都会を離れて、地方の中学校長と為つた。それは当時石川県より分離した富山県最始の中学校々長と為つたのである。余等が同氏を知つたのも、此の中学校長時代である。中学校長としての田中氏は生徒には極めて評判の好い校長で、今日富山県出身の者で、博士となり、学士となり、士官となり、新聞記者となつて、世間に名を知られてゐるものは、大抵氏の校長時代に中学生徒であつた連中である。豪放の性質は、此の校長時代にも、忌憚なく発揮されたやうに覚へてゐる。当時国重正文氏は知事、先頃迄帝国党幹事であつた川村淳氏は師範学校々長。何れも酒杯を持つては、豪の者であつたから、一昼夜飲み明かしたといふ例は、生徒等の耳にさへ入つたのである。／併し乍ら、学校々長時代は、氏の修養時代であつたのである。富山県中学校々長より、愛知県中学校々長と為り、更に栄進して東京郵便電信学校々長と為つた。斯くて日清戦役を迎へたので」
（前掲『海外活動之日本人』）

と、横山は南米太郎田中貞吉の前身について記した。南米移民に先鞭をつけた田中貞吉は、実は横山源之助が富山県中学校第一期生として入学し、そして失踪事件をおこしたときの中学校長であった。

ブラジルからの帰国が一二月五日。神戸着。そして二、三日休養後、東京に帰ったようだ。東京帰着一二月九日頃であったろう。神戸着と同時に留守宅宛に出された葉書が一通残っている。宛先が「東京市本郷区駒込林町十八　横山梢殿」とあり、差出人箇所に「神戸市花隈町吉野館　横山」とある。差出日一二月六日、消印も一二月六日である。

横山源之助発横山梢宛葉書
啓上
昨夜十二時神戸ヘキタ
九日頃東京ヘカヘルベシ
チト長い旅ニナツタ
梢チヤンにミヤゲ買ツテクル
十二月六日

とある。

ついでにここで、遺女梢さんの手もとにあった、ブラジル渡航時横山から出された葉書数葉をみよう。三葉（絵葉書）がサンパウロから横山梢宛に出されたもの。宛先箇所は三葉とも「東京市本郷区千駄木林町一八四」である。神戸から出された一葉のみが宛先「駒込林町一八」である。他にロンドンで書かれた、下書きに使ったものであろうか、書き損じの絵葉書が二葉ある。一通は「東京市本郷区千駄木林町　松原岩五郎」宛（ロンドン到着をしらせ、帰朝が一二月一〇日頃になる予定であることを報じようとした）。もう一通は富山県三日市（現在の黒部市）の友人森丘覚平[6]に宛てたもの（ロンドン到着の近況と帰国予定をしらせようとした）である。

ちなみに、この前後横山家はようやく以前の重圧を脱していて、留守宅には内妻やいと娘梢があったようだ。横山のブラジル渡航時、一時母娘は千駄木林町にあった松原岩五郎の家に世話になった様子である（遺女梢談）。

サンパウロから出された絵葉書一葉の文面を左に掲げる。宛先は「東京市本郷区千駄木林町一八四　横山梢殿」。

横山源之助発横山梢宛絵葉書

啓上

けふは盆（ボン）の十四日、梢等はどうしてゐるだらう！

私は身体（カラダ）はたつしやだ、実は昨月（あとつき）の末歯をいためたので、閉口した。二三日前漸やく歯がぬけた。漸やく気が落ちついた。原稿は相変らず書いてゐる、昨日大阪朝日へ原稿六ツおくつた。また書いておくる。

段々サンパウロになれて来た。松原皆様へヨロシク（七月十四日朝）

サンパウロ市にて
横山源之助

（6）明治七（一八七四）～昭和二（一九二七）年。富山県における社会主義の先覚者。富山県会議長を経て、衆議院議員。桜庄銀行や生地銀行の取締役、富山日報社長なども務めた。三日市町近郷（現在の黒部市）出身。週刊『平民新聞』第九号（三七・一・一〇）上の「予は如何にして社会主義者となりし乎」中に、つぎの記事がある。「▲森丘覚平氏（富山県）余が家の召使の中に四郎左衛門の老爺、兵右衛門の婆とて共に本年八十歳になる貧しき二人の爺婆が居るが、僕＝明けて漸く三十歳の＝はストーブの傍、安楽椅子によりて詩集抔繙く際、彼等の或は庭園の掃除に台所の仕事に立働くを見る毎に一種の不快を感ずる、此の不快の念が余をして社会問題に注意せしめし最初の動機で、自後社会主義の書籍も相応に読んで今では最も熱心なる社会主義者の一人となつた」

堺利彦の『平民社時代』の「平民社の人々」の項に、「△森丘覚平　富山県の富家に生れ、八十になる召使の爺婆の境遇に一種の不快を感じ、それから社会主義に興味を持つた。後に民政党代議士」とある（『明治文学全集第83　明治社会主義文学集第1』昭和四〇年、筑摩書房）。

一言付言する。日本政府がブラジル殖民にのりだしたのは、明治四一（一九〇八）年からである。明治四五年における横山源之助の現地渡航調査はその嚆矢となる。そのときから二七年後、石川達三は「蒼氓」（『蒼氓』昭和一〇年、改造社）のなかで、昭和初期のブラジル移民の棄民的側面を見事に描いている。「蒼氓」のなかに描かれた悲惨な棄民群は、横山源之助が同乗した船のなかでも変わらなかったろう。横山の渡航リポートにはそれがない。そのとき横山には人間記録が目的ではなかった。棄民、流離の民は既定であり、それゆえの殖民であった。海の向こうへ行ってから着くべき労働、おこすべき事業がなにが可能、有望であるかが横山の調査の対象であった。

ここに、二葉亭四迷の遺女片山せつさん（二葉亭の歿年時一六歳）の談話がある。この時代の横山を髣髴とさせるものがある。横山源之助にかかわる部分のみをひいてみよう。

父を訪ねて来た人の中で一番多かったのが本屋さんでした。その中で彩雲閣の西本波太さんがよくみえました。よく前借りをしていたようです。お友達の中で一番印象に残っているのは横山天涯（源之助）さんです。天涯さんは来れば必ず昼食と晩食をたべて帰って行きました。私たち家族のものも天涯さんをお客さん扱いはせず「また横山さんが来た」と云った調子でした。その頃の横山さんは身なりもよくありませんでしたが、父の死後、天涯さんが明治四十五年ブラジル旅行から帰られた時にはほんとうに立派になって私の家にこられました。そして、母と私たちを皆つれて浅草の活動写真を見せて下さり、夕食を肉屋の座敷で御馳走になりました。帰りの電車の中で横山さんは大へん酔っぱらわれて大きな声で大言壮言（ママ）されていたことをおぼえています。父はよく「また俺の知らぬ俺の談話が出ている」と云っていましたが、それは天涯さんが勝手に父の名を使って二葉亭談として原稿を書き、雑誌に出していたのだそうです。父がよく母に「横山には困る」と愚痴を云っていたと母から聞いたことがあります。

（片山せつ「父・二葉亭四迷の思い出」雑誌『図書』昭和四〇・一一）

晩年、赤貧のなかにあった横山源之助であったが、ブラジル渡航が暗い晩年のなかで一光彩であったことが、右の片山せつ女の談話の中からもよくうかがえよう。

この年の雑誌『太陽』の広告欄に「博文館果樹栽培全書中、『養蚕と製糸』（横山源之助）菊判二四〇頁、定価二五銭」とある。おそらくそれは明治三三年博文館発行、日用百科全書第四四編、横山源之助編『養蚕と製糸』と同書であろう（未見）。

四五年作品

社会（労働）問題　二　中小都市研究　一

殖民問題　一一（「ブラジル通信」（仮名）(7) を含む）

人物評論　一　富豪研究　二

（7）『大阪朝日新聞』に掲載されたブラジル殖民事情調査報告をまとめて、本書中では「ブラジル通信」（仮名）と呼ぶ。

大正二（一九一三）年――。

同年二月号『新公論』同人雑記欄「編輯談話会」記事に、こうある。「▲本社の編輯に多年関係ある同情者同人の談話会を、一月十日夜神田一ツ橋の学士会で久し振りで開いた、冴ゆる夜会せる同人十余名、内外通信の手島益雄、南米帰り横山源之助、内外出版の山縣悌三郎、朝日の杉村楚人冠、操觚界の元老千河岸貫一、日本電報通信の権藤震治、美術評論家の関如来、読売の足立北鷗、土岐哀果」他に山路愛山等も出席していた。

一月一〇日夜、神田一ツ橋の学士会館で開かれた『新公論』同人会に、「南米帰り」の横山源之助が出席している。帰国前後、一応元気であったとみえる。片山せつ女の談話にも、それはうかがえる。

しかし実際は、やはり健康を害していたらしい。一説によれば、疾病をえたため帰国を早めたともいう（尾崎恒子談）。その辺の消息については、『南米ブラジル案内』にある横山の言にみられよう。帰国直後、横山はさっそく『南米ブラジル案内』の執筆にとりかかっている。ブラジル渡航の経験を一応ガイドにまとめることがいそがれたからであった。

『南米ブラジル案内』が刊行されたのは、大正二年十一月十日。定価八五銭。発行兼著述者として「東京市本郷区駒込林町十八番地　横山源之助」。発行所が南半球社であった。頁数二二八頁。現地で蒐集した写真が多数挿入されてある。巻頭にフランス語の前言〈AVANT-PROPOS〉（横山源之助署名）、大隈重信の「序言」、横山自身の「凡例」がある。

フランス語の前書き付きとは珍しいことだが、それはブラジル国政府の人種偏見のない移民受け入れ政策に賛辞を呈したものであった。参考のため掲げよう。

Je suis rempli d'admiration que les Gouvernements de l'Union et des Etats du Brésil toujours faisaient tous leurs efforts, sans avoir la haine de race, pour la politique d'émigration bien-veillante.

Ici, Je présente mon petit ouvrage aux autorités de la République des Etats-Unis du Brésil et à ceux qu'ont beaucoup de sympathie pour les Japonais.

G. YOKOYAMA
No.18, Komagomé-Hayashichō,
Hongō, Tōkiō, Japon.

大隈重信の「序言」の末尾には、「早稲田大学創立三十年記念祝典の前日／伯爵大隈重信」とある。横山源之助の「凡例」には、『南米ブラジル案内』発刊のいきさつがつぎのように述べられてある。

一　予が本書の編纂を思ひ立つたのは、昨年のブラジル滞在当時であつた。帰朝後健康勝れず、之を果たすことが出来なかつたが、偶々京都帝国大学出身の某が、予の為に執筆の労を執らんとしたので、予は初めて本書の編纂に着手した。時に第四回移民船の出纜前後であつた。其の後某の一身に、故障起り、更に早稲田大学出身の某に嘱し、編纂を続けた。略ぼ草稿の完成したのは、五月初旬であつた。予は草稿を懐いて、湘南の海浜に遊んだ。改竄又改竄、草稿を改むること数次、予は其の校訂に創作以上の苦を嘗めたのである。かくて印刷に附したのは、第五回移民船の出纜当時であつた。予は六ケ月以上の日数を此の片々たる小冊子に費やしたのである。

（略）

一　材料の供給、装釘の意匠等に付、便宜を与へられた先輩友人は多い。本書の成つたのは、半ば先輩友人の助力にある。特に農事試験場技師安藤広太郎氏が、多忙の身を以て、本書の一部に、校閲の労を執られた好意と、友人杉本利七氏が印刷其の他の労苦を分たれた好意とは、予の最も謝する所である。

大正二年十月　　　　　　　　　　　　横山源之助識

（『南米ブラジル案内』大正二年、南半球社）

帰国後、『南米ブラジル案内』執筆の頃からいちじるしく健康を害してきた様子がよくうかがえる。そのなかで労苦と改竄をかさねて成ったのが『南米ブラジル案内』であった。それはなんの変哲もない、片々たる書にすぎない。だが、横山の死の直前の真摯な心血が凝縮された。いまはただひとりとなりながら、社会・労働問題解決という畢生の願いを一途にブラジル殖民にかけ、そこに最後の労働運動の幻影をおいもとめたのだ。殖民問題にかんするかぎり、横山の書き綴ったその夥しい作品群のなかから、売文のかげはひとかけらもみることはできない。『南米ブラジル案内』はそのさいごの結晶であった。それは無償の結晶といわねばならぬ。

『南米ブラジル案内』の発刊をみたのが、大正二（一九一三）年一一月。翌大正三年には、横山の作品はわずか三篇しかない。しかも翌大正四（一九一五）年には、横山の作品は絶無である（横山はこの年六月に逝く）。右の事情は、『南米ブラジル案内』完成後、横山の健康が急速に常態をうしなっていったことを語っていよう。

横山源之助と内妻松島やいとの間に、一男博太郎がこの年（大正二年）出生したという（尾崎梢、松島正儀談）。詳細は不明だが、博太郎は後——おそらく横山源之助の没後であろう——当時青山南町六丁目一〇五番地にあった養護施設東京育成園(8)（現在は世田谷区上馬）に入り、大正八年七歳のときに歿したという。

大正二年作品—殖民問題　五
大正三年作品—殖民問題　一　人物評論　一　その他雑　一
大正四年作品—絶無

（8）園長は北川波津（安政五（一八五八）年～昭和一三（一九三八）年）。水戸市出身。明治二九（一八九六）年東北三陸地方大海嘯に際し、孤児教育院が但木鵬によって創設されたとき上京、協力。同三二年これを譲りうけ、東京孤児院創立。四〇年東京育成園と改称（五味五百子編著『社会事業に生きた女性たち』昭和四八年、ドメス出版）。

大正三年から大正四年六月、世を去るまでの消息は杳としてしれない。

ここに一通の書簡がある。横山から二葉亭四迷未亡人長谷川柳子宛に書かれた書簡である（長谷川健三家蔵）。横山源之助の絶筆ということになるのであろう。

横山源之助発長谷川柳子宛絶筆書簡

啓上仕候
皆様御変りも候はずや何時も気にし乍ら御不沙汰申居候　私は今年は厄年、色々の事有之　ツイ先日モ娘の病気にて閉口致候但シ最う全快致候間御安神被下度く
扨て新潮社員紹介致候間御面会被下度く　今度新潮社にて代表的名作選集発行候由に候その中へ「平凡」加へ度趣すでに坪内内田二氏にも交渉相済みそれ〳〵承諾相成候趣に候　一応遺族の方に通じ置き度由に付新潮社依頼に依り紹介申上候次第に候御隔意なく御面会の上用談御聴被下候へは幸甚に候　委細は此の方より御承知被下度く先は要事而已

草々不乙

十二月三日

横山源之助

長谷川柳子様

巻紙にしたためられた墨書である。
ここにただ日付が「十二月三日」とある。何年のことであろう。新潮社から『代表的名作選集』が刊行されたのは、大正三年一一月からであったから、おそらくその年、すなわち大正三年一二月三日付の書簡にちがいない。翌大正四年六月に、横山源之助はこの世を去っているのである。この書簡は死の半年前のものであったのだ。近況にいう「私は今年は厄年、色々の事有之、ツイ先日モ娘の病気にて閉口致候、但シ最う全快致候間御安神被下度く」と。

横山源之助の晩年と最期の模様について、中村武羅夫が書きとめている（前掲『明治大正の文学者』）。中村武羅夫は横山源之助の死の床にたちあったらしい。中村の稀有な検証のなかに多少の文学的潤色があっても、陋巷のなかに逝った横山源之助の一面が的確に映しとられているだろう。――文頭に不運な作家として併記された三島霜川と横山源之助は、ともに実は富山県出身者であった。みよう。

中村武羅夫による横山源之助の臨終記

明治年代の文学者の型――といふよりも、むしろ明治時代の人物の興味ある一種の型として、考へて見たい人が二人ある。三島霜川と横山源之助とである。もちろん、明治時代の文学者の中にも、この種の型の人物は、探せば他にいくらでもあつて、敢てこの二人のみが代表してゐるとは限らない。ただ、私がここにこの二人を挙げたのは、この二人の人物を私が最も直接に、（或る年代に限つてのことではあるが）ふかく知つてゐるからに他ならない。

霜川は作家、源之助は批評家である。古いことは、私も直接に知つてゐるわけではないが、今、手許にある高木文編著の「明治全小説戯曲大観」（聚芳閣発兌）で調べて見ると、霜川はその本名を才二と言つて、明治九年四月に、富山県西礪波郡麻生村に生れてゐる。（略）

後で分つたことだが、三島さんは家賃か、米代か、とにかくせつぱ詰つて必要な金の工面に出かけて、その帰りに僕たちのところに寄つて、三日間ものほほんで過ごしてしまつたわけだ。折角工面した金も、迎ひを受けて慌て帰る時には、すつかり使ひ果してゐた。

さういふ三島霜川のことを想ふ度びに、明治文人の共通のタイプとして、私は、いつでも横山源之助のことを想ひ出すのである。霜川は越中国の生れだが、源之助も確か同国か、能登か、とにかくあの方面の産だつたと思ふ。今、それを調べて見たいと思つても、ハツキリしたことを調べる手懸りがない。私が今でも記憶してゐるところでは、たしかに源之助の言葉の訛りや、発音などには、そんなところがあつた。それにタイプと言ひ、「感じ」と言ひ、二人はよく似てゐる。

私は、偶然の縁故から、源之助の臨終に立ち合つたが、妻子もあり、家庭も持つてゐたのだが、自分はその時人の家の二階借りをしてゐて、そこで息を引き取つた。よそ眼から見たところでも、主観的にも、決して幸福とは言へなかつた。臨終の傍にゐたのは、友人といふやうな者としては、私一人であつた。

源之助の臨終のことを考へると、私のこころは暗くなる。多くの文人の最後といふものが、決してあの通りでないことは、私にも分つてゐる。殊に最近では文士にだつて、そんなにダラシのない人はゐない。人間としても、生活の上から言つても、ナカナカしつかりした人が多い。殊に、このごろも或る本屋が来て、一管の筆を以てよく巨万の富（十万円以上）を築いてゐる文士の名を物好きにも一々数へ上げて見せてゐたが、たしかに二十人以上を越えてゐた。だから文士の末路だつて、何も源之助のやうに暗澹たるものと決つてゐるわけではないことは、よく分つてゐる。それにもかかはらず、私は文士といふものの運命と末路とは、源之助のそれに依つて、いかにもよく表象されてゐるやうな気がして、何か感傷的になり、暗い気がせずにはゐない。「他人事ではないぞ。」といふやうな気がして、私のこころは傷むのだ。

源之助の生活が、見たところ景気がよかつたのは、ブラジルの移民会社の嘱託として、三年間に二回(9)ほど移民船に乗り込んで、ブラジルとの間を往来したことがあつた。そのころ前後を通じて三四年間が、源之助の生活の外面的には、最も華々しかつた時代である。二葉亭や、内田魯庵とも友人だつたが、しかし、それだからといつて、純粋の文学者とも言へなかつたかも知れない。源之助の書いたものは主として人物論で、それも実業家とか、富豪、財界人などを主として論じ、いくらかは政治家や文士の評論に及んでゐる。

私が知つてゐる限りに於いて、源之助の著書は新潮社から出版されたものが、一冊ある。それは「凡人非凡人」

といふ標題で、明治四十四年七月に出版されてゐる。新潮社長の佐藤さんは文学好きで、青年時代には自ら文章も書いたし、その文学好きから「新聲」や「新潮」などといふ文学雑誌を出すやうにもなり、ひいては文学出版書肆としての新潮社の今日あるに至つたことは——つまり佐藤さんの「文学好き」といふことに、根本の原因があることは、既に周知のことである。明治初期から中期時分の青年がさうであるやうに、佐藤さんは政治に関心を持ち、興味を寄せてゐる。そして政治論、人物論を読むことが好きだつたし、殊にその当時（明治四十年ごろ）横山源之助の人物論は愛読してゐた。皮肉と、辛辣味と、びび綿々として尽きないといふやうな文章の味とが、面白いのだといふやうなことを、佐藤さんは私に話したことがあつた。（私は、人物論など興味がなかつたのでどこが面白いのかと、質問したのだ）佐藤さんは、源之助の人物論を愛読したものだから、つまり「凡人非凡人」は、佐藤さんの一種の道楽から出版したものでもあつた。「凡人非凡人」には内田魯庵、福田徳三、岡野知十、三宅雪嶺などといふ人々が、序文を書いてゐる。ちよつと目次を見ると、「富豪政治」「株券時代」「財閥閨閥」「甲州勢と越後勢」といふやうな題目が並んでゐる。論じられてゐる人物は、三井八郎右衛門だとか、小野善助（そのころ京都の富豪だつたらしい）だとか、島田八郎左衛門だとか、住友、鴻池、三菱などといふやうなみんな富豪財閥の名前ばかりであるのは、源之助の境遇と思ひ合せて、ちよつとをかしい気がする。源之助自身としても、すこし気がヒケたのだらう。

「本書は是れ余が最近三四年間の文集なり、努力集なり。富豪研究に拘はるもの最も多し。余が如き社会万衆の中の最も微小なる一個が、如何に刻苦し、如何に努力すと雖も、忽ちにして百万金の富を獲、忽ちにして公侯爵たる世間最大なる人間に比して、殆んど言ふに足らじ。然も最大と最小とは、余の関するところに非ず。」

と、自序に弁解じみたことを書いてゐる。

源之助は、貧乏の中に懐ろ手でゴロゴロ怠けてゐて、それでガラにもなく大きなことばかり考へたり、言つたりしてゐるといふやうなところがあつた。佐藤さんも源之助の噂をして、私に言つたことがある。「もう少し人に可愛がられるやうなところがあると、何とか世間にも用ゐられるのだらうが、何しろ口が悪いからね。気が小さいくせに、一つ〇〇を威かして、〇千円ふんだくツてやらうか、などと、ガラにもない大きなことを言つたりするから、人に嫌はれるんだ。」それはその通りであつた。臆病で、気が小さいのに、「一つケツを捲（まく）つてやるか」とか、「威（おど）かして、ふんだくつて来る」などと、いつぱしの悪党らしい毒のある口をきくものだから、つい人に嫌はれる。そのために、どれくらゐ損をしてゐるか知れない。

「凡人非凡人」は、主として富豪や財閥のことばかり論じてゐるのであるが、終りの方には少しばかり、文士のことも論じてゐる。「忘れられたる文士」と、「二個の文人」と、「二葉亭四迷」とが即ちそれである。原抱一や斎藤緑雨のことなど書いてゐるのだが、景気のいい文士のことなどは、源之助の興味を惹かなかつたらしい。不運の中に発狂したり窮死したりした文人に、満腔の熱情を注いで書いてゐる。

内田魯庵の序文から、その一節を引いて見る。

「君は滅多に文学を談じなかつた。多少の興味を文学に有する如く見えないではなかつたが、文壇を見る冷々淡々として、『文人なんてものはノホホンだからネ』と冷やかに嘲りつつノホホンの一人たる余に向つて好んで談るものは、曰く貧民、曰く木賃宿、曰く売淫婦、其の微に入り細に徹するの舌鋒明快犀利を極めて、敢て雄弁と云ふではないが、或は憤るが如く、或は愬ふるが如く、或は哀むが如く、或は罵るが如く、言々真に迫りて惻々人を動かし、眉を挙げ肩を動かして弁ずる時、一場暗黒面の舞台を眼前に展開し来る。実説（ママ）の妙が然らしむるに非ずして、君が真率の意気と、一種他人の模倣す可らざる犀利なる観察力とが、此の人を酔はしむ底の能弁となるので、君は実に此の方面の知識に於ける教師であつた。」

その横山源之助が、間借りの二階の六畳で、結核に肺炎を併発して、真黒な顔色になつて死ぬ時に、ぜエぜエと息を喘がせながら、聞き取りにくい嗄れた声で言つた最後の言葉は、

「中村君……これが、人生といふものかねエ……」

と、いふことだつた。

（前掲『明治大正の文学者』）

（9）中村武羅夫は、横山源之助のブラジル渡航を二回と書いているが、明治四五年の渡航一回のみである。

戸籍には、「大正四年六月三日午前五時三〇分東京市小石川区白山前町一番地に於て死亡」と記載されてある。行年四五歳。

横山源之助は大正四（一九一五）年六月三日世を去った。六月三日という日は、横山源之助の郷里富山県魚津では、ちょうど神明社の祭礼のはじまる前日にあたる。横山源之助が子供の頃神明祭の山車にのって子供芝居を演じたことを生涯の語り草にしていた――。

最後に、黒田源太郎の『炉辺夜話』をみよう。

時は世はすでに明治より大正と改まり、其四年二月下旬より君が病勢は益々悪化し、前途有為の我が横山源之助君は、哀れ再起の望も絶えたるものと自ら知るや、一子梢嬢の前途を、友人尾崎氏に託し、独り静かに白玉楼中の人となつたのである。時に大正四年六月三日暁四時三十分享年四十五。／葬儀は同月八日、故人が晩年好みて往来せし、東京市本郷区駒込蓬来町専西寺に於て、友人葬として盛大に挙行せられ、会葬者には学者あり政治家あり、文士あり実業家あり、教育家あり、芸術家あり、全く社会のあらゆる階級の人々にて、其数は本堂に溢れ、且其中より上野岩太郎氏の弔詞、戸川残花翁の追憶談など有りしを以つても、君が半生の俤を知るに充分なのである。

（黒田源太郎著・発行『炉辺夜話』昭和八年）

葬儀がおこなわれたという駒込蓬来町専西寺は戦災に焼けたが、いまは復興している。

横山源之助の墓は、雑司ヶ谷護国寺の墓地のはずれにある。横山源之助は、社会主義冬の時代、大正デモクラシーのはじまる夜明け前、もっとも暗い谷間に逝った。

(三) 付記——その晩年

本郷西片町——。

私が最初そこへその人達を訪ねたのは、ある夏の一日であった。横山源之助の晩年の恋人尾崎恒子女史と横山の遺女梢さんとが健在であると聞いたのである。

かれこれ二〇年余前のことになる。

本郷西片町は明治、大正の面影をのこしていた。夏目漱石や二葉亭四迷も一時住んだことのある——戦災をまぬかれた、その界隈は静かなたたずまいであった。ふるい東京がそっくりのこっていた。

その家は平屋建のささやかな構えであったが、四辺のおちついた雰囲気のなかに、とけこんだ家であった。家のなかにも、ふるい東京のあれこれがまだいきていた。女二人の侘び住いとしてはすべてが閑雅であった。豊かならず貧しからずという暮しをおもわせた。二人はここで戦前からずっと盆石と生花の師匠をして、たつきをたててきたのである。

大先生と若先生であった。

その頃、尾崎恒子女史はもう七十の坂をこえていたが、耳が遠いだけで、まだかくしゃくとしたものであった。そのひとが横山源之助晩年の女であったという。そして横山源之助の忘れ形見で、ただひとりの血縁として残る梢さんはかれこれ五十歳になる、背のすらりとしたやせぎすの、ひよわそうな、おばさんであった。梢さんは、横山源之助の死後、尾崎恒子の養女となってからは、ずっと恒子女史の陰のひととなっていきてきたという。恒子、梢、いずれも孤り身で、それゆえ二人の仲は、親子のよう、姉妹のよう、師弟のようにも見えた。二人の起居は、明治、大正、昭和初めの東京をそっくり持続しているようであった。もちろん子はなく、縁類とのつきあいもなく、わずかに盆石、生花のお弟子さんたちとの触れ合いが外の風であったであろうか。

私はその頃まだ半分学生で独り者であったから、以来、七十歳のおばあさん、五十歳のおばさんのところへ、気軽に、あるいは不作法に出入りし、ある時期は頻繁におしかけ、晩食や正月の馳走にあずかったりした。

やがて、お二人は本郷西片町のすみなれた寓居をひきはらわれ、藤沢鵠沼へ移られたのである。そこは鵠沼の町はずれにある、畑中の尼寺であった。

浄土宗夢想山本真寺——。

寺域にある離れ家に、ちょうど庵をむすぶかのように、二人は住まわれたのであった。

ここにあって、わずかに二、三年——。

ここが、二人の終焉の地となった。さきに尾崎恒子が逝き、あとをおうように、その翌年尾崎梢が逝っている。まさに陽と陰のようであった。

尾崎恒子、昭和三七年四月二四日歿。享年八二歳(明治一四年生)。

尾崎梢、昭和三八年一一月一二日歿。享年五六歳(明治四一年生)。

私が横山源之助にまつわることやその他のことを二人からいろいろ聴くことができたのは、本郷西片町時代のことである。

横山源之助の出生について——魚津の網元の落し子であったことや、横山晩年のロマンス（?）や、また複雑な家庭事情や、あるいは中村武羅夫の横山源之助終焉時の描出にうそがあると老女史が怒気鋭くなじるのを耳にしたのも。横山源之助のわずかにあった遺品——ブラジルから出された横山自筆の絵葉書数葉と、ブラジル渡航時に写したらしい横山の洋服立姿の写真一葉とを、見せてもらったのも。

その西片町の家には小さな裏庭があって、その草深いなかに、一尺ほどの高さの「蝶の塚」と刻んだ石の塚がおかれてあった。筆名〈夢蝶〉にちなんだ横山源之助の塚であった。尾崎恒子はたぬきの鋳物の蒐集が好きで、自らも〈たぬ〉と別称していたが、秋の月夜の晩など草深い裏庭の「蝶の塚」に、たぬきの鋳物を対置させて、昔を偲んでいた様子である。「蝶の塚」はいまは鵠沼本真寺の二人の墓のそばにあるはずである。

尾崎恒子は私がはじめにあったときは、もう七十の坂をいくつか越えた、小柄な、どこか険のある顔付きの老女史であった。なんとなく剣呑で、ときたま意地が悪かったりした。事実、私は何度も剣突をくらって、これが横山源之助の恋人であったのかと皺の深い老女の顔をつくづくとみつめたものだ。またこれでは傍につかえるようにして棲む梢さんがたまらないだろうなと、ひそかに同情したものであった。

尾崎恒子は才たけた、記憶力抜群の（横山源之助回想には長年月練りあげた、美化された創作が若干加わっていた）、勝気な、そしていくらか権柄づくの人であった。盆石、生花の師匠であり、とくに盆石では、写実主義盆石を呼称して、別に一派を創始していた。盆石の会によばれていったことがあったが、何十年来のお弟子さんたち数十人が雲集して、そのときの老匠ぶりは実に颯爽たるものであった。まさに大お師匠さんの風格があり、お弟子さん方も、触らぬ神に祟りなしの風で、なるだけさからわらぬようにしていたようだ。逆に若師匠さんの梢さんのほうはお弟子さん方からのうけもよく、やさしい若先生としてしたわれている風であった。

尾崎恒子は、若い頃はブルー・ストッキング（青鞜社）に近いところにいたらしく、明治末から大正にかけて、いわば〈新しい女〉の部であったらしい。つきあいも広く、売文社時代の堺利彦や中西伊之助等が彼女の家に遊びにきていたというし、秋田雨雀、平塚雷鳥、長谷川時雨、中村武羅夫、戸川残花等とも親交があったという。また松井須磨子、吉屋信子は一時彼女のお弟子さんであったという。

横山源之助が尾崎恒子と関係をもったのは、明治末の頃からであったろう。横山が四十歳、尾崎が三十歳頃から――。横山源之助には内妻やいがあり、一女梢があった。大正二年には長男博太郎がくわわっている。横山は内妻やいとの間に二子をなしながら、尾崎恒子との関係を持続したことになる。

ここでもう一度、横山源之助後半生の家族関係からふりかえってみよう。

横山の後半生に容赦なくのしかかってきたのは、家族の重圧であった。明治三五年養子竹次郎（義妹ゆきの婿）の不慮の死にあった。その結果、養父母、寡婦となった義妹ゆきとその子供たち五人（一一、九、六、三、一歳）を、東京に迎えた。計八人を。くわえて翌年さらに二人が……。義母すい方の姻戚の娘松島やいが不義の児を腹にやどして故郷をのがれ、横山家に身をよせその児をうみおとしたのが明治三七年であった。横山源之助はおのれをも含め計一一人の糊口をかせがねばならなくなった。

明治三五、六（一九〇二、三）年頃からの数年間、貧苦の時代であった。売文においやられたのも、『明治闇黒史』の刊行約束をめぐって反省社との間に不義理を余儀なくされたのも、この時期のことであった。松島やいといつか内縁関係ができたのもこの間であった。明治四一年一女梢がうまれている。やいがさきにうみおとした子を、やむなく養育院（東京育成園）へおくったのはこの間の事情によるものであろう。

明治四一年養父伝兵衛が逝き、翌四二年養母すいが逝き、義妹ゆきの子等もだんだん長じて手を離れていった。――明治四二、三（一九〇九、一〇）年頃から、横山はようやく一息つけるようになったろう。

横山源之助と松島やいとの間には、一女梢、一男博太郎がうまれている。何故かやいの入籍はなかった。

松島やいを中心にして云えば、郷里魚津の某との間にやむなくもうけられた子と、横山源之助との間の二人の子とは共にやいの私生児であった。

横山源之助は内妻やいを入籍しない前に世を去っている。過去のある女であったからか、あるいは横山の不精によるものか。あるいは尾崎恒子があらわれたからか。

横山源之助は自分の暗い出生を悲憤していたという。網元の落し子としてうまれ、母と自分をすてた父親を憎み、すてられた母に同情していた――。晩年、どうしてやいに寛大になりきれなかったのであろうか。より深い、この世のしがらみのなにかをにくむ、ジレンマがあったのであろうか。その子供らは戸籍面だけのこととはいえ、横山源之助そのひとよりも暗い星のもとにうまれたことになる。

松島やいは美人で、ひとのいい女であったという。尾崎恒子の言をくわえるなら、それが取柄で、他に取柄のない無教養な女であったという。やいは横山の死後、湯島天神町にあった学生寮育英舎に働き、数年後ひとりそこで逝ったという。薄幸のひとであった。

横山源之助の歿後、一家は離散している。娘梢は横山の遺言によって、尾崎恒子の養女に。博太郎は異父兄のいる東京育成園にひきとられた。二人の母やいは天神町の育英舎へ。このように遺族は散り散りに生き別れにならなければならなかった。赤貧のなかに逝った横山を象徴しているかのようだ。

横山源之助の生涯は出生だけが暗いのではなく、その晩年がなお暗い。

尾崎恒子の出現が横山源之助の晩年に、暗さをますものであるのか、それとも一点の光彩をそえるものであるのか、私にはわからない。

二人の関係がいつ頃からはじまったか定かではないが、さきにも触れたように、明治末年の頃からであったろう。明治の硬骨の女傑木村貞子が経営する梅香女塾がその頃本郷林町にあった。そこへ横山源之助が伊尾準等とともによく出入りしたという。尾崎恒子は梅香女塾で盆石と生花の先生をしていたのである。ブラジル渡航前後の頃であり、横山源之助にとって、晩年時のわりに自由な、開放的な時代であった。

若干創作的であり、多少新派じみているが、尾崎恒子の言をかりて、二人の関係をいうなら、こうである。

――(尾崎恒子談) 僕は孤独のなかにひとり生きてきた男だ。親もない、兄弟もない。天涯にただひとりぽっちの人間だった。孤独の寂寥に悶々と夜をもだえたことがどんなにあったかわからない。ただ暗い一本道を歩いてきた。砂漠のなかをひとりで旅をしてきたようなものだ。どんなに愛に餓えてきたかわからない。そのときに、僕は君を……。

――(尾崎恒子談) 当時の社会の状況をぬきにしては、二人のなかは語れない。今では通じ合っても罪ではなかろう。昔の社会のなかで、二人が信じ合ったということは、断罪に値した。社会の白眼は、二人に道徳的に自殺を強いたにもひとしい。愛だの、ロマンスだのという、そんななまやさしいものではない。二人のなかはそんなものを完全に乗り越えたなかであった。

こんどは、尾崎梢の言をかりよう。

――(尾崎梢談) 父の葬儀のとき、まだ七歳でしたが、私は木村(貞子)先生と一緒に家を出ました。お寺での焼香のとき、この人(尾崎恒子)がまっさきに私の手をひいて、焼香をあげに出てしまいました。こんなことを後で、私の母(やい)はずいぶんおこっていましたわ。

臨終の二、三日前、横山源之助は、梅香女塾の木村貞子に立ち合ってもらい、尾崎恒子に梢を託すことを遺言したという。横山の医療費も尾崎恒子が面倒をみたらしい。陋巷にいった横山源之助の最後の杖は恋人尾崎恒子であったのであろうか。

横山源之助晩年の「付記」は、もう終わらねばならぬ。が、ここに興味深い一文がある。後年書かれた、尾崎恒子創作「蝶の塚」（『女学世界』大正四・一一、第一五巻第一一号定期増刊号）一篇である。感傷と叙情のなかで美化されてあるが、恋人のこころに生きた横山源之助の一端がしのべよう。

尾崎恒子「蝶の塚」

音羽の山の秋深く、たえ〴〵に鳴くこほろぎの声、あのしんはり立つた墓標の下に永遠にお眠りの蝶様は、お淋しいとは思召しませんか。例令(たとひ)御形骸(からだ)は土におかへり遊しても、み霊はたぬの懐深くしつかりお抱き申してゐる私、決して淋しいなどゝは思召ぬつもりでござんすけれど、斯うして寐られぬ夜半(よは)のつれ〴〵に、小萩かくれの狸燈籠、鳥渡(ちよいと)点した淡き灯に、ゆら〳〵揺らぐ蝶の塚、じつと見入つて居りますと、お恥しいのでございますけれど、日常(ひごろ)の覚悟も何処へやら、只もう貴方様のみ恋しうてなりませぬ。

御生前——思ひは何時も一つ壺、おなじ処になりながら、理智と自尊に恋の心情(こゝろ)を欺いて身は離れ〴〵の泣別れ。浮かれ胡蝶の恋のもつれに或は拗ねて、たはむれて、楽しい野辺の草枕、蝶の甘露に酔うた春としてござんせぬけれど、淋しい秋の夕暮にたまさか逢うての身の上ばなし、冷い(ママ)うき世の人の手に泣いて育つた人の子のまゝ子育ちの生立も、さてもよく似た二人と、他人に出来ない理解と理解、冷たい涙の同情は遂に二人の心霊(こゝろ)を、悲しい恋の国へと導いたのでござんすはねえ。

あの一昨年(をとゝし)の如月下旬、淡雪の降る寒むい夕べ。君を恋して、もゆる思ひを埋(うもれ)火に、釜の湯かげん薄茶の自服(てまえ)、帛紗さばきの折からに、玄関に止つた優しの靴音。

『たぬさんゐますか……』

『ハイ……お久しうございます……』

とお通し申した四畳半。

『ヤア又お茶ア立てゝゐるの……相かはらず風流だね……』と快活相に仰有つても何処やら浮かぬお眉の色、此方も口と心は春秋の憂をば見せぬ気性のたぬ……。

『ホ、、、丁度お湯も立ちかげん、貴方も一服召しませな』と松尾茶碗を中にして静かに坐つた私と蝶様。

『たぬさん僕はね、今日事務で○○氏の話説に△△丸に一等船室の明がある、君行くなら尽力するよ、と親切な言葉に僕は「行かう」と即座に返事をして来たのだが、たぬさんどうしやう僕は行かうか行くまいか……』と俄かに渡米の御相談。（略）

　いよ〳〵東都御出発と云ふ数時間前、彼の不忍の××亭で、かたみに酌んだ涙の杯。

『では是れで暫時のお別れ……たぬさんも気をつけて……余り苦労をせぬやうに……』

『えゝもう私はどんなに憂くとも辛らくとも心をしつかり持ちまして、貴方の事業に幸多かれと、それのみ祈つて待ちまする』と健気な言葉も胸には涙のふるえ声……。

『もう時間も近い！　停車場での女々しい別れは見つともない――決して送るな』『送りませぬ』と心と心のうなづきに弁天前から二輌の俥は南と北とへ……うしろ見かへる未練を押へて私は庵へと帰りました。


　あゝ其の夜半の涙の味。今頃は富士か沼津か三河路か明日の午後には神戸御出帆！　とそれからそれへと移る思ひは涙となつて泣いて一夜を明しました。あゝそれも今日となつては悲しい嬉しい思出草の花の一つでございます。

さすらゐ一ト年、御帰朝後の貴方とたぬとの心はもう片時も離れともないなつかしさ……。

『楽しいホームを作らうか……』

『さうして頂き度うござんすは……だけど〱永の年月、斯うして浮世はなれた風流三昧、四季折々の花の枝ぶり、二尺の盆に打つ山水の景より他には何をも知らぬ私に家庭の調和がとれるでせうか。私の雅びな芸術に家庭の苦労は何より禁物、尊い業もけがしともない、又一つには余り能く似た二人の体質、同じ病に斃れる事はござんすまいか（略）』

『ウム実は僕とてそう考へるので苦しんでゐるのだ……尊い芸術に自分も生き人をも導いてゐるたぬさんを僕等の如き一小家庭に押込めて俗な苦労などさせ度くない。雨の小庭をながめては柱の須磨琴取り出す様なたぬさんは結局家庭の女でないのだ。さうした趣味のあなたは矢張り雅びな道の先生として、（略）』と幾度くりかへして考へても語つても理性の裏切る二人の恋は悶へるばかりで、ほんに不得要領でござんしたのね。

恋の女神に拗ねられて悶ゆる二人は逢うては悲しみ別れては泣き、其中に貴方様のあのおいたつき。重症の肋膜炎と医士から委敷聞き知りましてからの私の心痛……果ては柄にもあらぬ神信心、日頃は茶化した易者の前にまでそつと立つ夜もございました。熱心な主治医の手当の裏ぎりしては日毎に増さる御病勢、おやつれ遊ばす御模様を見るにつけてもおいたはしくて私の恋は尚ほもます〱募るのみでございました。すぎさる六月一日、あの五月雨の軒の玉水淋しい小夜更ひとり御病床近く坐つた私は、どうしてこんなお姿になつて下さつたかと、にじむ涙をハンカチに押へて居りますと、

『おゝたぬさんまだゐてくれたの……もう何時』

『お目がさめまして？　只今一時を打ちましたの……あの氷でもお口に入れませうか』とお顔をのぞくと、

『あゝ……たぬさん、もつと此方へ寄つてくれ……』

と小夜着の袖からお出しになつた貴方のお手はまるで水にさらされた古い木の根かなぞのやう。

『どうして斯んなお痩せになつたでせう……しつかりしてね、早く良くなつて下さいまし。私はもうこんなお姿を見ましては兎ても離れちやア居られませぬ、いつまでも〳〵お傍でお世話を致します……』とお手を握ると貴方は淋しいお顔にも幽かなほゝ笑。

『有難う……だけど僕は死ぬのぢやアないかしら……永い間大変苦労をかけましたね……たぬさん僕はあなたに済まない……』

と握りかへして下さつた五指には最早そのお力がござんせぬ。

『僕は疲労してね……こんなに疲労してゐるのだよ』と私の面をじつと見つめた貴方のお眼には恐ろしい程凄い程感謝の熱涙真実の光りがあふれて居りました。


（中略）


六年の長き年月、忘れんとして忘られぬ我が恋に悲しき夜々をひとり寝の枕に念ずる普門品、希願はたゞたゞ君が身の上幸あれかしと、忍び泣く夜は数知れなくも、嘗て他人に涙を見せた事のないたぬが初めてお胸に流した血の涙！

『あゝ僕は……僕は十二分の満足ですぞたぬさん、僕はもう死ぬ……死ぬなら早く死に度いよ、君が側にゐてくれる中に僕は早く死んでゆきたい……』と力も失せた貴方の双手と骨もくだけていつしよになれと固く結んだ私の手とは苦しむ貴方のお胸の上に重ねたまゝ四ツの眼からは涙滝津瀬……

『ねえ蝶様、どんな事が御座んしても、たぬを信じて下さいまし。他人に言はれぬ事でも何でもたぬには仰有つて下さるのですよ、えゝ貴方ようござんすか分りましたか』と握つたまゝの双手を揺ると、貴方は涙のお眼をひらいて、

『たぬさんには誠に済まない――済まないけれども僕は君を信頼して逝く……夢子の事をね、たぬさん、君が生んだ子だと思つて育てゝ貰ひ度い……』

『分りました。もうそれ丈けですか蝶様よ、たぬは生きた女でございます安心して逝らつしやいませ、屹度屹度私は命に代へても夢さんの身は護ります』と言葉と同時に自分の心に誓つた、たぬの決心！

『有難う――忝けないたぬさん、済まないけれど頼みますぞ……君もからだを大事にして……』とそれから後は御半夢御半醒。

　医師の急診――カンプル（ママ）注射の一回、二回、三回も遂に甲斐なくその翌々朝の暁朝さつと、蝶のわくら羽もろくも落ちて貴方はひとり安らかに、永久（とこしへ）におかへりなさらぬ遠い〳〵国へとお旅立ちなされておしまひなさつたので御座いますのねえ……

（中略）

　その後皆様のお力添で野辺の送りも憾なく、貴方の遺愛児（かたみ）夢さんはたぬの手許にお引き取り申しましたが淋しい明け暮れ、小母さま〳〵と私を慕ういぢらしさ、慈父には逝かれ母（の情）をも知らぬあはれな少女！　何を夢見てほゝ笑むらん、可愛き寐顔見るにつけてもしとゞ涙は増さるのでございます。（略）否、否、私は泣いては居られませぬ、貴方の愛に報ゆる私の任務は、夢子の扶育教養――趣味の徹底――たぬ念入りの修養は是れからが大切だとぞんじます。

　六年間の恋のかたみのお文の殻は、白木の箱にすつかり納めて庵の小座の巽の方、貴方のお好きな山吹の下萩のしげみにしつぽり埋めて記念（かたみ）に立てた碑（いしぶみ）も、お名そのまゝに蝶の塚表には狸と刻ませました。月の三日は蝶への供養、七種の花をまゐらせて静かに香をたきますの……

　小狸の経ならう夜や秋の雨。

しょんぼりと狸経よむ秋の雨。

（以下略）

美文調のなかで甘く美化された横山源之助像だが、中村武羅夫の横山源之助像にすこしは対置できるであろうか。文中にある、蝶さんは横山源之助。たぬは尾崎恒子。夢子は尾崎梢である。文頭にある音羽の山とは雑司ケ谷の横山の墓地を指し、蝶の塚とは西片町の裏庭のそれをいう。

第八章　後期作品管見――『日本之下層社会』以後

『日本之下層社会』（明治三二年）完成後も、社会・労働問題への関心は続けられた。それが後期においても縦糸となっている。明治三三（一九〇〇）年以後の横山源之助の関心はしだいに拡散した。拡散の傾向はほぼ次の諸点に向けられた。『日本之下層社会』完成直後の明治三三年中小都市、中産階級研究への関心が、そして明治三五年殖民問題への関心が、それぞれ現われ、明治三七、八年頃になると、人物評論、中小都市（宿場）、殖民事情、富豪研究、明治裏面史もの等が混在する。

それらは、『日本之下層社会』へいたる前期がたとえ文学批評であっても、おしなべて社会・労働問題にかかわるという点で集中化されていたのに対し、あきらかに後期を形成している。後期作品群をあえて主題別に分類すれば、（1）社会（労働）問題、（2）中小都市研究、（3）殖民問題、（4）人物評論、（5）富豪研究、（6）文学評論、（7）その他雑、等である。

年代順に経過をみてみよう。主題別作品数は表2　横山源之助年代別・主題別作品数のごとくである。

これをみれば、後期、横山の視野が拡散していった経過と、またある時期多数の家族を養うため売文に迫られて数多の作品を書きついだ経過[1]と、さらには縦糸としてある社会・労働問題研究という畢生のテーマが、はじめは中小都市研究（中産階級問題）に変形し、ついで後、社会・労働問題解決のために独自に模索していった道――殖民問題の方に変質し、それらが屈折しながらも、縦糸に収斂されていっていることも、大体はわかるだろう。さらにまた晩年

表2　横山源之助年代別・主題別作品数

主題＼年	明治33	明治34	明治35	明治36	明治37	明治38	明治39	明治40	明治41
社会（労働）問題	1 連1(6)	2	3	8 連3(8)	6 連1(2)	8 連1(2)	3	4 連1(2)	1
中小都市研究	2 連2(4)	2		11	6	2	2	1	1
殖民問題			1 連1(2)		3 連1(2)	5 連1(4)	13 連1(5)	3	5
人物評論				1	6 連2(7)	7 連2(16)	6 連2(9)	6	3
富豪研究					2	2 連1(7)	2	4	3
文学評論						1	2	4	
その他雑	1 連1(2)				4		3 連1(2)		2

主題＼年	明治42	明治43	明治 44	明治 45/ 大正 1	大正 2	大正 3	大正 4
社会（労働）問題	1	1	2	2			0
中小都市研究	1		1	1			0
殖民問題	10	4	4	11[1)]	5	1	0
人物評論	3	7 連1(2)	4	1		1	0
富豪研究	1	6	18	2			0
文学評論	3						0
その他雑		1	2			1	0

注：連は連載を表す。連２（4）は連載２回、記事が合計４本あることを示す。

1）「ブラジル通信」（仮名）は全28篇。

ついに宿痾にたおれ、筆をとる術もなく、陋巷に窮死していった経過も――。

（1）とくに明治三七～九年頃、連載をふくめて数えるなら、実に年間三〇から四〇篇を上廻る作品を書いている。月平均三篇から四篇。家計の重圧に耐えながら、人物評論、社会（労働）問題に、殖民問題に、と縦横に筆を揮っている。

第三章で前期の作品群を解説したとき、（1）東京下層社会、（2）地方下層社会、（3）労働（社会）問題、（4）文学への発言、と四つに分類して述べた。それらはすべて大きく社会・労働問題に収斂されるものであることも述べておいた。

後期の作品群も広い意味では、社会問題の分野に属するかもしれない。しかしそれは少し無理がある。はみだすものがある。以下、解説の便宜上、前記にしたがい傾向別に列挙する。一作毎の解説は省き、主要なもののみ簡単に解説する。

（1）社会（労働）問題

「北国の二名物」六（『読売新聞』三三・一・九～）
「従来の職人諸君に望む」（『労働世界』三四・四）七顛八起楼
「慈善財団」（秋田県の感恩講）（『新小説』三四・一一）
「春風閑話」（同三五・五）
「漁民の生活」（同三五・八）
「慈善家の妻」（『女学世界』三五・一〇）
「下層社会の新現象共同長屋」（『新小説』三六・三）

「貧民状態の研究」三（『中央公論』三六・六〜）
「自転車営業」（『太平洋』三六・九）
「職人談」二（『実業時論』三六・一一〜）
「人力車夫」三（『友愛』三六・一一〜）
「漁村雑記」（『公民之友』三六・一一）
「工女の事情」（『女学世界』三六・一二）
「職人の変遷」（『新小説』三六・一二）
「戦争と手工業者」二（『太平洋』三七・四〜）
「戦争と貧民部落」（『中央公論』三七・四）
「戦争と労働社会」（同三七・五）
「浮浪人問題」（同三七・六）
「沖人足」（『新小説』三七・八）
「婦人と犯罪」（『中央公論』三七・一二）
「日本婦人の貞操の程度」（『商業界』三八・一）
「小商人問題」（同三八・一）
「婦人と重罪」（同三八・二）
「下級の銀行会社員及び小官吏の生活難並びに其の救済策」（同三八・三）
「精神労働者問題」（生活上より見たる学校教員と文士）（『中央公論』三八・四）
「闇中の婦人」二（『商業界』三八・五〜）

「死刑女子」（同三八・七）
「海と人」（同三八・八）
「漁村縦談」（『中央公論』三九・二）
「婦人の新職業」（『新小説』三九・二）
「蜃気楼と海女」（『文芸倶楽部』三九・九）
「蕎麦切」（同四〇・二）
「足尾銅山の坑夫」（同四〇・三）
「博覧会と東京の労働者」（『太平洋』四〇・四）
「消費組合の話」二（『女学世界』四〇・一〇〜）
「地方人が東京に出でゝ商店経営に失敗する理由」（『太平洋』四一・一〇・一五）
「貧民の正月」（『文芸倶楽部』四二・一）
「東京の工場地及工場生活のパノラマ」（『新公論』四三・九）
「共同長屋探見記」（『文芸倶楽部』四四・一二）
「地下数千尺の闇黒裡」（『新公論』四四・一二）
「貧街十五年間の移動」（『太陽』四五・二）
「下級労働社会の一大矛盾」（奉公人の供給減少、木賃部落の求業者増加）（同四五・四）

この項の作品群は、いうまでもなく『日本之下層社会』の系譜に属する。

『日本之下層社会』完成後、引き続き横山は社会・労働問題研究を主題にした。視座の方向を〈下層社会〉に隣接する〈中間社会〉へも転位させていった。その成果は、多くは（2）中小都市研究の作品群に結実した。教員と文士の生計について書かれた「精神労働者問題」「小商人問題」「下級の銀行会社員及び小官吏の生活難並びに其救済策」は、（1）社会（労働）問題と（2）都市研究との隣接するところにうまれている。横山は、わがくに（明治期）の中間階級は広い意味での〈下層社会〉に含まれるという見解をもっていた（「貧民状態の研究」）。後期に、『日本之下層社会』を継ぐような作品はうまれなかった。「貧民状態の研究」三のなかに、遠大な視野と方法論が提示されながら。

つぎに挙げるものは、後期における代表作である。「貧民状態の研究」「職人談」「人力車夫」「工女の事情」「戦争と手工業者」「戦争と貧民部落」「戦争と労働社会」「浮浪人問題」「下級の銀行会社員及び小官吏の生活難並びに其の救済策」「漁村縦談」「博覧会と東京の労働者」「東京の工場地及工場生活のパノラマ」「共同長屋探見記」「地下数千尺の闇黒裡」――。

これらは、将来『続日本之下層社会』が編纂される日があるなら、「世人の注意を逸する社会の一事実」四（『国民之友』三〇・三・二〇～、第三四〇、三四一、三四五、三四六号）や「地方衰頽論」（『友愛』三六・一一）とともに、当然そのなかに含まれていいものである。

横山の後期には、前期の桐生足利調査等にあったような連作――集中化された作品はない。だが、日露戦争開始時、『中央公論』誌上にあいついで発表された「戦争と貧民部落」（三七・四）、「戦争と労働社会」（三七・五）、「浮浪人問題」（三七・六）の三篇と、「戦争と手工業者」二、この四篇が光彩を放っている。さすがであった。日清戦争時、毎日新聞社に入社したときの注目「戦争と地方労役者」（六回連載）から十年――。戦争が及ぼす底辺社会への影響、戦争と底辺社会との関係という――横山ならではの主題であった。戦争の功罪を底辺社会の側から見上げたものであった。「戦争と手工業者」の末尾に、「要するに日清戦役の当時は、種々の内職仕事があつた斗りでなく、軍夫の需用多く、職業少なき職人は、大抵此の軍夫の中へ入り込み、一時は東京の市中も、労働に払底を来たして、案外労働者に戦争の影響は少かつたが、今日は二三の職人を除けば、孰れも青息吐息、唯、戦捷の号外を得て僅に愁眉を開いてをるに過ぎぬ」とある。

「職人談」二は旧職人の現状について詳細に報じたもの。他に職人層について書かれたものに、「職人の変遷」、「蕎麦切」、「下級労働社会の一大矛盾」等があり、この系譜は、（4）人物評論中に入れた「名工談」等に列なっていく。『友愛』誌上に三回載せた「人力車夫」は、「貧民状態の研究」とともに、大井憲太郎、板垣退助と一時期（明治三五年頃）新しい労働運動、労働調査を手掛けようとしたときに用意された作品であったろう。未完に終わったが、人力車夫を交通労働者として捉えていて、実態調査としてもまとまっている。

「工女の事情」は、『日本之下層社会』後、工女について書かれた唯一のまとまった好文であろう。婦人問題に属するものとして、明治三七、八年頃に、「婦人と犯罪」（三七・一二）、「日本婦人の貞操の程度」（三八・一）、「婦人と重罪」（三八・二）、「闇中の婦人」二（三八・五、六）、「死刑女子」（三八・七）、「婦人の新職業」（三九・二）等がある。心情をうちこんだものではない。作品の多くは刑務所に務めた友人黒田源太郎の手助けによるものらしい。

「下級の銀行会社員及び小官吏の生活難並びに其救済策」は肉体労働者と比較した精神労働者の生計問題を追ったものである。注目されていい論文である。他に、小学校教員、文士を視野においた「精神労働者問題」が同時期にある。都市精神労働者問題への着目は地方都市商人問題のそれと重なり、〈中間社会〉研究へ進出した一道程をしめしている。

漁民問題は横山が生涯棄てきれなかった主題であり、軽い随想等によくあらわれている。郷里魚津を素材にしたものが多いが、九十九里浜等にもひろがっている。「漁民の生活」、「漁村雑記」、「海と人」、「漁村縦談」、「蜃気楼と海女」等。このうち『中央公論』誌上の「漁村縦談」一篇は、明治三〇年三月以降『国民之友』に四回にわたって掲載された「世人の注意を逸する社会の一事実」とともに、漁民問題論の代表作である。統計を駆使しながら、わがくに漁民の生活の貧困について追求している。余分ながら、巻頭を引いてみる。後期としては珍しく心情が重なっている。

「中央公論記者、足下。／余は海浜に産れた精である歟。或は余の友人に水産其の他航海業に従事してゐる者が多い精であるの歟、海といふと、妙に注意を惹いて、一種の感慨が起る。今度の日露戦役に於て、海軍が無上の勝利を占めたのを見、一層此の感情が高まり、昨今は、特に切に、海といふ感念が胸に刻まれて、自分ながら不思議に思つて居る。／然かも。余輩の志す所は、民人の生活問題。以上の如く詩人的感想に包まれながら、他に於ては、海に対して、詩趣を催すと同時に、海に関する労役者の生活問題が、常に胸中と為つて居る」と。ちなみにいえば、明治三八年、横山は『中央公論』誌上に一年間「明治闇黒史」を書き通し、続いて明治三九年のこのとき「怪物伝」を書きついでおり、そのような売文に奮戦しながら、一方同誌上に「漁村縦談」のような、『日本之下層社会』線上に位置するものも書いていたのである。主要な精力が売文のためにうばわれている、良心の灯のひとつであったろうか。

「博覧会と東京の労働者」は翌号に掲載された「東京博覧会の地方に及ぼす影響――博覧会の開設は東京市の膨張に幾何の勢力ある乎」と対をなすものである。ルポルタージュ作家横山は大きな社会現象がえがく波紋はやはり見極めずにはおかなかった。前者は各種労働者の側から、後者は都市構造の上から、博覧会開催という社会現象をみつめたものである。後者には地方人の来住、旅人宿の景気、雇人口入業者、地方商人等について述べられてあるが、前者には建築工事、大工、壁職、石工、建具職、経師職、電気工夫、普通労働者、貧民部落等について、工賃等に波及した影響が報告されてある。「之に依りて東京市が吸収する利益は莫大なるべしと雖も、其の利益の幾割が労役者の手に入るべきやと言へば開会前の建築工事に於て少くも其の半、然らざるも其の四分は労役者の手に入りたるべしと雖も、開会中に於ける都市の利益が労働者に分たるゝ数量は極めて少量なるべし」（「博覧会と東京の労働者」）とあり、労働者の側に立つ立場はうしなわれていない。

「東京の工場地及び工場生活のパノラマ」は日露戦争後の工場調査、労働者調査として秀れている。後期、代表作の一つである。小石川砲兵工廠を対象に、日清、日露、現在（四三年）と三様に対比している。

小題――（一）東方(イースト)倫敦と東方(イースト)東京、（二）小石川砲兵工廠、（三）改善せられたる日露戦役後職工の状態、（四）戦争当時職工の状態、（五）砲兵工廠の職工の種類及び工場繁栄の影響、（六）戦後の寂寞及び神秘的休日、（七）購買組合と職工共済会、（八）工場地の夜景。

また四四・一二にある、『文芸倶楽部』誌上の「共同長屋探見記」と、『新公論』上の「地下数千尺の闇黒裡」は初期の下層社会、貧民窟ルポをしのばせる好文である。後者は友人の鉱夫からの足尾銅山聞書である。前者の小題――木賃宿の変化した共同長屋―市中の新開地と市外の新開地―厩橋附近の共同長屋―小説修業の苦学生―児童(こども)二人の小遣銭十銭に上る―木賃宿と共同長屋との比較―赤裸(まるはだか)々に個人主義を発揮す―不思議の猫婆さん―年中亭主を変へてゐる綱子―一年以上の永住者は一割内外―貧民は美食者なり―。

（2）中小都市研究（宿場研究）

「村落生活」二（『新小説』三三・四〜）
「宿場の社会観察」二（『太陽』三三・一〇〜）
「田舎だより」（『新小説』三四・三）
「富山の売薬」（同三四・一二）
「新進の都市」（『公民之友』三六・六）
「都市雑観」（同三六・七）
「村落と俗謡」（『文芸倶楽部』三六・七）

「政治的都市の今昔」（『公民之友』三六・八）
「大阪市と長崎市」（同三六・九）
「郷談鄙語」（『新小説』三六・九）
「祭礼」（『太陽』三六・九）
「村落生活」（『公民之友』三六・一〇）
「地方衰頽論」（『友愛』三六・一一）
「革命時代に於ける過渡の工業」（富山県下の工業）（『実業時論』三六・一二）
「地方問題一二」（『友愛』三六・一二）
「優勝の都会と劣敗の都会」（『公民之友』三七・一）
「寂しき都会」（『新小説』三七・五）
「新らしき両国橋」（『東洋銅鉄雑誌』三七・七）
「東京市の殖民地」（『中央公論』三七・八）
「中間社会」（同三七・九）
「生活問題」（同三七・一〇）
「都市の娯楽機関」（同三八・二）
「都市雑観」（同三八・九）
「地方商人の運命」（『商業界』三九・一〇）
「地方商人救済策」（同三九・一一）
「東京博覧会の地方に及ぼす影響」（『太平洋』四〇・四・一五）

「都市膨脹の片影」（『女学世界』四一・一）
「宿場生活」（『新小説』四二・一〇）
「近時における地方実業家の失敗と其原因」（『実業界』四四・一二）
「北陸地方の大小市街と其の消長」（『実業倶楽部』四五・二）

『日本之下層社会』完成後、いちはやく横山がみつけた新しい研究主題は中小都市研究―宿場研究―中間社会研究であった。横山にはわがくにの中間社会（中産階級）は広い意味の〈下層社会〉に含まれるという観点があり、時代変遷とともに変質する中間階級を都市構造ぐるみつかもうとするものであった。この分野への研究進出は、ひとつは『日本之下層社会』の発展につながり、同時に質的分散化にもつながる点で、微妙な隣接点である。これが完成されていたなら、独特の都市研究、中間階級研究となっていたはずであった。この研究は中途で終わった。

この分野への関心は、明治三三年『太陽』誌上に載せた「宿場の社会観察」に萌芽し、三六年、「政治的都市の今昔」、「大阪市と長崎市」、「地方衰頽論」を書いたときに頂点に達する。すなわち『日本之下層社会』完成後、一時郷里魚津に療養した明治三二〜三年時に触発され、農商務省『職工事情』調査従事後、大井憲太郎等と組んでした労働運動の再興、挫折の紆余を経て、ふたたび文筆生活に再帰した明治三六年――その再起のときに流出している。同時にこの年には、「貧民状態の研究」（『中央公論』）が書かれ、また「職人談」（『実業時論』）、「人力車夫」（『友愛』）、「工女の事情」（『女学世界』）等、社会・労働問題系列の力作がならんでうまれ、それを凌ぐ分量として都市研究がある。明治三六年文筆家として再起したとき、このように社会、労働ものと都市研究ものが併列していた。

この（2）中小都市（宿場）研究のうち、代表的作品は「宿場の社会観察」、「都市雑観」、「村落と俗謡」、「政治的都市の今昔」、「大阪市と長崎市」、「地方衰頽論」、「生活問題」、「地方商人の運命」、「地方商人救済策」、「近時における地方実業家の失敗と其原因」等であろう。

明治三三年（『日本之下層社会』刊行の翌年）一〇、一二月、『太陽』誌上に二回にわけて載せられた「宿場の社会観察」は嚆矢的作品である。文頭に、都市研究、宿場研究に進出しようとする動機が綴られてある「旅行者は常に都会を記し、名山を記し古蹟に注意を置くと雖も、旧幕時代の宿場の変遷を社会的に注目する者なきが如し、宿場や、旅行者の一瞥、一泊、一住（ママ）来の間に能く知り得べきにあらざれば、今日幾多の旅行者あり、旅行記ありて、しかも之に及ばざるは怪しむに足らざれども、社会の土台は宿場と村落とにあれば、今日我国の社会状態を知り、其の変遷を極めんと欲せば、余は旅行者の注意に上らず、その旅行記に見えざる宿場の状態を、精密に研究するは最も趣味あり、価値多き事実なりと信ず、其の端緒として、北国筋の宿場を記して読者の一粲を博せんとす」と。

「都市雑観」（三六・七）は都市類別観がしられる程度だが、同じ『公民之友』誌上の「政治的都市の今昔」（三六・八）と「大阪市と長崎市」（三六・九）には斬新な都市観が提示されていて、興味をひかれる。「政治的都市の今昔」では、萩市等維新の元勲達の故国の都市はいずれも衰退し、「一将功成万骨枯」といっている。今日の都市は県庁と師団とによるとし、昔の都会を封建的都会といい、今日の都会を新封建的都会といっている。「大阪市と長崎市」では、両市をもっとも特異な平民的都市であるとし、「徳川時代に平民的都市として、嶄然各城下の間に響いて特色を示して居たのは、此の長崎港と大阪市で、旧幕時代の各都市を思ふ毎に、自分は常に此の二大都市が都会発達史の上に幾多の材料を与へつゝあるのに無限の趣味を覚ゆる」と書いている。

郷里に材をとったものでみるべきものに、「宿場の社会観察」「村落と俗謡」「地方衰頽論」「生活問題」「地方商人の運命」「地方商人救済策」「近時における地方実業家の失敗と其原因」等がある。他に郷里に材をとったものを拾えば、「村落生活」二「田舎だより」「富山の売薬」「郷談鄙語」「祭礼」「村落生活」「革命時代に於ける過渡の工業」「北陸地方の大小市街と其の消長」等がある。都市（宿場）研究の作品のうち、なかば以上である。他に、社会（労働）問題研究のうちから郷里題材の作品を拾えばいくつも挙げることができるだろう（「漁民の生活」「漁村雑記」「漁村縦談」「蜃気楼と海女」等）。

「村落と俗謡」は一連の郷里もののなかで、習俗、風尚の変遷を俗謡の面からとらえたところに特色がある。俗謡の裏面から民衆（村人）の姿や哀れをとらえようとしている。

△まだも果てぬか小円戸普請
　わしも二十五の殿持つた

『日本之下層社会』のなかに、いくつか、工女のうたの蒐集があった。俗謡や習俗や風尚のなかに確実に民衆は自己の表現力をもっていたのだ。

「地方衰頽論」は「宿場の社会観察」とともに、都市研究、宿場研究、中間社会研究の二大代表作である。やはり郷里に材がとられた。この分野における横山の新しい展開と進出は、「地方衰頽論」によって、頂点に達したといっていい。『日本之下層社会』後、より広く、より大きく、〈日本の下層社会〉を包みこんでいる、村ぐるみ、町ぐるみの地域社会を、社会・労働問題研究という視点でとらえることが横山の新しい課題、展開であったのだ。それがここに凝縮している。

ここで一つ注記する。

明治三六年一一月『友愛』第四号に発表された「地方衰頽論」と、翌三七年九月『中央公論』第一九年第八号に載せられてある「中間社会」、および四〇年一〇月『新小説』第一四年第一〇号上にある「宿場生活」とは、同文である。三者題名を変えて発表された。なぜそうなったか、しるよしもない。あるいはもはやそれをのりこえることができなかったからか。

さらにもう一つ注記する。

三七年九月『中央公論』誌上にある「中間社会」は、翌月号にその続篇としてある「生活問題」に続く。九、一〇月号に続いて発表された「中間社会」と「生活問題」とは、いわば（上）（下）である。続篇を発表する必要から、前に『友愛』誌上に発表した「地方衰頽論」を、「中間社会」と題名を変え再掲したのであろう。したがって「生活問題」は、『友愛』誌上に前に発表された「地方衰頽論」の続篇にあたる。「生活問題」は「地方衰頽論」ともども逸することができない。

明治三九年一〇、一一月、『商業界』に載せた「地方商人の運命」「地方商人救済策」はともに対をなすものである。郷里魚津に材をかりつつ、日露戦争後の不景気を、維新以来地方宿駅が衰退の一途をたどっていく歴史の一こまとしてとらえていて、惻々として迫る力作である。「地方商人救済策」小題——地方商人の今後―手工業を起すべし―産業組合を設くべし―商人にして前途の見込なき者―海外行商の風を盛にすべし―資本を共同にすべし―都会商業家の風に倣ふべし―青年の頭脳に警醒を与ふべし——。

「近時における地方実業家の失敗と其原因」も、同じ視野のもとにあり、前二作を追う好文である。日清、日露戦争後の生計費を通して、地方商工業者の生活難、都市流出等をとらえている。いつ陥るかわからない、〈下層社会〉と紙一重にある〈中間社会〉の実態を逐うこと——それが都市研究の主要な主題でもあった。

（3）殖民問題

「移民雑話」二（『新小説』三五・一一〜）

「朝鮮における日本労働者」二（『太平洋』三七・二〜）

「布哇の本邦移民」（同三七・三）

「釜山縦横物語」（『新小説』三七・七）

「移民界の活動者」四（『商業界』三八・五〜）
「大に海外に旅行すべし」（同三八・八）
「在外活動の日本男児」（同三八・一〇）
「海外に於ける活動の日本人」（同三八・一一）
「日本のセシルローヅ」（海外に於ける活動の日本人）（同三八・一二）
「海外に於ける活動の日本婦人」（同三九・一）
「海外に於ける活動の日本男児」（同三九・一）東西南北生
「南米に於ける活動の日本人」（同三九・二）
「墨西哥に於ける活動の日本人」（同三九・三）
「墨西哥に於ける新日本の建設者」（同三九・四）
「南米秘露に於ける活動の日本人」（同三九・六）
「南洋に於ける日本人の新事業」（同三九・八）
「在米邦人中の二明星」（同三九・九）
「南米に於ける日本人発展の経路」（『太平洋』三九・九）
「彩花爛漫たる廿年前の渡米者」（同三九・九・一五）樹下石上人
「我が移民会社」五（同三九・一〇〜）
「南亜細亜に於ける活動の日本人」（『商業界』三九・一〇）
「清国に於ける活動の日本人」（同三九・一一）
「伯西珈琲園の耕主と語る」（『太平洋』四〇・二・一五）

「南米墨西哥国日本活動家事業」(『成功』四〇・三)
「満洲に大発展せる売薬家」(『太平洋』四〇・一〇)
「ベーリング海峡の一大都会」(同四一・八・一五)
「氷濤の中に住める日本人」(同四一・八・一五)
「墨西哥南端の植民地に於ける日本教育家」(同四一・一〇)
「日本のルーズベルトと称せられたる北米在住者の先覚我孫子(ママ)久太郎君」(同四一・一一)無腸公子
「秘密に掩はれたる怪富豪小林ライオン氏と提携して大々的に南洋の護謨事業に着手す」(同四一・一一・一五)
「今春の殖民界如何」(同四二・一・一五)礫川隠者
「秘露の森林帯に新日本村現出す」(同四二・四)
「南洋其の他に於ける紅裙隊の遠征地理」(同四二・五)
「新嘉坡を中心とせる日本醜業婦の勢力範囲」(『新公論』四二・五)
「墨国殖民と南米殖民」(『太平洋』四二・六・一五)
「海外視察隊の編成を希望す」(同四二・六・一五)
「南米研究」(『太陽』四二・七)
「南米大陸の脊髄骨アンデス山脈と日本人」(『太平洋』四二・七・一五)
「朝鮮に於ける日本労働者」(同四二・七・一五)
「日本南米協会の組織を紹介す」(同四二・八)
「北はシベリヤより南洋に亘る日本商人」(同四三・一)
「不思議なる竹村商会」(同四三・二)

「生駒艦を先頭として南米ブラジルに向へる一千余の日本移民」（同四三・四）
「墨国移民の先駆者日墨協働組合の組織者照井君帰国す」（同四三・六・一五）
「世界を家とせる日本人」（『新公論』四四・一）
「大和民族の海外発展」（『新日本』四五・四）
「ブラジル通信」（仮名）全二八篇（『大阪朝日新聞』四五・四・二〜）
「二千八百浬の海上より」（『新公論』同人雑記欄、四五・七）
「北半球より南半球へ」（『地球』四五・七）
「南米ブラジルより」（『新潮』四五・八）
「一万二千浬外の新大陸に入る」（『新公論』四五・八）
「南大西洋横断記」（『地球』四五・九）
「伯剌西爾第一の輸出港」（同四五・一〇）
「サンパウロ市の繁昌」（同四五・一一）
「大隈老伯に寄せて　伯国移殖民の現状を報ずる書」（『新日本』四五・一二）
「伯剌西爾と移民の勢力」（『地球』四五・一二）
「南米移民の好望」（『新公論』大二・三）
「南米ブラジルに行く移民」（同大二・四）
「南米ブラジル国移民の生活」（同大二・五）
「南半球の新日本」（同大二・一一）
「日本に親まんとする墨国の現状」（同大二・一二）

横山の殖民問題への関心は明治三四、五(一九〇一、二)年頃からうまれている。それは二葉亭四迷が大陸へよせたそれ、あるいは大井憲太郎と組み、労働問題の一解決策として指向したそれ、等の影響による。あるいは片山潜の雑誌『渡米案内』や、高野房太郎の渡清問題等の示唆にもよるだろう。殖民問題は、潰滅した労働運動の一打開策、労働問題解決の一方法としてかんがえられた側面がある。横山のそれも、そのような関連のなかでとらえられねばならない。横山が殖民問題へ関心をもちはじめたのは、労働運動の閉塞期と重なる。明治三四、五年頃。この主題に本腰をいれてとりくむのは、それから二、三年後の明治三七、八年頃から。日露戦時、戦後からである。以来殖民問題は横山の晩年の生命ともなる。その殖民問題の特色は、指向するところが近い大陸でなく、遠い未開の南米方面であったことである。近い大陸への指向をさけたのは、殖民問題はへたをすれば帝国主義の危険をはらんでいる、その警戒心からであった。大洋を遙か越えた地球の裏側の地なら殖民を歓迎している事情があり、日本帝国主義の勢力はおよばない。殖民問題最初の著書(『海外活動之日本人』明治三九年)の「序」がその辺の事情をあかしている。夥しい数の作品のなかに、日本帝国主義のお先棒をかつぐものがなかったとはいわない。日露戦後の戦勝気分にのった殖民熱に便乗した作品がないではない。だが大筋は用心深く帝国主義と一線を劃していたことは認めねばならぬ。横山が殖民問題に後半生をかけた理由は、閉塞した労働運動——つまりは社会・労働問題の解決が国内的に行き詰った、その打開策としてであった。したがって横山の指向にはあくまで労働対策の一環として、殖民問題が位置付けられてある。横山にとって、殖民とは労働の転位であり、土地を流離し職を離れた無産者が国際的に合意、平和裡におこなう労働移住であった。

明治三七、八(一九〇四、五)年以降、横山は殖民事情、殖民問題に関し、息をつく暇もないほど書きついでいる。

他に明治裏面史物、人物評論、富豪研究等を書きつぎ、縦横であった時期と重なる。売文家であった時期に、殖民問題が深く錨をおろしている。殖民問題に関する、この時期以降のおびただしい作品群をみて、私はただ驚く。その蟻の大群のような作品群ははたして金になったものであろうか。おそらく稿料も安く、まして売名には結びつかなかったはずである。それなのに蟻の群を追うようにそれが孜々として書きつがれたか。ほとんど無償の行為に近いものであったようにおもわれてならぬ。しかもそれらを読むと、なぜこんなものを読まねばならぬのかと嘆きたくなるほど面白くない。土地をおわれ、職をうしない、遠く大洋の果に流離しなければならぬ人々をあるいは叱咤し、激励し、嚮導する、それが当然の作品群なのだ。それは弱者救済のための、果てしない無償の営みでなければならない。横山はこの時期、売文家ではあったが、けっして売名家ではなかったのだ。数多の殖民プロパガンダの作品群をみて、そう解釈する他ない。それを書きつぐ精力を『明治闇黒史』完成等に向けていたなら、売名にも、金にもなったはずである。横山の後半生の殖民ものの列をみるとき、労働運動潰滅後、ただひとりひたすら一打開面を殖民にもとめて、無償であった一労働運動者の営為を、墓標の列のなかに眺めるような、ある種の痛々しさを感じるのである。

総括が長くなった。ところで、この（3）殖民問題は、（1）社会（労働）問題、（2）中小都市研究ともども広い意味の社会・労働問題の系譜に属する。読みごたえのあるものは特にない。忘れてならないのは、殖民問題の最初の作品「移民雑話」と明治四五（一九一二）年のブラジル渡航時『大阪朝日新聞』に送られた一連の通信文「ブラジル通信」（仮名）である。「自分が『移民事情』と題を置き、今日迄日本内地の下層社会を記るし来りたる筆を転じて、海外移民の上に移りたるも、必竟此の二者（政府—移民会社とモグリ周旋業者、引用者注）の事情を詳述して我読者に注意を願度ひからで此の二者の中には、世人の想像にだも及ばざる幾多の秘密が伏在して、世の政治家、社会論者、詩人小説家の参考となるべき事実が頗る多い」（「移民雑話」）——それが、横山が殖民問題にのりだした最初の起点であった。「移民雑話」にはモグリ周旋屋や、政府保護下にある移民会社の悪計、詐欺、誘拐まがいの手口が告発されていて、横山の義憤がふきだしている。大井憲太郎等とくんだ労働運動に悪戦していたさなか、殖民問題に関心をもちはじめたときの作品である。

明治四五年四月二日から一二月二八日まで、『大阪朝日新聞』に断続的に連載された「ブラジル通信」（仮名）は、やはり殖民問題を代表する作品といわねばならぬのであろう。

（4）人物評論

「桑田熊蔵氏と其内助」（『中央公論』三六・一二）
「高野房太郎君を憶ふ」（『東洋銅鉄雑誌』三七・六）
「名工談」（同三七・六）
「府下の銅鉄業者」二（同三七・六〜）
「聢工服を纏へる紳士」（同三七・七）
「旧時代の遺せる名人」五（同三七・七〜）
「発明家の苦境」（『商業界』三七・一〇）
「明治闇黒史」一二（『中央公論』三八・一〜）
「金物業界の二俊髦」（『商業界』三八・一）
「日本のチヤンバレン」（木捻鋲製造の率先者）（同三八・二）
「天賞堂江沢金五郎」（同三八・四）
「府下の金剛砂砥石業者に附」（『東洋銅鉄雑誌』三八・四）鉄軒
「隠逸伝」（『新小説』三八・六）

「失敗者の失敗譚」四（『商業界』三八・九～）
「怪物伝」七（『中央公論』三九・一～）
「露国革命婦人」（『女学世界』三九・四）
「志村次郎氏」（『文芸倶楽部』定期増刊号、三九・四・一五）
「来遊中の布哇砂糖王」二（露国革命党の金主）（『商業界』三九・四～）
「千葉の怪漢『虎烈刺』」（同三九・六）
「無名の発明家」（同三九・一二）
「犠牲」（島田孝之君を弔ふ）（『中央公論』四〇・二）
「現代人物論」（同四〇・三）覆面冠者
「醸造界の革新者」（『太平洋』四〇・五・一五）
「経済界の犠牲者」（同四〇・七）
「怪か快か越後石油界の硬骨漢」（同四〇・七・一五）
「衰亡の活画図」（韓山特殊の史劇）（『女学世界』四〇・九）
「独逸派経済学者の新活動」（『太平洋』四一・二）
「友人の眼に映じたる武藤山治氏」（同四一・六）
「南米大陸に於ける支那人」（日本品販売者としての支那商人安永昌）（同四一・六・一五）
「闇中の人」（『新論』四二・九）
「名人調べ」（『太平洋』四二・一〇）
「本邦随一の天才的時計製造技術者」（同四二・一二）

「旧時代の人」（『趣味』四三・三）
「仏魂商服の奇傑山県と水野」（『商業界』四三・三）
「本邦唯一の硬陶器とは如何なるものか、新時代の新成功者」（『太平洋』四三・六・一五）
「滑稽奇抜の頂点に達したる本邦編網機の新発明者」（同四三・七・一五）
「闇中の人」二（『新公論』四三・九〜）
「新聞界闇中の人」（同四三・一一）
「実業界の注意人物」（同四三・一二）
「眼前に展開せる妖怪」（同四四・四）
「二十年前の初対面」（『新潮』四四・九）
「人物印象記」（同四四・一〇）
「浪人の天下」（『新公論』四四・一一）
「議会二十年前の回顧」（『新日本』四五・三）
「明治疑獄史」（同大三・六）

（5）富豪研究

「日本大地主家庭事情」（『女学世界』三七・一）
「無名の大地主」（『公民之友』三七・二）
「我国広告業の発達及び現状」（『商業界』三八・二）
「明治実業界闇黒史」七（同三八・九〜）

「高利貸の研究」（同三九・四）
「鉱業界の大奇物」（同三九・四）
「琉球の新機運と事業家」（『太平洋』四〇・一）
「実業家と読書熱」（同四〇・六）
「越後石油界の惣まくり」（同四〇・八）
「大名華族の家庭」（『女学世界』四〇・一二）
「井上侯爵の家庭」（同四一・一）
「太平洋上に於ける日本国旗の新飛躍」（其の一方の頭領たる東洋汽船の意気込と抱負と経営者）（『太平洋』四一・一）
「某老妓が見たる三菱一門の方々」（同四一・一）
「藤田系統の三大鉱山と其経営者」（同四二・一二）
「上流社会の松の内」（『女学世界』四三・一）
「二百余種の精米機は斯くして発明せられ斯くして販売場裡に混戦しつゝあり」（『太平洋』四三・三）
「日本には金山が如何程ありや、其経営者は如何」（同四三・四・一五）
「渠は銀行頭取を抛つて独力鉛筆製造業を大成す」（同四三・五）
「個々の物を冷蔵する天下一品の帝国冷蔵会社」（同四三・八）
『空気より窒素肥料を取る最も珍らしき新会社」（同四三・一一・一五）
「五大銀行の内容」（『新公論』四四・一）
「工業界の首目、経営者及び技術者」（同四四・二）
「最近の現象――実業界と学者との接近」（『実業界』四四・五）

「期米界未曾有の大劇戦」（『新公論』四四・五）
「株式界未曾有の騒擾」（同四四・六）
「実業界に於ける尾州人と紀州人」（『実業界』四四・六）
「堀留五人男」（『新公論』四四・七）
「我国の富豪名流と其の子孫」（『実業界』四四・七）
「藩閥、財閥、閨閥」（『新公論』四四・九）
「優勝旗を握った大阪人」（『実業倶楽部』四四・九）
「政治と富豪との交互錯綜」（『新日本』四四・九）
「実業界に於ける伊勢人と近江人」（『実業界』四四・九）
「済生会寄附金額に現はれたる富豪の面影」（同四四・九）
「実業界の薩長土肥」（『実業倶楽部』四四・一〇）
「実業界に於ける少壮者の勢力」（『実業界』四四・一〇）
「富豪貴族の人口増加」（『新公論』四四・一〇）
「政界及び財界に跨る覆面者」（『新日本』四四・一一）
「三井三菱以外の一大勢力」（大倉系の事業人物及び其の周囲）（『実業界』四四・一二）
「大阪商界七変人」（『実業倶楽部』四五・一）覆面冠者
「支配人評判記」（同四五・二）

（4）人物評論と（5）富豪研究は分けられる性格のものではないかもしれない。ともに人物評論上のものである。

あえて分けたのは、横山が人物評論を一種の文学として定着させる意図を一時もっていたらしいこと（『怪物伝』『凡人非凡人』）、富豪研究を後に人物評論一般とは別のものとしてあつかおうとしていたらしいこと（『明治富豪史』）による。

横山が人物評論（富豪研究を含む）を、本格的にはじめたのは明治三七、八（一九〇四、五）年以降である。当初、「名工談」「旧時代の遺せる名人」等陽のあたらぬ職人評からはじまったことは象徴的である。すぐに、「明治闇黒史」、「明治実業界闇黒史」が連載物として現われている。

はっきりいって、人物評論系統のものは売文のためのものだ。しかも夥しい数にのぼる。才能の乱費であったというほかない。

面白さという点では、あるときあるものに関しては、たしかに市場価値はあったであろう。

作品の代表的なものは、一応『怪物伝』（明治四〇年、平民書房）、『明治富豪史』（同四三年、易風社）、『凡人非凡人』（同四四年、新潮社）にあつめられた。

したがって作品の解説はここでは省く。

ただ右三冊に再録されなかった、「明治闇黒史」は、やはり最高の代表作であり、別途に紹介しなければならぬが、本文中でかなり触れたのでそれを参照ねがいたい。

総体的に、特色について一言述べておきたい。

横山の人物評論の面白さ、特色は、社会の下積みの、陽のあたらぬところにいる名人（職人）を掘りおこし、人物評の照射を加えていること、あるいは政、財界にあって敗れたひとびと、あるいはその裏面にあるひとびと等、いわばその世界での表街道にはいない、社会の裏面のひとびとをとらえているところにある。

ある面では、下層社会研究が中産階級研究となり、それがやがて上流階級研究へと変質していった感があるが、裏面をみる視点のみは横山らしく変わってない。

横山の人物評論のなかには、明治政、財界裏面史物といえる系統のものがいくつかある。「明治闇黒史」を『中央公論』に連載した頃（明治三八年）、何かを意識していた節がうかがえる。それは明治三〇年代に入ってはじまった、明治維新史を歴史として定着させようとした各界の動きである（藩史編纂等）。あきらかに、横山の「明治闇黒史」はそのような動きに触発されてうまれたものである。「明治闇黒史」を頂点とする、横山の明治政、財界裏面物――人物評論の系譜は、歴史を文学と同一義としてとらえていた徳富蘇峰、山路愛山等の当時の民間史学に通じるものとしてとらえられねばならない。蘇峰や愛山の民間史学が明治文学史とどのような関係になりたつか。横山の「明治闇黒史」が当時の民間史学、明治文学とどのような関係にあるか。横山のそれはもう一つの民間史学であることも事実である。「明治闇黒史」の面白さは文学的面白さであることも事実である。

(6) 文学評論

「社会書類の二十年間」（『太陽』三八・四）
「社会的文士を評す」（『中央公論』三九・九）
「忘れられたる文士」（『文章世界』三九・一〇）
「緑雨と抱一」（同四〇・六）
「表紙の変遷」（同四〇・七）
「新聞社中の文士」（同四〇・一〇）
「人物評家の変遷」（同四〇・一一）
「予の知れる二葉亭」（『趣味』四二・六）

「長谷川君の志士的方面」（『新小説』四二・六）
「二葉亭四迷」（『趣味』四二・九）

（6）文学評論は、総じて人物評論の脈絡に属している。

別途〈文学評論〉の部として、何篇かの作品を挙げたのは、文学批評として独特なものがあるからである。横山源之助は、一面すぐれた文学評論家でもあった。

「社会書類の二十年間」は明治一〇年代からの社会問題書を社会思想の動向とともに紹介批評したものであるが、つぎのような記述があるところからとくに（6）の分類のなかに入れた。

「尚同年（明治二六年のこと）の著述にして、余輩の目に聳へたるは、桜田文吾氏の貧天地饑寒窟探険記と為す、社会問題に関する著書は、相応に出でたるか如しと雖も、其の論議の根拠と為るべき実際に関する著述は、未た世に著はれざりしに、日本新聞記者桜田文吾氏は、大我居士の名を以て、日本新聞に掲げ、後ち蒐めて一冊として、世に出だして、大に世の注意を惹けり、是れ英国に在りては、ゼネラルブース（ママ）氏の最暗黒之英国（ダークストエングランド）の著の持て囃されたると、今一つは世の不景気に刺激せられたる者なるべしと雖も、此種の著述に於ける率先の功は、実に同氏に帰せざるべからず、次ひて、民友社より松原岩五郎（乾坤一布衣）の最暗黒之東京出でゝ、同じく世の喝采を受く」。

「社会的文士を評す」、「忘れられたる文士」「緑雨と抱一」「新聞社中の文士」「人物評家の変遷」はそれぞれ「忘れられた」あるいは不遇な、あるいは文学史上もっと優遇されていい作家群を、社会文学的視野から掘り起こしたものであり、着目されていい作品である。

とくに、『中央公論』誌上に載せた「社会的文士を評す」は簡略ながら明治社会文学一瞥史である。原抱一（『闇中政治家』）、松原岩五郎（『長者鑑』）、桜田文吾、あるいは社会小説、新聞社会記事（『中央新聞』水田南陽、『万朝報』松居松葉、『二六新報』野田正太郎)、さらに島崎藤村(『破戒』)、内田魯庵(『社会百面相』)、伊藤銀月(『最新東京繁昌記』)、岸上香橘、樋口一葉、原田東風等を評価の列に加えている。桜田文吾、松原岩五郎等明治前期底辺文学者のみならず、伊藤銀月、樋口一葉、原田東風(道寛)等、明治後期底辺文学者を評価したものは、横山の「社会的文士を評す」以外、文学史上、前にも後にもないはずである。

「忘れられたる文士」「緑雨と抱一」「人物評家の変遷」は、それぞれ「忘れられたる文士」「一個の文人」「人物評論家」というタイトルで『凡人非凡人』中に収録された。

「人物評家の変遷」について一言述べるなら、内容はかなり明細な明治人物評論家史である。そこには人物評論を小説とは別の文学としてみなければならぬとする積極的な姿勢がある。徳富蘇峰、三宅雪嶺等の評価にからみ、明治文学の抱いていた複雑な多元的な仕組みをかんがえさせられる。「新聞社中の文士」も、その意味で同じ明治文学の仕組みにからんでくる問題である。

明治四二年に物故した二葉亭四迷にかかわる追憶評論が同年に三篇ある(「予の知れる二葉亭」「長谷川君の志士的方面」「二葉亭四迷」)。

他に、文献リストから省いたが、坪内逍遙・内田魯庵編『二葉亭四迷――各方面より見たる長谷川辰之助君及其追憶』(明治四二年、易風社)のために書きおろされた「真人長谷川辰之助」一篇がある。これは後、『凡人非凡人』に多少整理されて「二葉亭四迷」のタイトルで収録された。

「予の知れる二葉亭」「長谷川君の志士的方面」「二葉亭四迷」三篇は、長文追憶「真人長谷川辰之助」を補うものであり、二葉亭四迷周辺文献として価値あるものであろう。

「予の知れる二葉亭」には、『浮雲』中絶後文学を放棄した二葉亭を、『片恋』(明治二九年)等の翻訳によってではあるが、ふたたび文学に復帰させる労をとったのは坪内逍遙と横山源之助であった、とある。

「長谷川君の志士的方面」は横山天涯談であるが、二葉亭が『其面影』（『東京朝日新聞』明治三九年連載）執筆のとき、構成、趣向について横山に相談があり、はじめ二葉亭は小野哲也とお小夜とを結婚させようとしていたという。『趣味』誌上の「二葉亭四迷」は、一部削除されてあるが、『二葉亭四迷全集第九巻　草稿・雑纂2』（昭和四〇年、岩波書店）「二葉亭案内」中に名を変え、「官報局時代」として転載されてある。

なお、（4）人物評論中にいれた、「二十年前の初対面」と、その続編にあたる「人物印象記」は多く文学者にかかわるものである。主要部分は本文中に引用しておいたが、参考までに関連人物をここに抽出する。

幸田露伴、鈴木天眼、嵯峨の舎御室、内田魯庵、徳富蘇峰、島田三郎、川上眉山、樋口一葉（「二十年前の初対面」）。嵯峨の舎御室、徳富蘆花、黒川文淵、宮崎湖処子、坪内逍遙、三宅雪嶺、島田三郎、石川安次郎（半山）、木下尚江、幸徳秋水、頼母木桂吉、中村楽天、角田浩々歌客、菊地謙譲、杉村楚人冠、内田魯庵、原抱一、山路愛山、塚越停春、長谷川天渓、田山花袋、竹越三叉、佐藤橘香、中村武羅夫（「人物印象記」）。

（7）その他雑

「魚津文庫の設立を喜ぶ」（『富山日報』三三・五・九〜）
「銅鉄業者は世界的なるべし」（『東洋銅鉄雑誌』三七・六）
「紛々録」（同三七・七）
「金井博士と語る」（職工改善の方法に就て）（同三七・一一）
「回想記」（敵弾に殪れたる従軍記者）（同三七・一一）
「如月の営養品」（『太平洋』三九・二）
「満洲の馬賊」（『商業界』三九・七）

「朝鮮奇談」二（『文芸倶楽部』三九・一一〜）
「須賀日記」（『趣味』四一・四）
「富士の社会観」（同四一・九）
「学校の成績と実社会の成績」（『新公論』四三・一二）
「新領土の新年風俗」（『実業倶楽部』四四・一）
「回顧録」（同人雑記欄）（『新公論』四四・一〇）
「明治大正年間に於ける無人島探険史」（同大三・一）

「魚津文庫の設立を喜ぶ」「回想記――敵弾に殪れたる従軍記者」「須賀日記」「回顧録」については、本文中でそれぞれ触れてある。その他のものはさして解説するほどのものではない。

初版のあとがき

横山源之助とは、いったい何者であったろう。

この問いは、ようやく評伝を書き終わったいまもなおのこる。〈労働運動者〉として総括したが、ほんとうはどうであろう。文学者、社会学者、労働運動者、どの呼称も冠することができ、しかもどの呼称も、全像をいいあてていない。

たとえば同時代人、木下尚江、幸徳秋水、かれらは何者であったろう。文学者であったか。学者であったか。政治家であったか。一つにいいあてることはできない。

明治の人間は、やはり総体的であり、未分化だ。横山源之助の評伝を書き終わりながら、なお人間像をはっきりいいあてることができないもどかしさは、それではなかろうか。

評伝を書くにあたって、私の胸裡を占めたものに、二つある。作品点検をふくめ、研究者の批判にたえうるものであること。私自身、文学を志向する人間であり、そのため、フィクションがあってはならぬ枠組に自縛されながら、評伝文学にと、いささかならず心をおいたことである。はたして二兎を追う愚をおかしたのではないかと危惧される。江湖の批判をあおがねばならぬ。

凡例のつもりで一言触れる。原典引用にあたっては、原則として、仮名はもとのままとし、漢字は現代表記を原則としたが、特殊なものは旧のままとした。ルビは一部のみ残した。

ところで、横山源之助の出身地富山県魚津市に横山の顕彰碑がある。その碑面にただひとつ大きく〈社会福祉の先覚横山源之助〉とある。またその碑ができた直後小伝発行の話があり、そのとき私は『或る一つの星の導くもの——

横山源之助の業績と生涯』（魚津市教育委員会著・発行、一九六五年）の本文執筆を依頼され、碑文をそのまま引用した。〈社会福祉の先覚〉——この碑文は謬っている。横山源之助をいうに、あまりにも遠く、まちがってさえいる。顕彰碑は、恰好だけあればいいというものではない。ないなら、ないでいい。あるなら記念するにふさわしいものにつくりなおしてほしいものだ。

この評伝も、さきに西田長寿氏の「横山源之助著『日本之下層社会』の成立——その書史的考証」（『歴史学研究』昭和二八・一、第一六一号）がなかったなら、うまれなかったものだ。暗夜にともされた灯火にひとしい。氏の書誌にほんの一部を補足しえたのみである。先達の氏に深く敬意を表する。

この小著によって、横山源之助研究が完成されたはずがない。たとえば、横山源之助の魅力のひとつは、記録文学的側面にあるが、横山と文学史とのかかわりの問題を若干抑えた悔いがある。後日を期したい。さらにこれで横山の全作品が発掘されたとはおもわない。なお江湖の研究をまたねばならぬ。

これまで、おおくの方々から多大な指導や鞭撻をうけた。魚津の故高島士郎、高島順吾、堀川実治、北条正韶の先生方、また故近藤忠義、小田切秀雄先生、さらには久保田正文先生に、いま感謝の意を表したい。

なお、出版にあたり、創樹社の玉井五一氏に一方ならずお世話になったことに厚くお礼申しあげねばならぬ。

一九七九年三月

著　者

新版　あとがきに代えて――横山源之助と私

立花雄一

私自身、心底魅せられたからにちがいない。自分の人生のすべてをつぎこんでも悔いないほどに。それは、やればやるほど、底深く、ひろがっていったから。果てのない、むさし野の逃げ水を追うように。

私が、初めに横山源之助に魅せられたのは、敗戦後、戦勝国のアメリカ風に、学制改革があって、旧制の予科学生から新制大学生にかわった頃、アメリカ空軍の爆撃で、東京中真っ黒けになった焼跡のなか、岩波文庫から、横山源之助の『日本の下層社会』が発刊された。

そのなにもない真っ黒けの東京へ、はるばる北陸路から、海外へ留学するように、闇米を担いで、警官隊に追われながら、留学に来ていた私は、その夏休み、職員室の恩師の許へ遊びに行った。その時、それをつきつけられた。読んだ。そして衝撃をうけた。その内容もさることながら、なによりもその奇人が、わが郷里出身者であったことに。一体全体何者か。さっそく町中の明治生まれの、少数ながらいた知識人の端くれを、一人ひとり訪ね歩いた。誰ぞ知った者はいないかと。

恩師が熱心で、師は読了するや、手際よく、すぐに岩波書店の担当者に連絡して、横山源之助の写真をとりよせたり、あるいは源之助の遺女が東京にいることなどつきとめていた。くわえて、町立図書館の奥まった書庫から、師は横山源之助生前の友人が書きのこした私家版の中から、源之助小伝さえ発掘してくれたのである。

焼跡だらけの何もない東京へ、まるで海外へ留学する気分で行っていた私は、夏休みになるや、ノホホンと職員室へ恩師をたずねて行った。ところが、いきなり警策をくらわされたわけである。かくして、私の探索がようやくはじまった次第。

そして、本郷の西片町に、源之助遺女尾崎梢さんと、源之助の恋人尾崎恒子さんが親子として共に暮らしている所へたずねていった。お二人からは、東京大学明治新聞雑誌文庫の西田長寿氏が戦前からの横山源之助研究者であることをおしえていただき、また同氏からは横山源之助研究の教示を享け、その上、同文庫を利用する便宜をあたえていただいた次第である。

以上が、大雑把ながら、私が横山源之助研究にのめりこんでいった、初期における、あらましである。その枝葉の詳細はその都度語らねばならない。たとえば、途上、東京大学同文庫に所蔵のない資料類は、国会図書館へ埋めに行き、国会図書館の単行本部、新聞、雑誌部にさえない物は、他大学図書館の所蔵を調査し、お世話になったりした。その時知ったことだが、奈良の天理大学図書館に他にない貴重な文献が多く所蔵されてあることを知って、大驚した。それを較べるなら、私の行っていた私大など、一流なのは野球ばかりで、図書館は三流以下にもならないことを知って、いたく落胆した。

それはさておき。私は横山源之助のどこに魅せられたのであろうか。それは、一つは特異な底辺性をもつこと。もう一つは多くの業績を残しながら、ほとんど埋もれ、無視されている。この二つの事実のためである。

明治期という近代形成期に、底辺者の存在に目を向け、そのためをかんがえた者はあるだろうか。福沢諭吉は日本近代の扉をあけた。彼は着流しであった。それだけでも凄い。おのずと、封建制・武士であることを否定しているから。しかしながら、彼の視野にあったのは、やはり旧士族と一部上流町人、地主に過ぎない。すなわち、『学問ノスヽメ』を読むことのできる者たち。

これと違って、横山源之助の場合は、ほとんど読み書きのできない人たちであった。隣近所のひとびと。工女に行っている娘の母親に代わって、手紙を書いてやっている。また、埼玉県の機屋へ同郷の娘をはるばる見舞いに行っている。東京から、気軽に。彼は底辺そのものと溶け合っている。

彼の郷里富山県魚津町（現在の魚津市）は大正七（一九一八）年、有史以来最大とされる米騒動に最初に火を付けた地であるが、それが全国にひろがりつつ暴動化し、ついに時の寺内内閣を倒してしまっている。

これより前、明治二三（一八九〇）年最初の全国的米騒動がやはり魚津で起っている。横山源之助に、「世人の注意を逸する社会の一事実」と題した論文があり、それが『国民之友』第三四〇〜三四一、三四五〜三四六号（明治三〇・三・二〇〜）に載っている。横山源之助は、女たちが惹き起した、その近代最始の米騒動を詳細に板子一枚下地獄に生きる漁師町の苦と共に書いている。そして、その時を契機にして、先駆的な社会保障制度の原型をついに地方自治体内に克ちとっていく——文字通り「世人の注意を逸する社会の一事実」について報告していた。

そして、日清戦争後、明治三〇（一八九七）年にようやく開幕した日本の労働運動があたかも最高の昂りをみせた同三二（一八九九）年に横山によって書かれた『日本之下層社会』がわが国の初期労働事情を詳述した名著とうたわれる。ところが翌三三（一九〇〇）年治安警察法の施行によって打撃をうけた労働運動は翌三四（一九〇一）年早くも左派（社会主義派）、右派（労使協調派）に分裂した。横山は右派の道を行った。かくして、日露戦争の反対運動へはげしくつきすすんでいく左派が勝利する日本労働運動史上から、横山源之助の名はほとんど抹殺されることになった。

そうすると、私のなすべきことは横山源之助の全像把握である。人間研究と作品研究の両面作戦である。あまりにも漠然としているから。それからはただひたすら歩き続けることになった。縁故者聴取りと作品探索。そして、わかったわけではない。ただなんとはなしに近くへ行けた気がしないではない。手前味噌ながら。結局は、横山がなさんとしたのは、未曽有の民衆学の創始、確立ではなかったろうか。そして、その総体を、誰にも否定できない、権威ある学問的高所にうちたてようとしたのではなかったか。ヨーロッパをただ真似るのではなく、おのれの民族が、そして民衆がもっている、けっして売りわたさないものをまもろうとしたのではなかったか。

後年、上流階級の研究や、移殖民問題に熱中したのは、そこに民衆問題があり、労働経済学があったからである。彼の一生はひたすらな探訪者、時代観察者であった。これほど貪欲な研究者が他にあることを私は知らない。

日本の隅々にどれほどおおくの民衆を探し歩いたことか。民衆愛というのであろう。汲んでも尽きない。

（二〇一五年六月記）

《解説》「人間・横山源之助」の核心

奥　武則

横山源之助とは、いったい何者であったろう。

この問いは、ようやく評伝を書き終わったいまもなおのこる。

本書旧版の「あとがき」の冒頭、著者・立花氏はこう書いている。

旧版について、内田魯庵とかかわりのあった人物を取り上げた浩瀚な著書の中で、文化人類学者の山口昌男氏は、「横山源之助については立花氏の精細を極める評伝があり、付け加えることはない」と述べている（『内田魯庵山脈――〈失われた日本人〉発掘』（上）岩波現代文庫、二〇一〇年）。その「精細を極める評伝」の作者をして、最後に「いったい何者であったろう」というつぶやきを発せざるをえないほど横山源之助はつかみどころのない人物なのだろうか。

先の引用部分のすぐ後に立花氏は、次のように続けている。

〈労働運動者〉として総括したが、ほんとうはどうであろう。文学者、社会学者、労働運動者、どの呼称も冠することができ、しかもどの呼称も、全像をいいあてていない。

横山は、明治四（一八七一）年二月二一日に生まれ、大正四（一九一五）年六月三日に死んだ。四年のずれを持って、ほぼ「明治」という年号とともに生きた生涯だった。労働問題はもとより、文学も社会学も未だ一定の領域を持って存在していなかった時代に彼は活動をはじめ、足早に世を去った。立花氏の表現を借りれば、たしかに「明治の人間は、やはり総花的であり、未分化」なのだろう。

とはいえ、「精細を極める評伝」である本書の一読者として私は、横山源之助がとうてい一つの枠に収まることのできない人生を生きた人物であることを理解しつつ、「人間・横山源之助」の核心について確かな実感を持つことができた気がしている。その実感は、横山源之助なる人物の「人間に対する好き嫌い」とその「好き嫌い」を分ける彼の感性がおぼろげながら見えてきたからである。立花氏には「形而下のこと」と言われてしまいそうだが、「横山源之助とは、いったい何者であったろう」という問いに答えるために多少は役立つはずだ。

以下、本書に即してそうした私の実感を記し、ささやかな「解説」としたい。読者が本書をひもとく際の補助線――ごく細いものであることは承知しているが――になれば幸いである。

＊

横山源之助の伝記研究として本書が明らかにした実証的な成果は、言うまでもなく多岐にわたる。横山と『毎日新聞』（『横浜毎日新聞』の後身）との関係を詳細に明らかにした点もその一つである。

横山が『毎日新聞』に入社したのは、日清戦争のさなか、明治二七（一八九四）年末。立花氏によれば、『毎日新聞』時代数年間は、横山源之助の生涯中、もっともかがやかしいときである。代表作がつぎつぎにうみだされ、若いエネルギーがおしみなくもやされた」のである。

その「もっともかがやかしいとき」は、明治二七年一二月八日の同紙に掲載された「戦争と地方労役者」で始まった。同日以降断続的に六回掲載されたこの記事で、横山は、日清戦争が地方の下層労働者の日々の暮らしにどのような影響をもたらしているかを描いた。立花氏は「国中が狂気のなかにあるとき、社会の末端部へ廻って、このように冷たく戦争の意味を問うたルポなり、文学作品が日清戦争時他にあっただろうか」と書いている。名著『日本之下層社会』を残すことになる著者にまことにふさわしい「デビュー作」であった。

しかし、「もっとも輝かしいとき」は長く続かない。丹念な探究によって立花氏は、横山が『毎日新聞』に書いた記事は明治三二（一八九九）年一月が最後であることを明らかにしている。横山と『毎日新聞』のかかわりは掲載記事に関する限り、わずか四年少しだったことになる。

しかも、この間、横山はコンスタントに『毎日新聞』に記事を書いていたわけではないのだ。立花氏はそこに長短三回の断続期間があったことを発見している。その詳細はここではふれないが、私はこの事実から「人間・横山源之助」の核心の一端が垣間見えるように思える。

この断続期間について、立花氏は二葉亭四迷が内田魯庵宛に出した明治二八（一八九五）年一月二五日付の書簡を参照している（二葉亭は横山の生涯にとってもっとも重要なかかわりのあった人物である。魯庵も心許した友人だった。それらの点には後でふれる）。

二葉亭の書簡には「横山事御承知の通の人物ゆゑ是まて社の折合あまり宜敷からさる由兼而噺有之候ところ此度遂に放逐被致候」とある。ここで「社」というのは『毎日新聞』にほかならない。「放逐された」というのだから穏かではない。立花氏が解説しているように、『毎日新聞』を「放逐」された横山に身の振り方を相談された二葉亭が、旧知の魯庵に横山の就職斡旋を依頼した書簡である。

先に述べたように横山の「デビュー作」の第一回が『毎日新聞』に載ったのは前年一二月八日である。この書簡はそれからまだ二カ月経っていない時期に書かれている。「是まて社の折合あまり宜敷からさる」とあるから、入社当初からギクシャクしていたのだろう。問題は「横山事御承知の通の人物」という部分をどう読むかである。

立花氏は「[下層社会の探訪をしていた横山は]汚ない方では容易に驚かない男だつたが、月給の安いのは辛抱(がまん)するがモ少し社を綺麗にして貰ひたいナと時々壁訴訟をしてゐた」という魯庵の回想(『銀座繁盛記』)を引き、横山の性格に関して「そのような減らず口を平気でたたく男」「家畜化されたサラリーマンとはおよそ違う、枠のなかで飼われない男」と説明している。

この点について私に特に異論があるわけではない。しかし、三回に及ぶ断絶期間を生んだ『毎日新聞』との「ギクシャク」には、こうした横山の性格だけに帰せない別の要因があったのではないか。

明治四四(一九一一)年に発表した「回顧録」「二十年前の初対面」「人物印象記」で、横山は『毎日新聞』に入社する際に初めて出会った同紙の主宰者・島田三郎(沼南)について種々書き残している。くわしい内容は本書の立花氏の引用を参照していただくとして、印象的な部分を以下アレンジしてみよう。

島田に会う前、横山は彼について「演壇に長広舌を弄する雄弁家」「能文達筆の歴史家」「機略縦横の政治家」といったイメージを持っていた。「どつしりした重味のある態度の人間」を想像していたのである。ところが初対面の島田は「速舌(はやくち)な、賑かな声で、お待たせしました」と言いながら入ってきた。横山にはとても「軽い人間」に見えた。入社の希望を話すと、島田は「新聞社へ入つても面白くありませんよ、それに報酬なども思ふやうに出ませんで……しかし、兎(と)に角(かく)働いて見て下さい」と応じた。如才のない、丁寧な言葉遣いではあったが、横山はあまりいい印象を持ったようではない。要するに「慇懃無礼」ということだろう。

島田の居宅を訪問した際の経験も興味深い。いつ行っても島田は「必ず何の用事か」と聞く。横山は「何でもないことのやうで、存外訪ねた人の感情を害するものだ」と書いている。さらに「会ふと挨拶が済むか済まぬに、君も忙(せは)しい御身体であらうし、僕も忙しい身であるが、早速用談にかゝらうではありませんか」と必ず言ったという。こうした経験から、横山は「島田三郎と云ふ人にはどうも親しみとか、温みとか云ふものがない」と述べるのである。「軽い人間」だったから、初対面の横山にとって島田は「親しみ易い人」ではあった。だが、最初に抱いた「親しみ」は「永久のものでなかつた」。次は立花氏が参照している『回顧録』の一節である。

> 島田氏が僕の為に謀られた厚意と親切とは、おそらく僕は忘れぬであらう。が、恩義も親愛とは、別物と見え、島田氏の名に対しては、恩義が先に立つて親愛が奥に隠くれる。多分性格の相違であらう。（傍点は引用者）

横山にとって『毎日新聞』主宰者である島田三郎は心許して深く付き合える相手ではなかったのだ。嘉永五（一八五二）年一二月生まれの島田は、横山より一九歳も年長である。むろんその年齢差もあっただろう。だが、つまりは、性格的に相容れない「嫌いな人」だったと言っていい。

横山にとって島田が「嫌いな人」だったことについては、内田魯庵の証言もある。彼が書いた「三十年前の島田沼南」（紅野敏郎編集『新編　思い出す人々』一九九四年、岩波文庫）に、「その頃毎日新聞社に籍を置いたG・Yという男」が登場している。あるとき、「退引ならない事情があって」、G・Yは島田に金の融通を頼んだ。島田は「袂から蟇口を出して逆さに振って見せて、『ない、同情するには同情するが生憎僕にも金がない』」と断った。G・Yは「貸す気がないなら貸さんでもいい。（中略）何も同情呼ばわりして逆さに蟇口を振って見せなくても宜かろう」と「プンプン怒って沼南を罵倒した」という。このG・Yは横山源之助にほかならないだろう。

横山と『毎日新聞』とのギクシャクした関係の根っこには、こうした横山の島田に対する思いがあったように思える。二人の間に気持ちの行き違いはともかく、具体的な衝突があったわけではない（横山は、そういうことは書き残していない）。しかし、「嫌いな人」のもとで仕事を続けつつ、横山はときに、「もう、やめた」という気分にとらわれたのではないか。ただし、それは長続きしなかった。おそらくは「生活」の側からの要請だっただろう。結果、『毎日新聞』における横山の仕事は「断続的」になった。

もちろん以上は「横山からみた島田三郎」であり、島田三郎という人物総体の評価にかかわることではない。島田はジャーナリスト・政治家として多くの面で高い評価を得ている人物である。ここでは島田のそうした評価にふれることはできないが、その生涯の履歴を以下、摘記してみよう。

幕府御家人の家に生まれ、維新前は昌平黌で漢学、維新後は大学南校、大蔵省附属英学校で英学を、それぞれ修めた。『横浜毎日新聞』（後の『毎日新聞』）主筆を経て、元老院書記官、文部権大書記官となるが、明治一四年の政変で下野、明治二七（一八九四）年、『横浜毎日新聞』社長に就任した。この間、立憲改進党の創立に参加、明治二三（一八九〇）年、帝国議会開設後は神奈川県一区（＝横浜市）選出の衆議院議員として連続一四回当選し、副議長、議長を務めた。足尾銅山鉱毒被害者救済など社会的活動にも広く取り組んだ。田中正造との深い交流もよく知られている。

島田は明治期の第一級の知識人であり、言論人・政治家だった。リベラルな立場を貫いたその生涯は輝かしい。常に「陽のあたる場所」にいた。越中・魚津の漁村に生まれ、弁護士を目指すも挫折した横山と対極の人がここにいる。横山は、こ、う、い、う、人に親愛の情を持つことができず、うまく付き合えなかったのである。

＊

横山源之助にとって島田三郎の対極に位置する人物は二葉亭四迷（長谷川辰之助）である。島田とは終始「冷たい関係」だった横山は、二葉亭四迷とは双方の短い生涯の中で熱い交流を持った。なにゆえに横山にとって二葉亭はそのような存在となったのか。ここでも立花氏の研究に導かれつつ、「人間・横山源之助」に迫るべく、私なりにこの点に光を当ててみたい。

明治四二（一九〇九）年八月に刊行された二葉亭四迷の追悼録に寄せられた「真人長谷川辰之助」など、横山は二葉亭との交流についていくつかの文章に残している。本書の第二章が「二葉亭四迷の門へ――青春・放浪時代」と題されているように、二葉亭なくして「横山源之助」はなかった。

故郷・魚津を後にして英吉利法律学校（後、東京法学院、現在の中央大学）に学んだ横山は、しかし目指す弁護士試験に何度か失敗する。二葉亭に初めて会ったのは、この時期である。「その頃僕は谷中初音町の植木屋に陣取つて、弁護士試験の下調に浮身を窶してゐた」（「真人長谷川辰之助」、以下引用は同様）というから、まだ弁護士になる望みは捨てていなかったようだ。明治二四（一八九一）年ごろのことと思われる。

その弁護士志望の二〇歳そこそこの書生は、なにゆえ二葉亭に会いに行ったのだろうか。横山自身が書いていることによれば、彼は誰に誘われたのでもなく、何の紹介もなく突然、一人で神田錦町の今井館に下宿していた二葉亭を訪ねたのである。本人自身が後年、「権利義務に黄ろい嘴を尖らしてゐた僕が、浮雲の著作で一躍して大家の名を博した長谷川君を尋ねたのが不思議である」と書いている。

二葉亭四迷『浮雲』は、第一篇が明治二〇（一八八七）年六月に刊行され、明治二二（一八八九）年八月に第三篇まで刊行された。未完に終わったものの、言うまでもなく新しい文体の試みを含めて、日本における近代的小説のスタートを告げる作品である。二葉亭は『浮雲』第二篇と第三篇の間には、ツルゲーネフの小説『あひゞき』『めぐりあひ』などの翻訳も発表していた。

本人自身「不思議である」と語っているのだが、「真人長谷川辰之助」を読めば、横山が一面識もなかった二葉亭を突然訪問するに至った動機は明らかになる。横山は『浮雲』だけでなく、『あひゞき』『めぐりあひ』も読んでいた。さらに、「特にドブロリユーボフの「平民と文学」といふ訳文は、再読、三読した」というから、熱心な二葉亭ファンだったと言っていい。「僕は遥に君を想像して、見ぬ恋にあこがれたのである」と自ら「ファン心理」を告白している。作品に惹かれて、作者に会いたくなる。ごくふつうの成り行きだろう。だが、当時、「小説類を読み耽つて」いた横山がとりわけ二葉亭に惹かれたのは、作品の内容だけではなかった。

弁護士試験のために法律書を勉強しつつ、当時の横山の中にはすでにそういう自分への懐疑が生じていたのだろう。そんな中で二葉亭の作品に接した。作品に惹かれるとともに、作者に対して強い関心を持った。新しい小説の書き手として注目を浴びながら、当時、二葉亭は官報局に出仕していた。横山はそうした二葉亭の心の屈折に興味を抱いた。横山は次のように回想している。

(前略) 君を尋ねたのは、小説の浮雲に動かされたといふよりも、世間の人気に頓着せず、悠然として、小役人に韜晦した人格に尊敬を持つたのだから、君を尋ねた僕の目的といつたら、極めて漠然たるものであつた。

先に「二葉亭の心の屈折」と書いたけれど、その内実を正確に描くことは私の手に余る。二葉亭四迷長谷川辰之助は、元治元(一八六四)年二月、尾張藩の下級武士の家に生まれた。維新後、陸軍士官学校をめざす。しかし明治一一(一八七八)年から三回も受験したが、合格できなかった。強度の近視のためだったらしい(中村光夫『二葉亭四迷伝』一九七六年、講談社文芸文庫)。やがて彼は東京外国語学校露語科に進む。二葉亭の「心の屈折」は、陸軍軍人の道が閉ざされた最初の挫折から胚胎したのだろう。そして、その「心の屈折」の根っこには、いつも自分の人生の今への深い懐疑があったように思う。常に「陽のあたる場所」にいた島田三郎はついにはそうした懐疑とは無縁だったのではないか。すでに自らの人生の行く末に思い悩み、心の屈折を育てていた二〇代前半の青年横山は同世代感覚を持ちつつ、七歳年長の二葉亭に親炙していく。

といって、突然訪問してきた見ず知らずの若者に二葉亭がすぐに心を許したわけではなかったのは当然だろう。

「最初の会見は無意味であつた」し、その後も「別段深くもならず、顔が馴染で来たといふ位のもの」だった。しかし、二葉亭が本郷真砂町に住んでいたころ、一気に親しくなる。初対面から二、三年経っていただろう。立花氏によれば、「弁護士試験に二、三度失敗した後、横山源之助は文字どおり放浪生活に入ったようだ」という時期である。そんな横山がある日、二葉亭を訪ねた。「大風の吹いた日」で「日曜日であつたらう」と記しているから、その日のことはよほど印象的に横山の記憶に刻みつけられていたに違いない。

> 前には余り笑顔を見せなかつた君（二葉亭）は、膝を壊して、いろんな内情話を初めた。君の人道主義を聞いたのも此時だ。思想の変遷を聞いたのも此時だ。小説嫌ひとなつた理由を細かに聞いたのも此時だ。夜の十一二時頃までも話説は絶えなかつた。

横山は「丁度此時僕は放浪生活に入らんと仕てゐた時で、人知らず煩悶してゐた際であつたから、或は鋭敏な直覚力を持つてゐた君の同情を惹いたものであらう」と、二葉亭の態度の変化を推測している。まもなく二葉亭の方から横山を訪ねる。そして、「長谷川君と僕とは此時から深密に為つたのである」。

横山の推測は正しかっただろう。二葉亭は弁護士への道を諦めた横山に、かつて陸士試験に何度も落ちた自己の姿を重ねたに違いない。官報局に勤めつつ、「わが人生、これでいいのか」という思いを抱いていた二葉亭にとって、横山の抱える煩悶は他人事ではなかっただろう。二人は、挫折を経験し、自分の生き方への懐疑を抱えた「似た者同士」だった。

先に引いたように「小説の浮雲に動かされたといふよりも」と横山自身が書いている。だが、最初に二葉亭に関心を持ったのはむろん、彼の文学を通じてだった。立花氏は本書でたびたび横山の優れた文学的感性を指摘している。

例えば、初期の都市の貧民や地方の下層社会を描いたルポルタージュ群から文学的な側面が切り捨てられたところに『日本之下層社会』が生まれたとして、次のように記している。

> ルポルタージュという実証的な創作行為が文学的記録性よりも科学的記録性へと転化し、科学が優位にたったときに成立したのが『日本之下層社会』であった。（中略）が、文学的なものへの愛着は完全には払拭しきれなかった。文学ならではできない真実の発掘の仕方があったからであった。（傍点引用者）

優れた文学的感性を持った横山が親炙した相手が二葉亭だったことはある意味、当然の成り行きだっただろう。だが、その人は文学者（小説家）としての自己への強い懐疑を持ち続け、横山の表現を借りれば、一個の「志士的政治家」として生きようとした人だった。「似た者同士」の横山にとって、この出会い必ずしも幸いではなかったかもしれない。

*

島田三郎、二葉亭四迷に続いて、横山源之助にかかわって次に取り上げたい人物は片山潜である。横山が近代日本における労働運動の先駆者の一人だったことを明らかにしたのも、本書における立花氏の重要な業績と言っていい。その実証的な研究の成果が展開された本書第四章に、片山は横山ともっともかかわり深い人物として登場する。

明治三〇（一八九七）年七月、日本における最初の労働運動の中央機関として労働組合期成会が生まれた。幹事長は片山潜。高野房太郎らが幹事だった。横山は前年三月、第一次桐生・足利調査と呼ばれることになる工女労働調査を終え、この年四月から七月にかけては郷里・魚津などで小作人の事情調査に従事していた。さらに関西での調査を終えて帰京したのは一〇月だった。労働組合期成会が生まれたときには東京にいなかった。

しかし、期成会誕生間もない一一月に刊行された片山潜『労働者の良友喇轔の伝』に、横山は高野房太郎らとともに「序」を寄せている。この事実から、立花氏は「東京に帰ると同時に、寸余をおかず、横山源之助は労働組合期成会と関係をもった様子である」と推測している。この年、横山は二六歳、片山は三八歳。

横山と片山との交流が正確にいつ始まったかは分からないようだが、明治二九（一八九六）年、米国から帰国した片山はすぐに横山の仕事に注目したのだろう。この時期、横山は日本の労働者の現実をもっともよく知る人物だった。片山の方から横山に近づき、著書の「序」の寄稿を頼んだと考えるのが順当だろう。一方、横山の方も底辺労働者の悲惨な現実を目にして来て、労働運動の必要性を感じていただろう。立花氏は、横山と片山に高野房太郎を加えて「第一期労働運動を背負うことになる三人男」と呼んでいる。「黎明期」ならではの幸福な出会いだった。

横山は運動の具体的な局面には姿を見せていない。例えば、ひんぱんに開かれた演説会。そこに横山の名前は一度も登場していない。この点について、立花氏は「これは表面のことであって、実はその裏方で（横山は）かなりな寄与をしていた模様である」と書いている。演説会に顔を見せていないとはいえ、横山は期成会の主要なメンバーだった。本書はその点を疑問の余地なく明らかにしている。

期成会は明治三〇（一八九七）年一二月、機関誌『労働世界』（月二回刊行）を創刊した。立花氏の精細な調査によると、横山は創刊号と第二号にわたった「資本家の言」を手はじめに、第七五号（明治三四（一九〇一）年四月三日刊行）まで、実に一八回も論壇欄、雑報欄などに寄稿している。とくに第三四号（明治三二（一八九九）年四月一五日刊行）までは頻度が高く、一八回のうち一七回がこの期間に集中している。ほかに無署名のものもあったと思われ、この時期、労働組合期成会の言論活動面では、横山はまちがいなく主要なアクターだった。立花氏は「編輯責任者片山潜を別にしていえば、運動初期、横山源之助の寄稿がもっとも多い。ほとんど片山潜につぐ常任に近い役割をはたしていた感がある」と記している。

さらに、言論面以外にも「貧民研究会」の活動など、横山は初期労働運動に深くかかわった。こうした横山の活動を実証的に明らかにしていく立花氏の筆致は熱気を帯びている。労働運動史に横山を正当に位置づけたいという思いをひしひしと感じる。

しかし、横山がはたしたこうした大きな役割について、横山とともに初期労働運動を担ったはずの片山潜その人が西川光二郎とともに同時代（明治三四（一九〇一）年）に刊行した『日本の労働運動』はふれていないという。どうしたわけだろうか。

横山は明治三二（一八九九）年七月、過労に倒れ、故郷・魚津に戻る。『労働世界』にもその寄稿は見られなくなる。一年ほどの療養の後、横山は農商務省が行った工場調査に嘱託調査員の一人として加わった（この調査は明治三六（一九〇三）年に『職工事情』として刊行される）。『労働世界』への復帰は、この調査を終えた後、明治三四（一九〇一）年四月三日刊行の第七五号である。しかし、この復帰は同時に『労働世界』と横山とのつながりの最後を告げるものになった。労働運動が衰退する中、『労働世界』そのものが明治三四（一九〇一）年一二月二一日刊行の第百号をもって廃刊してしまったのである。

立花氏が引いている東北遊説中の横山宛片山書簡にも明らかなように、労働組合期成会がスタートした時期、二人の関係は密接だった。だが、「蜜月」は長くはなかった。二人は明治三五（一九〇二）年四月ごろには「訣別」したという。立花氏は、次のように書いている。

明治三〇（一八九七）年日本の労働運動の発足と同時に手を結んだ二人の盟友は、潰滅した状況のなかで、労働運動の再興、解放運動の途をめぐってついに左右に袂をわかった。左傾化の道をすすんだ片山潜のその後については、左傾化の歴史を正統史としてきた各書に詳しい。社会主義運動に転換した左傾化の歴史から脱落した右派の歴史はいまなお空白である。

「二人の盟友」は、むろん横山源之助と片山潜である。横山は「空白」の中に埋もれ、片山は「正統史」に大文字の名前を残した。「訣別」の経緯について、二人は何の「証言」も残していない。お互いの人物評のたぐいも目にしていないから、横山が人間としての片山をどう見ていたのかは分からない。だが、私は横山にとって片山は人間的に親しみを持てる相手ではなかった気がする。二葉亭四迷と「深密」な交流を続けた横山は、島田三郎に対しては親愛の情を持てなかった。横山と二葉亭はお互いを引き付ける磁場にいた。対して、島田のいた磁場はまったく別のところだった。そして、横山を中心にして見たとき、思想的立場は違うが、片山も島田と同じ磁場にいた人だったのではないか。

若くしてアメリカに渡った片山は苦学して、イェール大学で学位を取得した。底辺労働の厳しい現場を知らなかった人ではない。だが、学位取得に固執したことにその一端が垣間見えるように、生涯、労働運動、社会主義運動の中における自身の「上昇」を追及した人だった。その「上昇」は、ついにはコミンテルン常任執行委員まで昇りつめた。片山が常に「上」を見ていたのに対して、横山の目は「下」に向けられていた。二人は人間のタイプとして根本的に違うように私には思える。

片山は明治三四（一九〇二）年四月、木下尚江、安部磯雄、幸徳秋水らとともに社会民主党を結成する。日本最初の社会主義政党である。横山はこの時期、労働運動に復帰していたにもかかわらず、社会民主党には参加しなかった。立花氏は、この事実を重視し、「それはこのときをもって横山が非政治主義の道をみずからえらんだことを裏側からあかしているだろう」と指摘している。その後の横山は、ふたたび立花氏の言葉を借りれば「屈折した経路」を生きていくことになった。

横山は『内地雑居後之日本』（明治三二（一八九九）年刊行）で、「社会主義」の立場を鮮明に打ち出していた。その横山が、「社会主義」を掲げた政党になぜ、加わらなかったのだろうか。

岩波文庫版の『内地雑居後之日本』に収録された「解説」で、西田長寿氏は「横山の社会主義の内容であるが、これはあまり判然としない」と記している。たしかに「余はフエルヂナンド、ラサルの説けるが如く、工業組織を今日の如く資本家制度とせずして、之を国家の有に属せしめんことを主張する者なり」とか、「社会主義は実に二十世紀の大勢力なり［中略］職工諸君は此の主義によりて立ち、之によりて自己の城壁にし、社会に処する立脚地とすべし」といったことは書かれている。しかし、具体的には普通選挙権獲得を通じた政治的な活動の重要性が指摘されるのみである。

横山は何よりも「現実」を目にしていた人だった。底辺労働者の悲惨な状態を改善するためにはどうしたらいいのか。こうした現前の課題とつながって『内地雑居後之日本』では「社会主義」という言葉が使われた。だが、それは社会民主党を結成した片山における「社会主義」と完全に重なりあうものではなかっただろう。立花氏は『内地雑居後之日本』で横山が示した「社会主義」を高く評価し、その後は「思想的に後退した」と述べている。はたして、横山は「後退した」のか。「後退」という言葉を使いつつ、立花氏は、そこに横山源之助が横山源之助たる所以を正しく見出して、次のように述べている。

横山をそうさせたのは、消えさろうとする労働運動をより低い次元でたてなおそうとしたことや、近代労働者群がその想定のなかになかったわけではないが、旧職人層や、過渡的労働者群である人力車夫や、貧民階層一般により多く拠っていたことによるのであろうか。たたかうすべもしらぬものによせる傾斜こそ、横山の骨頂であったが

――。

横山源之助は、たしかにひととき片山潜とともに初期労働運動のなかにいた。だが、「たたかうすべもしらぬものによせる傾斜」を持ち続けた横山は、片山とは違うものを見ていたのである。

*

初期労働運動において横山源之助がはたした役割を明らかにした本書で、立花氏は雑誌『労働世界』における家庭欄にも注目している。家庭欄が設けられたのは第一三号から第一六号までわずか四号二カ月間だけだったが、社説、論説をはじめ硬い記事が多い同誌の中で異彩を放った。創設の経緯は不明だが、立花氏は掲載された記事を詳細に分析し、「家庭欄はおそらく横山源之助の主唱で設けられ、大部分の執筆も横山源之助によったと考えられる」と指摘し、次のように書いている。

『労働世界』に創設された家庭欄の記事は柔らかく、文学的でさえある。記事の味は、片山潜風ではなく、高野房太郎風でもなく、西川光二郎このときまだなく、誰よりも横山源之助風であるようにおもわれる。貧民家庭によせる理解のしかたや執筆者のこころの傾斜が――。（傍点引用者）

立花氏は先に引いたように、『日本之下層社会』に関しても横山における「文学的なものへの愛着」に着目していた。重ねて使われた「文学的」とは、つまりはどういうことを指しているだろうか。横山における「文学的」とはどういう位相のものだったのか。

二葉亭四迷との交流にふれた際に「小説類を読み耽つて」いたという横山自身の言葉を紹介した。しかし、二葉亭を訪問したときもその後も横山は文学者になろうと考えていたわけではないことははっきりしている。

後に横山と深い交流を重ねることになった内田魯庵は、横山との初対面の思い出として「此の紹介状をも何も携（たづさ）へざる訪客は対座する約一時間竟（つい）に文学のブの字も云はずして帰つて了（しま）つた」と、横山の著書『凡人非凡人』（明治四四年、新潮社）の序文に記した。これを受けて横山は魯庵の小説や文学評論を読んで彼に会いに行ったのではないとして、次のように応じた（「人物印象記」）。

> 狼の声を聞きながら、ゲーテのファウストを味つた旅中の不知庵（魯庵）、ドストエフスキーのラスコルニコフに感興を持つた不知庵君其の人の性格に興味を得て尋ねたのである。であつたから、不知庵君から文学談を聴かうといふ気はなく、硯友社文学の横梁（わうりよう）してゐる最中（もなか）に、卓然（たくぜん）として人生の真味に接してゐる不知庵君の風采（ふうさい）に接せんとするのが、僕が不知庵君を尋ねた目的であつた。刻（くだ）いていへば、不知庵君の顔を見に出掛けた丈（だ）けであつた。

先に引いたように、二葉亭に会いに行った理由についても、横山はほとんど同じことを書いていた。いずれの場合も、横山の関心は「優れた文学」そのものにではなく、その「文学」を生み出す「人間」に向けられていたのである。しかも、その「人間」は「（小説家としての）世間の人気に頓着せず、悠然として、小役人に韜晦した人格」（二葉亭）であり、「硯友社文学の横梁（わうりよう）してゐる最中（もなか）に、卓然（たくぜん）として人生の真味に接してゐる」人（魯庵）だった。むろん二葉亭と魯庵とを同じようにくくることはできないが、二人は「文学」の領域で優れた仕事をしながら、ともに世の中の主流（メイン・ストリーム）に身を寄せることなく、自分の存在のあり方に常に懐疑の目を向けていた「人間」だった。こうした人間類型を、ここでは「文学的人間」と呼ぼう。横山源之助はこうした「文学的人間」に対して限りない共感を抱いたのである。そして、この共感こそが横山における「文学的」なるものの内実と言えるだろう。

島田三郎、二葉亭四迷、片山潜、そして内田魯庵――いずれも横山源之助と深い交流を持った人たちである。駆け足で本書のたっぷり詰まった中身をつまみ食いするようにして、彼らを素材に、横山における「人間の好き嫌い」をスケッチしてきた。繰り返して言えば、横山は自己懐疑に乏しいエスタブリッシュメントである島田や片山とはソリが合わず、二葉亭や魯庵のように自分の存在のあり方に懐疑の目を向ける「文学的人間」に惹かれた。むろん「人間・横山源之助」は後者と同じ感性を持っていた。その意味で、横山その人もまた「文学的人間」だった。だからこそ横山と二葉亭や魯庵（とりわけ、二葉亭）は、お互いを引きつけあったのである。

＊

本書を読むためのささやかな「補助線」を意図して書いてきたこの文章の最後には樋口一葉に登場してもらう。二葉亭四迷や内田魯庵のように横山源之助と一葉の間に濃密な交流があったわけではない。だが、本書で立花氏が記している横山と一葉とのささやかな出会いと別れは、「文学的人間」としての横山を理解するために重要なエピソードのように思える。

二葉亭のときも魯庵のときもそうだったように、横山は突然、一葉を訪問したようだ。ただ、相手が女性だったことを考えたのか、当時『毎日新聞』の同僚だった岡野正味を伴っていた。一葉の日記から、それは明治二九（一八九六）年一月ごろと推測できる。立花氏が指摘しているように、横山は「夢中蕉鹿」（明治二九（一八九六）年二月一五、二一日『毎日新聞』掲載）で、当時の「新派」の新進文学者とされていた川上眉山、広津柳浪、泉鏡花らとともに一葉の名前をあげて、尾崎紅葉らの「旧派」と変わるところがないと批判していた。その一葉をなぜ、横山は訪問したのだろうか。

「夢中蕉鹿」における一葉への個人的な言及を見てみると、「一葉は露伴を学んで而して加ふるに自己の経験を以てせる僅かに婦人的に成功せるもの」とあって、他の論難と違って、一定の評価をしている。具体的な作品名はあげられていないが、この時期、一葉は『大つごもり』『にごりえ』『たけくらべ』などの名作を次々に発表していた。横山はこれらの作品を読んで、ある種の物足りなさを感じつつ、やはりその作品に惹かれて、一葉を訪ねたのだろう。そして、これも二葉亭や魯庵のときと同様に、そうした作品を書いた「人間」に会いたくなったのである。

初対面にもかかわらず、横山は一葉宅に半日ほども居続け、語り合った。その後の二人の短い交流の実相は、立花氏が本書であますところなく記している。

横山との出会いから一〇カ月足らず、肺結核が一葉の命を奪う。下層社会に生きる人々を描き、稀有な才能を発揮した作家と、そうした人々の実相をもっともよく知る下層社会探訪者の交流は、こうして断ち切られた。

樋口一葉は、もし死後自身の作品集が刊行されるならば、斎藤緑雨か横山源之助か、いずれかが編纂してほしいと緑雨に遺言したという。短い交流の中で、一葉は横山が自身の文学の最良の理解者の一人であることを感取したのだろう。一葉は「人間・横山源之助」の核心にふれていたに違いない。

（おく・たけのり　法政大学社会学部教授）

た行

な行

は行

ま行

や行

主要人名索引

この索引は編集部で作成した。本書中で横山とのかかわりが示された人物、および後世の横山研究者に限って拾っている。索引中のゴチックは、横山源之助のペンネームである。

本書は『評伝　横山源之助——底辺社会・文学・労働運動』（創樹社、一九七九年）に加筆・校訂し、奥武則氏の解説を加え新版にした。

日本経済評論社

著者紹介

立花 雄一（たちばな　ゆういち）

1930年生まれ。1963年、法政大学大学院修士課程修了。1955〜90年、法政大学大原社会問題研究所所員。

主要業績

『評伝横山源之助――底辺社会・文学・労働運動』創樹社、1979年
『明治下層記録文学』創樹社、1981年（2002年、ちくま学芸文庫）
『王様の耳はロバの耳考――非王化を生きる文学序』近代文芸社、1990年
『隠蔽された女米騒動の真相――警察資料・現地検証から見る』日本経済評論社、2014年
「下層社会記録の発生と展開」『「明治・大正」下層社会探訪文献集成』別冊解説、本の友社、1998年
「下層社会記録の多様化と成長」『「大正・昭和」下層社会記録文献集成』別冊解説、本の友社、1999年
横山源之助著『明治富豪史』社会思想社（現代教養文庫）、1990年（2004年、文元社。2012年、インタープレイ（Kindle版））解説
横山源之助著『下層社会探訪集』社会思想社（現代教養文庫）、1990年（2004年、文元社。2012年、インタープレイ（Kindle版））編集
横山源之助著『横山源之助全集』第1・2巻、別巻1（社会思想社、2000〜2001年）、第3〜9巻、別巻2（法政大学出版局、2004〜2007年）編集。

横山源之助伝――下層社会からの叫び声

2015年10月20日　第1刷発行　　定価（本体4500円＋税）

著　者　立　花　雄　一
発行者　栗　原　哲　也
発行所　株式会社日本経済評論社
〒101-0051 東京都千代田区神田神保町3-2
電話 03-3230-1661　FAX 03-3265-2993
URL：http://www.nikkeihyo.co.jp/
印刷・製本＊シナノ出版印刷
装幀＊渡辺美知子

乱丁本・落丁本はお取替えいたします

Printed in Japan　ISBN978-4-8188-2394-5